Yams

Ignames

Yams
Ignames

Edited by
J.MIÈGE
and
S.N.LYONGA

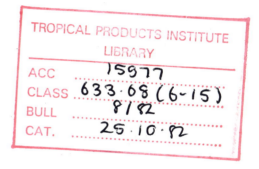
CLARENDON PRESS OXFORD 1982

Oxford University Press, Walton Street, Oxford OX2 6DP

London Glasgow New York Toronto
Delhi Bombay Calcutta Madras Karachi
Kuala Lumpur Singapore Hong Kong Tokyo
Nairobi Dar es Salaam Cape Town
Melbourne Auckland

and associates in
Beirut Berlin Ibadan Mexico City Nicosia

Published in the United States by
Oxford University Press, New York

© *International Foundation for Science, 1982*

British Library Cataloguing in Publication Data

Yams = Ignames.
  1. Yams — Africa, West — Congresses
  I. Miège, J, II. Lyonga, S.N.
  635'.23   SB211.Y3

  ISBN 0-19-854557-6

Phototypesetting by Oxford Publishing Services
Printed in Great Britain
at the University Press, Oxford
by Eric Buckley,
Printer to the University

Foreword

D. G. COURSEY

To almost any West African who was born within the area where yams are grown, the very word 'yam', the sight of the growing yam crop, of yam tubers in storage, in the market, or in the home, or of food prepared from yam, are all emotive, evocative experiences. For throughout this great part of Africa, which has been called the *'civilisation de l'igname'* or the 'yam zone', that stretches from the central Ivory Coast, through Ghana, Togo, Benin, and Nigeria to Western Cameroon and straddles both the forest and the southern parts of the savannah, the yam is far more than an important food crop: it is a vital, integral part of our cultural heritage.

The yam is, of course, of great practical and economic importance. A crop that provides some 18 million tonnes of food a year to the people of this part of Africa warrants serious consideration by any standards, especially as most of us consider it the best of all the many basic staple foods that are available. True, the total contribution of yams in feeding the people of West Africa is now less than that of other crops, such as cassava, maize, and rice, which have more recently been introduced from foreign countries; but the food contribution provided by the yam crop is still an important one. In ancient times, before the other staple crops I have just mentioned—or even the cocoyams, which are also of foreign origin—were brought to Africa, the yam was the most important staple food. It was then, indeed, the 'staff of life', much in the same way as were wheat and barley in the ancient cultures of the Mediterranean world, or rice in those of the Far East. The annual cycle of events in the cultural life of the people of most of this region of Africa very largely revolved around the natural cycle of planting, harvesting, and storing the yam crop. To this day, not only is yam the food which is preferred to other staples on the basis of its taste and texture, but, because of its long association with our culture, it is the food which must be served on all important or ceremonial occasions, given to any honoured guest, or offered as a central part of any traditional sacrifice.

The most important yams grown in West Africa, the many cultivars of the *Dioscorea cayenensis – D. rotundata* complex, are among the relatively few truly West African domesticated plants. Their introduction to cultivation was a purely African enterprise based on indigenous genetic material, and the initial stages of the domestication process took place many millennia ago. Several other indigenous species were also brought into cultivation, though to a lesser extent. Two Asiatic yams, *D. alata* and *D. esculenta,* have been introduced to West Africa in recent centuries, but neither is grown to the same extent, or is so highly regarded as our own native species.

The opinion is often expressed that the yam is a declining crop, but this is true only in a relative sense. The absolute levels of yam production in West Africa as a whole (here in Cameroon it has actually increased) and in the world globally, have remained essentially static for the last three decades, while production of other crops has increased; most notably, production of cassava has about doubled in the same period. Yam production is highly labour intensive, and the provision of the stakes necessary for supporting the growing yams is becoming more difficult and more expensive as time goes by. Yam has always been an expensive staple, costing three to five times as much as an equivalent amount of cassava, and may well become more so in the future. But in the author's opinion, however much the price of yams may rise compared with other staples—and we need further information on this, beyond what is said later in this volume—the attachment of the West African to yams as food is such that there will always be some demand for them.

There is a similar dependence on, and reverence for yams, particularly *D. alata*, in the traditional cultures of Melanesia and some parts of Polynesia. Yams are also of considerable economic importance in the Caribbean and in neighbouring parts of the tropical American mainland, where Asiatic, African, and some indigenous American species are grown. There is also some scattered cultivation of yams as minor crops in many parts of the more humid lowland tropics. Nowhere but in West Africa are they cultivated on such a grand scale, and within the 'yam zone' that I have already mentioned, more than three-quarters of the world's yams are produced.

It is most appropriate, therefore, that the International Seminar on Yams, on which this volume is based should have been held in West Africa. Within West Africa, Cameroon, combining as it does both anglophone and francophone traditions, was a particularly fortunate choice of location, and within that country the location at Buea high on the slopes of Mount Cameroon was a most attractive venue, while the premises of the Pan African Institute for Development provided highly suitable accommodation for the meetings.

This seminar, sponsored by the International Foundation for Science (IFS), and organized jointly by IFS and the Office National de Recherche Scientifique et Technique (ONAREST), was the first meeting of its kind. Two symposia were held some years ago in Mexico on the related *Dioscorea* species used as sources of steroidal drugs, and, of course, the edible yams have received considerable attention in the five International Symposia on Tropical Root Crops held in Trinidad (1967), Hawaii (1970), Nigeria (1973), Columbia (1976), and the Philippines (1979), but never before has a specialized meeting such as this one been held, devoted entirely to the food-yams.

The meeting was of a modest size, with 25 participants plus a few observers in all, but all the six countries of West Africa, parts of which fall within the yam zone, were represented, and participants were also attracted from

Europe, the Caribbean, and South-East Asia.

There is no doubt that in spite of—or perhaps partly because of—its limited size, the seminar was a great success. It served to bring together most of those concerned with research on yams in both the francophone and anglophone countries of West Africa: many of the participants were IFS grantees, and for these younger workers contact with specialists from outside the region must have been especially useful.

In all, five technical sessions, each occupying more or less half a day, were held. As may be seen from the papers that follow in this volume, they covered plant improvement; agronomic studies and taxonomy; plant protection; post-harvest biology and technology; and economics of production and mechanization. All the presentations are reproduced later in this volume, together with discussions on the papers and the reports of the meetings that occupied the last day, and of the working groups held in the four main subject areas: plant breeding, agronomy, plant protection, and post-harvest technology together with economics, whose task was to identify the main priorities for future work on yams. Together they form a most useful compendium as to the present 'state of the art' concerning yams, at least in West Africa, while the documents prepared by the working groups should provide valuable guidelines for future research work.

I cannot refrain from closing on a personal note, for attending the seminar was a singularly moving experience for me. By chance it was held 20 years, almost to the day, from the time when I first started to study, in what was then the Eastern Region of Nigeria, the crop to which I was to devote the best part of my life and with which I have become closely identified. At that time, the crop was virtually unknown to the world of agricultural science and it would then have seemed inconceivable that an international meeting such as this would ever be devoted solely to yams. Having seen the interest in yams develop slowly but surely over the intervening two decades, it was a very great pleasure as well as an honour to have been invited to undertake the role of Chairman of the Seminar, and as a consequence to prepare the foreword for this volume.

Let us hope that we shall not have to wait another 20 years until the next international meeting on yams.

Préface

Le genre *Dioscorea,* riche de plus de 500 espèces, occupe sur notre globe une aire de distribution très vaste. Certaines espèces se retrouvent dans les pays tempérés ou en montagne (Pyrénées, Andes . . .) mais ses représentants sont surtout nombreux dans les régions intertropicales des différents continents.

A des époques variées mais déjà anciennes, plusieurs espèces, environ une douzaine, ont été l'objet d'une promotion. Les paysans ont su domestiquer des plantes sauvages, ont su les améliorer et les adapter à leurs divers besoins et à leurs possibilités de culture. Cet ennoblissement s'est fait indépendamment dans des contrées éloignées les unes des autres. Ainsi, en Polynésie, en Asie du Sud-Est et en Extrême-Orient, en Amérique tropicale et aux Caraïbes, en Afrique occidentale sont nées des agricultures dans lesquelles les ignames ont joué un rôle essentiel dans l'alimentation des populations locales. Par la suite, des migrations ont permis la diffusion de pays à pays des innovations et des découvertes qui y avaient été réalisées, et ceci, grâce aux qualités de ces plantes et aux relatives facilités de conservation de leurs tubercules. L'Afrique a accueilli ainsi les *Dioscorea alata* et *D. esculenta* alors qu'elle inventait les *Dioscorea rotundata, D. cayenensis,* et *D. dumetorum.*

Parmi les divers centres d'origine de la culture de l'igname qui ont donc vu la domestication des ignames sauvages en ignames cultivées, l'Afrique occidentale tient une place de premier plan. De la Côte d'Ivoire au Cameroun, dans les zones forestières, préforestières et de savanes méridionales, les ignames sont un des éléments vitaux de la vie quotidienne avec quelques autres innovations (palmier à huile, aubergines africaines, niébés, gombos. . .). Il faut ajouter ce 'yam belt' aux centres d'origine des plantes cultivées dénombrés par Vavilov. La nourriture de ces régions est basée sur la production en tubercules des dioscorées. La vie socio-religieuse leur est liée au point que nous avons pu parler voici près de trente cinq ans d'une civilisation ouest-africaine de l'igname qui s'est développée à l'instar des civilisations du riz, du maïs et du blé.

Mais la culture de l'igname est exigeante. Elle réclame d'être placée en tête d'assolement, sur les terrains les plus riches ayant reçu une excellente préparation, avec un buttage soigneux, un tuteurage astreignant; elle demande une connaissance approfondie des besoins culturaux de la plante, elle nécessite des soins au cours du cycle végétatif d'abord, au cours de la conservation ensuite. Nous devons admirer la profonde intimité qui unit le paysan à son matériel végétal.

Cependant, malgré son degré de perfectionnement et la large gamme des cultivars utilisés qui correspondent à des besoins variés, l'igname ou plutôt les ignames se trouvent en concurrence avec d'autres productions plus faciles et moins onéreuses telles que le manioc, le riz ou le maïs: 400 journées de travail sont estimées nécessaires pour cultiver un hectare d'ignames. Les experts comptent qu'une plantation de même superficie revient à 100.000 fr. CFA contre 20.000 au manioc, 15.000 à la patate douce, 4.000 au riz. C'est donc une lourde charge. On comprend que, malgré la forte tradition culinaire qui fait que les populations renoncent difficilement à leur plat préféré, la culture de l'igname se stabilise ou même décline. L'igname devient un met de luxe. D'autre part, des maladies se sont répandues; les viroses encore relativement rares voici une trentaine d'années sont devenues communes; les nématodes se sont multipliés sur des terrains où les assolements se sont rétrécis à la suite du croît démographique. Le contexte économique s'est modifié. Aussi est-il devenu indispensable, étant donné les bonnes qualités nutritives et culturales de l'igname et aussi ce qu'elle représente du point de vue traditionnel, de chercher à redéfinir la plante et sa culture et de l'adapter à de nouvelles conditions modernes.

Si pendant longtemps les Dioscorées ont été l'objet de relativement peu de recherches, depuis quelques années déjà, un intérêt accru se manifeste à leur sujet. Elles suscitent des études pour une meilleure connaissance de leur origine, de leur morphologie et anatomie, de leur biologie et de leur physiologie. Il était nécessaire avant de s'engager plus avant de faire une mise au point, d'envisager les progrès effectués et de déterminer les canons auxquels doit répondre l'igname idéale, l'igname de l'avenir. La sauvegarde de la culture, son sauvetage se feront à ces conditions.

L'International Foundation for Sciences (IFS), très consciente de ces problèmes, a eu le mérite, dont il faut lui être reconnaissant, d'organiser avec le précieux concours de l'Office National de la Recherche Scientifique et Technique du Cameroun (ONAREST), un 'Séminaire sur les Ignames'. Cette importante réunion s'est tenue à Buéa, du 2 au 6 octobre 1978. Le choix du lieu était judicieux et justifié. La République Unie du Cameroun dont l'accueil a été amical et généreux, était en effet particulièrement désignée pour recevoir un tel séminaire, d'une part par son bilinguisme, d'autre part par sa vocation 'ignamicole' puisque, outre une production de plus de 600.000 tonnes, elle cultive, à côté des cultivars de *Dioscorea cayenensis*, de *D. rotundata*, de *D. alata*, des variétés comestibles de *D. dumetorum* que ses agriculteurs ont su tirer des variétés sauvages de cette espèce.

L'ouvrage ci-après est le reflet, mis à jour, des 25 communications présentées. Elles sont issues de spécialistes qui ont une familiarité certaine avec les ignames. Ces personnalités venaient principalement des pays francophones et anglophones d'Afrique occidentale (Bénin, Cameroun, Côte d'Ivoire, Ghana, Nigéria, Togo, Haute-Volta) où se pratique 'l'ignami-culture'. D'autres représentants s'étaient déplacés d'Europe (Allemagne fédérale, France, Royaume-Uni, Suisse), des Antilles (Guadeloupe), d'Indonésie (Java).

Le nombre des participants n'étant pas très élevé, une trentaine, ce congrès 'compact' fut efficace avec des échanges nombreux et denses. Les séances fructueuses furent réparties en cinq sessions. Les exposés sont imprimés d'après leur ordre de présentation et groupés dans ce volume selon les thèmes suivants:

I   Amélioration des plantes (6 exposés)
II   Recherches agronomiques et taxonomie (9 exposés)
III   Protection des végétaux (5 exposés)
IV   Technologie (4 exposés)
V   Economie de la production et mécanisation (1 exposé)

Ils couvrent un large champ de recherches. Chacune des parties ci-dessus se termine par un compte-rendu sommaire des discussions qui suivirent chaque session. A la fin du Congrès des recommandations ont été émises. Nous les avons réunies en un chapitre spécial. Nous avons aussi ajouté un chapitre particulier sur le problème controversé mais important de la Taxonomie du complexe *D. cayenensis – D. rotundata*, et ses aspects nomenclaturaux.

Le Séminaire débuta par un discours officiel d'ouverture et de bienvenue du Professeur F. A. Gandji, Directeur Général de l'ONAREST, qui définit quelle devait être l'igname idéale de demain. Il fut suivi d'une allocution de Monsieur Jacques Gaillard, Secrétaire des Projets de l'IFS qui prit une part essentielle à l'organisation de cette manifestation et en assura l'excellente réalisation et le succès. L'éminent spécialiste qu'est le Dr D. G. Coursey, en tant que Président de ce séminaire, se fit l'interprète de tous les participants pour remercier les autorités d'accueil de la République Unie du Cameroun ainsi que l'IFS qui eut l'initiative heureuse de promouvoir la première réunion internationale dévolue uniquement aux ignames.

Une session de clôture permit de rassembler les recommandations des différents comités correspondant aux cinq parties citées ci-dessus. Elle s'acheva par une adresse de Monsieur J. Nya-Ngatchou, Directeur de l'Institut de Recherches Agricoles et Forestières (IRAF).

Nous souhaitons que ce volume soit accueilli avec faveur par le public s'intéressant aux problèmes tropicaux et plus particulièrement à une production qui soulève de nombreux problèmes attachants et dont l'importance touche à l'alimentation de plusieurs millions de personnes.

Nos remerciements vont au Professeur N. Herlofson, Directeur de l'International Foundation for Sciences, ainsi qu'aux dirigeants d'Oxford University Press qui permettent l'édition de cet ouvrage. Nous avons également le devoir agréable de dire notre gratitude à Mesdames Fontana, Meylan et Wüest pour leur active collaboration qui a facilité considérablement la mise en forme des textes.

JM, SNL

Contents

Contributors
Participants

S. A. Adesuyi: Nigerian Stored Products Research Institute, P.M.B. 5044, Ibadan, Nigeria.

N. Ahoussou: Laboratoire de Génétique, Faculté des Sciences, 04 B.P. 322, Abidjan, Côte d'Ivoire.

J. A. Ayuk-Takem: Institute of Agricultural and Forestry Research, Ekona Centre, P.M.B. 25, Buea, Cameroon.

K. D. Babacauh: Ecole Nationale Supérieure Agronomique, B.P. 8035, Abidjan, Côte d'Ivoire.

J. Bridge: O.A.D. Plant Nematology Unit, Nematology Department, Rothamsted Experimental Station, Harpenden, Herts, U.K.

D. G. Coursey: Plant Food Commodities Department, Tropical Products Institute, 56–62 Gray's Inn Road, London WC1 X8LU, U.K.

L. Degras: Station d'Amélioration des Plantes, INRA, Petit-Bourg, Guadeloupe.

F. Delpeuch: Nutritionniste de l'ORSTOM, Unité de Nutrition de l'ONAREST, B.P. 193, Yaoundé, Cameroun.

M. Demeaux: Ecole Nationale Supérieure Agronomique, B.P. 8035, Abidjan, Côte d'Ivoire.

E. V. Doku: Crop Science Department, University of Ghana, Legon, Ghana.

R. Dumont: Station IRAT de Farako-Bâ, B.P. 32, Bobo-Dioulasso, Haute-Volta.

C. Fauquet: Laboratoire de Virologie, Centre ORSTOM d'Adiopodoumé, B.P. V-51, Abidjan, Côte d'Ivoire.

K. Foua-Bi: Ecole Nationale Supérieure Agronomique, 08 B.P. 35, Abidjan 08, Côte d'Ivoire.

S. N. Lyonga: IRAF, Ekona, P.M.B. 25, Buea, Cameroon.

J. Miège: Département de Biologie végétale, 1, Chemin de l'Impératrice, 1292 Chambésy, Suisse.

A. O. Nwankiti: National Root Crops Research Institute, Umudike, Umuahia, Nigeria.

H. K. Olympio: Institut National des Plantes à Tubercules, 107, route de Knalimé, B.P. 4402, Lomé, Togo.

I. C. Onwueme: Department of Plant Science, University of Ife, Ile-Ife, Nigeria.

C. Oyolu: Department of Crop Science, University of Nigeria, Nsukka, Anambra State, Nigeria.

H. C. Passam: Tropical Products Institute, 56–62 Gray's Inn Road, London, WC1 X8LU, U.K.

P. Piquepaille: Laboratoire d'Etude et d'Exploitation du Polymorphisme végétal, Université de Paris-sud, 91 405 Orsay, France.

S. Sastrapradja: National Biological Institute, P.O.B. 110 Bogor, Indonesia.

E. R. Terry: International Institute of Tropical Agriculture, Oyo Road, P.M.B. 5320, Ibadan, Nigeria.

J.-C. Thouvenel: Laboratoire de Virologie, Centre ORSTOM d'Adiopodoumé, B.P. V-51, Abidjan, Côte d'Ivoire.

B. Touré: Laboratoire de Génétique, Faculté des Sciences, 04 B.P. 322, Abidjan 04, Côte d'Ivoire.

S. Trèche: Nutritionniste de l'ORSTOM, Unité de Nutrition de l'ONAREST, B.P. 193, Yaoundé, Cameroun.

M.-F. Trouslot: Laboratoire de Botanique, Centre ORSTOM d'Adiopodoumé, B.P. V-51, Abidjan, Côte d'Ivoire.

P. Vivier: Agripac B.P. 4610, Abidjan, Côte d'Ivoire.

J. E. Wilson: International Institute of Tropical Agriculture, P.M.B. 5320, Oyo Road, Ibadan, Nigeria.

PART I: PLANT IMPROVEMENT
Ière PARTIE: AMÉLIORATION DES PLANTES

1 Les problèmes d'amélioration génétique de l'igname vus à travers celle de *Dioscorea trifida* L.

L. DEGRAS

Résumé

La capacité d'intervention croissante de l'igname dans l'économie agricole moderne dépend largement des possibilités d'amélioration génétique entrevues depuis longtemps et développées récemment aux Antilles et en Afrique occidentale. Mais la généralisation de cette amélioration se heurte à l'insuffisance de la variabilité chez certaines espèces, à la limitation de l'étendue des recombinaisons par manque de contrôle de la sexualité et de la fécondité, à la lenteur et à la difficulté de détection et d'expression des caractéristiques d'intérêt agronomique. On peut cependant espérer des solutions progressives à ces problèmes.

Summary

The feasibility of a greater contribution by the yam to the modern agricultural economy depends mainly on the possibilities of genetical improvement, which have long been foreseen and which have been recently developed in the West Indies and in West Africa. However, the scale of this improvement is limited by the insufficient variability of some species, by a limitation of the range of possible recombinations owing to a lack of control over fertility and sexuality, and by the delay and difficulties involved in the detection and expression of the traits which are of agricultural importance. However, it is hoped that these problems will be progressively solved.

Introduction

L'aire antillo-guyanaise est une région de culture traditionnelle de l'igname. Avant l'ère chrétienne, les populations Arawaks migrant du bassin amazonien jusqu'aux grandes Antilles, apportent *D. trifida*,* domestiqué sans doute au contact des Oyampis dans les confins guyano-brésiliens. Puis la traite des Africains amènera dès le XVIème siècle *D. cayenensis*,† *D. alata*, et *D. bulbifera*. Enfin, à l'époque de l'immigration asiatique (des Indes, d'Indochine, d'Indonésie), au XIXème siècle, *D. esculenta* apparaît.

Ces espèces participeront à l'économie vivrière de la région, mais de façon

---

* Igname cousse-couche, igname indien, yampi.

† Nous adoptons la systématique de Miège (1968) avec *D. cayenensis* L. comportant deux sous espèces: ssp *cayenensis* et ssp *rotundata*.

moins rituelle que *D. cayenensis* au nord du Golfe du Bénin, et *D. alata* en Polynésie, où s'instaurent des civilisations de l'igname (Frazer 1935; Miège 1954; Alexander et Coursey 1969). Les systèmes de culture demeurent très analogues partout. Mais aux Antilles, le rattachement économique et culturel accentué à l'Europe, tendra à faire plus rapidement régresser la culture. Cette régression découle largement de l'insuffisante compétitivité économique de l'igname dont notamment les techniques de production ont peu évolué et, parmi celles-ci, la mise en oeuvre des variétés.

La nécessaire contribution de l'amélioration génétique au maintien, sinon au progrès de la culture, s'appuie sur la recherche, parmi les clones existants, des mieux adaptés à l'économie actuelle, sur la création de variétés par hybridation et sur la recherche de formes nouvelles dans la variation cellulaire. Ces trois voies de recherche ont été abordées chez *D. trifida*, mais elles posent encore de nombreux problèmes, si elles permettent d'entrevoir quelques solutions.

La sélection parmi les clones existants

Quelques exemples antillais

CHEZ *DIOSCOREA TRIFIDA*   L'inventaire des clones et l'examen de leur variabilité a commencé en 1964. Environ 22 cultivars distincts ont été collectés entre Trinidad et Porto-Rico. Mais dans ce matériel, la variation est assez faible, surtout vers le nord de l'arc antillais. Très rapidement leur vigueur a été affectée par les viroses. Par contre, chez les 18 cultivars introduits des Guyanes, non seulement s'est révélée une variabilité considérable dans la morphologie des tubercules, leur coloration et leurs aptitudes culinaires, mais il a été possible d'y retenir des clones de grand intérêt agronomique par la structure compacte du système souterrain et la productivité même en présence de virose. Aujourd'hui, les cultivars guyanais 'Moengo 5', 'Marché de St-Laurent' par exemple, sont en diffusion en Guadeloupe.

CHEZ D'AUTRES ESPÈCES   Des collectes régionales de *D. cayenensis* et *D. alata* mais surtout des introductions d'Afrique (Côte-d'Ivoire, Cameroun), de Polynésie (Nouvelle Calédonie) complétées par celles effectuées par Martin à Porto-Rico (Martin 1976) ont permis de trouver des cultivars plus précoces (*D. cayenensis* cv. 'V 17/2') ou plus favorables à la culture industrielle (*D. alata* cv. 'Lupias' et cv. 'Florido').

L'introduction du cultivar 'Waël' de l'espèce mineure *D. transversa* R. Brown, de Nouvelle-Calédonie (Bourret 1973), apporte un type particulièrement résistant aux maladies foliaires, à la sécheresse, et susceptible de récoltes successives.

Possibilités et limites de la sélection inter-clonale classique

Cette sélection repose sur la concentration des formes en culture dans l'aire actuelle des espèces. Ainsi plus de 250 clones ont été rassemblés en Guadeloupe, plus de 600 à Porto-Rico. Le potentiel d'introduction est encore très vaste si on considère que, pour la seule espèce *D. cayenensis*, Martin et Sadik (1977) évaluent à 500–2.500 cultivars la gamme en culture en Afrique occidentale.

Le nombre de cultivars de *D. alata* est sûrement beaucoup plus élevé, et l'exploration des espèces mineures, comme *D. dumetorum* ou *D. transversa*, est à peine entreprise (Martin et Degras 1978). Il n'est pas douteux que leur comparaison conduirait à des acquisitions intéressantes. Mais elle a des limites indiscutables.

En premier lieu, la lourdeur de la multiplication clonale usuelle, les risques de transmission de parasites du sol par le tubercule et de viroses restreignent la circulation et l'accumulation du matériel dans les stations expérimentales.

D'autre part, les clones existants sont les produits d'une sélection empirique séculaire dans un système cultural et des civilisations bien différents de nos conditions actuelles. La disparition ou la réduction des longues jachères, la tendance aux cultures monospécifiques voire monoclonales avec une aggrava- tion de maladies davantage endémiques, l'introduction d'une certaine mécanisation de la culture, l'intervention de fertilisation, d'exportation et de possibilité de transformation industrielle, ne peuvent s'appuyer totale- ment sur la souplesse biologique des espèces, sans une pression de sélection beaucoup plus intense et directive.

La richesse de *D. alata* ne fournit pas encore aux Antilles de formes résistantes aux viroses et aux nématodes ni de combinaison associant pro- ductivité, résistance à l'anthracnose, qualités commerciales et culinaires. Pourra-t-elle y parvenir?

D'autres espèces comme *D. cayenensis* et *D. trifida*, dans leur centre de diversification primaire s'enrichissent peut-être encore de formes nouvelles. Miège (1952) n'a-t-il pas observé vers le milieu du siècle la mise en culture, à Kokumbo bocca, de 'Goué', probablement issue de *D. praehensilis* espèce du cercle de parenté de *D. cayenensis*? Mais non seulement, de plus en plus les périmètres cultivés actuels ne favorisent guère la survie et le repérage de formes nouvelles adaptées, mais leur taux d'apparition naturelle serait en deçà des nécessités de choix et de promotion rapides des innovations dans une agriculture moderne.

La sélection dans les descendances d'hybridation

Bien qu'assez tôt, par exemple vers 1934 au Ghana (Hinson in Doku 1967), la sexualité des ignames ait intéressé les agronomes, et que beaucoup plus tôt encore, au XIXème siècle (Queva 1894), les biologistes aient étudié la germination et la croissance des plantules, peu d'efforts avaient été faits avant le milieu du XXème siècle pour en tirer parti en vue de l'amélioration de la culture. C'est que, d'une part la profusion des clones paraissait satisfaisante et que d'autre part, la 'Grande Igname' *D. alata,* la seule vraiment pantropicale, est déficiente en ce domaine : rareté des floraisons en de nombreuses zones, germination de graines pratiquement inconnue. C'est donc chez l'espèce ouest-africaine *D. cayenensis* (Waitt 1956 in Doku 1967), les espèces d'intérêt pharmaceutique (Martin et Cabanillas 1966), et l'espèce alimentaire antillo-guyanaise *D. trifida* (Degras 1969) que va finalement se développer cette voie d'amélioration.

Le cas de D. trifida

Gooding et Campbell (1962), Henry (1967) ont, à Trinidad, obtenu des germinations de graines de *D. trifida.* Mais ils n'ont pas entrepris de sélection parmi les descendances. C'est en 1966, à la Guadeloupe qu'a commencé et été poursuivi un programme d'étude et d'utilisation agronomique des descendances d'hybridation de cette espèce.

L'objectif initial du programme était l'obtention d'un matériel capable par sa productivité et sa qualité culinaire de relancer une culture en nette régression. Cinq années après, ayant subi tous les tests nécessaires, l'hybride INRA 25 était proposé avec un rendement dépassant de 30 à 50 pour cent celui des variétés antillaises, mais la qualité demeurait moyenne. D'autres hybrides s'y ajoutaient ensuite, de même productivité mais de meilleure qualité et dont la structure du système souterrain devait faciliter la récolte.

En dépit de ces succès, la conduite de la sélection souffre de sérieux handicaps : complexité de l'expression florale, insuffisance de la germination des graines, manque d'information sur le comportement des caractères en croisement, sur leur déterminisme génétique, comme sur leur dépendance envers la croissance de la plante et le milieu.

Après un examen détaillé des problèmes rencontrés, nous verrons les éléments de solution qui apparaissent.

FLORAISON   Les clones cultivés de *D. trifida* paraissent tous capables de fleurir. Toutefois, l'abondance des fleurs est très variable, et certaines années, chez certains clones, elles sont rares ou ne s'ouvrent pas. Encore cette situation est-elle meilleure que chez les descendances d'hybridation. En effet ainsi que Henry (1967) l'avait noté, une fraction variable de celles-ci ne fleurit pas.

L'expression florale paraît tout d'abord positivement liée à la vigueur des plantes. Voici un exemple de répartition des plantes par catégories florales dans une descendance en première année de culture (Tableau 1.1):

Tableau 1.1. Vigueur et floraison en 'F1' INRA 2–104 × INRA 5–20 (6
    niveaux de vigueur, croissant de 1 à 6, regroupés en 2 classes).
    Nombre de plantes

Floraison	Vigueur		Total
	1 à 4	5 et 6	
Femelle	8	7	15
Mâle	53	39	92
Bourgeon floral arrêté	58	28	86
Non observée	37	8	45
Total	156	82	238

La présence de bourgeons floraux arrêtés et l'absence de floraison même
dans la classe de vigueur élevée prouve qu'il n'y a pas de liaison totale rigide,
entre notre échelle de vigueur et l'expression florale de tous les descendants.

Quatre types de facteurs pourraient soit à travers la vigueur, soit en
interaction avec elle, contribuer à ces modalités d'expression.

1. En premier lieu, des facteurs génétiques. On aura remarqué la fréquence
totale beaucoup plus élevée des mâles, mais la fréquence relative un peu
plus élevée des femelles dans la catégorie supérieure de vigueur. Le test
d'indépendance (χ^2) permet de conclure à la probabilité d'une liaison
hautement significative entre la vigueur et l'expression florale. On soupçonne
aussi sûrement la contribution génétique dans les différentes fréquences de
floraison observées dans une série de 8 croisements (Tableau 1.2).

Tableau 1.2. Variation du taux de floraison de *D. trifida* selon les croisements

Année	Descendances (X = mâle indéterminé)	Effectif	Floraison N	Floraison %
1966–1967	X CC. Rouge	79	20	25,3
	X CC. Longue	91	31	34,1
1971–1972	X INRA 25	268	91	23,9
	X INRA 31	48	12	24,9
	X INRA 16	201	61	30,3
	X Indien St-Laurent	121	60	49,6
	I. 29 × I. 28	271	114	42,7
1975–1976	2.104 × 5.20	238	193	81,1
Totaux: % moyen		1317	582	$\bar{x} = 44,2$

La possibilité d'un effet de l'année seule est exclue par l'observation en 1971–2 d'une variation du simple au double entre certaines descendances.

2. Les conditions climatiques peuvent, néanmoins, jouer un rôle. Henry (1967) a observé de notables variations avec l'éclairement (Tableau 1.3).

Tableau 1.3. Floraison et ombrage dans une descendance de *D. trifida* (Nombre de plantes et, entre parenthèses, pourcentage)

Eclairement	Effectif total	Mâle	Femelle	Bisexuée	Sans fleur
Normal	728(100)	190(26,1)	41(5,6)	17(2,3)	400(65,9)
Réduit	803(100)	95(11,8)	16(2,0)	13(1,6)	679(84,5)

3. Le Tableau 1.4 donne à penser que l'inhibition d'expression de la floraison n'est pas sans rapport avec les facteurs régissant la précocité de floraison.

Tableau 1.4. Catégorie florale et précocité de floraison dans la 'F1' INRA 2–104 × INRA 5–20: effectifs

Epoque de floraison	Catégorie florale			Total
	Mâle	Femelle	Bouton arrêté	
Avant le 8 décembre	21	4	1	26
Du 8 au 27 décembre	38	6	36	80
Du 28 décembre au 16 janvier	27	5	22	54
Après le 16 janvier	6	0	27	33
Total	92	15	86	193

La catégorie 'bouton arrêté' domine dans la classe la plus tardive et est, à une exception près, absente de la plus précoce. On peut penser que, dans le cycle annuel de l'espèce, des facteurs de ralentissement de la croissance, auxquels certains génotypes seraient plus sensibles freinent ou bloquent l'expression florale.

4. On observe un accroissement du taux de floraison entre la génération issue de graine et sa descendance végétative, qu'elle provienne d'une repousse au champ de plantes non récoltées (passage de 42 à 74 pour cent en Guadeloupe) ou d'un clonage avec plantation (passage de 34 à 62 pour cent à Trinidad). Mais, dans les deux cas, ce peut être plus un effet quantitatif par accroissement des réserves maternelles, qu'un effet qualitatif lié à la nécessité d'un deuxième cycle de croissance et de développement.

Avant de laisser le domaine de la floraison, soulignons la faible fréquence des femelles par rapport aux mâles. Cette disproportion diminue la possibilité de recombiner deux à deux tous les génotypes intéressants. Et de plus, le sex-ratio est très fluctuant. L'expérience d'éclairement de Henry (1967) montre comment il peut être affecté par l'écologie. Nous y reviendrons.

FRUCTIFICATION ET GERMINATION DES GRAINES   La pollinisation est mal connue. Elle est possible manuellement. On la suppose entomophile mais par des vecteurs peu ou mauvais transporteurs, car de longues distances entre parents suppriment la fécondation qui est maximale quand les tiges sont entremêlées. Les épis femelles, peu garnis (guère plus d'une vingtaine de fleurs par épi), avortent encore parfois.

Une dormance d'environ deux mois est observée après la maturation apparente des capsules. Par la suite, à partir de l'imbibition, un autre mois s'écoule avant la première germination. Un échantillon atteint son taux maximum de germination aux environs du deuxième mois après ce début. Ce taux oscille entre 50 et 80 pour cent. Il paraît fonction du croisement mais surtout des conditions microécologiques et sanitaires.

L'addition des imperfections du système de reproduction sexuée dans la mise à fleur, le développement des inflorescences, le déséquilibre du sex-ratio, la fécondation et la germination, ne peut que réduire la variabilité des recombinaisons génétiques. C'est déjà une source d'ambiguïté pour la signification des fréquences de caractères qu'il faut pourtant essayer d'analyser.

APPROCHE DU DÉTERMINISME DE QUELQUES CARACTÈRES   Certains caractères s'expriment rapidement au cours ou au terme du cycle de végétation partant de la graine. D'autres ne s'expriment complètement qu'au cours du premier ou du second cycle végétatif issu du tubercule. En plus de cet étalement d'expression du nouveau clone, les effets du milieu s'inscrivant partiellement dans le tubercule mère altèrent encore la perception des caractères. Nous donnerons quelques exemples de caractères illustrant ces problèmes.

1. La coloration interne du tubercule élaboré au cours du cycle partant de la graine est un caractère immédiat et définitif pour le clone. Voici un cas de distribution de coloration dans une descendance (Tableau 1.6).

On peut relever la dominance de la coloration violette dans la région corticale. Par contre la région centrale exprime, avec des groupements des classes 'non blanc' une relation 1/1, ou peu s'en faut. Les déterminismes de la coloration de ces deux régions paraissent donc relativement distincts, à ceci près que la région centrale n'est jamais plus intensément colorée que la région corticale, mais que l'inverse est fréquent.

Dans l'analyse d'un autre croisement (CC. Violette × INRA 40, Degras 1976) nous avons rapporté une distribution différente des phénotypes. Dans les deux cas on observe des transgressions par rapport aux types parentaux.

Ces faits correspondent à l'hétérozygotie probable de tous les clones actuels et à la polyploïdie vraisemblable de l'espèce pour laquelle Henry (1967) signale 54, 72, et 81, Essad ‡ 80 chromosomes en mitose.

Tableau 1.6. Distribution de la coloration du tubercule dans la 'F1' INRA 2–104 × INRA 5–20. Effectifs. Coloration des parents: (1) 2–104; (2) 5–20

Région centrale ('Chair')	Région corticale ('Phelloderme')				
	Blanc à crème	Violet clair	Violet	Violet foncé	Total
Blanc	(2)86	—	22	17	125
Blanc violacé	—	(1) 5	24	30	59
Violet clair	—	4	18	16	38
Violet	—	1	3	11	15
Violet foncé	—	—	—	1	1
Total	86	10	67	75	238

Mentionnons que, dans le croisement analysé ici, la distribution de la coloration du tubercule s'est avérée indépendante des catégories florales et de la précocité de sénescence du feuillage.

2. La distance moyenne entre la dilatation du tubercule et le collet de la plante (longueur du pédoncule) est une caractéristique variétale fortement influencée par l'écologie et par les valeurs de la plante-mère. Cette dernière dépendance apparaît nettement au Tableau 1.7. Il en est de même de la durée du cycle de végétation. Leurs 'dérives' saisonnières réduisent l'efficacité de leur sélection.

Tableau 1.7. Corrélations entre années pour les valeurs de 4 caractères sélectionnés dans un ensemble de descendances

x y	N	Durée du cycle	Longueur du pédoncule	Rendement	
				Brut	Net
1966 × 1967	49			+ 0,70*	
1967 × 1968	49	+ 0,37*	+ 0,29†	+ 0,17	+ 0,12
1968 × 1969	49	+ 0,69*	+ 0,62*	− 0,09	+ 0,43§
1969 × 1970	7			− 0,03	+ 0,53
1967 × 1969	17	+ 0,33	+ 0,35		

§ P entre 0,10 et 0,05.   † P inférieur à 0,05.   * P inférieur à 0,02.

‡ Communication personnelle; observations effectuées en Guadeloupe à l'INRA en 1978.

3. Dans le Tableau 1.7, ci-dessus, on trouve les coefficients de corrélations entre les rendements successifs de trois années de culture de 49 clones hybrides. La corrélation hautement significative trouvée entre la récolte du cycle issu de graines et la suivante disparaît entre les paires de récoltes suivantes : le rendement du clone n'a rien à voir avec celui de la plantule. D'ailleurs le classement de ce rendement brut se révèle peu stable tandis qu'en considérant les tubercules de taille commercialisable (rendement net) la corrélation reste notable et positive.

Les relations avec le rendement perceptibles au cours de la première culture sont aussi sujettes à caution, ainsi dans le croisement INRA 2-104 × 5-20 on note une liaison apparente entre les catégories d'expression florales et le rendement brut (Tableau 1.8):

Tableau 1.8. Catégories florales et rendement dans la 'F1' INRA 2-104 × 5-20: effectifs

Poids récolté	Femelle	Mâle	Bouton arrêté	Non fleuri	Total
Moins de 1,5 kg	10	74	76	45	205
Plus de 1,5 kg	5	18	10	0	33
Total	15	92	86	45	238

Une proportion croissante de clones productifs apparaît en passant des non fleuris aux 'boutons arrêtés', aux mâles et aux femelles.

Une telle relation n'avait pas encore été vue dans le matériel en sélection sauf dans la culture issue de graines de IRAT 29 × IRAT 28, mais une relation inverse avait été notée dans la génération végétative suivante.

Quelques points de comparaison chez D. cayenensis

Avant d'être intensivement sélectionnée à l'IITA (Sadik et Okereke 1975*b*; Sadik 1976) l'espèce avait fourni des germinations plus ou moins bien exploitées au Nigéria (Waitt 1956 in Doku 1967), au Ghana (Waller 1958 in Doku 1967), et en Côte-d'Ivoire (Degras 1957). La tentative ivoirienne initiée par J. P. Franck et que nous avons conduite, avait permis nombre d'observations et laissé quelques clones sélectionnés, encore en collection à Bouaké.

Nous avions noté le faible taux de succès des germinations (13/3000 graines !), la prédominance des mâles, la présence de monoïques mais aussi leur instabilité. D'une année à la suivante, à la deuxième génération clonale cinq plantes d'origine monoïque sur sept n'ont pas fleuri, mais deux femelles et un mâle ont donné de nouveaux monoïques. Cette observation est à rapprocher du fait qu'en Guadeloupe les *D. cayenensis* expriment très irrégulièrement leur aptitude à la floraison. On doit aussi en rapprocher l'accroissement du taux de floraison et l'apparition de plantes mâles chez *D. cayenensis* cv. Lokpa, à Bouaké, en relation avec une fertilisation azotée croissante (Tableau 1.9):

Tableau 1.9. Floraison et fertilisation azotée chez *D. cayenensis* cv. Lokpa à Bouaké (Degras 1957)

Azote (unités/hectare)	0	75	150	300
Plantes fleuries (pour cent)	2,2	3,7	5,1	8,5
N mâles/N femelles	0/6	0/10	4/12	13/12

Ce clone est femelle en culture usuelle. On assisterait là à un effet masculinisant analogue à celui observé chez le chanvre (Arnoux 1966) (cf. aussi Touré et Ahoussou 1978).

Doku (1973) donne des proportions de mâles, de femelles, et de 'neutres' (3/1/9 chez les clones traditionnels, 1/1/9 chez les clones issus de croisement) comme si ces proportions étaient structurales pour l'espèce. On peut en douter, d'autant qu'il relève l'absence de floraison femelle dans la génération issue de graine et son apparition dans la génération végétative ultérieure (Henry 1967, ci-dessus).

Sadik (1976) signale 47 pour cent de floraison, avec 32 mâles pour 15 femelles chez les cultivars traditionnellement clonés, mais 80 pour cent de floraison et 41 mâles pour 35 femelles dans la génération clonale issue des plantules; 4 pour cent de monoïques y sont observés.

Sadik et Okereke (1975a, 1975b) ont noté un taux élevé de graines inviables par malformation de l'embryon ou de l'albumen. La dormance est évaluée à trois – quatre mois.

Ils mentionnent un accroissement du rendement en passant des plantes non fleuries aux mâles et aux femelles, ce que nous avions aussi noté à Bouaké (et qu'évoque aussi le Tableau 1.8 pour *D. trifida*).

Toutes ces hybridations ont conduit à un accroissement considérable de la variabilité. Mais il reste beaucoup à faire encore dans l'étude de celle-ci, tant pour orienter que pour utiliser rationnellement les recombinaisons. De plus, la variabilité obtenue de chaque espèce paraît encore insuffisante pour lui permettre de bien surmonter certaines déficiences. Il en est ainsi pour *D. trifida* vis-à-vis de la sensibilité aux viroses, à certains nématodes (Kermarrec, Scotto la Massese, et Anaïs 1976) et certains champignons (Ducet 1977), vis-à-vis aussi de la dormance trop brève. Les espoirs entrevus dans le matériel d'Ibadan demeurent à concrétiser au niveau agricole (Wilson 1978).

Enfin, rappelons que cette voie de l'amélioration par la recombinaison génétique, déjà malaisée à mettre en oeuvre, ne saurait pour l'instant s'appliquer à *D. alata*, dont c'est justement la sexualité qui est déficiente.

Essai de mise en oeuvre de la variation cellulaire

L'application de la culture de tissus et de cellules aux ignames a commencé depuis quelque temps (Rao 1969, sans oublier certains travaux antérieurs non publiés).* Mais elle s'est développée principalement, à notre connaissance, en dehors des espèces d'igname d'intérêt alimentaire, chez les ignames d'intérêt pharmaceutique où on envisage déjà l'induction de la variabilité *in vitro* (Karnova, Shamina, et Rapoport 1975).

Les succès obtenus chez certaines plantes et en particulier chez l'Asperge (Pelletier, Raquin, et Simon 1972)† incitaient à tenter d'obtenir des plantes haploïdes à partir des cellules polliniques de *D. trifida*. L'expérience a été conduite par R. Arnolin, de notre unité de recherches, au Laboratoire du Pr. Demarly (Orsay, France). Malheureusement, les inflorescences, expédiées régulièrement sous des emballages pourtant spécialement conditionnés, se sont révélées très affectées par le transport. La série de milieux de culture expérimentée n'a pas permis d'obtenir les divisions attendues. Mais on note que c'est le milieu adapté à l'Asperge qui présente, au terme de l'étude, le taux de pollen mort le moins élevé et le taux de pollen à cinq noyaux le plus élevé (Arnolin 1976). Ces travaux seront repris dès que possible en Guadeloupe même.

Eléments de solution et nouvelles recherches

Aux problèmes rencontrés dans les trois voies d'amélioration mises en oeuvre, des solutions partielles existent ou s'annoncent. Mais beaucoup de recherches sont à développer.

La sélection de clones adaptés à partir de collectes et d'introductions peut s'appuyer, d'une part sur une exploitation accrue des réserves des aires de diversification des espèces (le bassin amazonien pour *D. trifida*), d'autre part sur les récents développements des techniques de multiplication végétative :

(1) réduction de la dormance par l'éthylène-chlorhydrine (Campbell, Chukwueke, Teriba, et Ho-A-Shu 1962; Mathurin 1977);

(2) bouturage uninodal des tiges initiales produites en quarantaine pour se prémunir contre les nématodes (Degras et Kermarrec 1976);

(3) réduction des fragments de tubercules de semences avec une meilleure valorisation de ceux-ci et la réduction des surfaces plantées en collection (Mathurin et Degras 1974);

(4) culture aseptique *in vitro* de portions nodales (Mantell et Haque 1977).

---

* Travaux de Nickell chez *D. composita,* selon Gautheret (*La culture des tissus végétaux, techniques et réalisations* 1959, Masson) et travaux de Miège chez *D. esculenta* en 1963, 1964 (communication personnelle).

† Les Asparaginées font partie du complexe évolutif où les Dioscoréacées ont pris naissance.

Ainsi se trouve limitée la lourdeur du système, augmentée la sécurité vis-à-vis des introductions de parasites et accrue la capacité de multiplication du matériel.

La sélection à partir de l'hybridation sera plus efficace lorsque certaines recherches en cours auront abouti ou que certaines acquisitions auront prouvé leur valeur générale. Mentionnons:

(1) le contrôle de la mise à fleur et du sexe, dont certains déterminismes sont à l'étude en culture *in vitro* de régions nodales soumises à des substances de croissance, des éclairements et des températures définies;

(2) l'accroissement de la fécondité, recherchée par des cultures 'forcées' de plein champ en élevant la hauteur des tuteurs, les doses d'engrais et en excisant les tubercules;

(3) l'affinement des conditions d'élevage des plantules;

(4) l'étude statistique des effectifs et du nombre de générations nécessaires à la sélection de caractères donnés à partir de génotypes donnés; les observations sur la coloration du tubercule apportent déjà des éléments; d'autres sont en cours d'acquisition pour le rendement; ainsi à partir de données du Tableau 1.7 on peut calculer un coefficient de corrélation significatif combinant les trois estimations entre années pour le rendement net;

(5) l'estimation des aptitudes spécifiques et générales à la recombinaison de séries de géniteurs pour orienter celle-ci.

En ce qui concerne la variation cellulaire, sa mise en oeuvre véritable nécessite l'intensification de l'expérimentation et son extension du pollen aux tissus somatiques d'une large gamme de clones et d'espèces.

Mais on devrait aussi tenter la polyploïdisation et la mutagenèse, en dépit du pronostic défavorable que pourrait susciter le niveau de ploïdie élevé de la plupart des clones cultivés.

C'est à travers ces variations cellulaires que, si le contrôle de la floraison échoue, on peut encore espérer renouveler l'espèce *D. alata*.

Enfin, il faut ambitionner de pouvoir brasser la totalité des génotypes des espèces dans des recombinaisons interspécifiques étant donné les qualités complémentaires qui apparaissent bien dispersées dans le genre. L'origine polyphylétique et hybride probable de plusieurs espèces, dont *D. cayenensis* par exemple (Miège 1952), et la réussite des croisements entre quatre espèces de *Dioscorea* à stéroïdes (Martin et Cabanillas 1966) ouvrent la voie à de telles espérances.

Références bibliographiques

Alexander, J. et Coursey, D. G. (1969). The origins of yam cultivation. In *The domestication and exploitation of plants and animals* (ed. P. J. Ucko and G. W. Dimbledy), pp. 405–25. Duckworth, London.

Arnolin, R. (1976). *Essais de culture d'anthères de l'igname cousse-couche* Dioscorea trifida *L.* DEA d'Amélioration des Plantes, Rapport de Stage, Université Paris-sud.

Arnoux, M. (1966). Influence des facteurs du milieu sur l'expression de la sexualité du chanvre monoïque (*Cannabis sativa* L.) II. Action de la nutrition azotée. *Annls Amél. Pl.* **16**, 123–34.

Bourret, D. (1973). Etude ethnobotanique des Dioscoréacées alimentaires. Igname de Nouvelle Calédonie. Thèse Doctorat 3ème cycle. Spécialité : Biologie végétale. Paris.

Campbell, J. S., Chukwueke, V. O., Teriba, F. A., et Ho-A-Shu, H. V. S. (1962). Some physiological experiments with the white Lisbon yam (*Dioscorea alata* L.) *Emp. J. exp. Agric.* **30**, 108–14, 232–8.

Degras, L. (1957). Travaux du laboratoire de génétique. Station expérimentale des plantes alimentaires de Bouaké. Rapport annuel, manuscrit. Archives INRA, Guadeloupe.

—— (1969). Quelques données sur la variabilité de descendances d'igname cousse-couche *D. trifida. Proc. 7th A. Meet. Caribbean Food Crops Soc. Guadeloupe-Martinique* 59–65.

—— (1976). Vegetative and sexual management in food yam improvement. *Proc. 4th Int. Symp. Trop. Root Crops, Cali, Columbia*, 58–62.

—— et Kermarrec A. (1976). Introduction, nématodes et bouturage des ignames. *Nouv. agron. Antilles-Guyane* **2**, 1–14.

Doku, E. V. (1967). Root crops in Ghana. *Proc. 1st. Int. Symp. Trop. Root Crops, Trinidad*, 39–65.

—— (1973). Sexuality and reproductive biology in Ghanaian yam (*Dioscorea* species) cultivars. 1. Preliminary studies. *Proc. 3rd Int. Symp. Trop. Root Crops, Ibadan, Nigeria*.

Ducet, G. (1977). Etudes sur la respiration du tubercule de l'igname. Variations liées à l'infection par *Penicillium oxalicum. Proc. 14th A. Meet. Caribbean Food Crops Soc. Guadeloupe-Martinique*.

Frazer, J. G. (1935). *Le cycle du rameau d'or : Esprit des Blés et des Bois,* Vol. II. P. Geuthner, Paris.

Gooding, H. J. et Campbell, J. S. (1962). Recent development in the production of food crops in Trinidad. *Trop. Agric., Trin.* **39**, 261–70.

Henry, V. C. R. (1967). Studies on botanical and agronomic characteristics in cush-cush (*Dioscorea trifida* L.). Thesis McGill University, Montreal, Canada.

Karnova, S. L., Shamina, Z. B., et Rapoport, I. A. (1975). Influence of N-nitroso-N-methylurea on the variability of cell population of *Dioscorea deltoidea* Wall. *in vitro. Sov. Genet.* **11**, 566–70.

Kermarrec, A., Scotto La Massese, C., et Anaïs, A. (1977). Nématodes phytophages liés aux principales cultures vivrières des Antilles françaises. *Proc. 14th A. Meet. Caribbean Food Crops Soc. Guadeloupe-Martinique*.

Mantell, S. H. et Haque, S. Q. (1977). Three techniques for rapid clonal propagation of white Lisbon yam (*Dioscorea alata* L.). *Proc. 14th A. Meet. Caribbean Food Crops Soc. Guadeloupe-Martinique*.

Martin, F. W. (1976). Selected yam varieties for the tropics. *Proc. 4th Int. Symp. Trop. Root Crops, Cali, Columbia*, 44–9.

—— et Cabanillas, E. (1966). The F1 hybrids of some sapogenin-bearing *Dioscorea* species. *Am. J. Bot.* **53**, 350–8.

—— et Degras L. (1978). *Tropical yams and their potential.* Part VI. *Minor Dioscorea species.* Agricultural Handbook No. 538. USDA, USAID, INRA.

—— et Sadik, S. (1977). *Tropical yams and their potential.* Part IV. *Dioscorea rotundata and Dioscorea cayenensis.* Agricultural Handbook No. 502. USDA, USAID.

Mathurin, P. (1977). *Données pour l'étude de la multiplication végétative de l'igname* (Dioscorea *sp). Anatomie du tubercule, fragmentation et essai d'activation de la germination.* Mémoire d'études Ingénieur des techniques agricoles. INPSA, Dijon.

—— et Degras, L. (1974). Effects of division levels of seed tubers on yams (*D. alata, D. trifida*) germination and yield. *Proc. 12th A. Meet. Caribbean Food Crops Soc. Jamaica* 52–6.

Miège, J. (1952). *Contribution à l'étude systématique des* Dioscorea *ouest-africains.* Thèse Sciences, Paris.

—— (1954). Les cultures vivrières en Afrique occidentale. Etude de leur répartition géographique, particulièrement en Côte d'Ivoire. *Cah. d'outre-mer* 7, 25–50.

—— (1968). Dioscoreaceae. In *Flora of West Tropical Africa* (ed. J. Hutchinson, J. M. Dalziel, et F. N. Hepper), 2ᵉ edn, pp. 144–54. Crown Agents for Overseas Governments and Administration, London.

Pelletier, G., Raquin, C., et Simon, G. (1972). La culture 'in vitro' d'anthères d'Asperges *Asparagus officinalis. C.r. hebd. Séanc. Acad. Sci., Paris sér.* D **274**, 848–51.

Queva, C. (1894). Recherches sur l'anatomie de l'appareil végétatif des Taccacées et des Dioscorées. *Mém. Soc. Sci. Agric. Lille*, Sér. 4, **20**, 1–457.

Rao, A. N. (1969). Tissue culture from bulbil of *Dioscorea sansibarensis. Can. J. Bot.* **47**, 565–6.

Sadik, S. (1976). A review of sexual propagation for yam improvement. *Proc. 4th Int. Symp. Trop. Root Crops, Cali, Columbia* 40–4.

—— et Okereke, O. U. (1975*a*). A new approach to improvement of yam *Dioscorea rotundata. Nature, Lond.* **254**, 134–135.

—— —— (1975*b*). Flowering, pollen grain germination, fruiting, germination and seedling development of white yam, *Dioscorea rotundata* Poir. *Ann. Bot.* **39**, 597–604.

Touré, B. et Ahoussou, N. (1978). Etude de comportement en collection des ignames (*Dioscorea* spp) dans deux régions écologiques différentes de la Côte d'Ivoire. *Séminaire International sur l'Igname. Buéa, Cameroun*, 43–52.

Wilson, J. E. (1978). Progress in the breeding of yam, *Dioscorea* spp. *Séminaire International sur l'Igname. Buéa, Cameroun*, 35–41.

2 Progress in the breeding of yam, *Dioscorea* spp

J. E. WILSON

Summary

Yam production in Nigeria is limited by a number of diseases and pests as well as by high costs of production. A breeding programme has been initiated to reduce these limitations. Clonal selection from genetically segregating populations has been carried out using seedling nurseries and yield trials under different cultural and ecological conditions. Population improvement through recurrent selection has been initiated. Techniques have been developed for germinating true seed and for making controlled hand pollinations to facilitate artificial hybridization. The variability within yam progenies with respect to agronomic characteristics and character associations within and between seedlings and their vegetative progenies have been studied to aid in developing an efficient selection programme. The main emphasis is on *D. rotundata* but smaller programmes have been initiated on *D. dumetorum* and *D. alata.*

Résumé

La production de l'igname au Nigéria est limitée par certaines maladies, certains parasites, ainsi que par le prix élevé de la production. Un programme de sélection a été entrepris pour réduire ces limitations. En partant de populations génétiquement différentes on a effectué une sélection clonale en utilisant des essais en pépinières et des essais comparatifs de rendement dans des conditions culturales et écologiques différentes. On a entrepris des programmes de sélection récurrente et mis au point des techniques pour faire germer les semences et pour effectuer des pollinisations contrôlées afin de faciliter l'hybridation artificielle. Afin de contribuer à la mise au point d'un programme de sélection efficace on a également étudié la variabilité des caractères agronomiques et des associations de caractères inter-et intra-clonales de différentes descendances d'igname. Dans cette étude l'accent a été mis sur *D. rotundata* mais des programmes moins importants ont également été entrepris avec *D. dumetorum* et *D. alata.*

Introduction

Yams are one of the most popular food crops in West Africa, especially in Nigeria which produces about 15 million tonnes annually from 1.4 million hectares (FAO 1976). White yam *(D. rotundata)* is the most popular species but yellow yam *(D. cayenensis)*, water yam *(D. alata)*, and cluster yam *(D. dumetorum)* are also grown extensively. Aerial yam *(D. bulbifera)* and Chinese yam *(D. esculenta)* are less important.

In Nigeria the most important factors limiting yam production are diseases and pests. The nematodes, *Scutellonema, Meloidogyne,* and to a lesser extent, *Pratylenchus*, cause serious damage both in the field and in storage. Foliar diseases including yam virus and leaf spots such as *Cercospora* and *Colletotrichum* reduce yields and in some areas the yam beetle, *Heteroligus meles,* causes conspicuous damage. Storage losses due to nematodes and fungal and bacterial rots are high and are further increased by rodent attack, insect damage (including scale insect and mealybug) and by respiration and sprouting.

Yam production is also limited by high production costs. Much of these costs can be attributed to the high manpower requirements at planting and harvesting, the cost of staking, and the large amount of planting material required for propagation.

Therefore, if yam production is to remain economically viable and not continue to decline, cultivars must be bred which have all the conventional attributes of high yield, resistance to diseases and pests, storability, and culinary quality. In addition they must possess characters which lower the labour requirements, eliminate staking, and reduce the amount of planting material required.

Breeding objectives

At the International Institute of Tropical Agriculture (IITA) a breeding programme has been established to accomplish this. The short-term objectives of this programme are concentrated on white yam *(D. rotundata)* and include both clonal selection and population improvement. Clonal selection from segregating seedling populations grown in different ecological zones concentrates on high yield, resistance to major diseases and pests, improved tuber shape and plant type, improved storability, quality (palatability, poundability, protein quantity, etc.), and varieties which will fit into traditional cropping systems. A population improvement scheme has been initiated to generate seed populations containing high frequencies of these desirable characteristics.

The long-term objectives are to produce tuber and plant types adapted to no-stake conditions and to partial or complete mechanical harvesting, i.e. tubers which are shallow setting, oval and/or round and regular in shape, tough skinned to reduce post-harvest damage, and which have several smaller tubers per plant rather than one large one. Also being explored are possibilities of producing uniform populations of true seed which would permit the farmer to propagate yams from true seed.

Achievements

Selection

Methods of seed germination and seedling establishment in the white yam have been developed and are described in Chapter 7. These methods have made it possible to raise the large segregating populations of seedlings required for a comprehensive breeding programme, and recent studies have shown that many of the characters needed to overcome production limitations are segregating in these breeding populations (Table 2.1).

Since the breeding programme began in 1975, more than 60 000 genotypes have been grown from seed in breeding populations at the IITA and in several off-site locations representing different cultural and ecological conditions. These have been screened in seedling nurseries and in subsequent yield trials for yield, resistance to diseases and pests, improved vine and tuber types, quality, and storability. A number of promising clones have been selected for further testing.

Selection is being carried out under both staked and unstaked conditions. In the forest zone, yields of unstaked yams are normally very much reduced. At IITA, yield reductions of more than 50 per cent have been reported (IITA 1976). Damage from leaf-spot diseases and nematodes appears to be an important cause of this yield reduction and progress has been made in selecting clones which have high levels of resistance and which also perform well without staking.

Table 2.1. Ranges, means, and modes for characteristics of white yam *(D. rotundata)*, based on 530 plants pooled from 5 families, staked, IITA 1976

Characteristic	Range	Mean	Mode
Hill weight[1] (kg)	0.03–8.7	1.8	1–2
Tubers/plant	1–4	1.2	1
Tuber shape[2]	2–5		4
Smoothness[3]			
(Nematode resistance)	1–4	2.3	2
Virus score[4]	2–4·	3.4	4
Leaf-spot score[5]	1.5–4	2.1	1.5
Vigour[6]	1–5	3.4	4
Stems/plant	1–10	1.4	1
Stem colour[7]	1–4		2
Thorniness[8]	1–3	1.5	1
Days to flowering[9]	50–140	87.0	80–90
Sex expression	Male		NF
	Female		
	Monoecious		
	Non-flowering (NF)		

[1] Weight of tubers harvested from one hill.
[2] Subjective score (1–5) representing round, oval, oval-oblong, oblong, long-oblong.
[3] Subjective score (1–4) representing very rough and root-covered (nematode susceptible) to very smooth (nematode resistant).
[4] Subjective score (1–4) representing no disease to all leaves showing symptoms.
[5] Subjective score (1–4) representing no disease to all leaves showing symptoms.
[6] Subjective score (1–5) representing very weak to very vigorous.
[7] Subjective score (1–4) representing green, green–purple, purple–green, purple.
[8] Subjective score (1–3) representing few, many, very many.
[9] Number of days (10-day intervals) from emergence to flowering.

Controlled hand pollinations

Controlled cross-pollinations between selected parents facilitate the recombination of desired characters; self-pollinations of monoecious individuals, and sib-pollination within families expedite inbreeding. A technique for making such controlled pollinations by hand has been developed. This technique uses a pin or fine pointed forceps to transfer the anthers from the male parent to the stigma of the female parent. This method has given satisfactory results but is being continually modified to improve efficiency.

In 1977 a total of 1855 controlled sib- and cross-pollinations of *D. rotundata*, *D. dumetorum*, and *D. cayenensis* were made between selected parents for recombination of desired characteristics. These were made with and without the application of benzyl adenine (BA) to the base of the ovaries at the time of pollination. In all species BA, at a concentration of 0.8 per cent suspended in lanolin, increased seed set, whereas the same concentration of BA suspended in vaseline reduced seed set (Table 2.2). In *D. rotundata*, BA reduced the number of seeds in each fruit, but in the case of BA in lanolin this was outweighed by the increase in the percentage of fruit set. This increase in seed set with BA is small, but it is important since each pollination requires considerable time and skill.

In *D. rotundata* sib-pollinations within breeding families were more successful than cross-pollinations between breeding families. Similar results were obtained in 1976.

Table 2.2. Percentage of fruit and seed set resulting from controlled sib- and cross-pollination in the white yam *(D. rotundata)* and other cultivated yams (*Dioscorea* spp) with and without benzyl adenine (BA) applied at the time of pollination, IITA 1977

	Bagged and/or pollinated flowers	Fruit and seed set (%)		
		Fruit	Seed	Seed/fruit
D. rotundata				
Cross-pollinations	818	20.2	9.9	3.0
Sib-pollination	170	20.0	30.4	1.8
Unpollinated controls	263	0.0	0.0	0.0
No BA	456	18.0	9.4	3.1
BA in vaseline	309	18.1	7.6	2.5
BA in lanolin	223	27.4	11.3	2.5
Dioscorea spp				
Cross-pollinations	867	26.0	15.6	3.6
Unpollinated controls	105	11.4	5.7	6.0
No BA	343	25.4	15.1	3.6
BA in vaseline	144	17.4	10.8	3.7
BA in lanolin	380	29.7	17.9	3.6

Character associations

In 1976 associations between vine and tuber characteristics were studied to determine which characters are associated with yield and which characters can be selected simultaneously (Table 2.3). In the five breeding families studied, tuber yield per hill had significant negative correlations with leaf-spot score and virus score and a significant positive correlation with a subjective vigour rating. The significant positive association between hill weight and sex expression confirmed past findings relating these two characteristics. The average yield per hill for female plants and monoecious plants was the same, 2.5 kg, compared to 1.6 kg for male plants and 1.3 kg for non-flowering plants. The association between hill weight and number of days from emergence to flowering was not significant. Stem colour was significantly associated with thorniness. No significant associations were found between stem colour and virus score or between stem number and tuber number at harvest.

Table 2.3. Character associations in the white yam (*D. rotundata*) based on 530 plants pooled from five families, staked, IITA 1976

Character	Correlation (r)	Association[1]
Hill weight[2] and leaf-spot score[3]	− 0.23**	
Hill weight[2] and virus score[4]	− 0.30**	
Hill weight[2] and vigour[5]	0.59**	
Hill weight[2] and sex expression[6]		0.001
Hill weight[2] and days to flowering[7]		NS
Stem colour[8] and virus score[4]		NS
Stem colour[8] and thorniness[9]		0.001
Stem number and tuber number at harvest		NS

[1] Probabilities from chi-square test of contingency tables.
[2] Weight of tubers harvested from one hill.
[3] Subjective score (1–4) representing no disease to all leaves showing symptoms.
[4] Subjective score (1–4) representing no disease to all leaves showing symptoms.
[5] Subjective score (1–5) representing very weak to very vigorous.
[6] Male, female, monoecious, and non-flowering.
[7] Number of days (10-day intervals) from emergence to flowering.
[8] Subjective score (1–4) representing green, green purple, purple green, purple.
[9] Subjective score (1–3) representing few, many, very many.
NS = Not significant.   ** Significant at 1% probability level.

An ongoing study to determine phenotypic correlations and associations within and between seedlings and their vegetative progeny was initiated at IITA to confirm the 1976 study using different breeding families, and to determine which characters can be accurately selected at the seedling stage. A report on the seedling characters and vine characters of the vegetative progeny has been submitted by Victor (1977). He reported that in the six breeding families of *D. rotundata* studied, tuber weight of seedlings was positively correlated with seedling height, number of branches, number of leaves, leaf size, and number of stems. Seedling tuber weight was negatively correlated with leaf-spot score. In the vegetative progeny planted the following year, days from planting to emergence was negatively correlated with plant height, number of branches and leaves, and leaf size. In these families stem colour was not generally associated with virus score and in contrast to the previous study, stem colour was not an accurate indicator of thorniness. Of the vine characters, only seedling height, branch number and leaf number were related strongly enough to their respective vegetative progeny characters to justify selection in the seedling stage. Analysis of data for the tuber characters of the vegetative progeny has not yet been completed.

Breeding of other Dioscorea *species*

The major emphasis of the IITA breeding programme continues to be on *D. rotundata.* However, a small-scale breeding programme has been initiated on the cluster yam (*D. dumetorum*) because of its importance in Cameroon and several central African nations. In 1977, seven breeding families were grown from seed and evaluated for disease resistance and tuber characteristics. Tuber smoothness ranged from root-covered to smooth; flesh colour ranged from white to deep yellow, with and without purple flecking. A number of promising individuals have been selected for further testing.

In water yam (*D. alata*) the IITA germplasm collection is being evaluated for yield, tuber conformation, quality and for resistance to scorch. The best clones are being multiplied for distribution. A breeding programme has not been initiated because there is no true seed with which to work. However, four male flowering clones and one female flowering clone have now been identified and efforts are being made to produce seeds in crossing blocks. Such seeds could open the doors for a breeding programme similar to the one discussed for the white yam.

References

FAO (1976). *1975 Production Yearbook.* FAO, Rome.

IITA (1976). *Research IITA, highlights of 1976 research.* International Institute of Tropical Agriculture, Ibadan, Nigeria.

Victor, L. (1977). Correlation of the important agronomic characters of white yam (*Dioscorea rotundata* Poir.). Thèse Ingénieur Agronome, Université Nationale du Bénin, Abomey-Calavi.

3 Etude de comportement en collection des ignames (*Dioscorea*ispp) dans deux régions écologiques différentes de la Côte d'Ivoire

B. TOURÉ et N. AHOUSSOU

Résumé

Les ignames (*Dioscorea* spp) sont cultivées essentiellement dans les régions de savanes en Côte d'Ivoire. En 1974, une collection d'ignames issues de ces régions a été installée dans la zone forestière. Elle a été étendue et comporte actuellement 135 cultivars appartenant à 3 espèces : *D. cayenensis–rotundata, D. alata,* et *D. esculenta.* Pendant trois années, les observations sur le comportement de 24 des meilleurs cultivars des espèces *D. cayenensis–rotundata* et *D. alata* ont été effectuées.

Les résultats font ressortir les faits suivants :

1. Le taux de floraison est plus élevé en zone de savane. Au niveau de l'ensemble de la collection, il y a une prédominance des clones non florifères; les mâles sont deux fois plus nombreux que les femelles; les monoïques sont très minoritaires.
2. Le rendement est en général meilleur en zone de savane mais les cultivars classés en tête sont les mêmes dans les deux régions.
3. Peu de différences existent au niveau des autres caractères observés.

Summary

On the Ivory Coast, yams (*Dioscorea* spp) are essentially cultivated in the savannah regions. In 1974 a collection of yams originating from the savannah were established in the forest zone. This collection has multiplied and today comprises 135 cultivars from the three following species : *D. cayenensis–rotundata, D. alata,* and *D. esculenta.* Observations on the 24 best cultivars among the species *D. cayenensis–rotundata* and *D. alata* have been carried out during three years.

From these observations it can be concluded that:

1. The flowering rate is superior in the savannah zone. In the collection as a whole, the non-floriferous clones are predominant; there are twice as many males as females; monoecious plants are in minority.
2. The yield is in general better in the savannah zone but the best cultivars are the same in the two zones.
3. Little difference has been observed for the other characters.

Introduction

La culture de l'igname (*Dioscorea* spp) en Côte d'Ivoire est réalisée essentiellement dans les régions de savane du Centre et du Nord où elle occupe plus de la moitié des superficies consacrées aux produits vivriers. Dans la région forestière de Basse-Côte, l'ignamiculture est moins répandue.

Les espèces de *Dioscorea* alimentaires les plus courantes sont:

(1) *D. cayenensis–rotundata* à une seule récolte, appelé igname tardive;

(2) *D. cayenensis–rotundata* à deux récoltes, dit igname précoce;

(3) *D. alata* renfermant les groupes Bêtê Bêtê et N'Za.

On peut ajouter à ces espèces, *D. esculenta* dont la culture est très limitée.

Depuis une vingtaine d'années, une collection relativement importante d'ignames a été mise en place à Bouaké, en zone de savane, par l'Institut de Recherches Agronomiques Tropicales (IRAT). Des études ont été faites sur cette collection en vue de sélectionner des cultivars fournissant des rendements élevés et se prêtant à une culture mécanisée (IRAT : Rapports annuels 1972, 1973, et 1975).

Dans le but de promouvoir la culture de l'igname sur l'ensemble du territoire et plus particulièrement en zone de forêt, un programme d'amélioration a été élaboré en 1974.

Dans le cadre de ce programme, une collection d'ignames a été installée dans la région forestière d'Abidjan à partir de celle qui existait à Bouaké.

Les objectifs de ce programme sont:

(1) l'étude du comportement des ignames dans la région forestière;

(2) l'extension de la collection en y incluant le plus grand nombre possible d'espèces cultivées et sauvages;

(3) l'étude de la multiplication végétative selon la nature de l'organe utilisé;

(4) l'étude de la sexualité et des techniques d'hybridation contrôlée;

(5) l'étude de la génétique de l'igname et la création de variétés à haut rendement, résistantes aux maladies, ne nécessitant pas de tuteurage et aptes à la mécanisation.

La présente note fera état des résultats obtenus sur trois années d'observation sur le comportement de 24 cultivars dans deux zones écologiques différentes.

Nous donnerons d'abord quelques caractéristiques climatiques des régions concernées.

Dans la zone de savane de Bouaké, située à 7°41 de latitude, 5°05 de longitude et 340 m d'altitude, on distingue une saison sèche qui s'étend d'octobre à mars et une saison de pluies qui débute en avril pour se terminer en septembre. La moyenne de la pluviométrie est de 1.200 mm par an et l'hygrométrie est de 74 pour cent.

Dans la région forestière d'Abidjan, située à 5°19 de latitude, 4° de longitude et 20 m d'altitude, il existe deux saisons de pluies (avril–juillet et octobre–novembre) et deux saisons sèches (décembre–mars et août–septembre). La pluviométrie est supérieure à 1.600 mm par an et l'hygrométrie est de l'ordre de 80 à 85 pour cent.

Matériel et techniques culturales

Un essai simple sans répétition a été réalisé. La culture faite sur billons à Bouaké et sur buttes à Abidjan, comporte 5 à 9 plantes par clone. Les parcelles utilisées n'ont pas de précédent cultural. Il y a eu apport d'engrais. Le matériel planté est constitué par des fragments de tubercules. La plantation a eu lieu dans la deuxième quinzaine du mois d'avril et la récolte à la fin du mois de décembre.

La collection, installée en 1974, renfermait pour les trois espèces, *D. cayenensis–rotundata*, *D. alata*, et *D. esculenta*, 64 clones traditionnels. Elle a été étendue à la suite de prospections et d'introductions. Elle comporte actuellement pour les trois espèces, 135 clones ainsi répartis:

> 98 clones de *D. cayenensis–rotundata*;
> 35 clones de *D. alata*;
> 2 clones de *D. esculenta*

L'évaluation générale de cette collection est en cours.

Résultats

Les observations présentées ci-dessous ont porté sur des clones issus de la collection de Bouaké et choisis dans les deux espèces: *D. cayenensis–rotundata* et *D. alata*.

Six caractères ont été étudiés. Il s'agit:
(1) de la rapidité et de l'étalement de la levée mesurés par le nombre de jours qui sépare la date de plantation et la sortie des tiges;
(2) de la précocité de la floraison estimée par le nombre de jours entre la date de plantation et la date d'apparition de la première inflorescence;
(3) du rapport entre le nombre de plantes fleuries et le nombre total de plantes;
(4) du nombre de tubercules par pied;
(5) de la taille du tubercule le plus long; et
(6) du rendement par plante.

Les valeurs moyennes des données d'observation sont consignées dans les Tableaux 3.1, 3.2, et 3.3.

Caractère (1). Le Tableau 3.1 montre que l'apparition des premières tiges a lieu entre la 2ème et la 3ème semaine après la plantation. Deux semaines après, la levée est presque générale. Les différences de levée entre les plantations faites dans les deux régions ne sont pas importantes et n'excèdent pas une semaine.

Caractères (2) et (3). Dans les 98 clones de *D. cayenensis–rotundata* de la collection les sexes sont répartis de la manière suivante:

> 28 clones mâles,
> 12 clones femelles,

5 clones monoïques,
53 clones neutres.

Les variétés utilisées dans l'étude de comportement sont toutes sexuées et présentent des inflorescences mâles ou femelles (Tableau 3.2).
Dans l'espèce *D. alata* sur les 35 clones de la collection on a:

4 clones mâles,
5 clones femelles,
26 clones neutres.

Tableau 3.1. Moyenne des levées et des floraisons de 24 cultivars en zone de forêt (A) et en zone de savane (B)

Espèces	Moyenne des 1ères levées		Moyenne des étalements		Moyenne des 1ères floraisons		Moyenne des étalements de la floraison	
	A	B	A	B	A	B	A	B
D. cayenensis–rotundata	23è j	18è j	16 j	13 j	67è j	73è j	18 j	20 j
D. alata	21	16	15	7	150	131	10	8

j = jours

Parmi les cultivars de cette espèce qui fleurissent, huit sont introduits de Porto-Rico alors qu'une seule variété locale produit des inflorescences.

Sur les onze cultivars de *D. alata* mentionnés dans le Tableau 3.3., sept sont florifères.

Les fleurs, chez *D. cayenensis–rotundata*, apparaissent généralement dix semaines après la plantation (Tableau 3.1). La floraison s'étale, en moyenne, sur trois semaines. Les clones femelles sont plus tardifs. Chez *D. alata*, les inflorescences n'apparaissent que vers la vingtième semaine. L'étalement de la floraison est réduit par rapport à l'espèce précédente.

En savane, la quasi-totalité des plantes fleurissent tandis qu'en zone de forêt, le taux de floraison est souvent diminué de moitié (Tableau 3.2). Toutefois, il convient de noter que les clones les plus précoces et les plus florifères sont les mêmes dans les deux régions.

Le cultivar *Florido* qui fleurit assez bien et régulièrement en savane n'a fleuri qu'une seule fois au cours des trois années d'observation en zone de forêt. Cette irrégularité de floraison a été notée également chez l'espèce *D. cayenensis–rotundata*. Plusieurs clones monoïques de la collection fournissent selon les années, soit uniquement des fleurs mâles, soit uniquement des fleurs femelles.

Caractère (4). Tous les cultivars étudiés produisent, en moyenne, plus

Tableau 3.2. Observations sur le comportement de 13 cultivars de *D. cayenensis–rotundata* en zone de savane et de forêt. Campagnes 1972, 1973, et 1975 à Bouaké–IRAT (savane); 1974, 1975, 1976, et 1977 à Abidjan (forêt).

Cultivars	Sexe	Précocité de la floraison (en jours)		Nombre de plantes fleuries/nombre total de plantes		Nombre de tubercules par plante		Taille du tubercule le plus long (en cm)		Rendement par plante (en kg)	
		Bouaké	Abidjan	Bouaké	Abidjan	Bouaké	Abidjan	Bouaké	Abidjan	Bouaké	Abidjan
1. Haute-Volta	M	53	55	1	1	1,4	1,4	43	55	2,7	2,7
2. Tinguéré inerme	F	78	95	1	0,8	6,4	1,8	32	37	6,3	2,8
3. Tinguéré épineux	F	50	75	0,8	0,7	5,8	3,4	34	36	2,6	1,8
4. Mapan	F	79	87	0,9	0,5	1,8	2,6	37	29	3,1	1,9
5. Gnan	M	65	68	0,8	0,7	1,7	2	38	48	1,8	1,7
6. Savié	F	87	80	0,5	0,2	3,6	1,7	31	24	1,6	0,9
7. Wassou	M	50	62	1	0,8	3,4	2,4	39	38	5,2	1,8
8. Foucou	M	56	63	1	0,9	4	3,7	30	36	4,1	3,4
9. Singou	M	53	68	1	0,9	2,4	1,8	31	34	2,6	1
10. Assandré	M	66	87	0,5	0,4	2,6	2,1	30	27	0,8	0,4
11. Lokpa	F	88	70	1	0,7	1,8	1,6	36	32	2	1
12. Akandou 2	F	84	96	0,7	0,6	1,7	1	31	25	1,8	0,8
13. Zrezrou	M	51	50	1	0,8	1,8	1	41	34	1,6	0,8

Tableau 3.3.   Observations sur le comportement de 11 cultivars de *D. alata* en zone de savane et de forêt. Campagnes 1972, 1973, 1975 à Bouaké – IRAT (savane); 1974, 1975, 1977 à Abidjan (forêt)

Cultivars	Sexe	Précocité de la floraison (en j)		Nombre de plantes fleuries/nombre total de plantes		Nombre de tubercules par plante		Taille du tubercule le plus long (en cm)		Rendement par plante (en kg)	
		Bouaké	Abidjan	Bouaké	Abidjan	Bouaké	Abidjan	Bouaké	Abidjan	Bouaké	Abidjan
1. Brazo-fuerte	M	123	128	1	1	2,7	1,2	47	52	8,6	7,6
2. Florido	M	133	—	1	—	5,7	4,3	37	42	5,3	4,9
3. De Agua	F	120	158	1	0,6	1,3	1	34	42	4,5	4,1
4. Feo	F	127	148	1	0,6	4,6	1,5	30	30	3,5	1,9
5. Morado	F	123	146	1	1	1,5	1,1	37	41	4,9	4,3
6. Pyramid	F	129	157		0,2	2		30	30	3,3	1
7. Ouodouoblé	M	144	—	0,6	—	2,9	1	38	42	5,6	5
8. Suidié	O					1,2		57	51	2,4	1,6
9. N'za Tendeké	O					2,1	1,4	40	45	2,3	1,6
10. N'za Lengbé	O					2,9	1,5	42	46	2,8	2,1
11. N'za Séguela	O					2,6	2,1	39	25	2,9	1,8

d'un tubercule par plante. Le nombre de tubercules récoltés par individu est généralement plus élevé en savane. Dans les deux régions concernées, ce sont les mêmes clones qui donnent le plus de tubercules par plante, à l'exception du cultivar *Tinguéré inerme* qui classé en tête, pour ce caractère, en zone de savane ne fournit en forêt que très peu de tubercules.

Caractère (5). Le caractère taille des tubercules est étudié en vue de la recherche de cultivars adaptés à la culture mécanisée. La taille maximum des tubercules est généralement inférieure à 50 cm dans les deux régions étudiées. Les cultivars qui ont les plus longs tubercules sont les mêmes en forêt et en savane.

Caractère (6). Les rendements sont plus faibles en forêt. La différence est surtout nette pour les cultivars *Tinguéré inerme* et *Wassou* qui ont un rendement deux fois plus élevé en zone de savane. Toutefois, les cultivars classés en tête à Bouaké, sont les mêmes à Abidjan. Les meilleurs clones dans les deux régions sont:

(a) pour l'espèce *D. cayenensis–rotundata,* les cultivars *Tinguéré inerme, Wassou, Foucou,* et *Haute-Volta.* Les rendements maximums observés par plante pour ces clones sont respectivement de 6,3 kg, 5,2 kg, 4,1 kg, 2,7 kg;

(b) pour l'espèce *D. alata,* les clones *Brazo-fuerte, Ouodouoblé* et *Florido* avec les rendements maximums par plante suivants: 8,6 kg, 5,6 kg, 5,3 kg.

Discussion et conclusion

La répartition des sexes dans les clones traditionnels de *D. cayenensis–rotundata,* réunis dans la collection, fait ressortir une prédominance nette des plantes non florifères. Parmi les plantes sexuées, les individus mâles sont au moins deux fois plus nombreux que les femelles. Les monoïques sont très minoritaires. Cette distribution des sexes dans la population des cultivars, est semblable à celle signalée au Ghana par Doku (1973) et au Nigéria par Sadik et Okereke (1975a, b). Toutefois, ces auteurs trouvent un sex-ratio différent si l'on considère, non plus les clones traditionnels multipliés végétativement, mais les descendances issues de semis de graines. Dans ce cas, ils observent seulement 27.7% de plantes non florifères et presque autant de femelles que de mâles.

Dans l'espèce *D. alata,* les clones traditionnels florifères, trop peu nombreux, ne montrent pas un excès de plantes mâles.

L'irrégularité des floraisons est sans doute liée à des causes génétiques et climatiques; elle a été également notée au Nigéria. Mais, dans l'étude présentée ici, le rendement des plantes femelles ne s'est pas révélé supérieur à celui des plantes mâles.

Cette étude du comportement fait ressortir que les cultivars observés sont dans leur ensemble mieux adaptés aux régions de savane. Les clones qui se sont avérés les meilleurs dans les deux régions seront multipliés et introduits dans des essais multilocaux.

Ce programme de recherche a bénéficié de l'aide de la Fondation Internationale pour la Science.

Références bibliographiques

Doku, E. V. (1973). Sexuality and reproductive biology in Ghanaian yam (*Dioscorea* spp) cultivars. 1. Preliminary studies. *Proc. 3rd Int. Symp. Trop. Root Crops,* International Institute of Tropical Agriculture, Ibadan, Nigeria.
Rapports annuels IRAT 1972, 1973, et 1975.
Sadik, S. and Okereke, O. U. (1975*a*). A new approach to improvement of yam *Dioscorea rotundata. Nature, Lond.,* **254,** 134–5.
—— —— (1975*b*). Flowering, pollen grain germination, fruiting, germination and seedling development of white yam *Dioscorea rotundata. Ann. Bot.* **39,** 597–604.

4 Ignames spontanées et cultivées au Bénin et en Haute-Volta

R. DUMONT

Résumé

Les observations effectuées au Nord Bénin et en Haute-Volta montrent que la variabilité est moins importante chez les ignames sauvages du complexe *D. abyssinica–D. lecardii* que chez les variétés de culture; certaines de ces dernières possèdent, en outre, des caractères qui n'existent pas chez les formes sauvages; néanmoins, les deux groupes d'ignames semblent très voisins.

La variabilité des ignames spontanées est en partie d'origine génétique; elle provient de la diversité des pressions de sélection qui conduit à une diversification, dans l'espace, de la population.

L'existence de formes relictuelles prouve que la population des ignames sauvages s'est également diversifiée au cours du temps.

Ces observations, ajoutées à des indications de nature diverse, constituent des éléments qui permettent de rapprocher les variétés de culture des formes spontanées.

Summary

Observations carried out in the North of Benin and in Upper Volta have shown that variability is less important in wild yams of the *D. abyssinica–D. lecardii* group than in the cultural varieties.

Some of these varieties possess certain characteristics which do not exist in the wild forms; nevertheless both groups of yam seem to be very closely related.

The variability of wild yams is partly due to genetics and originates in the diversity of conditions in which natural selection takes place, and this leads to a diversification of the population in different areas.

The existence of past forms proves that the population of wild yams has evolved over the years.

These observations added to various diverse indications constitute elements which permit us to establish a link between cultivated varieties and wild forms.

Introduction

Il est couramment admis que les ignames cultivées, *Dioscorea cayenensis* et *D. rotundata* sont d'origine ouest africaine, mais leurs formes parentales sont encore très mal connues.

Des observations faites dans le Nord du Bénin et, à un degré moindre, dans le Sud Ouest de la Haute-Volta, permettent d'apporter quelques éléments de réflexion sur ce sujet.

Les espèces étudiées

Elles appartiennent à la section *Enantiophyllum.*

Les formes cultivées sont des *D. cayenensis,* soit à une seule récolte (type *cayenensis*), soit à deux récoltes (type *rotundata*).

Les formes spontanées sont *D. praehensilis, D. togoensis, D. abyssinica, D. lecardii.* Les deux premières sont bien individualisées et leur identification est facile. Les deux autres, au contraire, ne se distinguent pas facilement l'une de l'autre et il semble plus indiqué de les considérer comme deux formes extrêmes d'un même complexe *D. abyssinica–D. lecardii.*

La variabilité

Chez *D. cayenensis,* une étude morphobotanique effectuée au Nord Bénin en 1974 et 1975, sur 56 clones, a montré qu'il existe une forte variabilité intraclonale. La variabilité interclonale est plus grande encore et fait apparaître deux groupes qui correspondent aux types *rotundata* et *cayenensis.* Mais, au sein de chacun de ces groupes, une variabilité importante existe également. Ces variations interclonales touchent à la fois des caractères morphologiques et physiologiques.

Chez *D. abyssinica–D. lecardii,* les variations sont beaucoup plus faibles que dans les formes cultivées et ce sont principalement les caractères morphologiques qui sont concernés. Il en est ainsi de la spinescence de la tige. Les formes rencontrées au Nord du dixième parallèle sont inermes ou très peu épineuses, alors qu'au Sud, la spinescence est généralement très marquée. Dans la région de transition, il y a coexistence des formes épineuses et inermes et il semble qu'il y ait une migration de celles-ci vers le Sud.

Un type de tubercule est dominant chez *D. abyssinica–D. lecardii.* Il est caractérisé par sa longueur (50 à 80 cm) et un faible diamètre (5 à 7 cm au niveau du collet). Cependant, dans certains biotopes très localisés, on a trouvé deux types de tubercules très différents, alors que les caractères de l'appareil aérien sont semblables : le tubercule peut-être soit filiforme, soit, au contraire, court, ramifié et volumineux (poids souvent supérieur à 5 kg). Ce type de tubercule ressemble beaucoup à celui de *D. praehensilis,* mais il ne possède pas les racines épineuses de cette espèce, ni la coloration particulière de sa chair.

Hormis ces formes assez bien individualisées, il existe, au sein des *D. abyssinica–D. lecardii* observés en Haute-Volta et au Bénin, des fluctuations plus subtiles qui semblent liées aux conditions du milieu. Dans les biotopes en équilibre (par exemple, forêts claires d'*Isoberlinia doka* et d'*Uapaca togoensis*), on note toujours une grande uniformité des ignames observées, alors que la variabilité est grande parmi celles rencontrées dans les milieux en voie d'évolution régressive et surtout dans les jachères.

Chez *D. praehensilis* et *D. togoensis,* la variabilité intraspécifique est grande, surtout chez *D. togoensis.* Mais, dans chacune de ces espèces, elle est assez limitée, pour qu'il y ait rarement confusion entre celles-ci. Toutefois, dans un lambeau de forêt sèche fortement dégradée, on a observé une forme qui pourrait être un élément de transition entre *D. praehensilis* et *D. abyssinica–D. lecardii.*

Comparaison des formes cultivées et spontanées

Les tubercules de *D. togoensis* ne sont pas consommés et on ne retrouve, chez les ignames cultivées, aucune de ses caractéristiques principales: bulbilles, tige et feuilles colorées, feuilles épaisses, petit fruit.

Le croisement entre cette espèce et les formes cultivées n'a pas pu être obtenu.

Le tubercule de *D. praehensilis* n'est pas consommé non plus, mais cette espèce a des caractères qu'on retrouve chez *D. cayenensis*: forme de la feuille, coloration cuivrée des jeunes feuilles, odeur particulière des fleurs, coloration des vaisseaux du tubercule.

Le croisement a pu être obtenu, deux ans de suite, entre *D. praehensilis* et des clones cultivés, utilisés comme parents femelles; mais le taux de réussite a été faible (1 pour cent environ), malgré une pollinisation abondante et prolongée.

Les tubercules de *D. abyssinica–D. lecardii* sont couramment consommés. Les paysans voltaïques et béninois, apparemment, ne font pas de différence entre les caractères organoleptiques de ces tubercules et ceux des clones cultivés.

Le croisement s'effectue sans problème entre un grand nombre de ces derniers et les formes de *D. abyssinica–D. lecardii.*

La ressemblance morphologique entre ces dernières et les clones de *D. cayenensis* est très variable. Dans de nombreux cas, elle est très forte. Mais, de grandes différences peuvent aussi exister pour certains caractères tels que la forme et la coloration des feuilles, la longueur de l'acumen, le type de spinescence, le format du tubercule, la morphologie de la fleur femelle.

L'examen des clones cultivés, en fonction de leur degré de ressemblance morphologique avec les formes spontanées de *D. abyssinica–D. lecardii* permet de les classer en deux groupes. Or, ces deux groupes diffèrent également par d'autres caractéristiques, comme l'indique le tableau 4.1.

Discussion

On peut penser que le polymorphisme important observé dans les espèces étudiées a, comme dans toutes les populations végétales, une double origine:

1. Les fluctuations de certains caractères peuvent être dues à la diversité des conditions de milieu. Il semble que chez l'igname, particulièrement chez *D. abyssinica–D. lecardii,* la norme de réaction des plantes soit très étalée et qu'un même génotype donne des expressions phénotypiques différentes

Tableau 4.1. Caractères morphologiques des clones de *D. cayenensis*

	Voisins de ceux de *D. abyssinica–D. lecardii*	Différents de ceux de *D. abyssinica–D. lecardii*
Vigueur végétative	forte	faible
Sexualité	forte	nulle ou faible
Croisement avec les formes spontanées	facile	impossible
Nom vernaculaire du clone	moderne (ayant un rapport avec un caractère du tubercule)	archaïque (pas de rapport avec une utilisation de la plante)
Dispersion géographique	faible	large

selon le milieu où il se trouve. Il est donc très difficile, à partir d'un seul ou de quelques individus (et quelquefois, d'une partie d'individu quand on travaille sur herbier!) de définir une espèce. Ceci pourrait expliquer la confusion qui règne encore actuellement dans la classification systématique des ignames spontanées de savane.

2. Mais, il existe aussi certainement, au sein de la population de ces ignames spontanées, une variabilité de nature génétique due à la structure même de cette population et des conditions dans lesquelles elle a évolué. Cette population est, en effet, très fractionnée dans l'espace et soumise à des processus d'évolution de rythmes parfois très différents. En savane, certains obstacles naturels (marécages, forêts sèches) favorisent le fractionnement. L'isolement génétique des micropopulations est sans doute exceptionnel, mais il n'en est pas moins vrai que la panmixie est rarement réalisée, d'autant plus que la densité des ignames spontanées est souvent faible (un à deux individus par hectare).

L'hétérogénéité du contexte évolutif semble bien avoir joué un rôle prépondérant dans ce fractionnement. Dans les formations climaciques (comme celles existant au Nord du Bénin), le biotope est en équilibre. Cette stabilité du milieu se traduit par une stabilité de la population.

Dans les milieux en voie de régression, le processus évolutif est au contraire accéléré, une compétition s'exerce entre les populations en présence et favorise l'apparition de types nouveaux, par suite d'une multiplication sexuée plus active (densité de population augmentée).

Le système de culture itinérant pratiqué par le paysan est sans doute un facteur déterminant dans ce processus. En effet, la culture, en rompant périodiquement l'équilibre du milieu, permet régulièrement à la variabilité de la population de s'extérioriser. De plus, dans ce système de culture, la coexistence de formes spontanées et cultivées favorise l'hybridation et l'introgression de sorte qu'une variabilité se recrée en permanence grâce à la production de combinaisons nouvelles. A la période actuelle, la facilité des échanges en matériel végétal accroît encore ce processus.

L'ensemble de ces phénomènes aboutit à une diversification dans l'espace (allopatrique) qui est à la base du polytypisme actuel des ignames du complexe *D. abyssinica–D. lecardii*.

Par ailleurs, l'existence des formes relictuelles qui ont été observées atteste de la réalité d'une diversification dans le temps (sympatrique).

Conclusions

Il est généralement admis que la domestication de l'igname en Afrique de l'Ouest est très ancienne (5000 ans) et qu'elle était terminée lors de la pénétration européenne en Afrique occidentale (fin du 19ème siècle). Mais, elle s'est, sans doute, effectuée sur une très longue période.

D'autre part, l'aire de culture de *D. cayenensis* est tellement vaste qu'on peut supposer que sa domestication n'a pas été un phénomène localisé, mais qu'au contraire, elle a intéressé la plus grande partie de la zone où existaient les formes spontanées originelles.

Enfin, il convient de noter que la domestication a utilisé essentiellement la reproduction végétative pour perpétuer des formes cultivées, ce qui a limité, très fortement, leur possibilité d'évolution.

Ces remarques permettent, peut-être, d'expliquer la variabilité importante observée chez les ignames spontanées et cultivées, selon Figure 4.1.

Selon ce schéma, les variétés phénotypiquement les plus proches des types sauvages actuels seraient donc celles dont la domestication est la moins ancienne; leur vigueur végétative, leur compatibilité sexuelle vis-à-vis des formes spontanées et les indications linguistiques sont autant d'arguments qui plaident en faveur d'une telle hypothèse.

Il ne semble cependant pas que tous les clones cultivés puissent être rattachés au complexe *D. abyssinica–D. lecardii*; les caractères très particuliers de certains d'entre eux et leur incompatibilité génétique vis-à-vis de ce complexe montrent, au contraire, qu'ils en sont très éloignés. Peut-être trouvent-ils leur origine dans une série évolutive disparue sans laisser de traces. Plusieurs observations faites à leur sujet semblent, en tout cas, témoigner d'une origine très ancienne. La coloration très foncée de la feuille, leur long acumen sont des caractères de climat humide et leur dispersion géographique très vaste paraît indiquer qu'ils ont été domestiqués dans un milieu peu diversifié.

Par ailleurs, il est possible que *D. praehensilis* soit apparenté à certaines variétés cultivées par le biais d'une des formes relictuelles découvertes au Nord Bénin. Les observations effectuées à son sujet (croisement possible avec les formes cultivées, odeur de la fleur identique à celle de certains clones cultivés, analogie de la forme du tubercule avec celui d'une igname relictuelle), montrent que *D. praehensilis* pourrait être une des formes apparues au cours du processus d'évolution, dû à la régression des milieux, mais certainement à un stade relativement ancien.

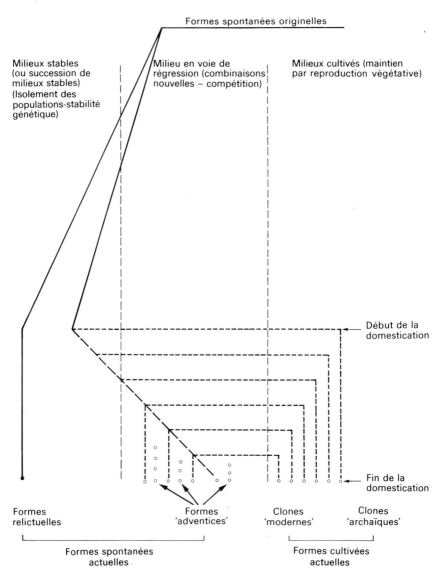

Fig. 4.1. Schéma montrant les relations possibles qui unissent les cultivars aux formes spontanées originelles.

5 Sterility in female white yams
Dioscorea rotundata Poir.

E. V. DOKU

Summary

Female flowers produced by plants vegetatively propagated for the first time from seedlings showed degrees of sterility varying from complete sterility—complete withering of the inflorescence spike—to complete development of capsules on the spike. Seed production within the capsules also ranged from zero to the maximum of six. Possible reasons are given for these observations and their implications in the improvement of the crop through breeding as well as in large-scale sexual propagation are discussed.

Résumé

Les fleurs femelles produites par des plantes reproduites végétativement pour la première fois, à partir de plantes de semis, présentent des degrés de stérilité allant de la stérilité complète (étiolement complet de l'épi floral) jusqu'au développement de capsules sur les fleurs, bien que la production de graines à l'intérieur des capsules puisse varier de zéro à six au maximum. Des explications possibles de ces observations sont proposées et leurs implications quant à l'amélioration de l'igname par l'intermédiaire de la sélection sont discutées.

Introduction

Flowering and seed production in the cultivated species of *Dioscorea* have almost completely ceased. This has been attributed to the long history of vegetative propagation (Coursey 1966). When seedlings are raised from seed produced by the very few female plants which occasionally show up within continuously vegetatively propagated populations of *D. rotundata*, the numbers of male and female individuals increase tremendously in the seedling and subsequent generations obtained by planting from cut pieces of seedling tuber (setts) (Doku 1973; Sadik and Okereke 1975).

The male flowers of *D. rotundata* have been described by Doku (1973). No pollen grain obtained from male plants without recent seedling history germinated *in vivo* or *in vitro*. However, O.U. Okereke (personal communication), who also confirmed this, found considerable pollen germination *in vitro* in material recently cloned from seedlings. The picture emerging then is that the longer the history of vegetative propagation, the less likely would be the production of viable pollen.

Materials and methods

Capsules of several cultivars of *D. rotundata* female plants were collected yearly from all over the yam-growing areas of Ghana for ten years—1965 to 1975. The sexes of plants on farms in Ghana are in the ratio of approximately nine non-flowering : three males : one female. After collection each year, the capsules were bulked and stored at room temperature for three months, after which the seeds were removed and apparently viable ones sown in pots. The seedlings were transplanted into one of the fields on the University Farm, Legon, approximately three months after germination. Approximately 2000 seedlings each year were evaluated after which approximately 500 were selected and propagated by 'setts'.

These plants, vegetatively propagated for the first time, constituted the material on which the observations reported in this paper were made.

Observations

Like the male inflorescence, the female inflorescence is also a spike whose length may range form 5 cm to 30 cm or more. One to several spikes may be produced within the leaf axils. The almost sessile flowers, which may number up to 50, are arranged in a one-third phyllotaxy along the spike.

Fertility of flowers

Although flowering in plants with recent seedling history was considerable, female flowers produced by plants vegetatively propagated from seedlings for the first time showed the following degrees of sterility:
   (1) complete or nearly complete withering of inflorescence spike (Fig. 5.1(a));
   (2) abscission of flowers on spike, ranging from a few flowers only to all flowers in extreme cases (Fig. 5.1(b));
   (3) arrested development of flowers, ranging from a few flowers only to all flowers in extreme cases (Fig. 5.1(a), (b) and (c)); and
   (4) complete development of capsules on spike (Fig. 5.1(d)).
At various stages in the ontogeny of flowers in cases (1) to (3), (but long before the stigmas of fertile flowers of similar age extended slightly beyond the perianth, i.e. presumably when they became receptive) the development of sterile flowers had already ceased. They no longer increased in size and their colour changed from green to light green, yellow, and then through various shades of brown ending in very dark brown or black.

That this phenomenon is more likely to be due to sterility *per se* than to pollination or fertilization failure is further supported by the fact that:
   (1) there were always approximately equal numbers of male and female plants in the populations observed and generally, the male flowers which by far out-numbered the females were also produced over an extended period;

Fig. 5.1. (a) Two female spikes of *D. rotundata* showing a completely withered spike (short and shrivelled) and a long spike with capsules whose development has been arrested, except one; (b) female spikes of *D. rotundata* showing arrested development of all capsules, some or all of which may later absciss; (c) sterile female spikes of *D. rotundata* showing increasing numbers of developed capsules; (d) female spikes of *D. rotundata* showing large numbers of developed capsules (centre). Spikes with bare nodes (abscissed capsules) or nodes bearing underdeveloped capsules are in the background.

(2) both fertile and sterile flowers were found very close to one another on the same spike (Fig. 5.1, (a), (c) and (d)); and

(3) at least one of the four types of sterility occurred in every nine out of ten plants.

Premature withering of male spikes and flowers long before anthesis was also observed, but these occurred on less than one per cent of the total number of male plants.

Viability of seed

The fruit (capsule) has three extensions (wings) in each of which a maximum of two seeds may be produced. However, not all capsules were completely fertile and therefore seed production per capsule ranged from zero to the maximum of six. Generally only about 50 per cent of the seeds attained full size. The rest were often shrivelled up, under-sized and did not germinate.

Female sterility may therefore range from complete flower abortion to complete seed abortion within capsules with several grades in between. It is more pronounced in clones with recent seedling history which flower more profusely, but may also occur to a lesser degree in clones without recent seedling history.

Discussion and conclusions

Species belonging to the *Dioscoreaceae* form a polyploid series (e.g. Ramachandran 1962). Stebbins (1970) observes that recently-formed polyploids depend upon especially favourable combinations of circumstances for their survival and perpetuation, but once they have become successful, are more competitive and aggressive than their diploid relatives.

Newly derived polyploids, particularly those having meiotic irregularities, must pass through a 'bottleneck' of semi-sterility. They are better equipped to do this if they are long-lived perennials and even more so if they are spread vegetatively (by means of rhizomes, stolons, etc.)

The abundance in West Africa of several wild species which flower and set seed freely (Ayensu and Coursey 1972) and also have tubers which serve as organs of perennation would suggest that many species were not at the semi-sterility 'bottleneck' threshold before domestication started.

The ploidy and meiotic behaviour of chromosomes of these wild species and those of the cultivated ones have yet to be studied in detail. However, it appears that deliberate selection for increased tuber size under cultivation was simultaneously, but indirectly, associated with selection against flowering and fruiting. There is ample evidence from many crop species which shows that whenever both propagation and utilization of a crop are divorced from seed production, seed fertility and functional diploidy at meiosis are lost (Darlington 1963).

Apparently, plants which responded to selection for large tubers were those which seeded poorly. Over a long period of selection for increased tuber size, the frequency of occurrence of poor seed setters within populations would increase.

Initially, poor seed setting would be aggravated by competition for photosynthates, with the larger tubers making greater demands thus allowing lesser amounts of photosynthates for flowering and subsequent fruit development. Considerable amounts of photosynthates are utilized during the processes involved in sexual reproduction culminating in seed formation, and any strain on assimilate availability is most likely to result in poor flowering, fruit and seed development.

With the realization that plants could be vegetatively propagated from pieces of tuber, an additional selection criterion, namely the ability of tubers to sprout readily, would be imposed. No doubt this latter criterion almost spelt the doom of the sexual reproductive process—and we are now witnessing the results of this. Seed was not needed for propagation and so selection pressure would solely be for larger tuber production which could now be more readily obtained with improvements in cultural techniques such as increased soil fertility, etc., as agriculture improved. It appears that plants which flowered and set seeds poorly, either because the reproductive sink competed poorly for assimilates or because of meiotic disorders, or both, were those which responded to this selection pressure for increased tuber size.

The profuse flowering and seed setting by wild uncultivated species, the increase in the number of flowering plants when seedling tubers are propagated vegetatively for the first time and the comparatively smaller yields of tuber by the latter (Doku 1973) partially bear out this hypothesis. However, the real test of the hypothesis would rest on changes in the frequency of occurrence of flowering plants and in tuber size with increasing selection cycles of vegetative propagation from seedlings. On the basis of this hypothesis tuber size should increase and the number of flowering plants, and ovule and pollen fertility should decline—a re-enactment of the hypothesized evolutionary process.

Low multiplication rate (at most fivefold, usually threefold) in *D. rotundata* and *D. cayenensis* seed yam production is largely responsible for the slow rate of expansion of yam farms. Besides, methods of seed yam production appear inefficient, in that both yield and quality of ware yams obtained as by-products of seed yam production are low.

Serious attempts are therefore being made to find alternative methods of producing seed yams, and Sadik and Okereke (1975) have suggested the possibility of using as planting material, tubers produced by seedlings. However, in view of the genetic heterogeneity of yam seedlings, some sort of sib-mating (i.e. brother × sister crossing) with selection will have to be first undertaken to reduce this heterogeneity to a level consistent with commercial cultivation of the crop.

The implications of this procedure are many:

1. Selection will have to be carried out to find male and female parents which, when crossed, will produce seedlings whose tubers in turn will produce plants with the desirable agronomic, commercial, culinary, etc. characteristics as currently exist in commercial varieties.
2. Flowering of the selected male and female parents will have to be synchronized, since normally protandry is the rule. An alternative method would be to select for hermaphrodites.
3. Since the conditions for flowering in general, and for the production of males and females (or hermaphrodites) are not known, prior investigations will have to be carried out to determine these conditions before imposing them on the prospective male, female, or hermaphrodite parents.
4. It would be very unsafe to rely on natural conditions for flowering since in certain years flowering may be poor or only males or neuters may be produced. It is obvious that conditions for the production of the different sexes cannot be the same.
5. The observed sterility which takes place under natural conditions, is likely to be higher under the artificial conditions which may have to be imposed to bring about flowering. Selection of female parents on the basis of high fertility must therefore be a *sine qua non* of the programme.
6. In view of the poor pollen production and its sticky nature, male and female parents must be in close proximity for pollination to be effected artificially or by insects. The problem this poses is how to bring together for crossing on a commercial scale, plants which require different conditions for flowering.

There are probably more difficult problems in addition to these which should be overcome before sexual propagation becomes a practicable proposition. To suggest sexual propagation on a commercial scale at this stage of our knowledge is therefore premature. It might perhaps be far easier to improve the several vegetative propagation methods already in use.

Acknowledgement

Initiation of the work envisaged in this paper was made possible by funds provided by the Research Committee of the University of Ghana.

References

Ayensu, E. S. and Coursey, D. G. (1972). Guinea yams. The botany, ethnobotany, use and possible future of yams in West Africa. *Econ. Bot.* **26,** 301–18.
Coursey, D. G. (1966). *Yams.* Longmans, London.
Darlington, C. D. (1963). *Chromosome botany.* Allen and Unwin, London.

Doku, E. V. Sexuality and reproductive biology in Ghanaian yams (*Dioscorea* species). *Proc. 3rd Int. Symp. Trop. Root Crops, IITA, Ibadan, Nigeria.* (In press).

Ramachandran, K. (1962). Studies on the cytology and sex determination of the *Dioscoreaceae. J. Indian bot. Soc.* **41**, 93–8.

Sadik, S. and Okereke, O. U. (1975). A new approach to the improvement of yam, *Dioscorea rotundata. Nature, Lond.* **254**, 134–5.

Stebbins, G. L. (1970). *Chromosomal evolution in higher plants.* Edward Arnold, London.

6 *Dioscorea alata*: its variation and importance in Java, Indonesia

S. SASTRAPRADJA

Summary

Samples of *Dioscorea alata* were collected in Java, Indonesia. Great variations in shape, size, and colour of the tubers were observed. Based on these variations, local names had been adopted to distinguish one clone from another. There were also variations in the taste and consistency of the cooked tubers. According to these characters, some samples were commonly cultivated and some were rarely seen. This showed that there had been an intentional selection for better suited characters.

Compared to cassava (*Manihot esculenta*) and sweet potato (*Ipomoea batatas*), the role of *D. alata* in the diet of the Javanese people is not at all significant at the present time. This is due to the fact that the crop has been supplanted by other species whose cultivation has been developed. Moreover its potential has not been evaluated scientifically and systematically.

The future development of *D. alata* in Indonesia is discussed in relation to the desire of the government to diversify food resources. The fact that the species is a backyard crop, and that it is very versatile, means that it is possible to develop it as an alternative source of carbohydrate for specific localities in Indonesia.

Résumé

Des échantillons de *Dioscorea alata* de Java (Indonésie) ont été réunis et l'on a observé des différences importantes dans la forme, la taille, et la couleur des tubercules. A partir de ces différences des noms locaux ont été adoptés pour distinguer les différents clones. On a pu également observer des différences de goût et de consistance des tubercules cuits. En s'attachant à l'observation de ces caractères, on a pu remarquer que la culture de certains clones était très répandue alors que d'autres n'ont été rencontrés que très rarement. Cela prouve qu'une sélection intentionnelle en vue de la conservation des caractères les plus appropriés a eu lieu.

Comparé au manioc (*Manihot esculenta*) et à la patate douce (*Ipomoea batatas*) le rôle actuel de *D. alata* dans l'alimentation de la population javanaise n'est pas du tout important. Ceci est dû au fait que l'igname a été supplantée par le développement d'autres cultures. De plus, le potentiel de l'igname n'a pas été scientifiquement et systématiquement étudié.

Le développement futur de *D. alata* en Indonésie est discuté en relation avec le désir du gouvernement de diversifier les ressources alimentaires. Le fait que l'igname est une culture vivrière qui présente une grande variabilité, offre des possibilités de développement en tant que source alternative d'hydrates de carbone (ou glucides) dans certaines régions de l'Indonésie.

Introduction

Among the developing nations in South-East Asia, Indonesia is considered the largest, both in terms of population and area. It consists of more than 13 000 islands scattered around the equator between Asia and Australia. The five largest islands are Sumatra, Kalimantan, Sulawesi, West Irian, and Java. The population of about 130 million is split up into tribes, which differ in culture, level of development, and the language spoken.

One of the major problems faced by Indonesia is keeping the food supply in pace with the expanding population. Though food patterns vary from one place to another, the majority of people require rice in their diet. The attempt to make the country self-sufficient in rice production has not been successful so far. Indonesia, therefore, annually imports rice in great quantities.

Next to rice, corn is the most important source of carbohydrates especially in the eastern islands of Java. However, cassava and sweet potato take the place of rice and corn in areas where both rice and corn cannot be easily grown. Because of its flexibility, both in nutrient requirements and in ways of cooking it, cassava is preferred to sweet potato. Therefore, almost everywhere in Indonesia, cassava is cultivated.

In addition to these four major carbohydrate crops, Indonesia is rich in plants which could be developed for carbohydrate sources. Sagu (*Metroxylon sagu*), for example, is a species of palm which is able to produce ±200 kg of starch in its trunk. Pisang kapas (*Musa acuminata* × *balbisiana*) produces fruit which is high in carbohydrates. In the case of tuber crops, there are a number of species which have been used for the same purpose. Among these species are taro (*Colocasia esculenta*), coco yam (*Xanthosoma violacea*), arrow root (*Maranta arundinacea*), *Canna edulis*, and yam (*Dioscorea* sp).

There are about 27 species of *Dioscorea* in Indonesia. Among these species, seven are reported in Java. Among these seven species, five are edible and two are widely cultivated. The two species are *D. alata* and *D. esculenta*. A great variation is observed in *D. alata*. Some types are commonly found and others are rarely observed. In conjunction with the collection and conservation of plant genetic resources, an attempt has been made to include *Dioscorea* germ plasm. The highest priority is given to Java, owing to the fact that genetic erosion is taking place at a much faster rate than in other places. With 70 per cent of the population concentrated in Java, the cause of erosion is well understood. This paper outlines the variation existing in *Dioscorea*, with the emphasis on *D. alata*, its status and its possible development in Indonesia.

Present status

Agriculture is well developed in Java. Rice is generally grown in irrigated fields as well as rain-fed fields. Where multicropping is practised, corn, soyabean, peanuts, and sweet potato are commonly grown in rotation. In places where water is less plentiful, cassava has priority. These crops are usually planted in large areas and good varieties are already available.

Another system of agriculture can be observed in villages in Java. Here, backyard gardens play an important role in the agricultural economy. Many species of plants are cultivated together on a small piece of land to supply food, fuel, building materials, spices, and medicine for the owner. *Leucaena glauca* and *Sesbania grandiflora* are small tree species which are commonly grown as hedges. Bamboos are planted for building materials, as well as for their edible shoots. As sources of protein, *Phaseolus lunatus*, *Dolichos lablab*, and *Psophocarpus tetragonolobus* are grown along the hedges. *Curcuma longa*, *Alpinia galanga*, *Boesenbergia*, are among the many spices grown in a garden. Other tuber crops such as *Zingiber officinale* and *Curcuma xanthorrhiza* are used for medicine. The vegetables *Solanum melongena*, *Capsicum frutescens*, and *Amaranthus speciosa* are grown, as well as *Canna edulis*, *Xanthosoma violacea*, and *Dioscorea alata*, which are good sources of carbohydrate, and fruit species such as *Nephelium lappaceum*, *Lansium domesticum*, and *Syzygium aquaeum*.

In general none of these species have been improved scientifically—although it is true that an intentional, but empirical, selection has been made. However, variability does exist in the primitive cultivars. There are genetic resources which can be used in the future development of the crops.

D. alata is commonly grown in the drier parts of Java. Like many species, it is a common feature in backyard gardens. In time of scarcity it becomes a substitute for other carbohydrate sources, but never plays a greater role than cassava, let alone rice. It is only used for snacks, yet it provides a variation in the diet of those who cannot afford rice.

Progress in field collection

It has been mentioned that Indonesia is rich in plant resources. However, for carbohydrate sources, only rice, corn, cassava, and sweet potato are considered important today. Consequently the development of these crops has been the focus of activity, and the rest of the carbohydrate-producing species have been somewhat neglected.

The National Biological Institute launched its project on plant genetic resources in 1974. It started with more or less general exploration and collection of the neglected crops. Among the groups selected were: food, legumes, fruit trees, orchids, and tuber crops.

With regard to tuber crops, the project was supported partly by the International Foundation for Science (IFS), to collect *Colocasia*, *Curcuma*, and *Dioscorea*. Of the seven species of *Dioscorea* reported in Java, six were collected. The attempt to collect *D. keduensis*, which is listed as rare in a previous publication (Backer and Bakhuizen van den Brink 1968), met with failure.

The greatest variation in shape of tubers, skin colour, flesh, and shape of leaves was observed in *D. alata*. Table 6.1 summarizes the cultivars collected and the characters associated with them. Not all of the cultivars existing in Java have been collected. Therefore the list represents only some of these, which are kept in the Botanical Garden collection in Purwodadi, East Java.

Based on the leaf shape, all samples may be divided into six groups. Figure 6.1 shows the leaf variation. This variation is closely related to the characters of the tuber. The tuber for leaf (a), for example, is generally pear-shaped, the flesh is yellowish-white surrounded by reddish-violet with a coarse texture. The small size of leaf (c) is associated with the round shape of the tuber and white flesh surrounded with violet and a coarse texture, etc. Taste and cooking qualities differ from sample to sample. Sample no. 7 (Table 6.1) is considered to be of the best quality because of its texture when cooked and its sweet taste. The shape of the tuber is more or less round, a shape which is also much preferred.

Table 6.1 Major *Dioscorea alata* cultivars in Java: vernacular names and tuber characters.

	Cultivars	Tuber
1. *Dioscorea alata* L.	Uwi sungu	Skin reddish brown, flesh white, flavour average
2. *Dioscorea alata* L.	Uwi kelopo	Skin brown, flesh white, flavour sweet
3. *Dioscorea alata* L.	Uwi manjangan	Skin brown, flesh white, flavour fairly sweet
4. *Dioscorea alata* L.	Uwi jaran/uwi randu	Skin brownish white, flesh watery, yellowish red, crispy
5. *Dioscorea alata* L.	Uwi bulus	Skin blackish brown, flesh white, fairly sweet, nutty
6. *Dioscorea alata* L.	Uwi tambi	Flat, skin brown, flesh white, sweet
7. *Dioscorea alata* L.	Uwi ketan	Skin dirty white, flesh white, sweet, crispy
8. *Dioscorea alata* L.	Uwi sego/uwi beras	Skin dirty white, flesh white, flavour poor
9. *Dioscorea alata* L.	Uwi ireng	Skin black, flesh violet, sweet
10. *Dioscorea alata* L.	Uwi ulo	Skin whitish brown, flesh white, flavour poor
11. *Dioscorea alata* L.	Uwi lajer	Skin black with white top, flesh yellowish white, nutty
12. *Dioscorea alata* L.	Uwi gedek	Flat, skin brown, flesh white, sweet
13. *Dioscorea alata* L.	Uwi perte	Flat, skin brown, flavour poor

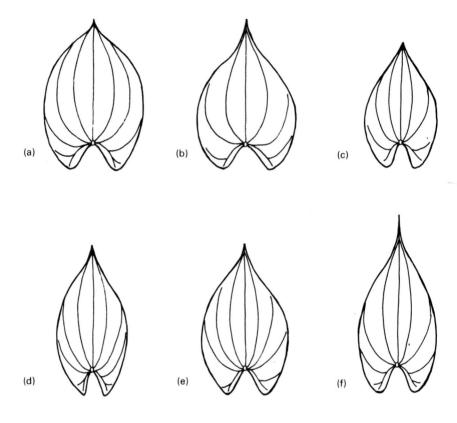

Fig. 6.1. Various types of leaf-shape in *Dioscorea alata.*

Future development

For many years Indonesia has tried to make itself self-sufficient in rice production. However, more and more rice has been imported from the neighbouring countries. Realizing that in the years to come the demand will be heavier, the government has stressed the importance of diversifying food resources in the system of agriculture. The number of irrigated fields available for rice cultivation is limited. Therefore it is unlikely that rice production can be increased enough to meet the demand. Thus, a dry-land system of agriculture might be one of the alternatives which could ease the food–population problem.

There are a number of plants which may be developed for dry-land agriculture. These plants have been cultivated for quite some time; yet attempts to improve the quality have not been initiated. There are a few examples, such as *Psophocarpus tetragonolobus* and *Vigna umbellata* as protein sources, *Nephelium lappaceum* and *Musa acuminata* × *balbisiana* as vitamin sources, *Ipomoea aquatica* and *Amaranthus* sp as mineral sources, and *Colocasia esculenta* and *Dioscorea alata* as carbohydrate sources. These plants all display the wide variability which is necessary when beginning any programme of selecting better cultivars.

A workshop on Food and Nutrition was recently conducted in Indonesia to plan what to do in the Third Five-Year Development Plan of the country which started in 1979. One of the species recommended for development for carbohydrate sources was *D. alata*. For this reason it is important that germ plasm should be collected from all over Indonesia. Once a wide range of variability has been collected, the evaluation of characters can be started, after which a selection of good cultivars can be made. The agronomic aspects play an important role too. Unless a better system for its agronomy is developed, this species will not be able to compete with cassava.

References

Backer, C. A. and Bakhuizen van den Brink, R. C. Jr. (1968). *Flora of Java* (Spermatophytes only), Vol. III. Wolters-Noordhoff N. V. Groningen.

Discussion I

Communication de B. Touré

Dumont. Existe-t-il une corrélation entre le nombre de tiges et le nombre de tubercules par pied?

Touré. Une corrélation a été établie mais elle n'est pas nette chez toutes les variétés.

Degras. Une telle corrélation est mieux mise en évidence chez *D. trifida*, aux tiges et tubercules nombreux par plant, que chez *D. alata*.

Doku. Pourquoi n'y a-t-il pas de *D. rotundata* dans votre étude?

Touré. La distinction habituelle entre *D. rotundata* et *D. cayenensis* est basée sur la coloration de la chair du tubercule, blanche chez la première espèce, jaune chez la seconde. Nous parlons plus facilement de *D. cayenensis* à une récolte et de *D. cayenensis* à deux récoltes. Il ressort des études de Martin (75 caractères étudiés) que dans ce complexe on ne peut considérer deux groupes mais plusieurs.

Miège. En premier lieu, si nous nous référons aux diagnoses d'origine, établies respectivement par Lamarck en 1792 pour *D. cayenensis,* par Poiret en 1813 pour *D. rotundata,* nous remarquons qu'elles sont peu détaillées. Il est difficile de trouver des caractères différentiels typiques entre les deux taxons. L'Index de Kew met *D. rotundata* en synonymie avec *D. cayenensis,* ce dernier binôme devant, d'après les règles de nomenclature, prévaloir puisque le premier décrit.

En deuxième lieu, nous avons effectué en partant d'observations faites sur le terrain par Dumont, au laboratoire par nous-même et en utilisant l'ordinateur, l'étude de 56 cultivars. 75 caractères ont été pris en considération parmi lesquels 18 se sont montrés plus intéressants. Nous rejoignons les conclusions de Martin. Dans le lot considéré nous avons isolé 3 à 4 groupes présentant des liens entre eux (voir sur ce problème la note annexe).

Oyolu. Je pense que la réponse de Miège est claire. Dans la pratique nous considérons jusqu'ici que *D. cayenensis* se reconnaît à la forme plus épaisse de la tête du tubercule, à sa chair qui va du blanc craie au jaune très prononcé, à ses feuilles presqu'aussi larges que longues.

Doku. Il existe deux autres critères. Ce que nous appelons *D. cayenensis* au Ghana sont des plantes à fleurs mâles, jamais femelles. Il n'en a jamais été vu bien que la floraison dépende parfois des conditions externes. D'autre part, la tige est très sombre par rapport à celle du *D. rotundata*.

Miège. Ces plantes étant dioïques, il faut bien que les pieds mâles aient des partenaires femelles, à moins que ne se soit exercée une sélection naturelle ou artificielle ayant abouti à l'élimination de tous les individus femelles ce qui paraît hasardeux. D'autre part, il semble curieux d'un point de vue taxonomique de classer les plantes mâles dans une espèce et les plantes femelles dans une autre espèce avec des dénominations différentes.

Lyonga. Je voudrais quitter le domaine de la taxonomie pour m'adresser à Touré. J'ai des problèmes de régénération du matériel de collection. Comment peut-on garder au mieux une collection?

Touré. Nous avons perdu plusieurs cultivars plus à la suite de maladies que par perte des potentialités de la plante. Si les tubercules sont issus de plantes saines, il n'y a pas de dégénérescence.

Communication de L. Degras

Doku. Degras a noté des différences du sex-ratio de certaines variétés. Y a-t-il chez *D. trifida* des différences d'une année sur l'autre?

Degras. Pour les mêmes croisements, le sex-ratio n'est pas constant d'une année sur l'autre. Néanmoins une stabilité relative s'observe dans le classement des différents croisements quant à ce caractère. Les croisements montrant une prédominance d'un sexe sur l'autre conservent cette dominance. Le sex-ratio n'est pas absolu mais le comportement d'une série de croisements paraît demeurer d'une année sur l'autre.

Communication de R. Dumont

Degras. Je pense que la multiplication végétative n'est pas un cul de sac pour l'amélioration. En biologie tropicale, l'apparente diminution de la sexualité ne va pas à l'encontre de l'évolution.

Communication de J. E. Wilson

Lyonga. La forme des tubercules dépend du type de sol. Dans les endroits marécageux, les tubercules présentent des radicelles nombreuses. Des corrélations existent également entre la couleur de la tige et l'incidence de certaines maladies. Les tubercules d'une même variété présentent des formes différentes selon le mode de plantation. Des différences de forme s'observent certes entre variétés mais les caractères héréditaires s'expriment mal car fortement altérés par le milieu.

Miège. Pour illustrer ces modifications dues au milieu je citerai le cas de plantes qui cultivées en bac ont formé des tubercules qui une fois qu'ils avaient atteint le fond du récipient se développaient parallèlement à lui pour former une sorte de semelle aplatie sur sa face inférieure et mesurant 20 à 25 cm de long sur une dizaine de large et quelques cm d'épaisseur.

Par ailleurs, les tubercules d'un cultivar croissant en terrain sableux profond avaient l'aspect d'une grosse gourde ou d'une fiasque à col étroit et base large. En terrain argileux, très caillouteux, les tubercules de la même variété étaient digités et bosselés. Ils contournaient au cours de leur croissance, les cailloux rencontrés sur leur chemin. La valeur commerciale de ces tubercules est fort amoindrie.

Trouslot. Lorsque vous semez une grande quantité de graines d'un cultivar donné, quel est le pourcentage observé de tubercules longs (donc écartés)?

Wilson. Nos essais ont porté sur 25 descendances de variétés du Nigéria. Trois ont donné un pourcentage raisonnable de tubercules courts. Les 22 autres ont donné 99 pour cent de tubercules longs. Le caractère long semble donc prédominant.

Communication de E. V. Doku

Wilson. Nous travaillons avec des polyploïdes qui ne peuvent pas se multiplier sexuellement depuis plus de 1.000 ans. Nous avons beaucoup de problèmes en étudiant la fertilité : problèmes de chromosomes, de multiplication sexuelle, donc par la suite, d'amélioration.

Doku. Exprime sa crainte. La floraison mâle ou femelle semble liée, dans les conditions naturelles, au développement du tubercule. On peut sélectionner des plantes intéressantes pour leur haut rendement, mais qui ne produisent pas de fleurs.

Degras. La sélection artificielle, rationnelle, ne conduit pas nécessairement aux types biologiques produits par la sélection empirique ou naturelle à partir des populations sauvages. La sélection conduit à des types aberrants par rapport à l'équilibre biologique naturel, la culture étant une atteinte à la multiplication naturelle. Dans de nombreuses espèces à multiplication sexuée exclusive, par ex. *Oryza sativa,* on connaît des possibilités de combinaisons, de croisements entre certaines variétés *indica* × *japonica.* On peut utiliser des méthodes artificielles pour contrôler la biologie florale de l'igname. On connaît un modèle de la biologie de la floraison chez la mercuriale dioïque chez laquelle on obtient soit des fleurs mâles soit des fleurs femelles à partir de l'aisselle, suivant les clones.

Touré. Doku nous met en garde contre la programmation en reproduction sexuée. Mais, il subsiste une méconnaissance du déterminisme de la floraison. C'est bien de mettre en évidence les conditions de la floraison chez l'igname, mais ces études devraient être accompagnées d'une étude cytogénétique car la stérilité peut provenir d'irrégularités au cours de la méiose.

PART II: AGRONOMIC STUDIES AND TAXONOMY

IIème PARTIE: RECHERCHES AGRONOMIQUES ET TAXONOMIE

7 Recent developments in the propagation of yam (*Dioscorea* spp)

J. E. WILSON

Summary

Sexual propagation makes possible the production of the genetically variable populations required for breeding. Rapid vegetative propagation is
essential for multiplying improved cultivars. Procedures for germinating
seed and establishing seedlings and for rapid multiplication using rooted
vine cuttings and tuber pieces are discussed.

Résumé

La reproduction sexuelle rend possible l'obtention de populations présentant une grande variabilité génétique indispensable aux programmes de
sélection. Une propagation végétative rapide est nécessaire à la multiplication des cultivars améliorés. Cette étude passe en revue les techniques
de germination des semences et de production des jeunes plants, ainsi que
leur multiplication rapide en utilisant des boutures de rameaux ou des
morceaux de tubercules.

Introduction

Traditionally, yam is propagated vegetatively using either whole small tubers
or pieces cut from large tubers. These traditional methods produce genetically uniform material at a slow rate of multiplication, and are thus not
suitable for breeding or for the rapid propagation and distribution of improved
cultivars. This paper will discuss recently developed non-traditional methods
of yam propagation, including sexual propagation, for producing the genetically variable populations required for breeding, and three techniques of
vegetative propagation for accelerating the multiplication of clonal material.

Sexual propagation

Methods of promoting flowering and seed set and growing large populations
of seedlings of white yam (*D. rotundata*) have been developed (Waitt 1959;
Doku 1973; Sadik and Okereke 1975a, 1975b; Sadik 1976b). This sexual
propagation has made it possible to improve the yam by means of conventional breeding procedures which include selecting superior plants from
genetically variable populations. The application of these procedures in a
systematic, large-scale breeding programme has the potential to solve many
problems which limit yam production today.

Seed germination and seedling establishment

Procedures for germinating true seed of the white yam have been reported in detail by Sadik (1976*a*). Briefly, these procedures involve selecting plump, well filled seeds which have been stored until the end of seed dormancy, usually one to four months after harvest. Just prior to planting, seeds are dusted with a fungicide or fungicide–insecticide combination and either sown in covered Petri dishes for later transplanting to small pots in the screenhouse (or other sheltered areas) or sown directly into pots in the screenhouse. Seeds normally begin germinating three weeks after sowing, and germination continues for several weeks. When seedlings have reached the two-to-three-leaf stage they are transplanted to the field at a spacing of 1 m between ridges and 25 cm between plants on the ridge. Alternatively, seeds can be sown in wooden seed-boxes or nursery beds for subsequent transplanting to the field.

Seedlings are staked and maintained using recommended cultural practices. Eight to nine months after sowing, tubers ranging in size up to 1 kg are harvested.

Direct seeded nursery beds

The above procedure has been used successfully in many instances. However, when large populations of 10000 or more seedlings are required for a comprehensive breeding programme, a method requiring less labour and space is needed. A procedure involving high-density plantings in nursery beds has given satisfactory results at the International Institute of Tropical Agriculture (IITA).

Non-dormant seeds treated with a fungicide–insecticide combination are sown directly into nursery beds in rows 30 cm apart and mulched with rice hulls or chopped straw. For best results, nursery beds should contain 1 m deep topsoil and should be shaded with palm leaves or other suitable materials to protect the seeds and seedlings from heavy rains or excessive drying. When seedlings have developed two or three leaves, they are thinned to 15 cm within the row. Extra plants are either transplanted into additional nursery beds or discarded. Vines are trained on cotton string 1.5 m high supported by frames erected over the nursery bed. Palm-leaves are removed when the seedlings are well established.

Because of the close spacing, the tubers produced by this method are smaller than those produced in the field, ranging from about 20 g to 250 g. However, they are large enough to permit selection to be made on tuber characteristics and for the propagation of selected plants. This procedure has been used successfully for *D. rotundata*, *D. dumetorum*, and *D. bulbifera.*

Potential uses for seed propagation

In the future these methods of seed propagation could be modified for use by farmers. Even if two years are required to produce ware yams from true seed (i.e. seeds to setts the first year, setts to ware yam the second year) the advantages of using true seed could be substantial. However, it is necessary to sound a word of warning here. Although the technology for growing seed and establishing seedlings has been developed, the uniform populations of seed required by the farmers are not yet available and the breeding of these uniform populations will take many years to accomplish. The premature introduction of this technology to farmers before the required uniform populations have been bred could bias these farmers against use of sexual propagation in the future.

Vegetative propagation for rapid multiplication

The success of any yam breeding programme depends on the development of rapid propagation techniques which permit the breeder to vegetatively multiply promising genotypes for advanced testing. Rapid vegetative propagation is also of vital importance when producing planting materials of improved cultivars for distribution to farmers.

Rooted vine cuttings

A method of propagation using rooted vine cuttings for the production of planting setts is used routinely at IITA. This method not only accelerates multiplication, but when carried out with sterilized sand and soil also produces tubers free of nematode and soil-borne pathogens, and thus has the potential for cleaning up declining clones.

Sections of yam vine 5–6 nodes long are cut with a sharp knife. Best results are achieved when cuttings are partially woody, but not too hard, and are taken from healthy plants early in the growing season before tubers have begun to develop. Leaves from the bottom three nodes are removed and any large leaves remaining are reduced by half to lower the transpiration rate. Prepared cuttings are then inserted horizontally with the leafless nodes buried in clean river sand in free-draining trays. Trays are placed in a high humidity chamber (greater than 80 per cent RH) and watered as necessary to keep damp. Cuttings generally produce roots after 10 to 20 days. The success of this method depends on high humidity and the skill of the propagator in selecting appropriate cutting material.

Rooted cuttings are transplanted into sterilized soil in pots or polythene bags and left in high humidity conditions until new shoot growth starts, at which time they are moved outside, are hardened under shade before being moved into the full sun and staked and maintained until senescence when tubers are harvested for use as planting setts.

Frequently, cuttings rooted in this manner, especially those taken late in the season, will tuberize immediately after rooting and produce only miniature tubers before senescing. These tubers are too small for use as planting setts, but they can be left in their pots, without watering, until the dormancy period is finished and then grown an additional year to produce tubers large enough for planting.

This method of rooting vine cuttings has been used successfully for *D. alata, D. rotundata,* and *D. cayenensis.* Less success has been had with the other West African cultivated species of *Dioscorea.*

Rooted tuber pieces

A method of rapid multiplication using tuber pieces has been developed at the National Root Crops Centre, Umudike, Nigeria (Federal Agricultural Research and Training Station, 1975).

Heads and tails are removed from non-dormant tubers and the remaining body of the yam segmented into cylinders. The skin of each tuber cylinder is scarified into blocks with vertical and horizontal grooves about 1 mm deep, making certain that each block is large enough to sprout.

Cut surfaces are ashed and air dried. These segmented cylinders are buried in fermented sawdust or river sand in perforated containers which permit free drainage, and then kept moist but not wet. As shoots and roots develop in three to six weeks, the sprouted segments are carefully carved out and the unsprouted section returned to sawdust or sand. All but one sprout should be trimmed from each segment, and the sprouted segments trans-planted into polythene bags or pots filled with topsoil. Two to four weeks later the plants can be transplanted from the pots to the field at a spacing of 0.75 m × 1.25 m, then staked and maintained using recommended cultural practices.

This method produces both ware yams and sett yams and can yield as many as 30 tubers from a single tuber.

Anambra State sett production

In certain regions of Anambra State in Nigeria, yam farmers have over the years developed a specialized system of producing sett yams for sale to farmers who are unable to grow their own planting material, particularly those who live on the riverine of the Niger. This system could easily be adapted by researchers when multiplying improved cultivars for distribution.

Small setts ranging from 45 to 110 g are planted on ridges or mounds at an average density of 20 000 plants per ha, generally on soils of low fertility, and staked with elephant grass or light sticks. After seven to ten months tubers ranging in size from 50 to 1000 g are harvested and marketed as planting setts or stored for replanting. The small whole-tuber setts produced in this way are excellent for distribution and as uniform planting material to reduce the variability in agronomic trials.

Discussion

Each of the methods of propagation which has been discussed has specific advantages which make it best suited to certain research or extension needs. Genetically variable populations for breeding can be attained only through sexual propagation. The system chosen for rearing seedlings depends upon the size of the seedling population required and the amount of seed, labour, and land available. The first procedure discussed requires more labour and land for handling and growing seedlings but it results in a higher percentage of germination. The direct seeded nursery bed system is more wasteful of seed but economizes on labour and space and is often, therefore, less expensive.

For clonal propagation, rooted cuttings require high humidity facilities and a certain degree of skill and close attention to detail and is, therefore, most appropriate for research purposes. Since this procedure eliminates nematodes, it has an important advantage over the other methods of vegetative propagation and thus is particularly useful for maintaining germplasm collections.

The Umudike method of rooting tuber pieces and the Anambra sett production system are equally appropriate for both research and extension purposes because of their simplicity. In addition the Anambra sett production system has considerable potential for farmer-level production and marketing of planting material of improved varieties once they have been released to the farmers.

References

Doku, E. V. (1973). Sexuality and reproductive biology in yam (*Dioscorea* spp) cultivars. 1. Preliminary studies, Paper presented at 3rd Int. Symp. Trop. Root Crops, IITA, Ibadan, Nigeria.

Federal Agricultural Research and Training Station (1975). *Guide to rapid multiplication of yam tubers.* Advisory Bulletin No 2. Federal Agricultural Research and Training Station, Umudike.

Sadik, S. (1976a). Methods for seed germination and seedling establishment of yam, *Dioscorea rotundata* Poir. *IITA Technical Report* No 1. International Institute of Tropical Agriculture, Ibadan, Nigeria.

—— (1976b). A review of sexual propagation for yam improvement. *Proc. 4th Int. Symp. Trop. Root Crops, Cali, Columbia* 40–4.

—— and Okereke, O. U. (1973). A new approach to improvement of yam *Dioscorea rotundata. Nature, Lond.* **254,** 134–5.

—— and —— (1975). Flowering, pollen grain germination, fruiting, germination and seedling development of white yam, *Dioscorea rotundata* Poir. *Ann. Bot.* **39,** 597–604.

Waitt, A. W. (1959). *Report on agricultural research in Nigeria 1957–58,* pp. 18–19. Federal Government Printer, Lagos, Nigeria.

8 La reproduction végétative de l'igname: données fondamentales et applications récentes

L. DEGRAS

Résumé

Chez l'igname, le système de reproduction végétative est prédominant sinon exclusif. La structure et le fonctionnement des organes souterrains (rhizomes ou tubercules) et ceux des organes aériens (bulbilles et cals axillaires) sont analysés. Les possibilités de prolifération artificielle obtenues par bouture, culture de fragments d'organe ou de cellules sont examinées. Les apports de la reproduction végétative à l'expression et au renforcement de la variabilité génétique sont évoqués.

Summary

In the yam, the vegetative system of reproduction is predominant. The structure and functioning of the parts which grow under the surface (rhizomes or tubers) and the parts which grow above the surface (bulbils and axillary callus) are analysed. The possibilities of artificial proliferation by using cuttings, or by cell culture are examined. The role that vegetative reproduction can play in programmes which examine genetic variability is also discussed.

Introduction

Si la reproduction sexuée est une nécessité presqu' absolue pour l'intervention de l'amélioration de plantes, elle joue aussi un rôle capital en botanique générale par la prééminence du système floral dans la conception du monde végétal. Il n'est pas certain que cet 'impérialisme du sexe' aurait été aussi flagrant si la biologie et l'agronomie s'étaient davantage élaborées en référence au monde tropical et équatorial humide. Pour des raisons encore mal élucidées, où sans doute l'écologie est déterminante* mais où les valeurs et les structures humaines interviennent (Coursey 1976; Alexander et Coursey 1969) la reproduction végétative y joue un rôle égal sinon plus important, chez les plantes d'intérêt alimentaire. Mais son étude chez l'igname a été d'autant plus marginale que, en dépit des apparences, comme le souligne Tomlinson (1970), la biologie fondamentale des Monocotylédones est bien

---

* Voir la réduction de l'apomixie chez *Dichanthium* avec l'éloignement des latitudes basses (Knox 1967).

moins comprise que celle des Dicotylédones, que la biologie des plantes grimpantes est encore un terrain mal défriché et que le caractère souterrain de l'organe de réserve et de reproduction ne met pas à l'aise des biologistes exercés aux fleurs et aux graines aériennes.

Il s'ensuit qu'autour de la reproduction végétative de l'igname, d'un côté, les connaissances empiriques accumulées par les générations de cultivateurs et de l'autre des expérimentations répétées, dispersées, souvent mal exploitées constituent aujourd'hui un domaine quelque peu confus où il devient urgent de cerner les grands problèmes et les bases fondamentales de leur résolution.

Organes et structures élémentaires

Les organes spécialisés

Les organes de reproduction végétative spécialisés de l'igname sont des tubercules, des bulbilles, des stolons, et des rhizomes.

En ce qui concerne les tubercules, nous croyons sans intérêt de trancher la question de l'appartenance des tubercules aux catégories tige ou racine. Tout comme Queva (1894), il nous paraît plus juste d'y voir un organe original, exemple de la valeur limitée des dichotomies simplificatrices en organographie. Car quelle que soit son origine, hypocotyle ou tige, bourgeon ou racine, le tubercule adulte de l'igname a toujours la structure anatomique d'une tige associée aux caractères de racine que sont l'absence d'ébauche foliaire préformée (hors d'une extrémité) et le géotropisme positif ou le diagéotropisme à tendance positive.

Mais pour la commodité de l'exposé, nous distinguerons des tubercules 'de tige' parce que dérivant directement d'une structure caulinaire (Queva 1894; Martin et Ortiz 1963) auprès de laquelle se trouvera le bourgeon de la génération suivante, et des tubercules 'de racine' parce que dérivant directement d'une racine et dont le bourgeon sera à l'opposé de la région d'origine (Queva 1894).

LES TUBERCULES 'DE TIGE'   C'est le cas général des formations souterraines des *Dioscorea*. Quels que soient les arguments de Sawada (1952) pour établir la 'nature racinaire' du tubercule de *D. batatas* (= *D. opposita*) nous y incluons ceux de cette espèce, qui en règle générale, ne s'écartent pas de la définition ci-dessus.

Queva (1894) distingue trois modes de croissance (Fig. 8.1):
- (a) pas de méristème sub-apical distinct des assises cambiales qui prolifèrent à partir d'une hypertrophie de tissus secondaires; divers *Dioscorea* à tubercule vivace sont concernés;
- (b) méristème sub-apical (primaire) et cambium cortical relayant l'hypertrophie de tissus secondaires pour élaborer l'essentiel du tubercule; *D. alata*, *D. bulbifera*, et *D. pentaphylla* notamment seraient concernés;

(c) hypertrophie de tissus primaires relayée par le méristème subapical complétée par un cambium cortical; *D. esculenta* et *D. opposita* seraient concernés par exemple.

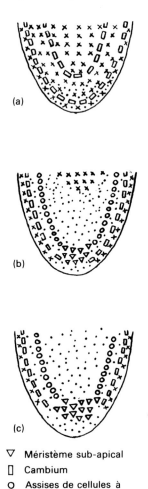

Fig. 8.1. Modes de croissance du tubercule des *Dioscorea* (selon Queva 1894).

Dans ces deux derniers modes des assises de cellules à multiplication retardée demeurent à la limite des parenchymes corticaux et centraux.

L'organe est à symétrie radiale initialement et peut, soit le demeurer, soit évoluer vers une symétrie dorsiventrale ou bilatérale dans certaines portions ou perdre toute symétrie.

La tubérisation peut être: uniforme, de l'origine à l'apex, maximale à une distance variable, presque nulle sur une longue portion proximale (pédoncule de *D. esculenta* et de *D. trifida*), ou se développer plus activement en digitations localisées. Elle peut être multiple dès l'initiation.

L'accumulation d'amidon au cours de la tubérisation se fait surtout à proximité des faisceaux vasculaires, donc peu dans la région corticale (qui n'a toutefois que 1 à 3 mm d'épaisseur). Dans celle-ci, on observe une plus grande fréquence de cristaux d'oxalate et une coloration souvent plus foncée dont l'hérédité se révèle distincte de celle du parenchyme amylifère fondamental (Degras 1976a, 1978).

LES TUBERCULES 'DE RACINE' Beaucoup plus rares dans le genre, l'exemple le plus typique en est celui de *D. dodecaneura** selon la description très précise de Queva (1894) (Fig. 8.2). A son origine existe un cordon de structure anatomique racinaire qui provient d'un noeud de tige rampante. La transformation de la structure racinaire en structure caulinaire se fait

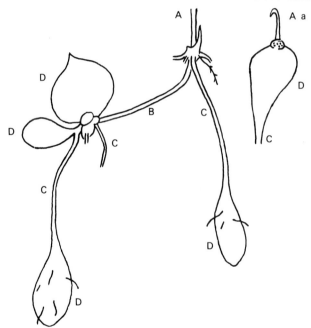

Fig. 8.2. *Dioscorea dodecaneura* (selon Queva 1894). A tige aérienne; Aa tige en germination; B entrenoeud rampant; C racine; D tubercule.

* *D. dodecaneura,* que nous n'avons pu nous procurer jusqu'ici, est une espèce sud-américaine qui aurait été d'importance alimentaire à l'époque pré-colombienne dans les régions andines et amazoniennes (Coursey 1967; Bertin, Hemard Inquer, Keul, et Randles 1971).

parallèlement à la tubérisation de la zone de croissance distale dont l'extrémité est recouverte d'une pilorhize. C'est à cette extrémité, donc à l'opposé du pédoncule, que se forme un bourgeon d'où partira la tige de la plante-fille. Des cambiums assurent la régénération de l'écorce liégeuse et parfois du tissu fondamental secondaire. Des assises de cellules à multiplication retardée séparent parenchyme cortical et parenchyme central.

Les cas rapportés par Sawada (1952) de transformation de racine en tubercule sont ou bien accidentels ou une description de *D. dodecaneura* sous des synonymes.

LES BULBILLES   La formation des bulbilles n'est pas générale. Elle est très rare chez *D. cayenensis†,* assez fréquente chez *D. alata* où pour certains clones elle n'apparaît que certaines années et pour d'autres régulièrement, jusqu'à représenter 15 pour cent de la tubérisation totale (Degras 1976*b*). Elle caractérise *D. bulbifera,* quoique pour certains clones elle représente moins de 1 pour cent de la tubérisation totale, tandis que pour d'autres c'est l'inverse, avec même la suppression de la production souterraine (Martin 1974).

L'organogenèse de la bulbille est partout la même. Elle est axillaire, très généralement des aisselles supérieures, bien que l'on puisse la déclencher à tout niveau chez un clone bulbifère (Sawada 1952). La tubérisation se fait à partir du ou des bourgeons les plus jeunes, donc les plus éloignés de l'axe de la tige. Un à quatre bourgeons peuvent y participer (Miège 1952). La croissance est toujours dissymétrique: elle est plus active dans la zone éloignée de l'axe de la tige. Il s'ensuit que le bourgeon unique, ou le plus jeune, acquiert une position latérale ou sub-basale par rapport à la masse de la bulbille. Des ébauches racinaires sont émises sous des lenticelles, parfois en cercles concentriques des bourgeons. L'espèce et le nombre de bourgeons déterminent la morphologie des bulbilles.

L'anatomie retrouve la zonation de tissus du tubercule souterrain : écorce liégeuse, parenchyme cortical relativement mince et riche en raphides mais pauvre en amidon, parenchyme fondamental vascularisé avec peu ou pas de raphides mais riche en amidon. Un unique cambium au début superficiel puis cortical 'profond' et une prédominance latérale de divisions cellulaires qui engendre la dissymétrie, sont les principales caractéristiques méristématiques.

TIGES STOLONS   Cette formation paraît limitée, dans son expression la plus stricte, à certaines espèces de la sous-section 'Perenes' de la section des *Enantiophyllum* africains envisagée et décrite par Miège (1950) : *D. smilacifolia, D. minutiflora, D. pynaerti,* et *D. hastata.* Il s'agit de tiges 'peu épineuses, plus épaisses et rigides que les tiges rampantes' et courant 'le

† Nous adoptons la systématique de Miège (1968) avec *D. cayenensis* subsp. *cayenensis* et *D. cayenensis* subsp. *rotundata.*

long du sol ou à une faible profondeur . . . parfois à plusieurs mètres du tubercule-mère'. Le développement, aux noeuds, de racines puis d'une masse lignifiée pouvant atteindre 25 × 15 × 8 cm, constitue un cal dont la face inférieure émet des tubercules fibreux, à raphides à l'origine, puis à amidon, pouvant dépasser 40 cm de long (Fig. 8.3). La structure anatomique est caulinaire.

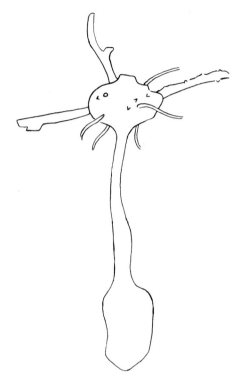

Fig. 8.3. Tubercule de tige-stolon de *Dioscorea minutiflora* (selon Miège 1952).

Le fait que les étages inférieurs des tiges dressées de ces espèces puissent, accidentellement ramenées au sol, développer des cals axillaires de même nature, représente une transition avec le comportement de certaines autres espèces, dont *D. alata* et même *D. cayenensis*. Chez le cultivar 'V 17.2' de cette dernière espèce, nous avons observé, aux aisselles basales de plantes cultivées sans tuteur, des tubérisations ovoïdes atteignant environ 6 × 3 cm. Chez des *D. alata* de Cuba et de Nouvelle Calédonie, nous obtenons régulièrement des tubercules axillaires volumineux à moitié souterrains. Il s'agit en fait de bulbilles à développement 'activé', car les tiges sont normalement feuillées à la différence des vrais stolons.

LES RHIZOMES   Cette formation peut sembler de peu de valeur chez les ignames alimentaires. Chez le genre *Rajania* (*R. cordata* par exemple d'Amérique tropicale), Dioscoréacée alimentaire aux temps précolombiens, non seulement le rhizome s'ajoute au tubercule comme chez *D. caucasica* (Ayensu 1972) ou *D. cotinifolia* (Archibald 1967), mais encore la succession des bourgeons à l'origine des tiges et des tubercules constitue bien un rhizome contracté (Burkill 1960).

Les rhizomes typiques, avec écailles foliaires, noeuds et entrenoeuds, sont les organes spécialisés exclusifs chez *D. villosa* (Fig. 8.4) et *D. quinqueloba* étudiés par Queva (1894). Celui-ci interprète la ramification du tubercule-rhizome comme le développement d'un bourgeon axillaire et la tige aérienne comme celui d'un bourgeon oppositifolié; nous y voyons une croissance sympodique.

Les rhizomes typiques se caractérisent de plus par une accumulation de substances de réserve dans leurs entrenoeuds et leur pérennité relative (celui de *D. villosa* se détruit en arrière peu à peu). Ils se différencient des tubercules typiques par leur épiderme et leur assise 'endodermoïde' (Ayensu 1972).

Fig. 8.4. Rhizome de *Dioscorea villosa*. T tiges aériennes.

Les structures fondamentales

Le fonctionnement normal des organes de reproduction végétative met en jeu des bourgeons préformés. Leur fonctionnement accidentel ou artificiel en culture implique des sites de néoformation. Dans tous les cas, l'activité méristématique paraît associée à des structures vasculaires ou pré-vasculaires et elle conduit à la structure de transition du prétubercule. Nous allons préciser ces données structurales.

LES BOURGEONS PRÉFORMÉS Entre le prétubercule, que nous examinerons plus loin, et l'apex de l'axe primaire aérien s'étagent des aisselles écailleuses ou foliaires. En dehors de l'aisselle de la première feuille de plantules issues de semis (Queva 1894) et, selon Okonkwo, Nwoke, et Njoku (1973), les aisselles inférieures chez *D. bulbifera,* toutes possèdent un et le plus souvent plusieurs bourgeons. Ces bourgeons sériaux sont en zigzag à leur sortie et ont pour chaque aisselle une vascularisation à insertion axiale commune (Queva 1894).

Ces bourgeons s'étagent et se présentent comme suit (avec des superpositions de 3, 4, 5, parfois):
- (1) bourgeons basaux, dormants, au niveau du prétubercule;
- (2) bourgeons sub-basaux réprimés entre prétubercule et premières ramifications;
- (3) bourgeons moyens et supérieurs à développement variable en axes feuillés;
- (4) bourgeons supérieurs dormants à tubérisation en bulbille;
- (5) éventuellement bourgeons inflorescentiels.

A cet étagement se superpose chez certaines espèces une tendance à la spécialisation des bourgeons sériaux, vers la ramification ou l'inflorescence près de la tige et vers la tubérisation près du pétiole (Okonkwo, Nwoke, et Njoku 1973).

Signalons aussi ce que ce classement a de schématique pour les étages 1 à 3 inclus: la suppression de l'apex primaire en cours de végétation au dessus de l'étage considéré amène tous ces bourgeons à une croissance active.

BOURGEONS DORMANTS (ÉTAGES 1 ET 4) Burkill (1960) souligne la nature pérenne du bourgeon basal de la tige des *Dioscorea,* lequel assure la continuité du clone matérialisée par la provision des bourgeons élémentaires en zigzag sous des enveloppes écailleuses à renouvellement annuel (Fig. 8.5).

Nous avons observé chez *D. alata* cv. 'Tahiti' en végétation naturelle (pas de récolte du tubercule) la régénération annuelle du prétubercule à partir d'un bourgeon issu d'aisselle écailleuse à la base de la tige précédente.

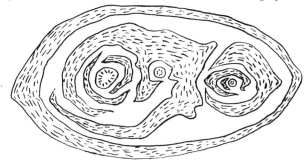

Fig. 8.5. Bourgeon pérenne de *D. sansibarensis* (selon Burkill 1960).

Chez *Helmia hirsuta,* Queva (1894) a décrit la constitution du bourgeon de la génération suivante à l'aisselle de la deuxième écaille foliaire de la tige de première année, dès la germination de celle-ci. Ce bourgeon qui reste dormant jusqu'à la saison suivante est cependant d'emblée associé à la vascularisation du tubercule de première année dont il utilisera les réserves.

Les bourgeons dormants sont particulièrement évidents chez les bulbilles où Miège (1952) les a décrits avec précision chez *D. abyssinica.* Ils comportent de la périphérie vers le centre: des écailles foliaires d'abord rigides et nettement vascularisées, des émergences parenchymateuses non vascularisées revêtues d'un épiderme à poils pluricellulaires, un mucilage à débris cellulaires sous lequel se trouve l'apex, comme pour le bourgeon dormant au sommet du tubercule (Burkill 1960).

BOURGEONS RÉPRIMÉS OU JUVÉNILES (ÉTAGES 2, 3 CI-DESSUS)   Ces bourgeons peuvent soit comporter à leur base des écailles foliaires soit des ébauches de feuilles normales. Suivant les inhibitions momentanées de la ramification, ils se développeront ou non dans l'année, périssant avec toute la tige chez les espèces à tiges annuelles, contribuant à la végétation suivante chez les espèces à tiges pérennes ou pluriannuelles (Hauman 1916; Archibald 1967).

Prélevés en bouture uninodale, et placés en conditions favorables (voir plus loin) ces bourgeons donnent des prétubercules (Coursey 1967).

L'aptitude des régions axillaires à régénérer directement une nouvelle plante est plus générale que celle à élaborer une bulbille, dont la structure de réserve dormante ne paraît possible que pour certains clones. A cette aptitude de la région nodale correspond une parfaite inaptitude au bouturage de l'entrenoeud seul (Preston et Haun 1962; Mapes et Urata 1970). On est tenté de voir en cela une confirmation et une conséquence des observations de Queva (1894) et de toutes celles rappelées par Ayensu (1972) sur l'anatomie nodale, ainsi que des remarques de Bounaga (1973).

Queva (1894) notait déjà que les faisceaux vasculaires de bourgeon axillaire ne participaient pas directement à la vascularisation internodale. Mason (1926) a découvert un complexe vasculaire original au niveau de chaque aisselle, dont la singularité a fait l'objet de nombreuses études sans qu'on en perce la signification. Seule sa structure anatomique est relativement connue (Fig. 8.6, d'après Ayensu 1972). Cette spécificité vasculaire de la région nodale et l'impossibilité d'obtenir des bourgeons de l'entrenoeud correspondent à la thèse de Bounaga (1973) qui affirme que seule la participation des traces vasculaires liées aux bourgeons axillaires peut permettre la caulogénèse à partir des entrenoeuds.

LES SITES DE NÉOFORMATION   Dans la pratique culturale, les grosses bulbilles et les tubercules normaux sont fragmentés, et ces fragments, mis à part quelques-uns, ne possèdent pas de bourgeons préformés. Aussi bien chez les bulbilles que chez les tubercules la néoformation de bourgeons fonctionnels est générale et la dimension minimale des fragments n'a pu être

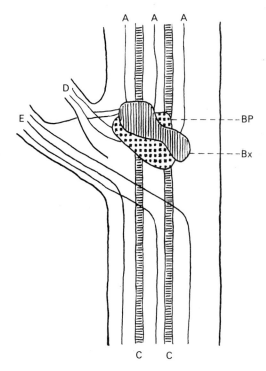

Fig. 8.6. Schéma de la vascularisation du noeud des *Dioscorea* (selon Ayensu 1972). A faisceaux vasculaires de la tige; BP phloème; Bx xylème; C faisceaux du glomérule; D bourgeon axillaire; E pétiole.

encore déterminée ; Sawada (1952) a obtenu des germinations de section de bulbilles de *D. bulbifera* inférieure à 0,5 g. Nous travaillons sans difficulté excessive avec des fragments de tubercule de *D. trifida* de l'ordre de 5 g (Mathurin et Degras 1974).

Les bourgeons néoformés, dans la plupart des cas, manifestent une certaine polarité d'induction, apparaissant de préférence vers l'extrémité du fragment correspondant à la partie la plus âgée (cf. Sawada 1952, par exemple). Cette polarité est beaucoup moins marquée chez *D. trifida* que chez *D. alata*. Ces bourgeons se forment toujours à partir de protubérances de quelques millimètres de diamètre qui préexistent à différents degrés et sont d'autant plus apparentes sur le tubercule qu'il avance en âge après la récolte. Un nombre variable de ces protubérances émet des radicelles courtes, de faible section et d'activité très brève. Celles qui se développent en bourgeon se fendent en lèvres assez épaisses, au milieu desquelles émergent peu à peu les éléments d'un prétubercule à partir d'un cal de quelques millimètres. Mais ainsi que l'a établi Onwueme chez *D. alata* et *D. cayenensis* (1973) ce n'est pas véritablement de la formation superficielle du cal que provient le bourgeon. Il s'organise à partir de la couche méristématique 'profonde' de la zone corticale.

Des précisions complémentaires découlent de récentes observations chez *D. alata, D. esculenta,* et *D. transversa** (Mathurin et Degras 1978). Les assises méristématiques, soit trois à quatre couches cellulaires, sont les cellules à multiplication retardée laissées en arrière comme une gaine par le méristème sub-apical, entre parenchyme cortical et parenchyme central (Queva 1894). Elles comportent de place en place des massifs de cellules apparemment plus jeunes que nous assimilons aux 'faisceaux vasculaires grêles non différenciés' de Queva. Ce sont ces massifs qui se multiplient en cellules appelées à s'allonger radialement, écartant les assises corticales superficielles et s'organisant en bourgeon de même structure que les bourgeons préformés (Fig. 8.7, d'après Mathurin 1977).

Onwueme (1973) a noté que très rapidement s'établit une dominance des premiers bourgeons développés qui bloque tous les autres. La suppression des premiers libère une seconde vague de bourgeons organisateurs à leur tour et une nouvelle suppression entraine la même réponse. La totalité des

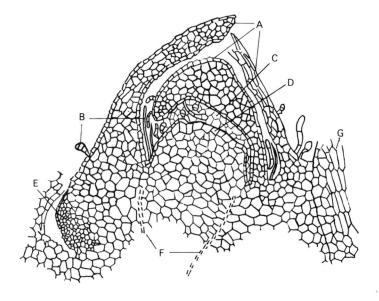

Fig. 8.7. Bourgeon néoformé chez *D. alata* (selon Mathurin 1977). A écailles; B poils; C cellules mucilagineuses; D apex; E ébauche de racine ou de tubercule; F ébauches de cordons vasculaires; G écorce liégeuse.

---

* *D. transversa* R. Brown, dont nous avons introduit de Nouvelle Calédonie (cf. Bourret 1973) aux Antilles le cultivar 'Waël' est une espèce 'mineure' d'avenir, à haut potentiel de rendement et de résistance (Martin et Degras 1978) : S. Essad vient d'établir sa garniture chromosomique (2n = 80) au cours d'une session de cytologie en Guadeloupe à l'INRA.

éminences, qui n'évoluent qu'après les premiers stades de multiplication sous-corticale, possède la potentialité de développement complet. Le nombre d'égermage possible serait à déterminer en fonction des zones.

LE PRÉTUBERCULE Miège (1952) en a fourni une description et la désignation. (C'est le 'primary nodal complex' défini en 1969 par Ferguson (in Ferguson 1973)). Il s'avère le passage obligatoire de toute germination d'organe végétatif chez l'igname. C'est une émergence de tissu primaire, au début, comportant:

(1) un apex organisé au milieu d'ébauches foliaires dont les plus extrêmes font passage à des écailles néoformées, aux bases très épaissies et coalescentes;

(2) un massif hypertrophié et très vascularisé correspondant aux noeuds et entrenoeuds condensés de ces écailles;

(3) une zone d'attache dont les vaisseaux vont au tubercule-mère;

(4) des ébauches et des pointements de racines de forte section.

L'émission de la tige généralement unique par prétubercule (un ou des prétubercules-fils peuvent naître des aisselles d'écailles) et le développement des racines coronaires correspondent à un grossissement du prétubercule jusqu'à ce que soit apparente l'ébauche du tubercule-fils.

Le bourgeon dormant de la génération suivante pourra provenir d'une aisselle du prétubercule principal ou d'un prétubercule voisin entièrement inhibé au départ.

L'usage de la récolte fractionnée de certaines espèces dont *D. cayenensis* subsp. *rotundata* s'appuie sur la capacité de régénération du tubercule par le prétubercule en végétation. Le prélèvement du tubercule de l'année supprimant le site d'accumulation entraîne une multiplication et un début de développement de bourgeons basaux à la surface du prétubercule qui s'accroît en émettant à sa face inférieure les digitations du tubercule de semence.

Le fonctionnement reproducteur

La fonction de reproduction du clone par les organes et les structures examinées doit être envisagée des points de vue qualitatif et quantitatif. Pour chacune des catégories usuelles de matériel de reproduction végétative, tubercule, bulbille, bouture de tige, nous compléterons ici ce que leur présentation a laissé voir des déterminismes de leur morphogenèse, puis nous verrons dans quelle mesure la conformité au clone peut être altérée à la génération suivante par leur utilisation respective.

Aspects qualitatifs de la reproduction végétative

TUBERCULE La morphogenèse du tubercule paraît se réaliser en deux grandes séquences, la première à prédominance ou exclusivité endogène, la seconde où les facteurs exogènes peuvent jouer un rôle déterminant.*

Chez *D. trifida,* dans les conditions écologiques normales, aussi bien chez la plantule issue de graine que chez le plant issu de tubercule, la différenciation des ébauches de cordon tubérifère est contemporaine de l'émission des racines coronaires. L'hypertrophie initiale a toujours été vue par Queva (1894) au cours des tout premiers stades: une feuille chez *D. sinuata,* deux feuilles chez *D. altissima* par exemple. Sawada (1952) observe l'organogenèse simultanée des racines et du tubercule dans le bourgeon initial de *D. batatas.* Une observation de Mathurin (1977) suggère le même processus chez *D. alata.*

Ferguson (1973), à partir de cette initiation précoce décrit quatre phases chez *D. alata* sur la base du taux de matière sèche et du rythme de croissance. Chez *D. trifida* la croissance de l'axe tubérifère paraît n'offrir de modification importante qu'à l'amorce de la phase d'élargissement final, vers le milieu du cycle normal.

Les structures fondamentales de reproduction sont en place bien avant la fin de la croissance et la dormance, variable suivant espèce et clone, ne s'installe que progressivement: Gregory (1968) a obtenu chez les fragments issus de plante en végétation, des germinations dix fois plus élevées au bout d'un mois et trois fois plus élevées après deux mois que chez ceux issus de plantes dormantes. Les températures de l'ordre de 16 °C prolongent la dormance des ignames tropicales (Gonzalez et Collazo de Rivera 1972) et Gregory reconnaît un optimum à la levée de dormance chez *D. floribunda* vers 31°. La prolongation de la dormance du tubercule de *D. alata* a été obtenue par des vapeurs de l'ester méthylique de l'acide alphanaphtalène acétique (Campbell, Chukwueke, Teriba, et Ho-a-Shu 1962) et la levée accélérée chez plusieurs espèces par l'éthylène chlorhydrine (Campbell *et al.* 1962; Gregory 1968; Mathurin 1977). Mais cette accélération est corrélative de l'hétérogénéité du tubercule : la région proximale répond mieux que les autres. Campbell *et al.* (1962) ont observé que cette meilleure réponse correspondait à une élévation du taux de glutathion dans la région proximale ce qui confirmerait l'hypothèse de degrés de dormance différents au même moment à différents niveaux du tubercule.

L'évolution biochimique du tubercule demeure cependant mal connue. On sait notamment (Ducet 1977) que chez *D. trifida* l'activité respiratoire ne devient minimale qu'assez longtemps après le dessèchement du feuillage, qui ne constitue donc qu'une phase préalable à la fin du cycle annuel du tubercule. La phase terminale qui voit aussi une certaine réduction de la matière sèche doit encore comprendre des évolutions au niveau des bourgeons dormants.

La continuité des caractères du clone et en particulier du type de tubercule à la génération suivante est partiellement au moins, fonction de la relation

---

* Voir aussi sur la morphogenèse du tubercule, Trouslot (1978).

anatomique et de la durée de cette relation entre tubercule parental et tubercule descendant. On l'a vu, l'ébauche du bourgeon descendant est en liaison vasculaire directe avec le tubercule parental, mais le tubercule descendant constitue le troisième point d'un 'triangle' vasculaire très précoce. Chez *D. trifida* (Degras, Vautor, Poitout, Arnolin, et Suard 1977) le tubercule parental est observable jusqu'à mi-parcours du cycle de végétation, soit au début de la phase de grossissement du tubercule descendant, où il disparaît. Donc en plus de l'information génétique transmise par la multiplication cellulaire à travers le prétubercule, le tubercule parental apporte une composante initiale et de longue durée au 'milieu intérieur' dont dépendra la morphogenèse et la physiologie du tubercule descendant.

Cette conformité induite peut être altérée par des facteurs propres au tubercule parental et bien entendu par les facteurs écologiques.

Les tubercules d'un clone présentent des variations de forme plus ou moins larges. Chaque forme redonne une gamme de formes recouvrant plus ou moins bien l'éventail des formes parentales avec des proportions parfois différentes. En voici un exemple tiré d'une descendance végétative du clone *D. cayenensis cayenensis* cv 'Krenglé' de Côte-d'Ivoire* à dominante parentale cylindro-conique (Tableau 8.1).

Tableau 8.1.

Forme des origines parentales	Forme dans les descendances (% dans les classes d'origines parentales)		
	Cylindro-conique à conique	Fusiforme à cylindro-ovoïde	Massue plus ou moins digitée
Cylindrique	58	24	16
Cylindro-conique	58	32	7
Conique	60	27	10
Ovoïde	46	40	13
Sphéroïde	52	34	12

Nous avons pointillé un sous-ensemble dont il ressort que c'est dans la descendance des formes à tubérisation proximale importante (cylindrique à conique) que se réalisent les taux les plus élevés de formes comparables.

L'apparition de formes nouvelles (en massue plus ou moins digitée) correspond à une interaction des orientations parentales avec les données écologiques. D'une part, c'est dans les descendances de parents à apex plus ou moins conique que les taux sont les plus faibles. D'autre part, ainsi que l'ont démontré Gumbs et Ferguson (1975) pour les caractères physiques, Sawada et Yakuwa (1959) pour la composition chimique du sol, les digitations apicales sont aussi des réponses aux conditions de sol.

* Degras 1956. Travaux du laboratoire de génétique. Station expérimentale des plantes alimentaires de Bouaké. Rapport annuel, dactylo, 190 p. Archives.

La comparaison des pourcentages de formes entre l'ensemble des descendances de tubercules entiers, et les descendances de tubercules fragmentés, les poids de semenceaux individuels étant analogues, est aussi instructive (Tableau 8.2).

Tableau 8.2.

Formes descendantes % des origines parentales	Origines parentales	
	Tubercules entiers	Fragments de tubercule
Cylindro-conique à conique	50	42
Fusiforme à cylindro-ovoïde	37	36
Massue plus ou moins digitée	13	22
Total	100	100

Le taux supérieur de tubercules en massue plus ou moins digitée dans la descendance des fragments peut être mis en parallèle avec le nombre plus élevé de tubercules par plante dans cette descendance, qui traduit la réduction de la dominance apicale et conduit à une pluralité de zones de croissance active.

Ces exemples montrent l'imbrication des facteurs endogènes et exogènes dans la morphogenèse du tubercule.

BULBILLE   La morphogenèse de la bulbille dépend, on l'a vu, d'aptitudes d'espèce, de clone, de niveaux et de structures axillaires. Allard (1945) a montré chez *D. alata, D. opposita,* et *D. villosa* le rôle favorable du jour court dans la production de bulbilles. Il s'agissait de plantes entières. Nous en reparlerons. Notons toutefois, qu'en Guadeloupe nous observons la production de bulbilles en jour naturel de 13 heures, régulièrement chez *D. bulbifera,* occasionnellement chez certains *D. alata* (Degras 1976*b*). La croissance et la morphologie de la bulbille sont modifiées par l'élévation de l'humidité de l'air (Miège 1952) qui provoque la poussée de racines hors des lenticelles. La croissance est encore plus active sur sol en cours de végétation mais une phase de dormance intervient toujours. C'est sur l'installation et la rupture de cette dormance chez *D. opposita* que les travaux sont le plus nombreux (Okagami et Nagao 1971; Hashimoto, Hasegawa, et Kawarada 1972; Hasegawa et Hashimoto 1973 et 1974). Ils établissent l'existence de substances originales inductrices naturelles de la dormance, les batatasines (I, II, et III) dont la gibberelline peut accroître l'action. Chez cette espèce subtropicale la stratification à 4°C lève la dormance. Tout ce que nous savons de la dormance des bulbilles de *D. alata* c'est qu'elle est réduite par une immersion de 4 heures dans l'eau et prolongée comme celle des tubercules par des températures de l'ordre de 16–18 °C (Degras 1976*b*).

L'étagement et l'échelonnement dans le temps de la formation des bulbilles conduit à des écarts de précocité de germination, bien moindres cependant que les écarts d'initiation chez certaines plantes. Jointes aux variations considérables de masse et au fait qu'il n'y a pas de relation anatomique étroite entre organes rigoureusement de même type, ces données créent apparemment des conditions de conformité clonale moindre chez la plante descendante. Et pourtant sur le plan qualitatif rien ne le confirme encore, tout au moins chez *D. bulbifera,* et sauf sur un point, chez *D. alata.*

Ce point concerne la phase juvénile de la croissance des plantes issues de bulbilles. La plante issue de tubercule a de nombreux étages foliaires garnis d'écailles à acumen développé avant d'émettre des feuilles à limbe et pétiole normaux. La plante issue de bulbille n'a pas ou n'a qu'une écaille foliaire et émet aussitôt des feuilles normales. Mais au lieu des entrenoeuds tout de suite très longs de la tige initiale issue du tubercule, on observe plusieurs étages à entrenoeuds courts. Cette structure évoque celle de la plantule à rosette perchée issue de graine de *D. trifida* (Degras, Arnolin, Poitout, et Suard 1977) et autres espèces.

Pour d'autres variations observées telle la réduction de la portion proximale fortement vascularisée du tubercule descendant de bulbille par rapport au tubercule descendant de tubercule, la densité et la profondeur de plantation sont à considérer.

Signalons enfin que Miège (1952) a expérimenté chez *D. bulbifera* la fragmentation des bulbilles, sans observer plus qu'un décalage de quelques jours entre les germinations des fragments à bourgeons préformés et celles de ceux à bourgeons néoformés, les plantes-filles ne différant apparemment pas.

BOUTURES   Le développement normal de l'appareil aérien n'amène pas toutes les aisselles foliaires isolées à la capacité d'évoluer en tout temps vers une plantule.* Okonkwo, Nwoke, et Njoku (1973) ont établi que chez *D. bulbifera* les boutures de plantes âgées de 10 semaines n'émettent plus de tige si elles peuvent encore s'enraciner et développer un tubercule à partir du bourgeon à vocation bulbifère. Les conditions endogènes favorables au bouturage sont dans l'ordre décroissant (Sawada 1952; Preston et Haun 1962; Okonkwo *et al.* 1973) : présence de bourgeon axillaire, limbe développé, région basale de la tige, plante jeune, absence de floraison au noeud, participation de l'entrenoeud inférieur, position retombante ou horizontale de l'axe avant prélèvement.

Le fonctionnement du clone issu de la bouture est qualitativement altéré

---

*   Rappelons que Burkill (1960) écrivait de l'igname 'To the best of our knowledge stem cuttings never take root. The stems are due for early death . . .' Mais il refusait aussi d'admettre la pérennité naturelle des tiges de certaines espèces.

par rapport à celui issu du tubercule lorsqu'une portion de tige-mère demeure l'axe de la plante-fille, les racines et le tubercule s'étant formés à un noeud et la tige-fille au noeud supérieur. Dans ces conditions, le système aérien est réduit et le rapport système aérien/système souterrain est plus favorable à celui-ci (Degras 1970). Mais, comme dans tous les cas, à la génération suivante une plante normale est obtenue (Okonkwo *et al.* 1973; Degras et Kermarrec 1976).

Aspects quantitatifs de la reproduction végétative

Cet aspect qui a bien davantage préoccupé les agronomes est mieux connu et on en résumera les données dont plusieurs d'ailleurs sont contradictoires.

TUBERCULE   Chez *D. alata,* Miège (1957) a signalé la supériorité de rendement de petits tubercules de semence sur des gros. Nous avons observé le contraire. Ferguson, Haynes, et Springer (1969) ont observé des différences entre nombre de tiges ou de tubercules, non entre rendements de plantes issues de tubercules de grosseur différente.

Également suivant les lieux et les auteurs, tubercules entiers et fragments de poids équivalents voient l'ordre de leur rendement s'inverser ou ne pas différer (Coursey 1967; Ferguson *et al.* 1969; Gooding et Hoad 1967, etc. . .). Il n'en est guère autrement lorsque l'on compare des fragments de différents niveaux chez un même clone. Miège (1957) a régulièrement observé la supériorité de rendement du fragment proximal sur les autres, et, en gros, un gradient décroissant vers la région distale. C'est le cas le plus souvent signalé (Coursey 1967). Mais par exemple, Ferguson *et al.* (1969) n'ont pas trouvé d'écarts significatifs, une tendance inverse a parfois été observée chez *D. alata* et *D. trifida* (Degras et Mathurin 1975) et chez *D. composita,* espèce vivace à diosgénine, c'est aussi l'inverse qui apparaît en première année mais l'annulation des différences qui s'observe après (Sarukhan et Vasquez 1967).

Une investigation approfondie des effets de modalités de fragmentation est en cours (Mathurin et Degras 1974; Degras et Mathurin 1975; Mathurin 1977 et données non publiées). On entrevoit des interactions multiples entre le clone (espèce, variété), le niveau, la masse, la géométrie, l'anatomie du fragment, et les conditions écologiques, dont la compétition entre plantes liées à la densité de plantation.

Il n'est pas étonnant qu'aux variations de forme observées dans l'expression clonale de *D. cayenensis* cv. 'Krenglé', rapportée ci-dessus, aient correspondu à la génération descendante des variations significatives du nombre et du poids des tubercules (Degras 1976*a*).

Mais l'existence des variations observées dans la première descendance ne permet pas d'affirmer que la pression de sélection qui les a fait apparaître entraînerait une dérive rapide des populations-filles. Les travaux amorcés alors avec le cultivar 'Krenglé' n'ont pu être poursuivis. Mais nous retrouvons ce même cultivar dans une récente investigation des causes d'hétérogénéité de la levée par Vandevenne (1976).

L'étalement de levée d'un peuplement de tubercules entiers de l'espèce *D. cayenensis* est de 2 à 60 jours selon Vandevenne. L'observation avait permis de constituer des catégories homogènes pour la précocité de tubérisation et la précocité de bourgeonnement des tubercules parentaux d'une culture de 'Krenglé'. A première vue, et le test de Duncan le confirme, il n'y a pas, au seuil statistique habituel, d'effet de cette sélection sur l'hétérogénéité des levées. Mais il est incontestable que les moyennes des populations s'ordonnent en accord avec la pression de sélection effectuée (Tableau 8.3).

Tableau 8.3.

Catégories parentales	Délai moyen de levée des descendances
Tubérisé tôt-bourgeonné tôt	35,9
Tubérisé tôt-bourgeonné tard	37,3
Tubérisé tard-bourgeonné tôt	38,1
Tubérisé tard-bourgeonné tard	40,8

(à partir de Vandevenne (1976), valeurs simplifiées)

Cependant comment ne pas s'étonner que là où l'observation avait enregistré un écart de 16 jours entre les dates des classes de tubérisation et un écart de 30 jours entre les dates des classes de bourgeonnement des tubercules parentaux, on ne retrouve plus que 5 jours d'écart entre les moyennes des levées des catégories correspondantes de descendances?

Il est vraisemblable que c'est l'interaction entre les caractères généraux du clone et celles des conditions de milieu qui tend à 'recentrer' les sous-populations clonales vers un fonctionnement homogène. On peut penser que l'étude de l'addition des pressions de sélection dans ce cultivar vis-à-vis des précocités de tubérisation et de bourgeonnement et vis-à-vis des variations de forme aurait été instructive: ces dernières variations avaient conduit à 11 pour cent d'écart dans la durée du cycle de végétation des descendances en 1957.

Dans le cas de tels cultivars il est difficile d'exclure la possibilité d'une hétérogénéité constitutive, génétique, la population cultivée étant alors un mélange de clones. Toutefois, Vandevenne a pu vérifier que les descendances clonales contrôlées offraient des étalements de levée de 20 à 26 jours. Nous avons des variations de levée de 13 à 19 jours dans la descendance d'un seul tubercule (fragmenté) de *D. alata* (Degras et Mathurin 1975).

Le fonctionnement reproducteur du tubercule paraît donc à la fois fluctuant et fidèle. A travers des 'oscillations' relativement amples, il maintient un 'cap' morphologique et physiologique dont les pressions de sélection lorsqu'il s'agit d'un véritable clone ne peuvent le faire dévier que très progressivement. On reviendra sur cette capacité d'homéostasie.

BULBILLE   Peu d'études ont été publiées qui comparent la productivité des bulbilles à celle des tubercules du même clone. Ferguson *et al.* (1969) n'ont pas trouvé de différences significatives chez *D. alata*. Nous avons obtenu, avec un poids de semence inférieur à l'hectare mais un nombre de bulbilles triple de celui des semenceaux de région proximale de tubercule de *D. alata,* un rendement équivalent. Leur rendement est supérieur à celui des semenceaux de région distale.

BOUTURES   La productivité des boutures est faible en valeur absolue mais dans certains cas peut être supérieure, relativement à leur masse aérienne, à celle d'une plante normale. Certains des facteurs qui la conditionnent seront évoqués dans le cadre des applications récentes de ce mode de reproduction.

La comparabilité du fonctionnement des organes de reproduction végétative

La plus grande attention doit être accordée aux remarques de Ferguson *et al.* (1969) sur la variabilité inhérente aux différentes catégories de matériel de reproduction végétative chez l'igname. Cette variabilité appréciée par le nombre de tiges émises, le nombre de tubercules et le poids récolté est très élevée. Mais surtout, elle est inégale d'une catégorie de matériel à l'autre. Les variances pour le nombre de tubercules augmentent significativement chez *D. alata* de la région proximale à la région distale quand les semenceaux proviennent d'un gros tubercule, et en passant de la bulbille au tubercule entier de même poids. Les variances pour le poids de tubercule récolté augmentent significativement du tubercule entier de *D. trifida* à celui de même poids de *D. alata,* de ce dernier à la bulbille de la même espèce, et de la région distale à la région proximale chez les deux espèces.

Ces remarques soulignent la nécessité de conditions expérimentales soigneuses, uniformes en dehors des facteurs contrôlés, et de méthodes analytiques très réfléchies, dans les études de reproduction végétative de l'igname. (Voir également: Ahoussou, Piquepaille, et Touré 1978).

Applications récentes des données de la reproduction végétative

A partir du tubercule

Les capacités du prétubercule et celles de la néoformation sont explorées à la fois pour accroître les taux de multiplication clonale et mieux comprendre le fonctionnement du tubercule.

Okigbo et Ibe (1973) ont expérimenté une technique de 'sevrage précoce' du prétubercule chez *D. cayenensis* spp. *rotundata* et chez *D. alata.* 6 à 7 semaines après la germination, le tubercule est prélevé et replanté ailleurs. L'opération répétée permet d'obtenir trois plantes d'un tubercule. Le rendement de la plante issue du premier sevrage peut être supérieur à celui du témoin non sevré et le rendement cumulé des trois plantes représente 129 pour cent de celui du témoin chez *D. alata.* Il faut toutefois noter que *D. dumetorum* et *D. cayenensis cayenensis* ont mal répondu à cette technique.

Nous avons signalé ci-dessus les réussites de fragmentation poussée du tubercule et les espoirs qu'elles donnent de mieux cerner la biologie du tubercule. Mais des applications immédiates en sont déjà faites.

A la Station d'Amélioration des Plantes (INRA) des Antilles, le maintien au champ des collections de *D. alata* s'effectue depuis plusieurs années avec des semenceaux de 50 grammes. On associe ainsi une réduction de la superficie cultivée et une plus grande sécurité dans la conservation des clones notamment par le plus grand nombre d'individus en végétation. Les tubercules récoltés atteignent chacun 800 g en moyenne. Un seul suffit à reconstituer la parcelle de collection.

L'extension de cette technique est à l'étude pour *D. cayenensis.* Elle n'est pas adoptée pour *D. trifida* dont les tubercules sont normalement souvent inférieurs à 150 g, l'utilisation de tubercules de 100–80 g étant déjà courante à la plantation. Signalons cependant que des taux de multiplication de 174 ont été atteints avec les fragments de 10 g, à la densité de 10 g/m².

Une intéressante modification de la technique de fragmentation a été développée par Mantell et Haque (1977). Avant le sectionnement complet du tubercule les aires de prélèvement sont superficiellement isolées par des incisions profondes de un centimètre. Ce quadrillage dans les tissus corticaux rompt les corrélations d'inhibition. Il n'y a plus de dominance apicale et le tubercule placé en atmosphère humide, à l'obscurité, bourgeonne à chacune des aires. Celles-ci sont alors prélevées et traitées par l'éthylène-chlorhydrine pour en accélérer la germination. La technique permet une plus grande sécurité nutritionnelle et sanitaire au cours de l'initiation du bourgeon, d'où un taux accru de survie des micro-fragments. (Voir aussi Wilson 1978.)

Bouturage et culture de régions nodales

Dès 1958, Preston et Haun (1962) cherchaient par le bouturage de la tige de *D. spiculiflora,* une technique de multiplication efficace des ignames pharmaceutiques qui ne produisent pas de bulbilles et dont la croissance du tubercule est lente. Cette technique devait être généralisée par Martin et Gaskins (1968) pour la reproduction végétative de ces espèces.

L'intérêt pratique de cette technique, en dépit des doutes de Ferguson (1972) à cet égard, s'est encore révélé pour l'introduction de variétés infestées de nématodes en Guadeloupe (Degras et Kermarrec 1976).

Là également Mantell et Haque (1977) ont réalisé une amélioration de la technique usuelle en fendant longitudinalement les boutures de *D. alata* (à feuilles opposées). La reprise n'est pas affectée. Jointe au prélèvement régulier des 'rosettes' de tiges contractées, que Preston et Haun (1962) avaient recommandé, cette modification a permis un taux de multiplication de 160 sur deux saisons.

De la bouture feuillée, puis non feuillée, à la culture de région nodale, une réduction du matériel a été recherchée en même temps que les milieux de culture tâchaient de suppléer à l'activité du limbe excisé. Dès 1968, Asahira et Nitsch réussissaient à cultiver la région nodale isolément, avec *D. opposita.* En 1977, Mantell et Haque, réalisant quatre générations successives de plantules obtiennent un taux de multiplication de 8.100 en deux saisons à partir d'une plante de *D. alata.*

Très tôt, bouturage de tige et culture de noeud parurent des techniques d'investigation physiologique, notamment pour l'étude de la tubérisation.

Sawada, Yakuwa, et Imakawa (1958) avaient montré le rôle favorable de l'addition de saccharose dans le milieu de bouturage pour la croissance de la bulbille, mettant toutefois en doute son rôle dans l'initiation.

Njoku (1963) utilisa le bouturage pour relier la distribution des assimilats à la photopériode, le jour de 11h 30 favorisant le tubercule, celui de 12h 30 la partie aérienne, et celui de 12h une production de tubercule maximale.

Asahira et Nitsch (1968) utilisèrent la région nodale pour montrer l'efficacité de la kinétine pour l'initiation des bulbilles et aussi la polarité de circulation de substances phénoliques (Asahira et Nitsch 1969).

Uduebo (1970) à partir de noeuds cultivés *in vitro,* obtient des tubérisations dont elle établit l'analogie de composition chimique avec les bulbilles normales sauf pour leur teneur plus élevée en protéine et l'absence de maltose. L'application de différentes photopériodes à la plante-mère et au noeud isolé en culture donne les productions les plus élevées pour les successions mère-noeud suivantes: 12h–12h, ou 8h–12h ou 12h–16h sans différence significative. Dans tous les cas, les bulbilles se forment au bout de 10 jours. Le même auteur (Uduebo 1971) confirmera aussi l'effet bénéfique des substances de croissance dans le milieu pour la production de bulbille.

Ogawa (1976) démontre le rôle déterminant de la lumière et du limbe dont l'excision toutefois paraît pouvoir être totalement suppléée par l'adjonction de 6 pour cent de saccharose. Par contre, l'apport de 1 pour cent de peptone réduit cette action, celui de 3 pour cent l'inhibe complètement. Par ailleurs, l'initiation et la croissance de la bulbille paraissent indifférentes au passage de la durée du jour de 8 h à l'éclairement continu.

De la culture de tissus à la culture cellulaire

Avec les ignames d'intérêt pharmaceutique, la culture *in vitro* passera de la multiplication du matériel à l'étude de la biosynthèse des stéroïdes, et à celle de l'orientation des synthèses cellulaires.

Sita, Bammi, et Ranshawa (1976) mettent encore à contribution les capacités organogénétiques de la région nodale pour accroître la propagation clonale. Ils remarquent une variation saisonnière de l'enracinement. Le milieu classique de Murashige et Skoog leur suffit avec un peu de kinétine. Grewal et Atal (1976) recherchent également la morphogenèse de plantules mais partent des tissus hypocotylaires de graines en germination. Des repiquages sur des milieux modifiés doivent intervenir. Mascarenhas, Hendre, Nadgir, Ghugale, Goobole, Prabhu, et Jagannathan (1976) partent de tissus du tubercule mais aussi de la feuille pour obtenir encore des plantules. Milieux modifiés et repiquages interviennent mais ce sont les explantats de tubercule seuls qui donnent des tiges nombreuses.

Fonin et Voloshina (1975) avaient remarqué la synthèse de stéroïdes caractéristiques de la plante adulte par les cultures de tissus et Stohs, Wegner, et Rosenberg (1975) ont établi la présence, dans des suspensions de cellules indifférenciées, d'un mélange de stérols parmi lesquels la diosgénine. A partir de l'observation de Chaturvedi et Srivastava (1976) que la concentration de sapogénine est plus grande dans les tissus indifférenciés que dans les tissus différenciés on conçoit l'intérêt direct de la culture cellulaire en elle-même. Ainsi Marshall et Staba (1976) rechercheront les combinaisons hormonales les plus performantes pour la production de la diosgenine et mettront en évidence la valeur du 2–4D à cet égard. La voie est ouverte à l'orientation des synthèses cellulaires et à l'exploration des réponses aux pressions de sélection biochimiques.

Quelques propositions de recherche

La culture *in vitro* n'évolue pas dans la seule perspective de la compréhension de la biologie de la plante entière. C'est aussi que, technique nouvelle, il convient d'en explorer toutes les possibilités, y compris celle d'une technologie de produits cellulaires originaux. Il n'est pas exclu que celle-ci puisse révéler des variations cellulaires compatibles avec une organogenèse normale et avantageuse. Mais en attendant, il faudrait utiliser plus largement cette technique pour approfondir et orienter la biologie de l'igname vers des qualités et une productivité énergétique accrues dont elle est capable.

Le problème de l'individualisation de phases dans la tubérisation et de leur dépendance éventuelle à l'égard des évolutions internes et de l'écologie pourrait être ainsi mieux appréhendé.

L'observation par Sita *et al.* (1976) d'une variation saisonnière de l'enracinement, prouve la possibilité d'étudier *in vitro* une partie des interactions entre l'organogenèse de l'igname et le climat.

Celle de Uduebo (1970) sur l'analogie biochimique, à un ou deux facteurs près, entre bulbille *in vitro* et bulbille de plein champ indique que l'étude des biosynthèses peut y dépasser le niveau tissulaire et aborder leur intégration dans la morphogenèse.

Mais la sensibilité du noeud aux substances de croissance et ses potentialités morphogénétiques incitent, nous l'avons déjà suggéré (Degras 1976*a*), à une approche globale, celle du contrôle des équilibres qui l'orientent vers la ramification active, la tubérisation, ou la mise à fleur avec mono ou bisexualité.

La transposition des interprétations et des résultats de culture *in vitro* à la biologie de la plante entière risque de faire problème, il faut s'y attendre. On pourra sans doute intégrer certains aspects de la maturation de la plante à travers des particularités de croissance ou de réponse des explantats. Une expérimentation, plus fine et nuancée que celles publiées, des effets de l'âge et de l'étage de plantes bulbifères devrait déjà éclairer ce problème. Il paraît plus difficile, sauf peut-être à repérer et contrôler des 'messagers' diffusibles entre organes isolés dans leur milieu de culture, de tenir compte *in vitro* des interactions qui font de la plante entière un ensemble homéostatique non réductible à chacun de ses éléments ni à leur addition. Cette difficulté explique peut-être la portée limitée des relations observées *in vitro* entre la photopériode et l'initiation ou la croissance de la bulbille et du tubercule.

Uduebo (1970) a ajouté le conditionnement photopériodique de la plante-mère à celui des explantats. Mais reste à établir le nombre de générations végétatives nécessaires à la modification du conditionnement induit par les bulbilles-mères successives.

Les observations de cet auteur et de Ogawa (1976) concordent quant à l'indépendance de l'initiation des bulbilles à l'égard de la photopériode. Elles concordent apparemment moins quant à leur croissance; mais les techniques d'évaluation et les espèces diffèrent.

Allard (1945) avait provoqué par une photopériode courte l'apparition de bulbilles chez une espèce qui n'en produit pas dans la nature. Mais dans ces conditions tous les paramètres nutritionnels n'ont peut-être pas été pris en compte: l'incidence du rapport C/N, par exemple, dans l'initiation de la bulbille ne fait pas de doute (Ogawa 1976). De plus, comme pour la photopériode c'est l'histoire nutritionnelle du clone qui peut être impliquée.

L'intégration de cette histoire est sous plusieurs aspects une composante de l'hétérogénéité du clone. On en soupçonne les effets dans les cultures échelonnées, mensuelles, entreprises sur plusieurs années à la Station d'Agronomie (INRA) des Antilles par M. Clairon (selon communication personnelle). Miège (1957) rapportait des hétérogénéités de l'amidon d'un tubercule donné aux conditions écologiques successives de sa croissance.

L'hétérogénéité des variances rapportée par Ferguson *et al.* (1969) ressort au moins en partie de l'hétérogénéité des pressions écologiques. Rappelons que les variances pour le poids de tubercule récolté, par exemple, augmentaient dans l'ordre suivant, chez *D. alata*: tubercule entier, fragments d'origine distale, intermédiaire puis proximale et enfin bulbille entière. La variance minimale, celle du tubercule entier correspondrait à la régulation optimale du système de reproduction doué de toutes ses capacités d'homéostasie. La région distale viendrait ensuite parce que la plus jeune, donc moins 'chargée d'histoire' écologique, et parce que située en profondeur, donc élaborée davantage à l'abri des fluctuations de l'interface air-sol, ce qui est le contraire pour la région proximale, la région intermédiaire occupant le rang correspondant à sa position morphologique. Les bulbilles dont chacune correspond le plus souvent sur une plante à un étage distinct par la morphologie, la physiologie, et les conditions écologiques de son histoire, assument tout naturellement les variances les plus élevées de la plante entière.

Cette interprétation est renforcée par le fait que les tubercules entiers de *D. trifida,* pour une masse égale, et de *D. esculenta*, pour une masse plus faible, ont des variances inférieures à celle du tubercule entier de *D. alata*: d'une part, leur 'pédoncule' les installe dans les conditions de profondeur de la région distale de cette espèce, d'autre part, ils correspondent morphologiquement à cette région distale. Ce qui n'empêche pas de retrouver la même augmentation de variance du fragment distal au fragment proximal de la région fortement tubérisée.

La bulbille paraît ainsi, sur ce point, la source de variation la plus large du matériel de reproduction usuel, tout en témoignant par ailleurs de caractères juvéniles à la germination. Ceci n'est pas sans évoquer les recombinaisons du système sexué avec lequel le système bulbifère chez les *D. alata* primitives tend à entrer en compétition intraclonale (Degras 1976*b*). Mais les relations entre système végétatif et appareil de reproduction sexuée ne sont pas simples.

On a souvent rapporté la réduction de la floraison au développement d'un système de reproduction végétatif compétitif. Pourtant chez *D. trifida* la floraison d'un clone est d'autant plus abondante qu'est grande la vigueur végétative et tout particulièrement chez les descendances sexuées c'est la condition déterminante de leur expression florale (Degras 1978). Seulement, de même que chez des espèces sauvages la floraison n'intervient qu'après deux ou trois cycles annuels (Miège 1952), la tardivité florale de nombreux clones d'espèces cultivées (bisannuels ?) et leur mode de culture annuel font obstacle à une expression de la sexualité : le système cultural ne connaît que la phase juvénile des clones qui ne 'mémoriseraient' pas les apports, endogènes ou exogènes, des cycles antérieurs tendant à associer maturité de floraison et maturité de tubérisation.

L'homme aurait donc sélectionné les types à croissance et accumulation intense précoce, peu lignifiés, favorisant les tissus primaires et le développement des aires anatomiques à caractère juvénile prolongé assurant le potentiel maximum de régénération végétative.

Une valorisation et une compréhension complètes des ressources de la reproduction végétative de l'igname implique donc à la fois des cultures expérimentales de plein champ en végétation pluriannuelle, des cultures de plante entière en conditions écologiques contrôlées et des cultures *in vitro* d'organes, de fragments d'organes et de tissus de niveaux et de stades échelonnés dans le temps et dans l'espace.

Références bibliographiques

Ahoussou, N., Piquepaille, P., et Touré, B. (1978). Données préliminaires sur l'étude de la variabilité phénologique selon la nature de l'organe de multiplication végétative chez *Dioscorea alata* cv. Brazo fuerte. *Séminaire International sur l'Igname, Buéa, Cameroun*. I.F.S. Provisional Report No 3, pp. 122–50.

Alexander, J. et Coursey, D. G. (1969). The origins of yam cultivation. In *The domestication and exploitation of plants and animals*. (ed. P. J. Ucko et G. W. Dimbledy pp. 405–25. Gerald Duckworth, London.

Allard, H. A. (1945). Some behaviors of the yams (*Dioscorea*) of the family Dioscoreaceae. *Castanea* **10**, 8–13.

Archibald, E. E. A. (1967). The genus *Dioscorea* in the Cape Province West of East London. *Jl. S. Afr. Bot.* **33**, 1–46.

Asahira, T. et Nitsch, J. P. (1968). Tubérisation *in vitro* : *Ullucus tuberosus* et *Dioscorea*. *Bull. Soc. bot. Fr.* **115**, 345–52.

—— —— (1969). Effect of polarity and kinetin on the browning reaction of *Dioscorea batatas* et *D. japonica*. *Planta* **84**, 292–4.

Ayensu, E. S. (1972). *Anatomy of the monocotyledons*. VI. *Dioscoreales*. (ed. C. R. Metcalfe). Clarendon Press, Oxford.

Bertin, J., Hemard Inquer, J. J., Keul, M., et Randles, W. G. L. (1971). *Atlas des cultures vivrières*. E.P.H.E. Mouton & Cie, Paris.

Bounaga, D. (1973). Noeuds, traces gemmaires et morphogenèse. *Annls Sci. nat. Bot. Paris* **14**, 1–32.

Bourret, D. (1973). Etude ethnobotanique des Dioscoréacées alimentaires. Igname de Nouvelle Calédonie. Thèse Doctorat 3ᵉ cycle. Spécialité : Biologie végétale. Paris.

Burkill, I. H. (1960). The organography and the evolution of *Dioscoreaceae*, the family of the yams. *J. Linn. Soc.* **56** 319–412.

Campbell, J. S., Chukwueke, V. O., Teriba, F. A., et Ho-A-Shu, H. V. S. (1962). Some physiological experiments with the white Lisbon yam *Dioscorea alata* L. *Emp. J. exp. Agric.* **30**, 108–114, 232–8.

Chaturvedi, H. C. et Srivastava, S. N. (1976). Diosgenin biosynthesis by tuber callus tissue cultures of *Dioscorea deltoidea*. *Lloydia* **39**, 82–3.

Coursey, D. G. (1967). *Yams*, Longmans, London.

—— (1976). Some culture-historical determinants of tropical agricultural research priorities. *Trop. Root Tuber Crops Newsl.* **9**, 4–13.

Degras, L. (1970). Morphology, physiology and selection of three tropical root crops. *Proc. 2nd Int. Symp. Trop. Root Crops, Hawaii* **1**, 163–5.

—— (1976a). Vegetative and sexual management in food yam improvement. *Proc. 4th Int. Symp. Trop. Root Crops, Cali, Columbia*, CIAT edn. 58–62.

—— (1976b). Etude d'une igname *Dioscorea alata* L. bulbifère et subspontanée aux Antilles. *J. Agric. trop. Bot. appl.* **23**, 7–12, 159–82.

—— (1978). Les problèmes d'amélioration génétique de l'igname vus à travers celle de *Dioscorea trifida* L. *Séminaire International sur l'Igname, Buéa, Cameroun* pp. 19–34.

——, Arnolin, R., Poitout, A., et Suard, C. (1977). Quelques aspects de la biologie des ignames (*Dioscorea* spp.). I. Les ignames et leur culture. *Annls. Amél. Pl.* **27**, 1–23.

—— et Kermarrec, A. (1976). Introduction, nématodes et bouturage des ignames, *Nouv. agron. Antilles-Guyane* **2**, 1–14.

—— et Mathurin, P. (1975). New results in yam multiplication. *Proc. 13th A. Meet. Caribbean Food Crops Soc., Trinidad.*

——, Vautor, A., Poitout, A., Arnolin, R., et Suard, C. Croissance et développement de l'igname cousse-couche (*Dioscorea trifida* L.) *Proc. 14th A. Meet. Caribbean Food Crops Soc., Guadeloupe-Martinique* (sous-presse).

Ducet, G. Etudes sur la respiration du tubercule de l'igname. Variations liées à l'infection par *Penicillium oxalicum*. *Proc. 14th A. Meet. Caribbean Food Crops Soc., Guadeloupe-Martinique* (sous-presse).

Ferguson, T. (1972). The propagation of *Dioscorea* spp. by vine cuttings: a critical review. *Trop. Root Tuber Crops Newsl.* **5**, 4–7.

—— (1973). Tuber development in yams: physiological and agronomic implications. *Proc. 3rd Int. Symp. Trop. Root Crops, Ibadan, Nigeria.*

——, Haynes, P. H., et Springer, B. G. F. (1969). A study of variability in yams (*Dioscorea* spp.). *Proc. 7th A. Meet. Caribbean Food Crops Soc., Guadeloupe-Martinique*, pp. 50–8.

Fonin, V. S. et Voloshina, D. A. (1975). Studies on isolated tissue cultures of *Dioscorea caucasica, D. nipponica* and 2 *Digitalis* spp. *Sb. nauch. Rab. VNII Levarstvennykh Rast.* **7**, 154–7 (rés. anglais par Dialog System-CNRA Versailles).

Gonzalez, M. A. et Collazo De Rivera, A. (1972). Storage of fresh yam (*Dioscorea alata*) under controlled conditions. *J. Agric. Univ. P. Rico* **56**, 46–56.

Gooding, E. G. B. et Hoad, R. M. (1967). Problems of yams cultivation in Barbados. *Proc. 1st Symp. Int. Trop. Root Crops, Trinidad* **1**, 137–69.

Gregory, L. E. (1968). Factors that influence vegetative bud development in rootstock segments of *Dioscorea composita* and *D. floribunda*. *J. Agric. Univ. P. Rico* **52**, 155–63.

Grewal, S., et Atal, C. K. (1976). Plantlet formation in callus cultures of *Dioscorea deltoidea* Wall. *Indian J. expl. Biol.* **14**, 352–3.

Gumbs, F. A. et Ferguson, R. The effect of some soil physical factors on the yield of white Lisbon yam (*Dioscorea alata* L.). *Proc. 13th A. Meet. Caribbean Food Crops Soc., Trinidad* (sous-presse).

Hasegawa, K. et Hashimoto, T. (1973). Quantitative changes of batatasins and abscissic acid in relation to the development of dormancy and batatasin content in yam bulbils. *Pl. Cell Physiol.* **14**, 369–77.

—— —— (1974). Gibberellin-induced dormancy and batatasin content in yam bulbils. *Pl. Cell Physiol.* **15**, 1–6.

Hashimoto, T., Hasegawa, K., et Kawarada, A. (1972). Batatasins: new dormancy-inducing substances of yams bulbils. *Planta* **108**, 369–74.

Hauman, L. (1915). Les Dioscoréacées de l'Argentine. *An. Mus. nac. Hist. nat. B. Aires* **27**, 441–516.

Knox, R. B. (1967). Apomixis: seasonal and population difference in a grass. *Science, N.Y.* **157**, 325–6.

Mantell, S. H. et Haque, S. Q. (1977). Three techniques for rapid clonal propagation of white Lisbon yam (*Dioscorea alata* L.). *Proc. 14th A. Meet. Caribbean Food Crops Soc., Guadeloupe.*

Mapes, M. O. et Urata, U. (1970). Aseptic stem culture of a *Dioscorea* clone. In Tropical Root and Tuber Crops Tomorrow vol. II. *Proc. 2nd Int. Symp. Trop. Root Tuber Crops, Hawaï* pp. 25–7.

Marshall, J. G. et Staba, E. J. (1976). Hormonal effects on diosgenin biosynthesis and growth in *Dioscorea deltoidea* tissue cultures. *Phytochemistry* **15**, 53–5.

Martin, F. W. (1974). *Tropical yams and their potential,* Part 2. *Dioscorea bulbifera.* Agric. Handbook No 466, ARS–USDA, USAID Washington.

—— et Gaskins, M. H. (1968). *Cultivation of the sapogenin-bearing Dioscorea species.* Production Research Report No 103, ARS, USDA, Washington.

—— et Ortiz, S. (1963). Origin and anatomy of tubers of *Dioscorea floribunda* and *D. spiculiflora. Bot. Gaz.* **124** 416–21.

—— et Degras, L. (1978). *Tropical yams and their potential.* Part 6. *Minor Dioscorea species*. Agric. Handb. No. 538. USDA, USAID, INRA.

Mascarenhas, A. F., Hendre, R. R., Nadgir, A. L., Ghugale, D. D., Goobole, D. A., Prabhu, R. A., et Jagannathan, V. (1976). Development of plantlets from cultured tissue of *Dioscorea deltoidea* Wall. *Indian J. exp. Biol.* **14**, 5, 604–6.

Mason, T. G. (1926). Preliminary note on the physiological aspects of certain undescribed structure in the phloem of the great yam *Dioscorea alata*. *Scient. Proc. R. Dubl. Soc.* **18**, 195–8.

Mathurin, P. (1977). Données pour l'étude de la multiplication végétative de l'igname (*Dioscorea* sp). Anatomie du tubercule, fragmentation et essai d'activation de la germination. Mémoire d'études Ingénieur des techniques agricoles. INPSA, Dijon.

—— et Degras, L. (1974). Effects of division levels of seed tubers on yams (*D. alata, D. trifida*). Germination and yield. *Proc. 12th A. Meet. Caribbean Food Crops Soc. Jamaïca* 52–6.

—— et —— (1978). Données sur l'anatomie du tubercule de quelques ignames alimentaires (*Dioscorea* spp). *Nouv. agron. Antilles-Guyane* **4**, 33–48.

Miège, J. (1950). Caractères du *Dioscorea minutiflora* Engl. *Revue int. Bot. appl. Agric. trop.* **30**, 428–38.

—— (1952). *Contribution à l'étude systématique des* Dioscorea *ouest africains*. Thèse Sc. Nat. Paris.

—— (1957). Influence de quelques caractères des tubercules semences sur la levée et le rendement des ignames cultivées. *J. Agric. trop. Bot. appl.* **4**, 315–42.

—— (1968). *Dioscoreaceae*. In *Flora of West Tropical Africa* (ed. J. Hutchinson, J. M. Dalziel, et F. N. Hepper, 2nd edn) **3**, part 1, 144–54.

Njoku, E. (1963). The propagation of yams (*Dioscorea* spp) by vine cuttings. *Jl. W. Afr. Sci. Ass.* **8**, 29–32.

Ogawa, Y. (1976). Formation of the bulbil in *Dioscorea batatas*. I. Physiological role of leaf blade. *Bull. Fac. Agric. Mie Univ.* S1, 9–14.

Okagami, N. et Nagao, M. (1971). Gibberellin-induced dormancy in bulbils of *Dioscorea*. *Planta* **101**, 91–4.

Okigbo, B. N. et Ibe, D. G. (1973). A new method of yam propagation. *Proc. 3rd Int. Symp. Trop. Root Crops, Ibadan, Nigeria*.

Okonkwo, S. N. C., Nwoke, F. I. O., et Njoku, E. (1973). Effect of age on the development of node cuttings of *Dioscorea bulbifera* L. *Proc. 3rd Int. Symp. Trop. Root Crops, Ibadan, Nigeria*.

Onwueme, I. C. (1973). Sprouting process in yam (*Dioscorea* spp) tuber pieces. *J. agric. Sci. Camb.* **81**, 375–9.

Preston, W. H. et Haun, J. R. (1962). Factors involved in the vegetative propagation of *Dioscorea spiculiflora* from vines. *Proc. Am. Soc. hort. Sci.* **80**, 417–29.

Queva, C. (1894). Recherches sur l'anatomie de l'appareil végétatif des Taccacées et des Dioscorées. *Mém. Soc. Sci. Agric. Lille.* (Ser. E.) **20**, 1–457.

Sarukhan, K. J. et Vasquez, J. S. (1967). Regenerative ability trials on pieces of *Dioscorea composita* in Mexico. *Proc. 1st Int. Symp. Trop. Root Crops, Trinidad* **1**, 159–70.

Sawada, E. (1952). Ueber die wahre Natur der Erd-und Luftknollen von *Dioscorea batatas* Decne. *J. Fac. Hokkaido* **47**, 267–314.

—— et Imakawa, S. (1959). Studies on the cultivation of chinese yam. IV. Experiments on the planting time and pre-sprouting treatment of seed-pieces. *J. hort. Ass. Japan* **28**, 123–9.

—— et Yakuwa, T. (1959). Studies on the cultivation of Chinese yam. 3. On the malformation of tuberous root resultant from fertilizer placement. *Hokkaido Univ. Fac. Agric. Mem.* **3**, 27–34.

——, ——, et Imakawa, S. (1958). Studies on the formation of aerial tubers in

Chinese yam. II. On the aerial tuber formation in sterile culture of vine segments. *J. hort. Ass. Japan* **27**, 241–4.

Sita, G. L., Bammi, R. K., et Ranshawa, G. S. (1976). Clonal propagation of *Dioscorea floribunda* by tissue culture. *J. hort. Sci.* **51**, 551–4.

Stohs, S. J., Wegner, C. L., et Rosenberg, H. (1975). Steroids and sapogenins tissue cultures of *Dioscorea deltoidea. Planta med.* **28**, 101–5.

Tomlinson, P. B. (1970). Monocotyledons—towards an understanding of their morphology and anatomy. *Adv. bot. Res.* **3**, 207–92.

Trouslot, M. F. (1978). Croissance et tubérisation chez quelques cvs de *Dioscorea cayenensis* Lamk. *Séminaire International sur l'Igname,* Buéa, Cameroun, pp. 153–82.

Uduebo, A. E. (1970). Physiological studies on the proliferation and development of the axillary tissue of *Dioscorea bulbifera* L. *Jl. W. Afr. Sci. Ass.* **15**, 57–62.

—— (1971). Effect of external supply of growth substances on axillary proliferation and development in *Dioscorea bulbifera. Ann. Bot.* **35**, 159–63.

Vandevenne, R. (1976). Etude de l'influence des dates de tubérisation et de bourgeonnement des tubercules d'ignames (*Dioscorea* sp.) sur la date de levée au champ des semenceaux. *Agron. trop. Nogent* XXXI, **2**, 188–93.

Wilson, J. E. (1978). Recent developments in the propagation of yam (*Dioscorea* spp.) *Séminaire International sur l'Igname,* Buea, Cameroon, pp. 87–92.

9 Analyses biométriques concernant la variabilité potentielle, selon la nature de l'organe de multiplication végétative, chez *Dioscorea alata* L. (cv. Brazo fuerte)*

N. AHOUSSOU, P. PIQUEPAILLE, et B. TOURÉ

Résumé

Une étude biométrique et statistique de la variabilité 'potentielle' a été effectuée chez *Dioscorea alata* L., sur la base d'un essai en champ, réalisé en 1976. Elle a porté sur 72 plantes d'un même génotype (cv. *Brazo fuerte*), multiplié végétativement.

Trois catégories de plantes, ou 'fractions', issues de fragments de tubercules, de bulbilles, et de boutures de rameaux, sont comparées sur six caractères concernant les quatre feuilles assimilatrices basales, les deux premières tiges, et le rendement.

Des analyses numériques montrent que les trois catégories diffèrent significativement. Au niveau de la morphologie d'ensemble, les plantes provenant de bulbilles paraissent les plus homogènes, et celles issues de boutures de rameaux, les plus diversifiées. Pour tous les caractères étudiés, sauf un, les valeurs moyennes des fractions sont classées dans l'ordre croissant: boutures de rameaux, bulbilles, et fragments. Les dispersions des valeurs individuelles sont également comparées.

Concernant le rendement, la fraction 'fragments' est la plus productive mais aussi la plus hétérogène, alors que la fraction 'bulbilles' est moins productive mais plus homogène. Un critère précoce de rendement est recherché.

Au total, une très grande variabilité se manifeste dans l'expression du génotype étudié. Complexe à analyser, elle traduit la richesse de ce matériel comme réserve de potentialités exploitables dans la pratique de la multiplication végétative.

Summary

A biometrical and statistical study on 'potential' variability has been carried out with *Dioscorea alata* L. on the basis of a field experiment during the year 1976. It concerned 72 plants belonging to the same genotype (cv. *Brazo fuerte*), which were multiplied vegetatively.

Three categories of plants, called 'fractions', developed from tuber pieces, bulbils, and vine cuttings, are compared using six characters related to the four basal assimilatory leaves, the first two shoots, and the yield.

Numerical analyses show that the three categories are significantly different. Concerning morphology as a whole, the plants originating from bulbils appear to be the most homogeneous, and those originating from

---

* Texte également publié dans les Annales de l'Université d'Abidjan, 1979.

vine cuttings, the most varied. Average values of fractions are classified in the increasing order for all the characters which were studied, except one: vine cuttings, bulbils, and tuber pieces. Dispersions of individual values are also compared.

Concerning the yield, the 'tuber pieces' category is the most productive but also the most heterogeneous, while the 'bulbils' category is less productive but more homogeneous. An early criterion of the yield is being studied.

In conclusion, a very large variability appears in the expression of the genotype studied. Complicated to analyse, it reveals the richness of this material as a reserve of potentialities, which can be exploited in the practice of vegetative multiplication.

Introduction

Considérée globalement, la 'variabilité' peut être définie, de manière simple, en tant que phénomène générateur de polymorphisme. Mais, il s'agit d'un phénomène complexe dont l'étude rationnelle nécessite qu'on y distingue diverses composantes, même si celles-ci ne sont pas indépendantes.

'La variabilité potentielle'

Les ignames correspondent à l'ensemble du genre *Dioscorea,* lequel représente à lui seul plus de 90 pour cent des espèces que comporte la famille des Dioscoréacées (Miège 1952).* On peut, en effet, y reconnaître trois cents à six cents espèces, selon les auteurs (Knuth 1924; Burkill 1960; Coursey 1967). La variabilité chez les ignames est donc, en premier lieu, le reflet d'une profonde hétérogénéité génétique, se manifestant entre les espèces ainsi qu'en leur sein.

La seconde source de variabilité à considérer est la diversité des modes de fonctionnement possibles d'un même génotype (Nozeran 1978 *a* et *b*). Elle est, de manière évidente, sous la dépendance des conditions du milieu.

Cependant, les influences externes n'interviennent que secondairement, en modulant un déterminisme fondamental qui est d'origine interne. La distinction de ce dernier conduit à identifier ce que nous appelons ici la 'variabilité potentielle'.† Il s'agit de la genèse de formes différentes en tant qu'expression de potentialités paragénétiques diversifiées, dans le cadre d'une même information héréditaire, et de conditions écologiques semblables.

---

* Miège, J. (1952) Contribution à l'étude systématique des Dioscorea Ouest-Africaines. Thèse Sciences, Paris (multigraphie).

† Nous disions 'variabilité phénologique' dans une rédaction préliminaire de ce travail (Yams, Ignames, I.F.S., Provisional Report No 3, pp. 122–51). Nous avons abandonné cette appellation qui pouvait prêter à confusion dans la mesure où la phénologie est, par ailleurs, une branche de la météorologie qui étudie les influences climatiques sur la végétation.

Multiplication végétative des ignames

Dans la pratique courante, les cultures d'ignames sont généralement réalisées à partir de fragments de tubercules ou de petits tubercules entiers. Or, la précocité de levée, la vitesse de croissance, et le rendement, peuvent présenter des variations à l'intérieur d'un même clone supposé homogène du point de vue génétique (Miège 1957; Mathurin et Degras 1974; Degras et Mathurin 1975). Des difficultés particulières sont, par ailleurs, liées à la nature du tubercule en tant qu'organe de propagation. Parmi elles, on peut citer les pertes par infections au cours de la conservation, l'existence d'une période de dormance souvent longue, et le fait qu'une part importante de la production doit être prélevée comme semence, au détriment de la consommation.

Pour contourner ces inconvénients, d'autres modes de multiplication végétative ont été adaptés à l'igname, tels que le bouturage et le marcottage (Correl, Schubert, Gentry, et Hawley 1955; Hawley 1956; Preston et Haun 1962; Martin et Delpin 1969; Ferguson 1972).

Mais ces procédés ont surtout été utilisés pour la multiplication rapide d'espèces destinées à la production de stéroïdes. Appliqués à la production des ignames alimentaires, ils pourraient contribuer à lever certaines des difficultés liées à l'utilisation de tubercules (Njoku 1963).

Enfin, plusieurs variétés d'ignames produisent de petits tubercules aériens, improprement appelés 'bulbilles'. Ces organes sont capables de donner naissance à des plantes pourvues de tubercules souterrains.

Il s'avère donc intéressant d'étudier les caractères de plantes appartenant à un même cultivar, mais obtenues suivant les trois modes de multiplication végétative : à partir de fragments de tubercules, de boutures de rameaux, et de bulbilles. Leur comparaison peut initier la mise au point de la méthode la plus adéquate, pour développer les caractéristiques agricoles importantes tout en maintenant un niveau d'hétérogénéité convenable.

Travaux de biométrie et statistique

Quelques travaux biométriques ont été consacrés à l'étude de la variabilité potentielle chez l'igname (Kinman 1921; Miège 1957; Degras et Mathurin 1975). Ces auteurs ont notamment analysé les variations affectant le rendement et la précocité de germination, en fonction du poids et du niveau de prélèvement, des fragments de tubercules utilisés comme semenceaux. Mais la signification de leurs résultats intéressants n'a pas été prouvée statistiquement.

Une analyse statistique de cette variabilité a été entreprise par Ferguson, Haynes, et Springer (1969). Mais, comme ceux qui avaient déjà tenté une telle étude avant eux, ils ont constaté des coefficients de variation très grands. L'hétérogénéité des variances résiduelles les a, par ailleurs, amenés à conclure qu'une analyse de la variance n'était pas envisageable sur leurs résultats.

C'est dans ce contexte qu'une opération a été lancée en vue d'analyser, dans le cadre d'un même génotype, la part de variabilité potentielle imputable à la nature de l'organe de multiplication végétative, avec l'utilisation de méthodes statistiques.

Une étude préliminaire a été conduite en 1975, sur la possibilité de produire des tubercules à partir de boutures. Elle a débouché sur la réalisation d'un essai en champ, en 1976, pour comparer les plantes issues de boutures de rameaux, de bulbilles, et de fragments de tubercules. Un nouvel essai a été réalisé en 1978, pour reprendre cette comparaison en l'étendant à diverses caractéristiques de constitution des implants.

La présente contribution se borne à l'analyse partielle de certains résultats, provenant de l'essai réalisé en 1976. Seules, quelques données sont fournies à titre d'exemples, et leur analyse n'est pas affinée. Quant à la discussion, dans le cadre du problème général de la variabilité, elle est volontairement limitée. Une plus ample exploitation de ces travaux pourra être consultée dans des publications à paraître par ailleurs, concernant l'essai de 1976 (Ahoussou, Piquepaille, et Touré 1979; Piquepaille, Ahoussou, et Touré 1979), puis l'essai de 1978 (en préparation).

Matériel et méthodes

Origine et choix du cultivar

Afin de pouvoir comparer les plantes issues de boutures de rameaux, de bulbilles et de fragments de tubercules, pour une analyse de la variabilité potentielle, c'est-à-dire à l'intérieur d'un même génotype, il faut utiliser un cultivar présentant ces trois possibilités de multiplication.

C'est pourquoi le cultivar *Brazo fuerte* de l'espèce *Dioscorea alata* L., introduit de Porto Rico, a été choisi pour cette étude : outre des tubercules, il produit des bulbilles, et présente la qualité de se bouturer facilement.

Processus de multiplication végétative

Un même cultivar pouvant comporter une hétérogénéité génétique, une multiplication végétative a été réalisée à partir d'un seul tubercule (Fig. 9.1).

Le tubercule d'origine a été fragmenté en quatre, ce qui a conduit à quatre plantes, sur lesquelles ont été récoltés trente bulbilles, et cinq tubercules. Ces trente bulbilles et quatre des tubercules sont à l'origine directe de deux des catégories de plantes étudiées (B et F). Le cinquième tubercule, éclaté en six fragments, a conduit aux plantes sur lesquelles ont été prélevées les boutures génératrices de la troisième catégorie de plantes étudiées (R). Les dates, les poids et les effectifs sont précisés dans la Fig. 9.1.

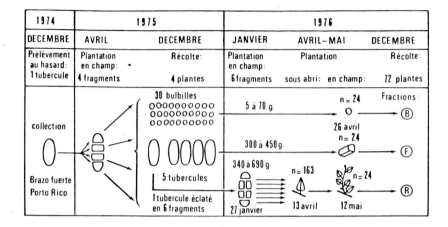

Fig. 9.1. Représentation schématique des diverses étapes de multiplication végétative, ayant abouti à la constitution des trois fractions étudiées, à partir d'un unique tubercule d'origine.

Chaque catégorie provient, en fait, de la fragmentation de plantes plus ou moins hétérogènes, suivie du collectionnement des fragments de même nature, suivant un processus qui rappelle une analyse fractionnée.

En raison de cette similitude, chaque catégorie de plantes sera appelée 'fraction'. Etant donné son mode d'obtention, on peut s'attendre à ce que chaque fraction soit assez polymorphe.

Caractérisation des implants

Les trois fractions sont symbolisées selon la nature des implants qui leur ont donné naissance:

R: plantes provenant de boutures de rameaux;
B: plantes provenant de bulbilles (tubercules aériens);
F: plantes provenant de fragments de tubercules.

Les boutures ont été prélevées sur les plantes issues de la fragmentation de l'un des tubercules récoltés en 1975 (Fig. 9.1). Provenant de rameaux secondaires quelconques, et comportant un noeud pourvu d'une ou deux feuilles, elles sont donc hétérogènes.

Les bulbilles de la récolte de 1975 ont toutes été prélevées, quelle que soit leur position sur les plantes. Elles sont donc également hétérogènes.

Les fragments de tubercules proviennent de l'éclatement de quatre des tubercules récoltés en 1975. Ils constituent la fraction F, composée à parts égales (un tiers) de fragments de tête (extrémité proximale), de milieu, et de base (extrémité distale). Cette fraction est donc, elle aussi, hétérogène.

Alors que les fragments de tubercules et les bulbilles ont été directement mis en buttes, le 26 avril 1976, les boutures ont d'abord été réalisées sous abri, le 13 avril 1976, suivant la méthode utilisée par le Centre Technique Forestier Tropical pour le samba et l'eucalyptus. Les plantes en croissance ont ensuite été repiquées en buttes, le 12 mai 1976.

Constitution de l'essai

Le modèle retenu pour la réalisation de l'essai expérimental était un carré latin (trois × trois), afin de pouvoir comparer les trois fractions en tenant compte des éventuelles influences de l'hétérogénéité du milieu, suivant deux directions perpendiculaires (Fig. 9.2).

Une fumure a été répandue pour limiter l'hétérogénéité de la teneur du sol en matières organiques. Aucune bordure n'a été constituée, faute de place, l'environnement du terrain ne la rendant pas indispensable.

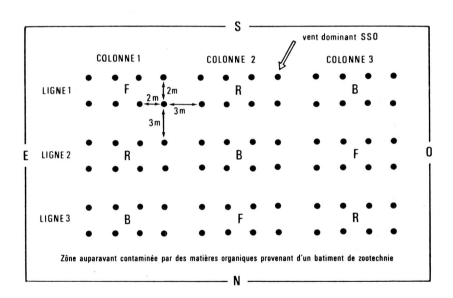

Fig. 9.2. Plan d'implantation de l'essai (modèle carré latin 3 × 3).

Caractères étudiés

Pour comparer les fractions, et au travers d'elles les potentialités des trois catégories d'implants, les caractères envisagés plus loin concernent les feuilles, les deux premières tiges émises, et la production de tubercules. D'autres caractères ont été étudiés (précocité de levée, vitesse de croissance, nombre de tiges et de tubercules par plante). Mais, les résultats les concernant ne seront pas présentés dans ce cadre.

Les caractères qui vont être pris en compte peuvent être classés selon la nature des organes qui les présentent, de la manière suivante:

Caractères des quatre feuilles assimilatrices basales (concernant le limbe uniquement):

L	longueur (cm) chez chacune des feuilles de la première tige;
l	largeur (cm) chez chacune des feuilles de la première tige;
L'	longueur (cm) chez chacune des feuilles de la première tige dans les fractions B et F, mais de la deuxième tige dans R.
(l/L pour cent)	proportion (en pour cent) de la largeur par rapport à la longueur.

Caractère concernant les tiges

P	périmètre (cm) de la base des deux premières tiges.

Caractère concernant les tubercules

Rt	rendement total (kg) en poids frais par pied.

Ces caractères peuvent être présentés autrement, en fonction du type d'informations qu'ils apportent.

1. Le rapport (l/L pour cent) permet de quantifier la forme du limbe.
2. Par opposition aux caractères foliaires, le périmètre basal des tiges et le rendement sont des caractères axiaux.

Les caractères foliaires et le périmètre basal des tiges sont des indices de croissance végétative, alors que le rendement est un indice de tubérisation et de productivité.

Modes de mesure des caractères

LONGUEUR ET LARGEUR DU LIMBE   La longueur est la distance linéaire entre le point d'insertion du limbe sur le pétiole et l'extrémité de l'acumen.

La largeur est la plus grande distance linéaire, perpendiculaire à la longueur, entre les deux tangentes au limbe.

PÉRIMÈTRE BASAL DES TIGES   Sa mesure a été effectuée à l'aide d'un fil, enroulé au niveau médian du second entre-noeud basal (entre les deux premiers organes foliaires, quel que soit leur type). Le périmètre a été préféré au diamètre car ce dernier est variable, les tiges n'étant pas tout à fait cylindriques. Ainsi, le périmètre représente, en fait, π fois le diamètre moyen.

RENDEMENT   Après récolte des tubercules, fin décembre 1976, les tiges ont été sectionnées au ras des tubercules. Ceux-ci ont ensuite été lavés et pesés, avec leurs racines, globalement pour une même plante.

Pour une bonne rigueur des analyses envisagées, les feuilles et les tiges ont bien sûr été mesurées en fin de croissance. Il faut aussi noter que les plantes ont été attaquées par des acariens, après les mesures effectuées sur les caractères aériens, c'est-à-dire après l'arrêt de croissance. Cette attaque peut expliquer les faibles rendements obtenus, et une part de la dispersion.

Procédure statistique

La conduite des analyses s'est avérée complexe, en raison de la diversité des caractères, du nombre de facteurs contrôlés, et surtout des conditions particulières dues à la très grande variabilité potentielle. La procédure suivie et les conditions de réalisation des analyses ne seront pas exposées dans cet article. Toutefois, on peut retenir que, pour chacun des caractères considérés, l'analyse de la variance est réalisée en deux phases: une analyse de la variance à trois critères de classification est d'abord pratiquée, pour chaque niveau d'observation; puis, ces analyses par niveaux sont regroupées en une seule analyse à quatre critères de classification.

Analyse de la variabilité

Pour chacun des caractères faisant l'objet d'analyses numériques, des différences se manifestent, à des degrés divers, entre les fractions, et aussi dans les influences du milieu. L'action de chacun de ces facteurs de variabilité est de plus, modulée par le niveau d'observation. Les tableaux concernant la réalisation de l'analyse de la variance sont mis en annexes. Par contre, les figures qui schématisent les conclusions statistiques sont directement insérées dans le texte, sauf pour la longueur du limbe (L).

Comparaison des fractions

Les différences qui se manifestent entre les fractions portent sur la morphologie d'ensemble des plantes, sur les valeurs moyennes, et sur la dispersion des valeurs individuelles, au travers des différents caractères considérés.

SUR LA MORPHOLOGIE D'ENSEMBLE   Les plantes étudiées présentent un polymorphisme global, à la date de l'observation, qui permet de distinguer les fractions de manière qualitative. Par exemple, en ce qui concerne les organes étudiés manquants, les observations peuvent être représentées par le schéma suivant (Fig. 9.3).

D'après cette comparaison, les plantes provenant de bulbilles auraient la morphologie d'ensemble la plus stable, et celles issues de boutures de rameaux présenteraient, au contraire, une morphologie très diversifiée, pour les caractères considérés.† La connaissance de cette hétérogénéité de comportement peut s'avérer utile dans la recherche d'une homogénéisation des cultures.

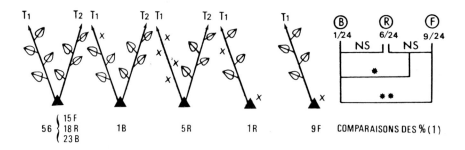

Fig. 9.3. Schéma comparatif des divers types de plantes, dans les fractions observées en fin de croissance, concernant la présence ou l'absence de la seconde tige, et des quatre feuilles assimilatrices basales (les feuilles réduites ne sont pas représentées; le triangle symbolise l'implant; les nombres représentent les effectifs observés).

SUR LES VALEURS MOYENNES   Les différences entre les fractions apparaissent plus nettement lorsqu'on considère chaque caractère quantitativement. Elles portent alors notamment sur les valeurs moyennes, l'analyse de la variance permettant d'évaluer leur niveau de signification.

Afin de simplifier la formulation des résultats des analyses, la symbolisation suivante sera utilisée pour les niveaux de signification: NS pour 'non significatif'; * ou S pour 'significatif'; ** ou HS pour 'hautement significatif'; *** ou THS pour 'très hautement significatif'; >*** ou HYS pour 'hypersignificatif'. ‡

(a) Longueur du limbe (L) chez la première tige (Annexes 1 et 2)
Analyse par niveaux
effet fractions HYS pour chacun des rangs de feuilles;
Analyse regroupée
effet fractions HYS pour l'ensemble des quatre rangs;
effet rangs NS pour l'ensemble des trois fractions;
interaction fractions-rangs NS;

---

† Ces différences sont significatives d'après le test exact de comparaison des proportions, basé sur la loi hypergéométrique.

‡ Dans cet article, une différence est dite 'hypersignificative' si la valeur F observée est supérieure au double de la valeur F critique pour $(1 - \alpha) = 0,999$. D'autre part, certaines conditions de réalisation des analyses étant défectueuses, nous avons estimé que le risque encouru par l'emploi d'une table de F peut être le double du risque théorique. C'est pourquoi nous avons mis entre parenthèses, dans les symboles, les significations de niveau $(1 - \alpha)$ qui ne sont pas confirmées au niveau $(1 - \alpha/2)$.

La décomposition en contrastes révèle une situation plus nuancée, en permettant la comparaison multiple des moyennes des fractions en fonction du rang, et inversement
ordre croissant R,B,F, pour chaque rang et l'ensemble;
supériorité HYS de la fraction F par rapport aux autres;
supériorité S de la fraction B par rapport à la fraction R aux niveaux des deuxième et quatrième feuilles; cette supériorité n'est pas fortuite, puisqu'elle s'avère être THS pour l'ensemble des quatre rangs de feuilles;
effet rangs NS pour chacune des trois fractions.

La longueur du limbe, chez les quatre feuilles assimilatrices basales de la première tige émise, classe les trois fractions dans l'ordre croissant R,B,F, les différences ayant globalement un très haut niveau de signification. Mais, si ce caractère doit servir d'indice de croissance végétative pour distinguer les fractions, il semble préférable de le mesurer aux niveaux des seconde et quatrième feuilles, la seconde présentant un avantage de précocité.

(b) Largeur du limbe (l) chez la première tige (Annexe 3):
Analyses par niveaux
effet fractions HYS pour chacun des rangs de feuilles;
Analyse regroupée
effet fractions HYS pour l'ensemble des quatre rangs;
effet rangs NS pour l'ensemble des trois fractions;
interaction fractions-rangs NS;
Décomposition en contrastes (Fig. 9.4).
ordre croissant R,B,F, pour chaque rang et l'ensemble;
supériorité HYS de la fraction F par rapport aux autres;
supériorité de la fraction B par rapport à la fraction R: HS pour la troisième feuille, et THS pour les trois rangs de feuilles,
cette supériorité devient HYS pour l'ensemble des quatre niveaux;
effet rangs NS pour chacune des trois fractions.

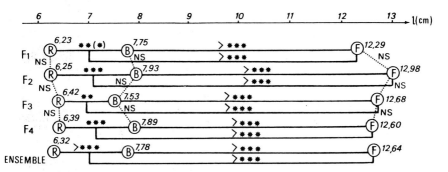

Fig. 9.4. Positions relatives des moyennes, concernant la largeur du limbe des quatre feuilles assimilatrices basales de la première tige.

La largeur du limbe, chez les quatre feuilles assimilatrices basales de la première tige émise, classe les trois fractions dans l'ordre croissant R,B,F, les différences étant globalement hypersignificatives. Mais, si ce caractère doit servir d'indice de croissance végétative pour distinguer les fractions, il semble préférable de le mesurer aux niveaux des seconde et quatrième feuilles, la seconde présentant l'avantage de la précocité.

(c) Indice de forme du limbe (l/L pour cent) chez la première tige (Annexe 4):

Pour cet indice de forme, dont les valeurs proches de cent pour cent sont favorables à l'activité photosynthétique (feuilles isodiamétriques), la situation est plus simple que précédemment:

Analyse de la variance
effet fractions HYS pour chacun des rangs et leur ensemble;
effet rangs NS pour l'ensemble des trois fractions;
interaction fractions-rangs NS;
décomposition en contrastes (Fig. 9.5)
dans le cadre d'un ordre croissant R,B,F, à tous les niveaux considérés, toutes les différences sont HYS pour la supériorité de la fraction F sur les deux autres; pour la supériorité de la fraction B sur la fraction R, de THS pour chacun des quatre rangs de feuilles, elle devient HYS pour leur ensemble;
aucune modulation des niveaux de signification par le rang considéré, alors que c'était le cas pour la longueur et la largeur du limbe, en raison de variations de même sens de ces deux caractères en fonction du rang; par contre, il apparaît que cet indice diminue progressivement en fonction du rang dans la fraction F, la différence devenant S entre les première et quatrième feuilles.

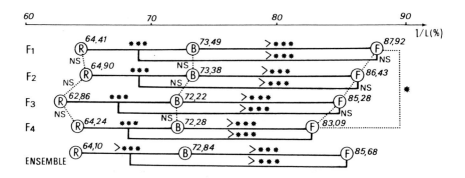

Fig. 9.5. Positions relatives des moyennes, concernant l'indice de forme du limbe des quatre feuilles assimilatrices basales de la première tige.

L'indice de forme du limbe, chez les quatre feuilles assimilatrices basales de la première tige émise, classe les trois fractions dans l'ordre croissant R,B,F, les différences étant globalement hypersignificatives. Ce caractère semble constituer un excellent indice végétatif, permettant de distinguer les fractions au niveau de chacune des quatre feuilles.

(d) Longueur du limbe (L') chez les première et seconde tiges (Annexe 5)

La première tige de la fraction R est manifestement plus grêle que celle des fractions B et F, alors que la seconde tige de cette même fraction R présente, à la simple observation, des caractéristiques qui la rapprochent de la première tige des fractions B et F. Pour éprouver quantitativement la validité de cette observation, l'analyse portant sur la longueur du limbe des quatre feuilles assimilatrices basales, déjà présentée en (a) (p. 96), va être reprise, en utilisant les mesures effectuées sur les feuilles de la seconde tige pour la fraction R, et en conservant celles de la première pour B et F.

> *Analyses par niveaux*
> effet fractions HYS pour chacun des rangs de feuilles;
> *Analyse regroupée*
> effet fractions HYS pour l'ensemble des quatre rangs;
> effet rangs THS pour l'ensemble des trois fractions;
> interaction fractions-rangs NS;
> *Décomposition en contrastes* (Fig. 9.6)
> ordre croissant B,R,F, pour chaque rang et l'ensemble;
> supériorité HYS de la fraction F par rapport aux autres;
> supériorité de la fraction R par rapport à la fraction B: HYS pour l'ensemble des quatre rangs de feuilles; NS au niveau de la première feuille, cette supériorité s'accentue à partir de la deuxième feuille pour devenir THS, et même HYS au niveau de la troisième feuille; effet rangs significatif entre la première et la deuxième feuille pour

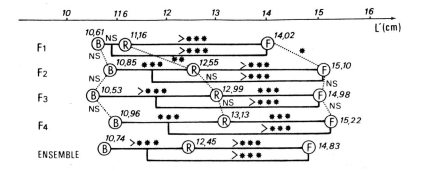

Fig. 9.6. Positions relatives des moyennes, concernant la longueur du limbe des quatre feuilles assimilatrices basales (première tige pour B et F, mais seconde tige pour R).

deux fractions (HS pour R, et S pour F), toutes les autres différences entre rangs étant NS: c'est le cumul de ces différences entre rangs, pour les fractions R et F, qui se traduit par un effet rangs THS, pour l'ensemble des trois fractions dans l'analyse regroupée.

La comparaison de la longueur du limbe des quatre feuilles assimilatrices basales, de la seconde tige pour la fraction R avec celle de la première tige pour les fractions B et F, classe les trois fractions dans l'ordre croissant B,R,F, les différences étant globalement hypersignificatives. La comparaison de ce résultat avec celui qui concerne la première tige pour les trois fractions montre que, dans la fraction R, la longueur du limbe est plus grande chez les quatre feuilles assimilatrices basales de la seconde tige que chez celles de la première tige. La seconde feuille est, ici encore, la plus précoce de celles qui permettent de distinguer les fractions; mais le classement n'est pas le même que dans les analyses précédentes, les rangs de tige étant différents.

(e) Périmètre basal (P) des deux premières tiges (Annexe 6a)

Pour ce caractère, seules les analyses par niveaux ont un sens, les positions relatives des moyennes étant très différentes d'un niveau à l'autre. Une estimation commune de la variance résiduelle permet seulement de comparer les niveaux, à l'intérieur des fractions, par le calcul des contrastes.

Analyses par niveaux:
effet fractions HYS pour la première tige, et THS pour la deuxième;
Décomposition en contrastes (Fig. 9.7)
ordre croissant R,B,F pour la première tige, et (R = B),F pour la deuxième;
supériorité de la fraction F par rapport aux deux autres: HYS pour la première tige, et THS pour la deuxième;
supériorité de la fraction B par rapport à la fraction R: HYS au niveau de la première tige, mais NS pour la deuxième;
supériorité du périmètre de la deuxième tige sur celui de la première: HYS pour la fraction R, et THS pour la fraction B;
mais différence NS pour la fraction F.

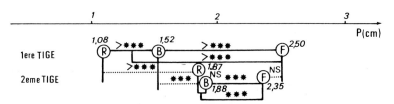

Fig. 9.7. Positions relatives des moyennes, concernant le périmètre basal des deux premières tiges émises.

Le périmètre basal de la première tige classe les trois fractions dans l'ordre croissant R,B,F, les différences étant globalement hypersignificatives. La seconde tige est semblable à la première dans la fraction F, mais elle est plus forte dans la fraction B, et encore plus dans la fraction R. Le classement est beaucoup moins net au niveau de la seconde tige. Si ce caractère doit servir d'indice de croissance végétative pour distinguer les fractions, il semble donc préférable de le mesurer sur la première tige émise.

(f) Rendement (Rt) en poids frais par pied (Annexe 6b)
   Analyse de la variance
   effet fractions THS pour l'ensemble des trois fractions;
   Décomposition en contrastes (Fig. 9.8)
   ordre croissant R,B,F;
   supériorité de la fraction F par rapport aux deux autres: HS par rapport à B, mais THS par rapport à l'ensemble (R,B);
   la supériorité de B sur R apparaît S, d'après les valeurs critiques $F(1 - \alpha)$, ce que ne confirment pas les valeurs $F(1 - \alpha/2)$; mais on peut constater que, dans chaque ligne et dans chaque colonne de l'essai, on trouve le même classement croissant R,B,F, ce qui correspond donc vraisemblablement à une réalité.

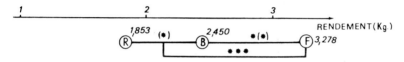

Fig. 9.8. Positions relatives des moyennes, concernant le rendement exprimé en poids frais par pied.

Le rendement exprimé en poids frais par pied classe les trois fractions dans l'ordre croissant R,B,F, les différences ayant des niveaux de signification plus faibles que pour les autres caractères, en raison de la forte dispersion des valeurs dans chaque fraction.

Il est intéressant de noter ici que la régularité de la forme classe les tubercules récoltés dans l'ordre inverse: les tubercules de la fraction F sont très difformes à l'extrémité proximale, ceux de la fraction R sont très réguliers en diamètre, et ceux de la fraction B présentent une morphologie intermédiaire. La confrontation de ces caractéristiques, avec le nombre et la grosseur des tubercules récoltés, peut permettre un choix quant aux finalités d'une amélioration de la production.

SUR LA DISPERSION DES VALEURS   Les comparaisons qualitatives et quantitatives qui viennent d'être présentées ont montré que les trois fractions étudiées diffèrent entre elles par le degré de stabilité de leur morphologie d'ensemble, et par les valeurs moyennes des caractères considérés, pour les divers niveaux observés.

Mais, ces trois fractions diffèrent aussi par le degré de dispersion des valeurs individuelles, lequel peut être doublement caractérisé par la variance résiduelle et par le coefficient de variation, estimés à l'intérieur de chacune des fractions (Annexe 7).

(a) Longueur du limbe (L) chez la première tige

Quel que soit le niveau considéré, la variance résiduelle estimée de la fraction B, toujours la plus faible, et celle plus élevée de la fraction F, sont relativement constantes. Par 'contre, celle de la fraction R évolue en fonction du niveau considéré: alors qu'elle est la plus forte pour les première et deuxième feuilles, elle devient intermédiaire pour les troisième et quatrième feuilles.

Cette chute de la dispersion se retrouve dans l'estimation du coefficient de variation de la fraction R. Mais, quel que soit le niveau, c'est toujours dans la fraction R que ce paramètre est le plus élevé, alors qu'il est de même ordre de grandeur pour les fractions B et F.

La dispersion des valeurs de la longueur du limbe des quatre feuilles assimilatrices basales de la première tige émise classe globalement les trois fractions dans l'ordre de stabilité croissant R,F,B, comme cela a été constaté concernant la morphologie d'ensemble. Cela peut s'avérer utile dans la recherche d'une homogénéisation des cultures. A ce titre, les bulbilles seraient les plus intéressants des implants étudiés.

(b) Largeur du limbe (l) chez la première tige

Quel que soit le niveau considéré, c'est encore dans la fraction B que la variance résiduelle estimée est toujours la plus faible, avec des valeurs minimales pour les feuilles de rang pair. Elle présente une chute entre la première feuille et les suivantes pour la fraction F, et entre les deux premières feuilles et les suivantes pour la fraction R.

Le coefficient de variation estimé est modulé en fonction du niveau de la même manière que la variance résiduelle, pour chacune des fractions. Il est toujours le plus élevé dans la fraction R et de même ordre de grandeur dans les fractions B et F.

Sur le plan pratique, la conclusion est donc la même pour la largeur du limbe des quatre feuilles assimilatrices basales de la première tige que pour leur longueur (voir ci-dessus (a)).

(c) Indice de forme du limbe (l/L pour cent) chez la première tige

La variance résiduelle et le coefficient de variation estimés fluctuent en fonction du niveau, à l'intérieur de chaque fraction, sans qu'il soit possible de caractériser simplement ces variations. Il est cependant possible de constater que la variance résiduelle classe les trois fractions dans l'ordre de dispersion croissant R,B,F. Ce classement étant le même que celui que donnent les moyennes, il n'est pas étonnant que les coefficients de variation soient du même ordre de grandeur pour les trois fractions.

Alors que la fraction R présente la plus faible stabilité pour les dimensions du limbe des quatre feuilles assimilatrices basales de la première tige, elle s'avère la plus stable pour la forme de celui-ci. Par ailleurs, l'indice de forme présentant un coefficient de variation peu dépendant des fractions et des niveaux, ce caractère pourrait constituer un excellent indice végétatif pour distinguer les fractions (voir (c) p. 99).

(d) Longueur du limbe (L') chez les premières et seconde tiges

Concernant la longueur du limbe des feuilles de la seconde tige, dans la fraction R, la variance résiduelle estimée ne présente pas, entre les deux premières feuilles et les suivantes, la chute qui a été constatée pour les feuilles de la première tige. De plus, cette variance est globalement plus faible pour les feuilles de la seconde tige que pour celles de la première. Comme la taille moyenne des feuilles est, par contre, plus élevée sur la seconde tige, il n'est pas étonnant que le coefficient de variation y soit plus faible.

Les feuilles assimilatrices basales de la seconde tige s'avèrent être, dans la fraction R, plus grandes et moins polymorphes que celles de la première. Il serait donc préférable de prélever les boutures sur la seconde tige, pour partir d'implants plus robustes et plus homogènes, dans le cadre d'une multiplication végétative intense.

(e) Périmètre basal (P) des deux premières tiges

Concernant la variance résiduelle estimée, le périmètre basal présente la même dispersion chez les deux premières tiges de la fraction F. Par contre, il est plus dispersé chez la seconde tige dans la fraction B, et surtout dans la fraction R. Pour chacune des tiges, c'est dans la fraction B que ce caractère est le plus dispersé.

Ces caractéristiques se retrouvent globalement dans les coefficients de variation estimés. Sur la base de ce paramètre, il apparaît de plus que la fraction F est la moins dispersée.

De la comparaison de la dispersion du périmètre basal des deux premières tiges émises, avec celles des caractères foliaires, il ressort que, suivant le caractère que l'on veut rendre plus homogène dans les cultures, il faut partir d'implants de nature différente.

(f) Rendement (Rt) en poids frais par pied

Les variances résiduelles estimées classent les trois fractions dans l'ordre d'hétérogénéité croissant R,B,F. Cela peut apparaître comme un inconvénient, dans la mesure où ce classement est le même que pour les rendements moyens: plus le rendement moyen est élevé, plus les valeurs individuelles du rendement présentent une forte dispersion, telle qu'elle est caractérisée par la variance résiduelle. Mais, en fait, cet inconvénient ne se retrouve pas avec les coefficients de variation: ceux-ci classent les fractions dans l'ordre croissant d'homogénéité R,B,F, qui est le même que pour les rendements moyens.

Sur le plan pratique de la production, il est intéressant de constater que le gain de rendement, suivant l'ordre R,B,F, est plus important que la perte d'homogénéité qui l'accompagne. L'augmentation de la dispersion du rendement exprimé en poids frais par pied, suivant l'ordre R,B,F, est à mettre en relation avec la difformité des tubercules.

(g) Validité de ces comparaisons sur la dispersion

Les comparaisons portant sur la dispersion des valeurs individuelles qui viennent d'être formulées sont simplement descriptives, les différences constatées n'ayant pas fait l'objet de tests de signification.

Les conclusions présentées ne sont donc qu'indicatives. Mais, elles correspondent vraisemblablement à une réalité, en raison de l'aspect ordonné des différences constatées, et des correspondances entre caractères.

Influences du milieu

Il apparaît que les influences écologiques s'exercent différemment suivant la direction, le caractère considéré, et son niveau d'observation (Annexe 7).

L'hétérogénéité du milieu a eu peu de conséquences dans la direction de disposition des colonnes (Est–Ouest).

Seule la largeur du limbe y a été sensible, cette influence n'étant d'ailleurs significative que globalement pour l'ensemble des feuilles assimilatrices basales de la première tige.

Dans la direction de disposition des lignes (Nord–Sud), l'hétérogénéité du milieu a exercé son influence sur tous les caractères aériens, mais à des degrés divers.

Pour les caractères foliaires, cette influence n'a été significative, à un niveau précis, que sur la forme, caractérisée par l'indice (l/L pour cent), du limbe de la première feuille de la première tige. Pour l'ensemble des quatre feuilles assimilatrices basales, considérées globalement, les différences entre lignes n'atteignent que le niveau de simple signification.

C'est sur le périmètre basal des tiges que les différences entre lignes sont les plus marquées: elles sont THS pour la première tige, et S pour la seconde.

En ce qui concerne le rendement, l'hétérogénéité du milieu n'a eu aucune influence significative.

L'ensemble de ces faits indique que les plantes ont été sensibles à des influences du milieu aérien, au début de leur développement surtout. L'orientation de ces effets étant assez semblable à celle du vent dominant, on peut penser que ce dernier en est responsable.

Discussion et perspectives

Les analyses numériques présentées ont conduit à diverses conclusions particulières et d'ordre pratique, se rapportant soit aux valeurs moyennes, soit aux dispersions individuelles. Elles ont été formulées, après analyse de chaque caractère. Maintenant, quelques conclusions essentielles peuvent être tirées, tant sur le plan fondamental que du point de vue de l'application.

Aspects fondamentaux

L'étude biométrique comparée des trois catégories de plantes, ou fractions, renforcée par l'utilisation de méthodes statistiques, a permis de mettre en évidence la très grande variabilité du matériel, pour un même génotype placé dans des conditions semblables. Cette étude confirme donc la réalité du phénomène que nous avons appelé 'variabilité potentielle': une même information héréditaire peut fonctionner de plusieurs manières, suivant le contexte corrélatif et écologique antérieurement subi; une telle variabilité repose sur l'existence de potentialités paragénétiques différentes, portées par les implants utilisés pour la multiplication végétative.

En premier lieu, la nature de l'organe implanté contribue à expliquer les différences qui se manifestent entre les fractions qui ont été comparées. Si ce phénomène reste encore très peu connu chez les ignames, il a été par contre très étudié chez d'autres plantes supérieures, notamment dans la famille des *Euphorbiacées.* Chez le genre *Phyllanthus,* il a été montré que par bouturage de rameaux, 'orthotropes' ou 'plagiotropes', on peut obtenir des types de végétaux très différents, bien que possédant la même information héréditaire (Bancilhon, Nozeran, et Roux 1963; Bancilhon 1969). Un comportement semblable avait précédemment pu être mis en évidence chez d'autres espèces: *Phyllanthus lathyroïdes* H. B. K. (Goebel 1908), et *Araucaria excelsa* (Lamb.) R. Br. (Massart 1924).

Cependant, une part importante de la variabilité potentielle se traduit par un fort degré de polymorphisme à l'intérieur des fractions elles-mêmes. Elle doit pouvoir s'expliquer par la diversité des caractéristiques des implants, concernant notamment leur position sur la plante-mère, et leur âge, au moment du prélèvement. Ainsi, chez les Dioscoréacées, il a été montré que, pour des plantes issues de boutures de rameaux, la position et l'âge des boutures jouent un rôle important dans la réussite de ce mode de multi-plication végétative (Preston et Haun 1962; Martin et Delpin 1969).

L'analyse de cette variabilité potentielle est complexe, et rencontre des difficultés. Mais, elle révèle la très grande richesse de ce matériel comme réserve de potentialités. Cette qualité est accrue par la diversité des organes et leur important polymorphisme: une telle possibilité de localisation précise des potentialités devrait permettre leur utilisation rationnelle à des fins d'amélioration.

Point de vue de l'application

L'analyse numérique de la variabilité potentielle que nous avons abordée permet déjà, malgré ses insuffisances et ses limites, d'envisager des applications pour l'amélioration de la production et, dans une certaine mesure, pour prévoir le rendement.

AMÉLIORATION DE LA PRODUCTION Dans le cadre de cette étude, le niveau de prélèvement et l'âge des divers implants n'ont pas été notés de manière précise, si bien que les influences de ces facteurs de variabilité n'ont pas pu être analysées. Mais, suivant le but recherché, il est déjà possible d'utiliser les différences de potentialités qui dépendent de la nature même des implants. Ces différences de potentialités sont concrétisées par les différences qui se manifestent entre les valeurs moyennes des trois fractions, pour tous les caractères considérés quantitativement, et dont l'analyse de la variance a permis d'évaluer le très haut niveau de signification. Ces trois fractions diffèrent aussi par leur morphologie d'ensemble, et par le degré de dispersion des valeurs individuelles.

(a) Pour la multiplication végétative: il semble préférable d'utiliser des bulbilles, si l'on désire avoir des plantes homogènes pour les caractères de leur appareil végétatif aérien. Les boutures permettent, au contraire, d'entretenir un certain niveau de variabilité, car leurs potentialités sont très diversifiées, en fonction de leur âge et de leur position au moment du prélèvement. Il est donc possible de faire un choix des implants à utiliser, dans le cadre de la multiplication végétative, suivant que l'on cherche à favoriser tel caractère ou à jouer sur son degré de polymorphisme.

(b) Pour le rendement (exprimé en poids frais par pied): le niveau moyen le plus important est obtenu à partir de fragments de tubercules, les bulbilles donnant un rendement plus faible, mais plus homogène. Cependant, c'est à partir de boutures que la forme des tubercules récoltés est la plus régulière, mais que le rendement est le plus bas.

Contrairement à ce que conclut Ferguson dans une revue critique (1972), il semble que la technique de bouturage des rameaux, bien mise au point, pourrait avoir un intérêt commercial dans la pratique de la multiplication, au moins chez quelques cultivars d'ignames alimentaires.

CRITÈRES PRÉCOCES DE RENDEMENT Les caractères aériens étudiés, à l'exception du caractère particulier L', ont classé les trois fractions dans le même ordre que le rendement. Ces caractères pourraient donc servir d'indicateurs précoces pour comparer les potentialités de rendement des fractions. On peut chercher lequel de ces caractères peut constituer le meilleur indicateur, sa qualité devant être, avant tout, de donner des résultats proportionnels aux rendements attendus.

Il est possible de comparer les positions relatives des moyennes, en normalisant l'étendue de leurs distributions (Annexe 7). De cette manière, et parmi les caractères étudiés, le meilleur indicateur qui semble se dégager est l'indice de forme du limbe (l/L pour cent). En effet:

(1) il classe les fractions dans le même ordre que le rendement, suivant une relation linéaire (les positions relatives des moyennes de l'indice et du rendement sont identiques);

(2) ce caractère donne les mêmes indications, quel que soit le niveau de la feuille assimilatrice basale considérée (cependant, la seconde feuille est le niveau le plus précoce utilisable, l'indice étant plus dispersé pour la première feuille);

(3) l'influence du milieu paraît affecter peu ce caractère;

(4) c'est un caractère stable, car c'est lui qui présente la plus faible dispersion parmi les caractères étudiés.

La précision des analyses

Ferguson et ses collaborateurs (1969) ont souligné l'insuffisance des expériences qui ont été menées sur l'igname, concernant l'étude de la variabilité. Dans certains de ces travaux, les analyses statistiques manquent et, quand elles sont présentées, les coefficients de variation sont relativement élevés: 25 à 58 pour cent (Chapman 1956; Kasasian et Seeyave 1967; Seeyave 1969).[*] De nombreux chercheurs ont essayé, sans grand succès, de réduire cette variabilité, par l'utilisation de grands blocs (Irving 1956; Gooding et Hoad 1967).[†] Ferguson et ses collaborateurs (1969) ont obtenu des coefficients de variations énormes (jusqu'à 162 pour cent), ainsi que des variances résiduelles très hétérogènes, leur interdisant la pratique de l'analyse de la variance. Cela provenait vraisemblablement, comme ils le reconnaissent eux-mêmes, d'insuffisances dans les méthodes d'étude.

Dans le présent travail, des coefficients de variation de l'ordre de 10 à 20 pour cent ont été obtenus pour la plupart des caractères étudiés, ce qui traduit une précision expérimentale qui peut être considérée comme correcte. Seul, le rendement présente un coefficient de variation de l'ordre de 40 pour cent; mais cette valeur plus élevée peut se comprendre par le fait que ce caractère est tributaire de toutes les variations qui affectent le cycle végétatif de la plante.

Perspectives à long terme

Le polymorphisme des ignames est si vaste qu'il conduit à une profusion de faits d'observation, difficile à appréhender de manière globale. Quant à la variabilité qui l'engendre, il s'agit d'un phénomène extrêmement complexe et à déterminisme multiple. Dans ces conditions, il est aisé de comprendre pourquoi l'attention s'est d'abord portée sur les facteurs de variabilité les plus évidents, ou faciles à contrôler, à savoir les déterminants génétiques et les facteurs étrangers à la plante. Les 'potentialités paragénétiques' des implants constituent un objet de préoccupation récente, et la 'variabilité

* Seeyave, J. (1969). Effect of Weed Competition on Yams. Half yearly Report 1968–69. Faculty of Agriculture, U.W.I. Trinidad.

† Gooding, E. G. B. et Hoad, R. M. (1967). Experiments on Yams 1966–67. Barbados Sugar Producers Association (Inc.), Crop Diversification Section.

potentielle' qu'elles déterminent est elle-même si grande, et si complexe, que certains auteurs la considéraient comme impossible à analyser statistiquement.

Bien qu'étant limités à un seul aspect de la variabilité potentielle – celui qui dépend de la nature de l'organe de multiplication végétative – et à un nombre restreint de caractères, les travaux que nous avons rapportés nous semblent éclairer le problème d'un jour nouveau. Grâce à un protocole expérimental basé sur la décomposition du phénomène en éléments simples, au contrôle des facteurs parasites par un modèle d'essai approprié, et à l'emploi de méthodes statistiques rigoureuses, il s'avère possible de réaliser une analyse précise (Ahoussou, Piquepaille, et Touré 1979).

Une telle possibilité offre des perspectives pour l'étude et l'exploitation du polymorphisme des ignames, dans l'optique relativement nouvelle d'une 'amélioration paragénétique'. Poursuivant notre programme dans ce sens, nous fournirons prochainement de nouveaux éléments d'analyse, concernant la mise en évidence d'une variabilité interne à chaque type d'organe (Piquepaille, Ahoussou, et Touré 1979), et la recherche de son déterminisme (en préparation).

De nouveaux progrès pourront être accomplis par la localisation précise des potentialités sur la plante, et l'étude expérimentale des phénomènes corrélatifs qui interviennent dans cette localisation. A ce titre, la pratique des cultures *in vitro* pourra apporter des informations intéressantes. Enfin, il n'est pas trop utopique d'espérer que certains états de différenciation, préalablement sélectionnés, puissent passer la barrière de la reproduction, au moins par l'intermédiaire de graines apomictiques, comme chez *Panicum maximum* Jacq. (Pernes et Combes 1970).

Certaines des conclusions de notre étude doivent pouvoir, dès à présent, trouver des applications dans la pratique de la culture de l'igname. Mais, à long terme, le vaste champ d'investigation que nous venons d'esquisser contribuera certainement, beaucoup mieux, à créer l'igname nouvelle souhaitée par F. A. Gandji dans son allocution d'ouverture.

Remerciements

Les auteurs tiennent à remercier, par ordre d'intervention: les membres du Personnel technique de l'Université d'Abidjan (Côte-d'Ivoire) qui ont participé à la réalisation de l'essai, et à l'exécution des mesures; Monsieur le Professeur R. Nozeran, Directeur du Laboratoire de Botanique approfondie, à Orsay (France), pour ses suggestions concernant la décomposition analytique du phénomène de variabilité; Monsieur le Professeur P. Dagnelie, Directeur du Laboratoire de Statistique et Informatique, à Gembloux (Belgique), et son Assistant Monsieur J. J. Claustriaux, pour leurs avis et conseils concernant les analyses statistiques; Madame M. J. Defoug, pour l'exécution des figures et de l'annexe 7; Madame J. Portigliatti, et toutes les autres personnes qui ont contribué à la confection de ce mémoire.

Annexe 1. Analyse de la variance pour chacune des feuilles, après décomposition de la SCE relative au facteur 'fractions'
Longueur des *4 feuilles basales* (*1ère tige* de chaque fraction)

Cas	Sources de variation	DL	SCE	CM	F obs.	Signif.	$F^{k_1}_{k_2}$ $(1-\alpha)$; $(1-\alpha/2)$	
F1	Entre fractions	2	250,00	125,00	39,1	>***		4,00 5,29
	. entre (R,B) et F	1	239,73	239,73	74,9	>***	F^1_{60}	7,08 8,49
	. entre R et B	1	10,27	10,27	3,21	NS		12,0 13,6
	Entre lignes	2	19,26	9,630	3,01	NS		3,15 3,93
	Entre colonnes	2	13,58	6,790	2,12	NS	F^2_{60}	4,98 5,80
	Erreur	60	192,07	3,201				7,76 8,65
	Totaux	66	474,91					
F2	Entre fractions	2	396,07	198,04	65,4	>***		
	. entre (R,B) et F	1	378,30	378,30	125.	>***	Mêmes	
	. entre R et B	1	17,77	17,77	5,86	*	valeurs	
	Entre lignes	2	3,88	1,94	<1	NS		
	Entre colonnes	2	0,11	0,055	<1	NS		
	Erreur	60	181,81	3,030				
	Totaux	66	581,87					
F3	Entre fractions	2	340,44	170,22	56,6	>***		
	. entre (R,B) et F	1	339,17	339,17	113.	>***	Mêmes	
	. entre R et B	1	1,27	1,27	<1	NS	valeurs	
	Entre lignes	2	1,63	0,815	<1	NS		
	Entre colonnes	2	1,60	0,800	<1	NS		
	Erreur	60	180,55	3,009				
	Totaux	66	524,22					
F4	Entre fractions	2	373,22	186,61	63,3	>***		4,01 5,30
	. entre (R,B) et F	1	361,32	361,32	123.	>***	F^1_{58}	7,10 8,52
	. entre R et B	1	11,90	11,90	4,04	(*)		12,0 13,7
	Entre lignes	2	6,51	3,26	1,11	NS		3,16 3,94
	Entre colonnes	2	5,28	2,64	<1	NS	F^2_{58}	5,00 5,82
	Erreur	58	170,87	2,946				7,80 8,70
	Totaux	64	555,88					

Contrastes entre B et F: F1: Fobs. = 43,5; F2: Fobs. = 71,7; F3: Fobs. = 78,7; F4: Fobs. = 73,7.

Positions relatives des moyennes

Les comparaisons entre feuilles pour chacune des fractions sont tirées de l'analyse regroupée.

Annexe 2. Regroupement des analyses faites séparément
Longueur des *4 feuilles basales (1ère tige* de chaque fraction)
Paramètres nécessaires

Fractions	n	X	$\bar{x}$
F	96	1423,6	14,83
B	96	1031,0	10,74
R	96	947,9	9,87
Totaux	288(†)	3402,5	

Lignes	n	X	$\bar{x}$
L1	96	1098,0	11,44
L2	96	1136,6	11,84
L3	96	1167,9	12,17
Totaux	288(†)	3402,5	

Feuilles	n	X	T	$\bar{x}$
F1	72	823,7	9898,27	11,44
F2	72	854,1	10713,63	11,86
F3	72	857,2	10729,66	11,91
F4	72	867,5	11008,05	12,05
Totaux	288(†)	3402,5	42349,61	

Colonnes	n	X	$\bar{x}$
C1	96	1106,0	11,52
C2	96	1156,7	12,05
C3	96	1139,8	11,87
Totaux	288(†)	3402,5	

† dont 22 manquants estimés

Analyse de la variance après décomposition de la SCE 'fractions'

Sources de variation	DL	SCE	CM	F obs.	Signif.	$F_{k_2}^{k_1}(1-\alpha)$;	$(1-\alpha/2)$
Entre fractions	2	1344,90	672,45	229.	>***		3,88 5,09
. entre (R,B) et F	1	1308,93	1308,93	445.	>***	F_{256}^{1} 6,75 8,04	
. entre R et B	1	35,97	35,97	12,2	**(*)	11,2 12,5	
Entre lignes	2	25,54	12,77	4,34	*		3,03 3,75
Entre colonnes	2	13,88	6,940	2,36	NS	F_{256}^{2} 4,70 5,43	
Entre feuilles (Rangs)	3	14,79	4,930	1,68	NS	7,12 7,87	
Erreur globale	256	752,56	2,9397				
Inter. fractions – Rangs	6	14,83	2,472	<1	NS		2,64 3,17
Inter. lignes – Rangs	6	5,74	0,957	<1	NS	F_{256}^{3} 3,87 4,40	
Inter. colonnes – Rangs	6	6,69	1,115	<1	NS	5,62 6,13	
Erreur	238	725,30	3,047				
Totaux	265	2151,67					

Contraste entre B et F: F obs = 273.

Positions relatives des moyennes

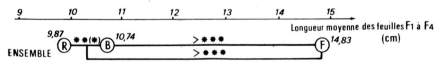

Comparaisons entre rangs de feuilles

. *Entre feuilles de la fraction R:* différences NS.   (voir schéma, Annexe 1).
. *Entre feuilles de la fraction B:* différences NS.
. *Entre feuilles de la fraction F:* différences entre F1 et F2: F obs. = 4,79 (*).
Autres différences NS.

Annexe 3. Analyse de la variance pour *chaque feuille* et leur *ensemble*, après décomposition de la SCE relative au facteur 'fractions' *Largeur* des *4 feuilles basales* (*1ère tige* de chaque fraction)

Cas	Sources de variation	DL	SCE	CM	F obs.	Signif.	$F^{k_1}_{k_2}$ $(1-\alpha)$; $(1-\alpha/2)$	
F1	Entre fractions	2	476,34	238,17	116.	>***		4,00 5,29
	. entre (R,B) et F	1	448,74	448,74	219.	>***	F^1_{60}	7,08 8,49
	. entre R et B	1	27,60	27,60	13.5	**(*)		12,0 13,6
	Entre lignes	2	1,90	0,950	<1	NS		3,15 3,93
	Entre colonnes	2	5,53	2,765	1,35	NS	F^2_{60}	4,98 5,80
	Erreur	60	122,81	2,047				7,76 8,65
	Totaux	66	606,58					
F2	Entre fractions	2	587,82	293,91	186.	>***		
	. entre (R,B) et F	1	553,82	553,82	350.	>***	mêmes	
	. entre R et B	1	34,00	34,00	21,5	***	valeurs	
	Entre lignes	2	6,23	3,115	1,97	NS		
	Entre colonnes	2	3,46	1,730	1,09	NS		
	Erreur	60	94,93	1,582				
	Totaux	66	692,44					
F3	Entre fractions	2	534,31	267,16	201.	>***		
	. entre (R,B) et F	1	519,46	519,46	392.	>***	mêmes	
	. entre R et B	1	14,85	14,85	11,2	**	valeurs	
	Entre lignes	2	2,17	1,085	<1	NS		
	Entre colonnes	2	4,90	2,450	1,85	NS		
	Erreur	60	79,55	1,326				
	Totaux	66	620,93					
F4	Entre fractions	2	504,42	252,21	173.	>***		4,01 5,30
	. entre (R,B) et F	1	477,42	477,42	328.	>***	F^1_{58}	7,10 8,52
	. entre R et B	1	27,00	27,00	18,6	***		12,0 13,7
	Entre lignes	2	8,59	4,295	2,95	NS		3,16 3,94
	Entre colonnes	2	4,53	2,265	1,56	NS	F^2_{58}	5,00 5,82
	Erreur	58	84,35	1,454				7,80 8,70
	Totaux	64	601,89					
Ensemble	Entre fractions	2	2097,58	1048,79	687.	>***		3,88 5,09
	. entre (R,B) et F	1	1996,23	1996,23	1307.	>***	F^1_{256}	6,75 8,04
	. entre R et B	1	101,35	101,35	66,3	>***		11,2 12,5
	Entre lignes	2	16,15	8,075	5,29	*(*)		3,03 3,75
	Entre colonnes	2	17,05	8,525	5,58	**	F^2_{256}	4,70 5,43
	Entre feuilles (Rangs)	3	3,43	1,14	<1	NS		7,12 7,87
	Erreur globale	256	391,06	1,5276				
	Inter. fractions – Rangs	6	5,31	0,885	<1	NS		
	Inter. lignes – Rangs	6	2,74	0,457	<1	NS		
	Inter. colonnes – Rangs	6	1,37	0,228	<1	NS		
	Erreur	238	381,64	1,604				
	Totaux	265	2525,27					

Contrastes entre B et F (F obs.): F1: 121. ; F2: 193. ; F3: 239. ; F4: 183. ; Ensemble: 742.

Annexe 4. Analyse de la variance pour *chaque feuille* et leur *ensemble*, après décomposition de la SCE relative au facteur 'fractions' *Indice de forme* (l/L%) des *4 feuilles basales (1ère tige)*

Cas	Sources de variation	DL	SCE	CM	F obs.	Signif.	$F^{k_1}_{k_2}$ $(1-\alpha)$; $(1-\alpha/2)$	
F1	Entre fractions	2	6748,72	3374,36	61,2	>***		
	{ . entre (R,B) et F	1	5759,54	5759,54	104.	>***	F^1_{60}	4,00 5,29
	{ . entre R et B	1	989,18	989,18	17,9	***		7,08 8,49
								12,0 13,6
	Entre lignes	2	457,75	228,88	4,15	*		3,15 3,93
	Entre colonnes	2	4,77	2,385	<1	NS	F^2_{60}	4,98 5,80
	Erreur	60	3306,94	55,116				7,76 8,65
	Totaux	66	10518,18					
F2	Entre fractions	2	5643,33	2821,67	52,5	>***		
	{ . entre (R,B) et F	1	4780,57	4780,57	88,9	>***	mêmes	
	{ . entre R et B	1	862,76	862,76	16,0	***	valeurs	
	Entre lignes	2	148,12	74,060	1,38	NS		
	Entre colonnes	2	271,59	135,80	2,52	NS		
	Erreur	60	3227,47	53,791				
	Totaux	66	9290,51					
F3	Entre fractions	2	6087,46	3043,73	46,0	>***		
	{ . entre (R,B) et F	1	5037,45	5037,45	76,2	>***	mêmes	
	{ . entre R et B	1	1050,01	1050,01	15,9	***	valeurs	
	Entre lignes	2	271,83	135,92	2,06	NS		
	Entre colonnes	2	151,41	75,705	1,14	NS		
	Erreur	60	3967,76	66,129				
	Totaux	66	10478,46					
F4	Entre fractions	2	4294,30	2147,15	51,5	>***		
	{ . entre (R,B) et F	1	3517,48	3517,48	84,4	>***	F^1_{58}	4,01 5,30
	{ . entre R et B	1	776,82	776,82	18,6	***		7,10 8,52
								12,0 13,7
	Entre lignes	2	66,05	33,03	<1	NS		3,16 3,94
	Entre colonnes	2	79,61	39,81	<1	NS	F^2_{58}	5,00 5,82
	Erreur	58	2418,68	41,701				7,80 8,70
	Totaux	64	6858,64					
Ensemble	Entre fractions	2	22616,07	11308,04	208.	>***		3,88 5,09
	{ . entre (R,B) et F	1	18949,82	18949,82	349.	>***	F^1_{256}	6,75 8,04
	{ . entre R et B	1	3666,25	3666,25	67,6	>***		11,2 12,5
	Entre lignes	2	463,79	231,90	4,27	*		3,03 3,75
	Entre colonnes	2	173,48	86,74	1,60	NS	F^2_{256}	4,70 5,43
	Entre feuilles (Rangs)	3	229,83	76,61	1,41	NS		7,12 7,87
	Erreur globale	256	13892,45	54,267				
	Inter. fractions – Rangs	6	157,74	26,29	<1	NS		2,64 3,17
	Inter. lignes – Rangs	6	479,96	79,99	1,47	NS	F^3_{256}	3,87 4,40
	Inter. colonnes – Rangs	6	333,90	55,65	1,03	NS		5,62 6,13
	Erreur	238	12920,85	54,289				2,14 2,46
							F^6_{238}	2,88 3,20
								3,91 4,21
	Totaux	265	37375,62					

Contrastes entre B et F (F obs.): F1: 45,4; F2: 38,0; F3: 31,0; F4: 33,6; Ensemble: 146.

Annexe 5. Analyse de la variance pour *chaque feuille* et leur *ensemble*, après décomposition de la SCE relative au facteur 'fractions' *Longueur* des *4 feuilles basales* (F,B: *1ère tige*; R: *2ème tige*)

Cas	Sources de variation	DL	SCE	CM	F obs.	Signif.	$F_{k_2}^{k_1}(1-\alpha); (1-\alpha/2)$		
F1	Entre fractions	2	160,87	80,435	30,6	>***		3,99	5,28
	. entre (R,B) et F	1	157,29	157,29	59,9	>***	F_{64}^1	7,06	8,46
	. entre R et B	1	3,58	3,58	1,36	NS		11,9	13,5
	Entre lignes	2	33,19	16,595	6,32	**		3,14	3,92
	Entre colonnes	2	0,94	0,47	<1	NS	F_{64}^2	4,96	5,77
	Erreur	64	168,15	2,627				7,72	8,59
	Totaux	70	363,14						
F2	Entre fractions	2	220,15	110,075	50,4	>***			
	. entre (R,B) et F	1	185,64	185,64	85,0	>***	mêmes		
	. entre R et B	1	34,51	34,51	15,8	***	valeurs		
	Entre lignes	2	3,21	1,605	<1	NS			
	Entre colonnes	2	3,79	1,895	<1	NS			
	Erreur	64	139,85	2,185					
	Totaux	70	367,00						
F3	Entre fractions	2	237,61	118,805	41,4	>***			
	. entre (R,B) et F	1	165,34	165,34	57,6	>***	mêmes		
	. entre R et B	1	72,27	72,27	25,2	>***	valeurs		
	Entre lignes	2	4,66	2,33	<1	NS			
	Entre colonnes	2	2,09	1,045	<1	NS			
	Erreur	64	183,64	2,869					
	Totaux	70	428,00						
F4	Entre fractions	2	217,20	108,60	36,7	>***		3,99	5,28
	. entre (R,B) et F	1	161,08	161,08	54,5	>***	F_{63}^1	7,06	8,47
	. entre R et B	1	56,12	56,12	19,0	***		12,0	13,5
	Entre lignes	2	17,83	8,915	3,01	NS		3,14	3,92
	Entre colonnes	2	0,08	0,04	<1	NS	F_{63}^2	4,97	5,78
	Erreur	63	186,36	2,958				7,73	8,61
	Totaux	69	421,47						
	Entre fractions	2	809,76	404,88	157.	>***		3,88	5,09
	. entre (R,B) et F	1	668,65	668,65	259.	>***	F_{273}^1	6,74	8,03
	. entre R et B	1	141,11	141,11	54,6	>***		11,2	12,5
	Entre lignes	2	44,88	22,44	8,68	***		3,03	3,75
	Entre colonnes	2	2,23	1,115	<1	NS	F_{273}^2	4,70	5,42
	Entre feuilles (Rangs)	3	56,57	18,857	7,29	***		7,12	7,86
Ensemble	Erreur globale	273	706,08	2,586					
	Inter. fractions – Rangs	6	26,07	4,345	1,68	NS		2,64	3,17
	Inter. lignes – Rangs	6	14,01	2,335	<1	NS	F_{273}^3	3,87	4,39
	Inter. colonnes – Rangs	6	4,67	0,778	<1	NS		5,61	6,12
	Erreur	255	661,33	2,593					
	Totaux	282	1636,19					2,14	2,46
								F_{255}^6	2,88	3,20
								3,90	4,21

Contrastes entre B et F (F obs.): F1: 37,4; F2: 35,9; F3: 16,5; F4: 17,7; Ensemble: 105.

Annexe 6(a). Analyse de la variance pour chaque tige, après décomposition de la SCE relative au facteur 'fractions'
Périmètre des deux premières tiges pour chaque fraction

Cas	Sources de variation	DL	SCE	CM	F obs.	Signif.	$F_{k_2}^{k_1}(1-\alpha); (1-\alpha/2)$	
T1	Entre fractions	2	25,505	12,753	152.	>***	F_{65}^{1}	3,99 5,27
	. entre (R,B) et F	1	23,118	23,118	275.	>***		7,05 8,45
	. entre R et B	1	2,387	2,387	28,4	>***		11,9 13,5
	Entre lignes	2	2,104	1,052	12,5	***	F_{65}^{2}	3,14 3,91
	Entre colonnes	2	0,130	0,065	<1	NS		4,96 5,77
	Erreur	65	5,451	0,084				7,71 8,58
	Totaux	71	33,190					
T2	Entre fractions	2	3,578	1,789	11,8	***	F_{55}^{1}	4,02 5,32
	. entre (R,B) et F	1	3,578	3,578	23,7	***		7,13 8,56
	. entre R et B	1	0,000	0,000	0,00	NS		12,1 13,8
	Entre lignes	2	1,272	0,636	4,21	*	F_{55}^{2}	3,17 3,96
	Entre colonnes	2	0,010	0,005	<1	NS		5,02 5,85
	Erreur	55	8,313	0,151				7,87 8,77
	Totaux	61	13,173					

Contrastes entre B et F: T1: F obs. = 137.; T2: F obs. = 17,6.

Annexe 6(b). Analyse de la variance, après décomposition de la SCE relative au facteur 'fractions'
Rendement exprimé en poids frais de tubercules par pied

	Sources de variation	DL	SCE	CM	F obs.	Signif.	$F_{k_2}^{k_1}(1-\alpha); (1-\alpha/2)$	
R^t	Entre fractions	2	24,601	12,301	11,9	***	F_{65}^{1}	3,99 5,27
	. entre (R,B) et F	1	20,314	20,314	19,6	***		7,05 8,45
	. entre R et B	1	4,287	4,287	4,15	(*)		11,9 13,5
	Entre lignes	2	1,066	0,533	<1	NS	F_{65}^{2}	3,14 3,91
	Entre colonnes	2	4,882	2,441	2,36	NS		4,96 5,77
	Erreur	65	67,189	1,034				7,71 8,58
	Totaux	71	97,738					

Contrastes entre B et F: F obs. = 7,95.

Annexe 7. Tableau récapitulatif des analyses numériques

Caractère considéré		Ecart (F–R) normalisé — Moyennes (R ... F)		Estimation de la *variance* et coefficient de variation — R	B	F	Global	Effets milieu — lignes	Colon.	Effet rang
L (cm)	F1	9,69 ⊘ NS (B)10,61 >*** ⊘14,02		5,096 / 23,30	1,773 / 12,55	3,159 / 12,68	3,191 / 15,62	NS	NS	
	F2	9,63 ⊘ * NS 10,85 >*** ⊘15,10		5,210 / 23,69	1,550 / 11,48	2,665 / 10,81	2,964 / 14,51	NS	NS	
	F3	10,21 ⊘ 10,53 >*** ⊘14,98		2,912 / 16,72	2,333 / 14,50	3,589 / 12,65	2,948 / 14,42	NS	NS	
	F4	9,97 ⊘ (*) 10,96 >*** ⊘15,22		2,592 / 16,15	1,723 / 11,97	3,542 / 12,37	2,638 / 13,48	NS	NS	
$\bar{L}$ F1→F4		9,87 ⊘**(*)⊘10,74 >*** ⊘14,83		3,974 / 20,19	1,847 / 12,65	3,239 / 12,14	2,938 / 14,51	*	NS	NS
l (cm)	F1	6,23 ⊘**(*)⊘7,75 >*** ⊘12,29		2,370 / 24,70	1,124 / 13,68	2,878 / 13,81	2,103 / 16,56	NS	NS	
	F2	6,25 ⊘***⊘7,93 >*** ⊘12,98		2,434 / 24,96	0,802 / 11,29	1,731 / 10,14	1,588 / 13,92	NS	NS	
	F3	6,42 ⊘**⊘7,53 >*** ⊘12,68		1,231 / 17,28	1,052 / 13,61	1,631 / 10,07	1,311 / 12,90	NS	NS	
	F4	6,39 ⊘***⊘7,89 >*** ⊘12,60		1,383 / 18,40	0,848 / 11,67	1,979 / 11,16	1,416 / 13,28	NS	NS	
$\bar{l}$ F1→F4		6,32 ⊘>***⊘7,78 >*** ⊘12,64		1,862 / 21,58	0,958 / 12,59	2,055 / 11,34	1,606 / 14,22	*(*)	**	NS
l/L (%)	F1	64,41 ⊘ *** ⊘73,49 >*** ⊘87,92		47,08 / 10,65	60,45 / 10,58	57,41 / 8,62	55,66 / 9,91	*	NS	
	F2	64,90 ⊘ *** ⊘73,38 >*** ⊘86,43		41,91 / 9,98	28,63 / 7,29	89,53 / 10,95	54,34 / 9,84	NS	NS	
	F3	62,86 ⊘ *** ⊘72,22 >*** ⊘85,28		17,38 / 6,63	79,66 / 12,36	86,82 / 10,93	65,07 / 10,98	NS	NS	
	F4	64,24 ⊘ *** ⊘72,28 >*** ⊘83,09		38,96 / 9,72	47,25 / 9,51	23,65 / 5,85	36,18 / 8,22	NS	NS	
$\overline{l/L}$ F1→F4		64,10 ⊘>*** ⊘72,84 >*** ⊘85,68		36,29 / 9,40	54,08 / 10,10	64,35 / 9,36	52,96 / 9,81	*	NS	NS
P (cm)	T1	1,08 ⊘>***⊘1,52 >*** ⊘2,50		0,033 / 16,92	0,112 / 21,97	0,091 / 12,06	0,079 / 16,50	***	NS	
	T2	1,87 ⊘ NS ⊘1,88 *** ⊘2,35		0,146 / 20,40	0,165 / 21,63	0,081 / 12,16	0,139 / 18,33	*	NS	
Rendement (Kg)		1,853 ⊘(R) (*) ⊘2,450 (B) *(*) ⊘3,278 (F)		0,664 / 44,00	1,072 / 42,26	1,461 / 36,87	1,066 / 40,85	NS	NS	

Références bibliographiques

Ahoussou, N., Piquepaille, P., et Touré, B. (1979). Analyses biométriques concernant la variabilité potentielle, selon la nature de l'organe de multiplication végétative, chez *Dioscorea alata* L. (cv. Brazo fuerte). I – La variabilité inter-organique. *Annls Univ. Abidjan* 1979, Série c, Sciences. **15,** 107–46.

Bancilhon, L. (1969). Etude expérimentale de la morphogenèse et plus spécialement de la floraison d'un groupe de '*Phyllanthus*' (Euphorbiacées) à rameaux dimorphes. *Annls Sci. nat., Botanique* **10,** 127–224.

—— Nozeran, R., et Roux, J. (1963). Observations sur la morphogenèse de l'appareil végétatif de *Phyllanthus* herbacés. *Naturalia monspel.* **15,** 5–12.

Burkill, I. H. (1960). The organography and the evolution of *Dioscoreaceae*, the family of the yams. *J. Linn. Soc.* **56,** 319–412.

Chapman, T. (1956). Some investigations into the factors limiting yields of the white Lisbon yam (*Dioscorea alata* L.) under Trinidad conditions. *Trop. Agric. Trin.*, **42,** 145–51.

Correl, D. S., Schubert, B. G., Gentry, H. S., et Hawley, W. O. (1955). The search for plant precursors of cortisone. *Econ. Bot.* **9,** 305–75.

Coursey, D. G. (1967). *Yams.* Longmans, London.

Degras, L. M. et Mathurin, P. (1975). New results in yam multiplication. *Proc. 13th. A. Meet. Caribbean Food Crops Soc.*, Trinidad.

Ferguson, T. U. (1972). The propagation of *Dioscorea* spp. by vine cuttings: a critical review. *Trop. Root Tuber Crops Newsl.* **5,** 4–7.

—— Haynes, P. H., et Springer, B. C. F. (1969). A study of variability in yams (*Dioscorea* spp.). *Proc. 7th A. Meet. Caribbean Food Crops Soc.*, Martinique, Guadeloupe, pp. 50–8.

Goebel, K. (1908). *Einleitung in die experimentelle Morphologie der Pflanzen.* Teubner, Ed., Berlin-Leipzig.

Hawley, W. O. (1956). Note sur l'utilisation des *Dioscorea* comme plantes ornementales. (cité par Ferguson T. U., 1972).

Irving, H. (1956). Fertilizer experiments with yams in Eastern Nigeria 1947–1951. *Trop. Agric. Trin.* **33,** 67–78.

Kasasian, L. et Seeyave, J. (1967). Weed control in root crops grown in the West Indies. *Proc. 1st Int. Symp. Trop. Root Crops, Trinidad* **2**(4), 20–5.

Kinman, C. F. (1921). *Yam culture in Puerto-Rico.* No. 27. Agriculture Experimental Station, Puerto-Rico.

Knuth, R. (1924). *Dioscoreaceae,* in Engler. *Das Pflanzenreich* **87** (IV,43), 387 p. (d'après Coursey D. G., 1967).

Martin, F. W. et Delpin, H. (1969). Technics and problems in the propagation of sapogenin-bearing yams from stem cuttings. *J. Agric. Univ. P. Rico* **53,** 191–8.

Massart, J. (1924). La coopération et le conflit des réflexes qui déterminent la forme du corps chez *Araucaria excelsa* R. Br. *Mém. Acad. r. Belg. cl. Sci.* **5.,** 1–33.

Mathurin, P. et Degras, L. M. (1974). Effects of division levels of seed tubers on yams (*D. alata, D. trifida*). Germination and yield. *Proc. 12th. A. Meet. Caribbean Food Crops Soc.*, Jamaica, 52–6.

Miège, J. (1957). Influence de quelques caractères des tubercules semences sur la levée et le rendement des ignames cultivées. *J. Agric. trop. Bot. appl.* **4,** 316–42.

Njoku, E. (1963). The propagation of yams (*Dioscorea* spp.) by vine cuttings. *Jl. W. Afr. Sci. Ass.* **8,** 29–32.

Nozeran, R. (1978a). Polymorphisme des individus issus de la multiplication végétative des végétaux supérieurs, avec conservation du potentiel génétique. *Physiol. vég.* **16,** 177–94.

—— (1978b). Réflexions sur les enchaînements de fonctionnements au cours du cycle des végétaux supérieurs. *Bull. Soc. bot. Fr.* **125,** 263–80.

Pernes, J. et Combes, D. (1970). Différenciation des populations naturelles du *Panicum maximum* Jacq. en Côte-d'Ivoire par acquisition de modifications transmissibles, les unes par graines apomictiques, d'autres par multiplication végétative. *C.r. hebd. Séanc. Acad. Sci., Paris* **270,** 1992–5.

Piquepaille, P., Ahoussou, N., et Touré, B. (1979). Analyses biométriques concernant la variabilité potentielle, selon la nature de l'organe de multiplication végétative, chez *Dioscorea alata* L. (cv. Brazo fuerte). II – La variabilité intra-organique. A paraître in *Annls Univ. Abidjan*, Série c, Sciences.

Preston, W. M. Jr. et Haun, J. R. (1962). Factors involved in the vegetative propagation of *Dioscorea spiculiflora* Hemsl. from vines. *Proc. Am. Soc. hort. Sci.* **80,** 417–29.

10 Croissance et tubérisation chez quatre cultivars du complexe *Dioscorea cayenensis–D. rotundata*

M.-F. TROUSLOT

Résumé

L'analyse individuelle de la croissance des axes aériens et du tubercule, de quatre cultivars du complexe *Dioscorea cayenensis – D. rotundata* multipliés à la mi-avril par fragments de tubercule dépourvus de bourgeons, montre une croissance aérienne essentiellement linéaire, une croissance en longueur du tubercule selon le modèle de Gompertz, un schéma corrélatif identique qui précise la place de l'étape de la morphogenèse du tubercule dans le cycle au champ.

L'initiation visuelle de la tubérisation, appelée 'éclatement du suber', coïncide avec le démarrage de la phase linéaire de croissance axiale et l'atteinte du stade adulte d'une feuille (fonction du génome) de l'axe principal; cette dernière observation met en évidence un repère aérien utilisable sur le terrain.

Il reste à déterminer si ce schéma est valable pour des cycles obtenus par d'autres modes de propagation et pour différentes dates de plantation.

Summary

The individual growth analysis of the aerial axes and the tuber of four cultivars of the *Dioscorea cayenensis – D. rotundata* complex, obtained by multiplication in mid-April using budless tuber pieces, shows an essentially linear aerial growth, a growth in length of the tuber according to the Gompertz model, and an identical correlative diagram which indicates the position of the morphogenesis of the tuber in the cycle in the field.

The visual initiation of the tuberization, called 'suber bursting', coincides with the start of the axial growth linear phase, and the obtainment of the adult size of a leaf (dependent on genom) on the principal axis; this last observation brings to light an aerial reference mark which can be used in the field.

Further study is necessary to determine if this diagram is valid for cycles obtained by other propagation procedures and for different planting dates.

Introduction

Les relations entre croissance et tubérisation, facteur impliqué dans la mise en place de la tubérisation ou de la productivité, sont de type antagonisme ou compatibilité. Lorsque le lieu de formation du tubercule est un apex d'axe souterrain, la tubérisation ne peut s'installer tant que la croissance du stolon n'est pas ralentie. La croissance axiale des stolons et des tiges aériennes s'arrête au moment de l'initiation de la tubérisation, dans certains cas mis en évidence par Madec et Perennec (1962), Madec (1966) chez la pomme de terre et par Courduroux (1966; 1967) chez le topinambour; cependant, lorsque le tubercule-mère, par son degré d'incubation, agit dans l'induction de la tubérisation, cette corrélation entre axes peut disparaître, tubérisation et croissance aérienne s'observant alors simultanément (Madec et Perennec 1962). Dans le cas des racines tubérisées de betterave sucrière (Milford 1973), manioc (Williams 1974), patate douce (Lowe et Wilson 1974), la tubérisation apparaît plus ou moins tôt au cours de la croissance aérienne (Loomis et Rapoport 1976).

Les travaux parus sur les analyses de croissance de *Dioscorea alata* (James 1953; Campbell, Chukwueke, Teriba, et Ho-A-Shu 1962), *Dioscorea rotundata* (Sobulo 1972), indiquent une initiation précoce du tubercule, un mois après la levée et quatre à cinq mois avant l'arrêt de l'augmentation du poids des tiges chez *Dioscorea alata*.

Notre étude se propose de préciser la place de l'étape de la morphogenèse du tubercule dans le cycle végétatif du complexe *Dioscorea cayenensis – D. rotundata* (Ayensu et Coursey 1972; Martin et Rhodes 1978; Miège 1978) et d'établir les relations entre vitesses de croissance des axes et de l'appareil foliaire, et dynamique du développement du tubercule, lorsque plusieurs cultivars de cette igname alimentaire ouest-africaine sont cultivés en Basse Côte d'Ivoire selon la pratique agricole courante.

Deux questions se posent:
(1) le schéma corrélatif de la croissance et de la tubérisation se révèlera-t-il identique chez les cultivars?
(2) un repère aérien du premier signe visible de la tubérisation sera-t-il décelable?

Matériel et méthodes

Matériel

Nous avons utilisé des clones obtenus à partir de quatre cultivars locaux, dont deux, Lokpa et Krenglé, sont considérés comme types d'un groupe de variétés (Miège 1952*b*): cultivar Lokpa, précoce à deux récoltes et à chair blanche, cultivars Gnan et Krenglé, semi-précoces à une récolte et à chair respectivement blanche ou blanc crème, cultivar sp Douce, précoce à une récolte et à chair jaunâtre.

Les tubercules-mères, récoltés chaque année à Adiopodoumé fin décembre, puis stockés sous abri grillagé, étaient non dormants le jour de plantation de la mi-avril, si l'on considère que le débourrement du (des) bourgeon (s) placé (s) à la tête du tubercule traduit bien la levée de dormance, observée début février, dix février, en mars, fin mars respectivement pour Lokpa, sp Douce, Gnan, Krenglé.

Mode et conditions de culture

La fragmentation du tubercule-mère, pratiquée selon la technique agricole, a lieu le jour de la plantation, 19 avril 1975, 23 avril 1976, 15 avril 1977. Les fragments, dépourvus de bourgeons, sont plantés en terre de forêt dans des bacs à porte amovible, sur champ. Racines et tubercule croissent dans un compartiment limité par une cloison en polyéthylène.

Les bacs ne sont qu'exceptionnellement arrosés pendant la petite saison sèche d'août-septembre, qui, sous le climat de type subéquatorial humide d'Adiopodoumé, s'intercale entre les deux saisons pluvieuses d'avril à fin juillet et d'octobre-novembre. Les relevés climatologiques pendant les périodes culturales sont consignés dans le Tableau 10.1.

Tableau 10.1. Relevés climatologiques mensuels à Adiopodoumé (5° 19′ lat. N, alt. 29 m). Données du Laboratoire de Bioclimatologie ORSTOM Adiopodoumé

	Pluie (mm)			Températures moyennes (°C)			Déficits hydriques (mm)					
	1975	1976	1977	1975	1976	1977	1975		1976		1977	
							D	D-Ro	D	D-Ro	D	D-Ro
Avril	194	154	100	27	27	28	<0	<0	<0	<0	<0	<0
Mai	202	430	195	27	26	27	<0	<0	<0	<0	<0	<0
Juin	329	1260	375	26	25	26	<0	<0	<0	<0	<0	<0
Juillet	172	136	62	25	24	25	<0	<0	<0	<0	18	<0
Août	61	28	17	24	24	24	12	<0	52	<0	76	<0
Septembre	54	2	97	25	25	25	37	<0	79	31	<0	<0
Octobre	84	19	145	26	25	26	39	<0	66	66	<0	<0
Novembre	112	58	146	26	26	27	19	<0	60	60	<0	<0

Les critères de croissance

Sur un individu on mesure, tous les huit ou dix jours, la longueur des axes, la longueur du tubercule et son diamètre au niveau de traits horizontaux tracés au Tech-Pen-Ink tous les deux centimètres à partir du pôle proximal, le tubercule étant dégagé avec soin par un filet d'eau.

La croissance foliaire est mesurée par l'évolution des dimensions de la feuille: L (longueur) + l (largeur) + p (longueur du pétiole).

Des courbes individuelles sont établies pour 15 à 25 plantes par cultivar.

Aspect morphologique du premier signe visible de la tubérisation

En multiplication végétative, 'les tubercules de Dioscorées sont des racines tubérisées invariablement formées à partir d'un prétubercule, bourgeon complexe, dont la moitié supérieure est constituée d'écailles foliaires abritant apex et bourgeons latéraux, la moitié inférieure étant rhizogène' (Miège 1952a); ce prétubercule, nommé 'primary nodal complex' par Ferguson (1972), devient la tête du tubercule.

Dans le cas le plus simple où un seul bourgeon se différencie sur le massif néoformé, nous appelons premier signe visible de la tubérisation un 'éclatement du suber' de revêtement du massif (Fig. 10.1(a)). Le(s) jour(s) suivant(s), l'éclatement se propage au fur et à mesure qu'une prolifération du tissu sous-jacent s'intensifie (Fig. 10.1(b) et (c)); une forme de tubercule n'apparaît que 8, 15, 20 jours après la date d'éclatement (Fig. 10.1(d)).

Si le massif est couronné par un ensemble de bourgeons adventifs, visuellement indépendants et dont l'un prend la préséance engendrant la liane, 'l'éclatement' s'observe près de la base de la tige et en tout autre point du massif; tous les bourgeons inhibés se retrouvent à la tête du tubercule à la récolte.

Résultats

Les courbes individuelles, établies en portant sur un graphique les longueurs des axes et du tubercule, en fonction du temps, montrent toutes respectivement une allure identique, et des variations quantitatives non négligeables s'observent entre individus. Aussi, il a été choisi de présenter, pour chaque cultivar, les courbes de croissance d'un individu, les valeurs limites et les durées des phases de la croissance des autres leur sont comparées dans les Tableaux 10.2 à 10.9.

La croissance axiale aérienne

Pour une plantation de la mi-avril, la croissance aérienne débute de la mi-mai à la mi-juin et se poursuit pendant les mois pluvieux ou non déficitaires en eau de juin–juillet–août.

Le point y_0 traduit une longueur nulle des axes aériens, l'allongement des entrenoeuds souterrains n'ayant pas été observé; sur l'axe des abscisses, il correspond à la date d'apparition de la tige sur le sol, appelée levée au champ par les praticiens.

L'allure des courbes de la croissance globale des axes (axe principal + ramifications de premier et deuxième ordre végétatifs et florifères) est celle d'une sigmoïde à trois phases, où le point d'arrêt de la phase linéaire dominante se situe au moment où la longueur maximale de la liane est quasiment atteinte; la croissance des axes florifères occupe la partie supérieure de la courbe (Figs. 10.2; 10.3; 10.4; 10.5).

Une courbe de même type caractérise la croissance globale des axillaires. Par contre, la longueur de l'axe principal évolue selon une courbe irrégulière où les faibles fluctuations de la vitesse de croissance permettent rarement d'ordonner trois points expérimentaux sur une droite.

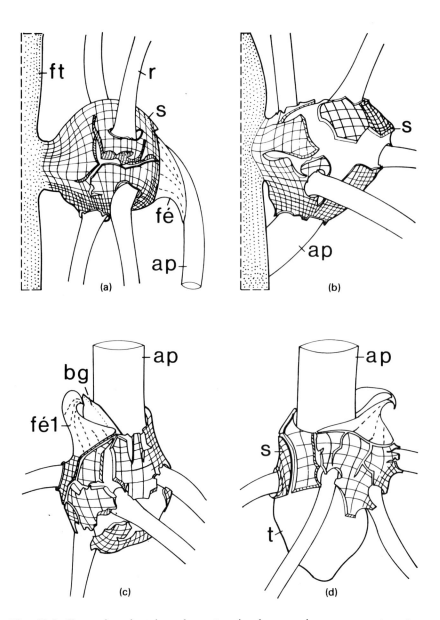

Fig. 10.1. Formation du tubercule souterrain chez une igname, appartenant au complexe *Dioscorea cayenensis – D. rotundata*, multipliée par fragment de tubercule. (a) (vu en dessous): stade 'éclatement du suber'; (b) (dessous) et (c) (de face): stade 'éclatement + prolifération'; (d) (de face): tubercule. ap axe principal; bg bourgeon axillaire; fé feuille-écaille; ft fragment du tubercule-mère; r racine; s suber de revêtement; t tubercule.

Tableau 10.2. cv. Lokpa   Valeurs individuelles finales des critères de croissance et de la phase linéaire de la croissance axiale. Date de plantation: 15 avril 1977

N^{os}	Longueur des axes en m	Longueur de l'axe principal en m	Equation de la phase linéaire de croissance axiale A en m + (v) (n jours)	Vitesse moyenne de cr. de l'axe principal en cm/j	Nombre total de feuilles	Nombre de feuilles de l'axe principal	Longueur du tubercule en cm	Poids du tubercule en g
41	22,9	6,1	3,8 + 0,46 × 40	8	490	86	35,8	1600
42	21,6	5,2	3,0 + 0,33 × 51	6	518	90	35,6 + 17	1845
43	13,8	3,6	3,3 + 0,25 × 39	4	367	72	37	1010
44	24,6	5,5	5,5 + 0,44 × 43	9	540	68	35,4	1500
45	26,6	6,8	5,7 + 0,44 × 48	9	554	82	38,8	1650
46	30,1	3,1c	4,7 + 0,59 × 37		571			
47	39,5	5,8	5,2 + 0,75 × 37	9	782	72	32,2	1555
48	28,9	2,5c	4,6 + 0,58 × 37	10	645	38c	25,4	1470
49	29,7	5,2	6,4 + 0,62 × 38	8	608	70	22,6	1215
50	19,3	4,5	4,0 + 0,34 × 41	7	426	71	31,6	1400
51	47,4	4,7	6,9 + 1,09 × 35	9	1041			
52	33,9	5,0	8,7 + 0,76 × 33	11	685	53	33,1	1420
53	22,4	5,1	6,3 + 0,48 × 33	13	474	60	24,2	1030
54	35,1	6,3	6,0 + 0,82 × 31	9	694	82	22,7 + 18	1400
55	40,8	7,6	6,3 + 0,92 × 32	6	766	84	16,3	910
57	31,2	6,0	4,4 + 0,57 × 40	8	640	77	33,7	1585
58	42,4	7,6	9,4 + 0,96 × 33	10	868	94	35,2	1750
59	34,2	1,9c	4,7 + 0,63 × 38		699		39,2	1730
60	32,9	7,3	7,8 + 0,67 × 29	9	702	86	32,3	1450
m	30,4	5,8	5,6	9	635	76	31,2	1442
et	8,6	1,2	1,7	2	161	11	6,6	267
cv	28%	20%	30%	3%	25%	15%	21%	19%

m moyenne   et écart type   cv coefficient de variation   c axe principal coupé

Tableau 10.3. cv. Gnan   Valeurs individuelles finales des critères de croissance et de la phase linéaire de la croissance axiale. Date de plantation: 15 avril 1977

Nos	Longueur des axes en m	Longueur de l'axe principal en m	Equation de la phase linéaire de croissance axiale A en m + (v) (n jours)	Vitesse moyenne de cr. de l'axe principal en cm/j	Nombre total de feuilles	Nombre de feuilles de l'axe principal	Longueur du tubercule en cm	Poids du tubercule en g
21	16,4	0,8c	3,8 + 0,46 × 23		616		30,0	750
22	28,0	1,4c	4,1 + 0,60 × 37		1086		27,3	1230
23	32,5	2,8	5,4 + 0,69 × 38	6	1084	52	33,4	850
25	25,9	2,4	7,2 + 0,67 × 28	5	995	58	21,8 + 20	
26	13,8	2,0c			523		27,8	620
27	21,7	3,3c	7,0 + 0,39 × 37	1	743		21,6 + 18	1000
28	18,8	1,9	5,5 + 0,41 × 30		684	52	21,8	560
29	18,5	1,8c	3,2 + 0,32 × 49	8	701		33,7	660
30	18,0	2,1	8,3 + 0,32 × 27		703	51	30,4	690
33	18,5	2,2c	8,5 + 0,37 × 30		762		39,7	840
35	29,0	3,9	4,3 + 0,57 × 41	5	936	92	25,7 + 24,5	1520
36	33,9	4,3	7,2 + 0,82 × 30	8	967	59	28,3	1330
37	25,4	3,7	5,5 + 0,54 × 27	6	939	73	36,0	1500
38	33,1	4,0	5,5 + 0,62 × 41	5	1149	85	31,6	1320
39	34,1	3,6	8,5 + 0,71 × 32	7	886	76	30,7	1380
40	29,1	2,9c	6,6 + 0,63 × 41		738		34,4	1320
m	24,8	3,2	6,0	6	844	66	29,6	1038
et	6,9	0,9	1,7	2	185	15	5,3	345
cv	28%	28%	29%	37%	22%	23%	18%	33%

m moyenne   et écart type   cv coefficient de variation   c axe principal coupé

Tableau 10.4. cv. sp Douce   Valeurs individuelles finales des critères de croissance et de la phase linéaire de la croissance axiale. Date de plantation: 19 avril 1975

Nos	Longueur des axes en m	Longueur de l'axe principal en m	Longueur des axes florifères en m	Equation de la phase linéaire de croissance axiale A en m + (v) (n jours)	Vitesse moyenne de cr. de l'axe principal en cm/j	Nombre total de feuilles	Nombre de feuilles de l'axe principal	Nombre d'épis (♂)	Longueur du tubercule en cm
10	34,3	5,2	4,9	7,0 + 0,88 × 23	7	696	89	407	35,0
11	21,6	1,7c	3,7	4,0 + 0,53 × 29		385		313	33,5
13	26,4	2,2c	4,5	4,3 + 0,56 × 36		591		305	33,2
15	23,2	2,5c	3,5	4,2 + 0,51 × 36		535		221	35,5
18	28,0	5,5	5,4	7,6 + 0,68 × 29	10	599	94	426	40,5
33	30,9	2,6c	8,6	4,5 + 0,52 × 50		910		343	44,0
34	30,2	2,7c	7,5	5,0 + 0,59 × 36		806		426	45,0
35	25,9	3,5c	4,8	5,0 + 0,50 × 29		700		375	39,0
40	23,3	5,9	3,0	4,0 + 0,45 × 36	11	560	106	252	36,0
41	29,4	5,3	4,3	5,4 + 0,62 × 36	11	692	78	428	43,0
42	34,5	3,8c	8,0	3,6 + 0,75 × 36		663		607	42,5
43	28,4	2,8c	3,5	5,0 + 0,61 × 36		633		285	43,0
44	26,0	6,4	5,1	4,1 + 0,54 × 36	11	526	109	422	38,2
45	33,0	5,3	3,6	6,0 + 0,82 × 29	8	741	99	346	39,4
46	22,4	5,1c	2,4	4,3 + 0,68 × 23	10	503		190	46,5
m	27,8	5,6	4,9	4,9	10	636	96	356	39,6
et	4,3	0,5	1,9	1,2	2	131	11	104	4,3
cv	15%	8%	38%	24%	17%	21%	12%	29%	11%

m moyenne   et écart type   cv coefficient de variation   c axe principal coupé

Tableau 10.5. cv. Krenglé   Valeurs moyennes finales des critères de croissance. Nombre de plantes: 25; date de plantation: 23 avril 1976

	Longueur des axes en m	Longueur de l'axe principal en m	Vitesse moyenne de cr. de l'axe principal en cm/j	Nombre total de feuilles	Nombre de feuilles de l'axe principal	Longueur du tubercule en cm
m	10,8	3,2	4	411	80	18,5
et	2,9	1,0	1	113	7	3,9
cv	27%	32%	23%	27%	9%	21%

m moyenne   et écart type   cv coefficient de variation

Pendant les premiers jours de la phase accélérée seule la tige principale croît; puis les bourgeons axillaires se développent, avec des vitesses faibles mais en constante augmentation, la vitesse initiale de l'axe principal variant peu. La phase accélérée cesse lorsque les axillaires de premier ordre entrent en croissance linéaire.

La majorité des courbes individuelles d'un cultivar révèlent une durée de croissance accélérée identique à celle des exemples fournis (Tableaux 10.6 à 10.10): 25 jours chez le cultivar Lokpa, 30 jours pour le cultivar Gnan, 21 jours chez le cultivar sp Douce; le cultivar Krenglé possède des périodes hétérogènes.

La cinétique globale de la phase linéaire est sensiblement égale à celle de l'ensemble des ramifications. Chaque individu possède des paramètres cinétiques qui lui sont propres (Tableaux 10.2 à 10.4). Cependant, la figure 10.6 montre que la plupart des plantes de trois cultivars sont caractérisées par une vitesse constante de 40 à 70 centimètres par jour durant 30 à 40 jours, par opposition au cultivar Krenglé dont la vitesse de 10 à 25 centimètres par jour se maintient pendant des temps très variables. Le coefficient de corrélation négatif devient significatif chez les deux cultivars où les courbes individuelles s'écartent peu du tracé type.

Pendant la phase de ralentissement qui dure de sept à quinze jours, les axes florifères poursuivent leur développement.

La croissance du tubercule

INITIATION   Les cultures mises en place à la mi-avril, tubérisent généralement de la mi-juin à la fin du mois de juillet.

L'observation correcte du premier signe visible de la tubérisation n'a été effectuée que sur les cultivars Lokpa et Gnan. Le point y_0 des courbes d'allongement du tubercule des figures 10.2 et 10.3 correspond à la date 'd'éclatement du suber': le 23 juin chez le cultivar Lokpa, soit 25 jours après l'apparition de la tige sur le sol, et le 28 juin chez le cultivar Gnan soit 28

Tableau 10.6. cv. Lokpa   Durées des étapes de la morphogenèse au cours du cycle végétatif au champ. Durées exprimées en jours. Date de plantation: 15 avril 1977

N^os	Morphogenèse de la liane								Morphogenèse du tubercule				Durée du cycle au champ 1 + 2 + 3
	1 bg + cs	2 Croissance aérienne axiale					3 Adulte + sénesc	2 + 3	frag. à éclt.	levée à éclt.	A	G	
		cac	cl	cr	cac + cl + cr = 2	2 non flor.							
52	35	28	33	0	61	68	112	173	56	21	142	152	208
45	32	31	48	0	79	65	123	202	56	24	153	167	223
41	39	25	40	11	76	65	93	169	64	25	133	144	208
57	44	25	40	16	81		100	181	69	25	139	156	225
47	21	25	37	15	77	70	110	187	46	25	151	162	208
48	21	25	37	15	77	68	105	182	46	25	146	157	203
51	28	25	35	8	68	72			53	25			
53	39	25	33	14	72	70	97	169	64	25	144	144	
46	28	18	37	15	70	70			60	32			
60	32	30	29	18	77	77	99	176	57	25	130	151	208
55	37	26	32	15	73	73	98	171	63	26	117	145	208
54	32	27	31	15	73	73	98	171	59	27	144	144	203
44	29	27	43	0	70	70	110	180	56	27	142	153	209
49	32	27	38	0	65		100	165	59	27	129	138	197
50	39	31	41	12	84		85	169	66	27	131	142	208
43	42	31	39	11	81		82	163	69	27	119	139	208
59	29	28	38	15	81	75	99	180	57	28	142	152	209
58	48	45	33	9	87	69	94	181	77	29	131	154	229
42	32	34	51	8	93		85	178	66	34	133	144	210
Écart	27	27	22	18	32	12	41	39	31	13	36	29	32
Durée la plus fréquente	32	25	37	15	77	70	99	176	57	25	142	151	208
	1 mois				2 mois 1/2		3 mois 1/2	6 mois	1 mois 1/2			5 mois	7 mois
m	34	28	38	10	76	70	99	176	60	27	137	150	210
et	7	5	6	6	8	4	11	9	8	3	10	8	8
cv	21%	19%	15%	60%	10%	5%	11%	5%	13%	11%	7%	5%	4%

bg + cs néoformation des bourgeons + croissance axiale souterraine; cac croissance axiale accélérée; cl croissance linéaire; cr croissance ralentie; A allongement du tubercule; G grossissement; m moyenne; et écart type; cv coefficient de variation.

Tableau 10.7. cv. Gnan   Durées des étapes de la morphogénèse au cours du cycle végétatif au champ. Durées exprimées en jours. Date de plantation: 15 avril 1977

| Nᵒˢ | Morphogénèse de la liane | | | | | | | | Morphogénèse du tubercule | | | Durée du cycle au champ 1 + 2 + 3 |
| | 1 bg + cs | 2 Croissance aérienne axiale | | | | | 3 Adulte + sénesc | 2 + 3 | frag. à éclt. | levée à éclt. | G | |
		cac	cl	cr	cac + cl + cr = 2	2 non flor.						
29	47	19	49	12	80	54	80	160	67	20	140	207
30	49	53	27	0	80	53	80	160	68	19	141	208
33	46	56	30	0	86	62	105	191	68	22	169	237
35	49	27	41	15	83	54	102	185	73	24	162	234
28	49	53	30	8	91	83	94	185	76	27	153	234
37	40	36	27	15	78	56	90	168	67	27	90	208
38	46	30	41	13	84	57	90	174	74	28	146	220
40	46	30	41	0	71	56	136	207	74	28	178	253
27	39	28	37	0	65	49	120	185	67	28	157	224
23	39	28	38	0	66	50	115	181	67	28	153	220
21	39	29	23	14	66	50	87	153	68	29	124	192
22	38	30	37	0	67	51	87	154	68	30	124	192
36	71	31	30	18	79	55	70	149	101	30	95	220
39	55	41	32	8	81	62	105	186	88	33	154	241
25	88	52	28	0	80	62	84	164	123	35	129	252
Écart	50	37	26	18	26	34	66	58	56	16	88	61
Durée la plus fréquente	46 1 mois 1/2	28	38	0 14	66 80 2 mois 1/2	54	90 105 3 mois 3 m 1/2	185 6 mois	67 2 mois 1/3	28	153 5 mois	208 235 7 mois 7 m 1/2
m	49	36	34	7	77	57	96	173	77	27	141	223
et	14	12	7	7	8	8	18	17	16	4	25	19
cv	28%	33%	21%	100%	11%	15%	18%	10%	21%	16%	18%	9%

bg + cs néoformation des bourgeons + croissance axiale souterraine; cac croissance accélérée; cl croissance linéaire; cr croissance ralentie; A allongement du tubercule; G grossissement; m moyenne; et écart type; cv coefficient de variation.

Tableau 10.8. cv. sp Douce Durées des étapes de la morphogenèse au cours du cycle végétatif au champ. Durées exprimées en jours. Date de plantation: 19 avril 1975

N^os	Morphogenèse de la liane								Morphogenèse du tubercule				Durée du cycle au champ 1 + 2 + 3
	1 bg + cs	2 Croissance aérienne axiale					3 Adulte + sénesc	2 + 3	frag. à tub. 0,1 à 1,0 cm	levée à tub. 0,1 à 1,0 cm	A	G	
		cac	cl	cr	cac + cl + cr = 2	2 non flor.							
42,43	34	19	36	7	62		121	183	69	35	125	150	217
46	34	19	23	13	55		128	183	69	35	125	150	217
10	34	19	23	13	55		103	158	69	35	84	123	192
15	34	19	36	0	55		128	183	69	35	125	150	217
45	34	19	29	7	55		128	183	69	35	150	150	217
44	34	19	36	7	62	≈50	122	184	75	41	77	142	218
13	34	19	36	7	62		95	157	75	41	93	119	191
40	39	21	36	15	72		106	178	75	36	77	142	217
41,34	39	21	36	15	72		106	178	75	36	117	142	217
33	39	21	50	0	71		106	177	75	36	117	141	216
35	34	26	29	22	77		106	183	82	48	110	135	217
11	34	26	29	7	62		121	183	75	41	117	142	217
18	34	26	29	7	62		121	183	69	35	125	150	217
Écart	5	7	27	22	21	8	33	25	13	13	66	27	25
Durée la plus fréquente	34	19	36	7	62	50	121	183	69	35	125	150	217
	1 mois				2 mois		4 mois	6 mois	2 mois 1/3	1 mois		5 mois	7 mois
m	35	21	33	9	64	50	115	178	73	37	112	142	214
et	2	3	7	6	7		11	9	4	4	21	10	9
cv	7%	13%	20%	66%	11%		9%	5%	5%	10%	18%	7%	4%

bg + cs néoformation des bourgeons + croissance axiale souterraine; cac croissance axiale accélérée; cl croissance linéaire; cr croissance ralentie; A allongement du tubercule; G grossissement; m moyenne; et écart type; cv coefficient de variation.

Tableau 10.9. cv. Krenglé   Durées des étapes de la morphogenèse au cours du cycle végétatif au champ. Durées exprimées en jours. Date de plantation: 25 avril 1976. Nombre de plantes: 25

| | Morphogenèse de la liane | | | Morphogenèse du tubercule | | | | Durée du cycle au champ |
	1 bg + cs	2 ca ax	2 + (3 = adulte + sénesc)	frag. à tub. de 1 à 2 cm	levée à tub. de 1 à 2 cm	A	G	1 + 2 + 3
Ecart	14	28	25	21	35	26	38	17
Durée la plus fréquente	46	84	153	89	51	83	110	199
	1 mois 1/2	2 mois 2/3	5 mois	3 mois	1 mois 2/3		3 mois 2/3	6 mois 2/3
m	44	89	153	96	52	76	103	197
et	5	8	7	10	11	10	11	6
cv	12%	9%	5%	10%	21%	13%	11%	5%

bg + cs néoformation des bourgeons + croissance axiale souterraine; ca ax croissance axiale aérienne; A allongement du tubercule; G grossissement; m moyenne; et écart type; cv coefficient de variation.

jours après la levée. Cette période, comprise entre la levée au champ et l'initiation visuelle de la tubérisation, a une durée sensiblement identique chez les individus d'un cultivar: 25 à 29 jours pour 15 plantes sur 19 chez le cultivar Lokpa, 27 à 30 jours chez le cultivar Gnan pour 9 plantes sur 15 (Tableaux 10.6 et 10.7).

Chez le cultivar sp Douce (Fig. 10.4, Tableau 10.8), un tubercule de 0,1 à 1 centimètre de long est perceptible 35 jours après la levée chez 11 plantes sur 15; des observations renouvelées en 1977 sur quelques échantillons situent le stade 'éclatement du suber' au 20ème–25ème jour après la levée.

Chez le cultivar Krenglé, on a pu observer un tubercule de un à deux centimètres de long 40 à 70 jours après l'apparition de la tige sur le sol (Tableau 10.9).

MODE DE CROISSANCE   La zone d'allongement subapical (Miège 1957; Ferguson 1973) est localisée dans les 15 à 20 mm apicaux de la partie distale du tubercule (Fig. 10.7(a) et (b)).

La croissance en longueur cesse le plus souvent au cours du stade avancé de la sénescence, le grossissement se poursuivant jusqu'au dessèchement total des feuilles (Tableaux 10.6 à 10.9; James 1953).

Le diamètre au niveau d'un repère peut s'accroître pendant 45 jours, si bien qu'un gradient dans l'acquisition de la taille adulte s'observe le long du tubercule, les parties proximales les plus âgées parvenant plus tôt à leurs dimensions définitives (Fig. 10.7(d)). Cependant, un arrêt ou un ralentissement précoce de l'allongement peut être compensé par une reprise généralisée d'accroissement du diamètre (Fig. 10.7(c)).

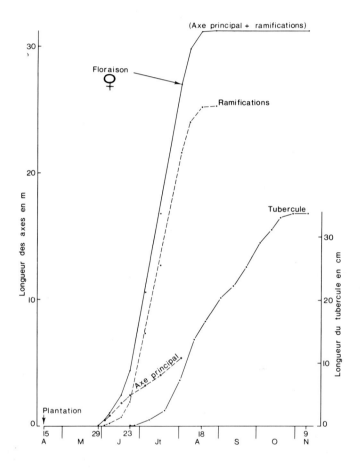

Fig. 10.2. Courbes de croissance des axes aériens et du tubercule d'une plante du cultivar Lokpa. Date de plantation du fragment de tubercule-mère: 15 avril. Date d'observation du stade 'éclatement du suber': 23 juin.

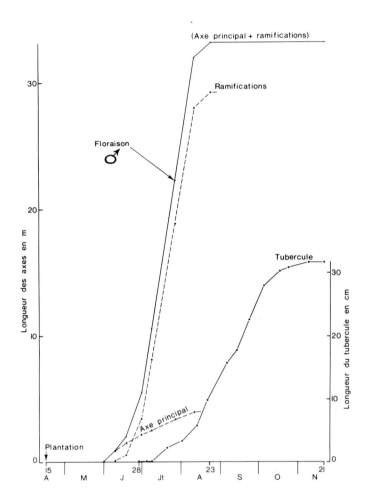

Fig. 10.3. Courbes de croissance des axes aériens et du tubercule d'une plante du cultivar Gnan. Date de plantation du fragment de tubercule-mère: 15 avril. Date d'observation du stade 'éclatement du suber': 28 juin.

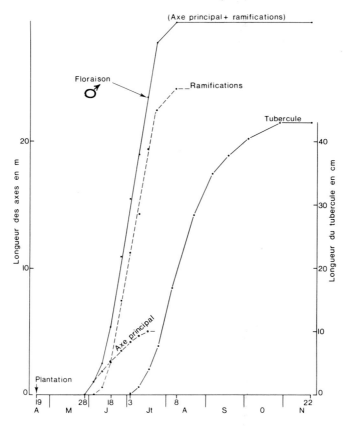

Fig. 10.4. Courbes de croissance des axes aériens et du tubercule d'une plante du cultivar sp Douce. Date de plantation du fragment de tubercule-mère: 19 avril.

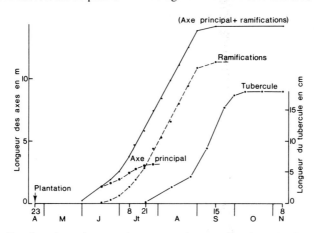

Fig. 10.5. Courbes de croissance des axes aériens et du tubercule d'une plante du cultivar Krenglé. Date de plantation du fragment de tubercule-mère: 23 avril.

Tableau 10.10. Durées en jours (= D) de la phase accélérée de la croissance axiale aérienne

Cvs	D les plus fréquentes	D marginales
Lokpa	{25,31} pour 16/19 individus	Tableau 10.6
Gnan	{28,30} pour 8/15 individus	Tableau 10.7
sp Douce	{19,21} pour 12/15 individus	Tableau 10.8
Krenglé		14 pour 7/25 individus
		21 pour 7/25 individus
		28 pour 2/25 individus
		38 pour 6/25 individus
		63 pour 2/25 individus

ANALYSE DES COURBES DE CROISSANCE EN LONGUEUR   Les premières analyses, effectuées par Lioret, sur les tubercules du clone sp Douce et de quelques individus des cultivars Lokpa et Gnan, montrent que la croissance en longueur du tubercule suit la loi de Gompertz.

L'allure des courbes est celle d'une sigmoïde asymétrique avec un point d'inflexion se situant nettement antérieurement au moment où la moitié de la dimension maximale est atteinte. La phase de ralentissement de la croissance est dominante.

Selon le modèle de Gompertz, la taille finale y_M est définie à partir de la taille initiale y_0 par la relation:

$$y_M = y_0 \, e^{\mu_0/k}$$

μ_0 étant le taux de croissance au temps initial $t_0 = 0$, k le taux de décroissance de μ_j.

Chez le clone sp Douce, les longueurs y_M (moyenne = 396 mm, écart type = 43, coefficient de variation = 11%) des différents individus sont voisines, bien que les constantes k (moyenne = 0,048, écart type = 0,006, coefficient de variation = 12%) soient différentes. Si l'on considère que y_0 diffère peu selon les individus, la faible variabilité constatée pour y_M implique que le rapport $\mu_0/k = \alpha$ est une constante propre au clone. La constance du paramètre α (moyenne = 6,69, écart type = 0,085, coefficient de variation = 1,3%) laisse supposer qu'un déterminisme génétique impose la longueur finale.

Les relations croissance aérienne – croissance du tubercule

La méthode et les critères de croissance utilisés n'avaient pas pour but de mettre en évidence des relations quantitatives entre dimensions finales de la liane et du tubercule. Les diagrammes de dispersion révèlent d'ailleurs des valeurs de coefficient de corrélation le plus souvent proches de 0 (Fig. 10.8).

RELATIONS DÉFINIES PAR LA SUCCESSION DANS LE TEMPS DES ÉTAPES DE LA MORPHOGENÈSE   Les changements morpho-cinétiques mis en évidence

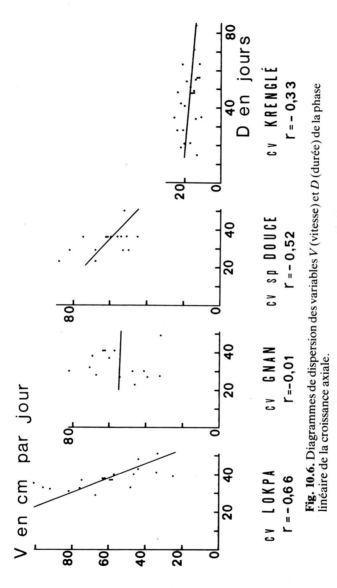

Fig. 10.6. Diagrammes de dispersion des variables *V* (vitesse) et *D* (durée) de la phase linéaire de la croissance axiale.

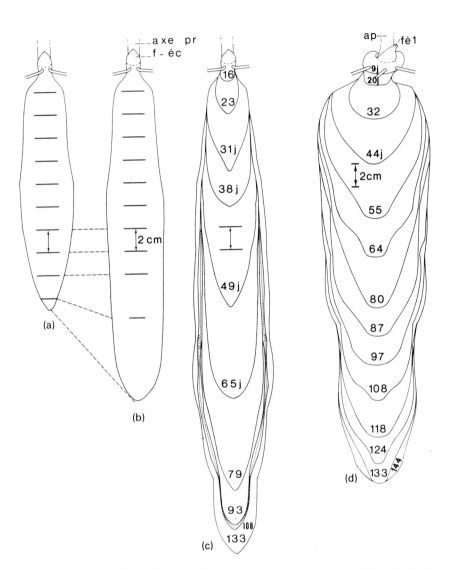

Fig. 10.7. Evolution des dimensions du tubercule souterrain au cours de la période de sa morphogenèse, chez deux cultivars du complexe *Dioscorea cayenensis – D. rotundata.*
(a), (b), (c) un tubercule du cultivar sp Douce; (d) un tubercule du cultivar Lokpa.

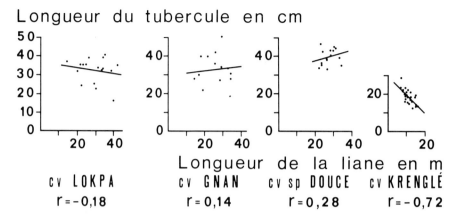

Fig. 10.8. Diagrammes de dispersion des valeurs de la longueur, en cm, du tubercule et de la longueur, en m, de la liane.

par le tracé des courbes, nous permettent d'énoncer, pour chaque individu, les durées des étapes successives de la morphogenèse au cours du cycle au champ (Tableaux 10.6 à 10.9); les durées les plus fréquemment observées sont considérées comme durées-types pour un cultivar donné.

On constate (Tableaux 10.6 et 10.7) que la phase accélérée de la croissance aérienne et la période levée à 'éclatement', deux étapes qui ont comme point de départ commun la date de levée au champ, sont de durée équivalente chez la majorité des individus: 13 sur 19 chez le cultivar Lokpa, 9 sur 15 pour le cultivar Gnan. Le premier signe visuel de l'initiation du tubercule coïncide avec le début de la croissance linéaire globale des axes, c'est-à-dire avec le moment où la vitesse de croissance des ramifications devient constante et rapide. Une initiation distinguée tardivement sous l'aspect d'un tubercule mesurable, comme ce fut le cas chez le cultivar sp Douce, se situe 15 jours après le départ de la phase linéaire (Tableau 10.8).

En fin de croissance linéaire, le tubercule est en moyenne au quart de sa longueur finale, et, lors de l'arrêt de la croissance aérienne, aux trois, quatre ou cinq dixièmes (Tableau 10.11). L'allongement du tubercule du cultivar semi-précoce Gnan est moins rapide pendant la croissance aérienne.

Mise en évidence, dans le développement foliaire, d'un repère du premier signe visible de la tubérisation

Depuis l'apparition de la tige au niveau du sol jusqu'à une tubérisation nettement installée, nous avons mesuré, à intervalles plus ou moins rapprochés, un à huit jours, les feuilles apparues le long de l'axe principal et des rameaux axillaires. La mesure d'une feuille se poursuit jusqu'à ce qu'elle atteigne ses dimensions linéaires définitives; nous l'appelons alors feuille

Tableau 10.11. Rapports entre la longueur du tubercule (= L) en fin de croissance linéaire (= arrêt cl) ou de croissance aérienne (= arrêt ca) et sa longueur finale, exprimés en %; ( ) = écart type de la moyenne

Cvs	Arrêt cl			Arrêt ca		
	Durée cl en jours	$\dfrac{\text{L arrêt cl}}{\text{L finale}}$ en %		Durée cl + cr en jours	$\dfrac{\text{L arrêt ca}}{\text{L finale}}$ en %	
Lokpa	37	24 (6)		52	38 (9)	
Gnan	38	18 (9)		52	28 (12)	
Sp Douce	36	23 (6)		43	35 (8)	
Krenglé	variable	29 (15)		variable	55 (13)	

adulte. Pour chaque axe, les feuilles sont numérotées de la base vers le sommet, la première feuille-écaille souterraine de la tige principale étant ainsi numérotée 1.

Nous ne présenterons pas les résultats numériques, mais simplement le schéma du développement foliaire d'une plante le jour de l'initiation visuelle du tubercule (Fig. 10.9).

Le Tableau 10.12 montre que, pour un génome donné, le jour où l'on observe le stade 'éclatement du suber', un nombre fixe de feuilles adultes est recensé sur l'axe principal de chaque individu, le nombre de feuilles axillaires adultes étant variable. Chez le cultivar Lokpa, à la date 'éclatement du suber', les 16 premières feuilles émises sur l'axe principal sont adultes; le premier signe visuel de la tubérisation coïncide donc avec le passage, à ses dimensions définitives, de la feuille 16 de la tige principale. Ce repère est compris entre la 30ème et la 32ème feuille de l'axe principal chez le cultivar sp Douce, et de la 17ème à la 19ème pour le cultivar Gnan.

Le nombre total de feuilles apparues sur la tige principale au moment de l'initiation varie peu entre individus d'un cultivar (Tableau 10.12); la vitesse d'émission des feuilles par le méristème terminal devient constante et identique, à l'intérieur d'un cultivar, pendant la période qui précède et suit l'installation du tubercule (Fig. 10.10).

Nous évaluons approximativement (mesures non journalières) à 15–18 jours le temps de croissance d'une feuille assimilatrice de l'axe principal; le rythme d'apparition des feuilles adultes est d'une feuille par jour chez les cultivars Lokpa et Gnan, une à deux feuilles par jour chez le cultivar sp Douce.

Discussion et conclusions

1. Au-delà des variations quantitatives intra-clonales et inter-cultivars, le schéma corrélatif de la croissance et de la tubérisation est identique chez les quatre cultivars au cours de leurs cycles végétatifs obtenus à partir de

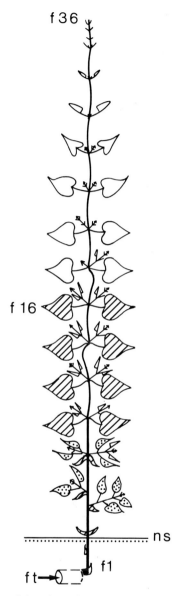

Fig. 10.9 Représentation schématique d'une plante du cultivar Lokpa, le jour où l'on observe le stade 'éclatement du suber' au cours d'un cycle provenant d'un fragment de tubercule-mère planté le 15 avril. En hachuré, feuilles adultes de l'axe principal; en pointillé, feuilles adultes des axillaires; ft, fragment du tubercule-mère; ns, niveau du sol.

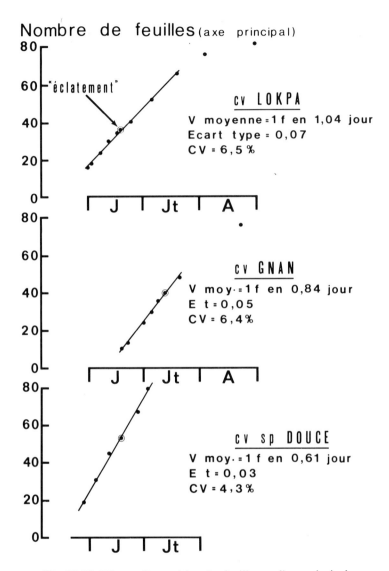

Fig. 10.10. Vitesse d'apparition des feuilles sur l'axe principal.

fragments de tubercule, dépourvus de bourgeons le jour de leur plantation à la mi-avril, date la plus couramment observée chez les paysans.

L'initiation visuelle de la tubérisation, appelée stade 'éclatement du suber', apparaît lorsque la liane entre en phase de croissance axiale linéaire, ce qui correspond, chez des cultivars à faible dominance apicale, au début de

Tableau 10.12. Nombre de feuilles adultes et de feuilles apparues recensées sur la liane à la date d'observation du premier signe visible de sa tubérisation. Relevés individuels sur 3 cvs plantés le 15 avril 1977

Cvs	Eclatement				Eclatement + prolifération			
	Nombre de feuilles adultes		Nombre de feuilles apparues		Nombre de feuilles adultes		Nombre de feuilles apparues	
	Axe principal	Axillaires	Axe principal	Axillaires	Axe principal	Axillaires	Axe principal	Axillaires
cv. Lokpa	16 (8 éc + 8 fa)	10	36	78				
	16 (6 éc + 10 fa)	9	34	50				
	16 (7 éc + 9 fa)	3	30	27				
	18 (9 éc + 9 fa)	23	32	104				
	16 (7 éc + 9 fa)	17	33	69				
					19 (9 éc + 10 fa)	32	34	178
					21 (7 éc + 14 fa)	42	39	178
	17 (7 éc + 10 fa)	4	33	49				
					19 (11 éc + 8 fa)	38	39	176
					21 (9 éc + 12 fa)	32	39	199
	16 (8 éc + 8 fa)	22	36	140				
	16 (12 éc + 4 fa)	19	36	146				
	17 (12 éc + 5 fa)	22	36	151				
	17 (9 éc + 8 fa)	12	33	104				
	16 (10 éc + 6 fa)	6	32	68				
	18 (9 éc + 9 fa)	16	C	100				
	18 (10 éc + 8 fa)	26	34	116				
cv. sp Douce	35 (12 éc + 23 fa)	33	61					
	35 (10 éc + 25 fa)							
	34 (10 éc + 24 fa)	20	56					
	34 (10 éc + 24 fa)							
	33 (9 éc + 24 fa)	15	C					
	32 (9 éc + 23 fa)	0	51					
	32 (9 éc + 23 fa)	9	60					
	32 (11 éc + 21 fa)							
	31 (5 éc + 26 fa)	8	53					
	31 (7 éc + 24 fa)	6						
	31 (9 éc + 22 fa)	0						
	31 (10 éc + 21 fa)	24						
	30 (5 éc + 25 fa)	19	51					
	27 (10 éc + 17 fa)							
cv. Gnan					24 (12 éc + 12 fa)	28	46	
	17 (13 éc + 4 fa)	2	C	102				
					17 (12 éc + 5 fa)	0	C	64
					18 (13 éc + 5 fa)	0	36	100
	19 (9 éc + 10 fa)	8	31	78				
					19 (3 éc + 16 fa)	5	39	196
	17 (9 éc + 8 fa)	27	37	109				
	19 (4 éc + 15 fa)	14	39	148				
	16 (5 éc + 11 fa)	14	36	58				
	20 (7 éc + 13 fa)	20	36	96				
	18 (6 éc + 12 fa)		40					
					20 (8 éc + 12 fa)		41	
	20 (10 éc + 10 fa)		38					
	19 (8 éc + 11 fa)							

la croissance rapide des rameaux axillaires. Au champ, cette initiation s'observe 20 à 30 jours après la levée.

Lorsque les axes cessent de croître, le tubercule a atteint 30 à 40 pour cent de sa longueur finale. Son épaississement évolue jusqu'au dessèchement complet des feuilles, son allongement étant stoppé ou non à un stade avancé de la sénescence.

Croissance aérienne et tubérisation souterraine sont compatibles durant les phases linéaire et ralentie de la croissance axiale aérienne.

La tubérisation occupe les cinq derniers mois du cycle végétatif long de sept mois à sept mois et demi au champ. La croissance axiale aérienne s'étend sur deux mois à deux mois deux-tiers; son arrêt a lieu trois mois (cultivar sp Douce), trois mois et demi (cultivar Lokpa) ou quatre mois (cultivar Gnan, cultivar Krenglé) après la plantation, si bien que, durant une période d'un mois et demi à deux mois, la plante croît et tubérise en même temps (Fig. 10.11).

Les cultivars semi-précoces Gnan et Krenglé sont dotés d'une levée et d'une tubérisation plus tardives au champ.

Ce schéma est valable pour une multiplication par fragment pratiquée à la mi-avril sous le climat de Basse Côte. Il reste à savoir si les relations au cours des cycles obtenus à partir de plantations échelonnées (rôle du tubercule-mère), ou par d'autres modes de propagation (tubercules entiers, semenceaux de deuxième récolte, bulbilles, graines) et sous des climats différents, suivent le même schéma.

2. Le deuxième type de corrélations mises en évidence sont les constantes de temps des étapes successives du cycle pour un cultivar donné, exception faite, chez trois cultivars, de l'étape plantation-levée, dont l'hétérogénéité a été soulignée (Miège 1957; Onwueme 1973).

S'il est vrai que chaque individu possède ses propres constantes de temps (Lioret 1974), néanmoins, pour une étape donnée, la même valeur de sa durée se répète pour la majorité des individus. Vandevenne (1976), en plantant des tubercules entiers, constate que le temps écoulé entre la plantation et la tubérisation s'avère de durée assez identique.

Sur la plan pratique, la date de levée au champ permet de prévoir la date de tubérisation.

3. Le facteur constante de temps, lié au génome et dépendant des conditions externes, est vraisemblablement l'agent des corrélations entre la tubérisation et la croissance. Les changements morpho-cinétiques de la liane et du tubercule ne sont probablement pas liés par des corrélations causales mais plutôt dictés par un caractère endogène du cycle (Trouslot 1976), ce qui reste à prouver.

Sous le climat de Basse Côte, où température et photopériode varient peu au cours de l'année, et en fragmentant chaque année à la même date des tubercules-mères récoltés et stockés dans les mêmes conditions – degré d'induction par le tubercule-mère (Madec et Perennec 1962) présumé identique

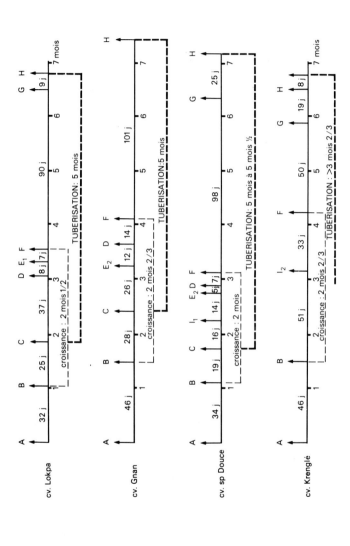

Fig. 10.11. Cycles végétatifs de quatre cultivars du complexe *Dioscorea cayenensis – D. rotundata*, multipliés au champ sous le climat de Basse Côte d'Ivoire à partir de fragments de tubercules dépourvus de bourgeons le jour de leur plantation à la mi-avril. Date de fragmentation – plantation: 15 avril, cultivars Lokpa et Gnan; 19 avril, cultivar sp Douce; 23 avril, cultivar Krenglé.

A Fragmentation et plantation du tubercule; B Apparition de la tige; C Début de la croissance axiale linéaire et éclatement du suber; D Arrêt de la croissance linéaire; E_1 Floraison femelle; E_2 Floraison mâle; F Arrêt de la croissance aérienne; G Arrêt de l'allongement du tubercule; H Arrêt de l'épaississement du tubercule et desséchement des feuilles; I_1 Tubercule de 0.1 à 1 cm; I_2 tubercule de 1 à 2 cm.

– on peut supposer qu'à partir du temps 0 de néoformation du bourgeon adventif, le temps Δt nécessaire à la mise en place de la tubérisation soit également celui exigé par la liane pour exprimer une croissance rapide de ses axillaires.

Les déphasages notés chez certains individus, ainsi que l'observation au champ de levées très tardives, compétitives sur un fragment, où souvent le tubercule se différencie sur des plantes chétives à peine levées, sont en faveur de cette hypothèse.

4. C'est également en terme de corrélations de temps de croissance que l'on peut expliquer le repère aérien de la tubérisation. L'éclatement du suber coïncide avec un nombre déterminé de feuilles adultes recensées sur l'axe principal, quel que soit celui des feuilles adultes des ramifications; ce nombre est spécifique du génome.

La vitesse d'émission des feuilles par le méristème terminal devenant identique et constante pour tous les individus d'un cultivar, au bout du temps Δt de croissance, le même nombre de feuilles adultes apparaît sur l'axe principal. Il faudrait cependant démontrer que la spécificité de croissance foliaire liée au rang (Barthou et Buis 1974) varie peu entre individus d'un clone.

Des rapports entre état du développement foliaire et tubérisation sont signalés chez l'avoine à chapelet (Le Clerch 1971), l'endive (Jolivet, Lefèvre, et De Coninck 1976), la betterave sucrière (Milford 1973).

Sur le plan pratique, ce repère aérien est rapidement utilisable sur le terrain. En effet, lorsqu'une feuille d'igname acquiert sa taille adulte, elle change de couleur et de texture, devenant vert foncé et coriace au toucher. Connaissant la valeur du repère, il suffit au praticien de compter, à partir de la base de la tige principale, les feuilles – écailles puis les feuilles assimilatrices adultes, le nombre d'écailles souterraines s'élevant à deux ou trois en général.

Ce repère aérien a été mis en évidence dans des conditions de culture, et de stockage du tubercule-mère, bien précisées dans le texte. Des travaux en cours devraient déterminer si ce repère se retrouve identique lorsque l'on pratique des plantations échelonnées au moyen de fragments ou de tubercules de deuxième récolte.

Conclusion générale

L'analyse de la croissance des parties aériennes et du tubercule, de quatre cultivars du complexe *Dioscorea cayenensis–D. rotundata* multipliés par fragments de tubercule à la mi-avril en Basse Côte d'Ivoire, a permis de mettre en évidence les principaux faits suivants:

(1) la croissance des parties aériennes est essentiellement linéaire;

(2) la croissance en longueur du tubercule suit de façon assez précise le modèle de Gompertz;

(3) un stade remarquable du développement de l'organisme entier est souligné par quatre observations: démarrage de la phase linéaire de croissance, atteinte du stade adulte d'une feuille de l'axe principal, 'éclatement du suber' au niveau du massif de néoformation, démarrage de la tubérisation.

Références bibliographiques

Ayensu, E. S. et Coursey, D. G. (1972). Guinea yams: the botany, ethnobotany, use and possible future of yams in West Africa. *Econ. Bot.* **26**, 301–18.

Barthou, H. et Buis, R. (1974). La croissance de la feuille de Tabac (*Nicotiana tabacum* L.). Ses relations avec la cinétique du développement foliaire. *Physiol. vég.* **12**, 489–506.

Campbell, J. S., Chukwueke, V. O., Teriba, F. A., et Ho-A-Shu, H. V. S. (1962). Some physiological investigations into the white Lisbon yam (*Dioscorea alata* L.). II. Growth period and out-of-season production. *Emp. J. exp. Agric.* **30**, 232–8.

Courduroux, J-C. (1966). Mécanisme physiologique de la tubérisation du Topinambour. *Bull. Soc. fr. Physiol. vég.* **12**, 213–32.

—— (1967). Etude du mécanisme physiologique de la tubérisation chez le Topinambour (*Helianthus tuberosus* L.). *Annls Sci. nat. Bot.*, 12ᵉ série, **8**, 215–356.

Ferguson, T. U. (1972). The propagation of yams by vine cuttings: a critical review. *Trop. Root Crops Newsl.* **5**, 4–7.

—— (1973). Tuber development in yams; physiological and agronomic implications. *Proc. 3rd Int. Symp. Trop. Root Crops, IITA Ibadan, Nigeria.*

James, L. J. (1953). Study of the growth and development of yam *Dioscorea alata* Linn.—in relation to planting methods. AICTA, Thesis, University of West Indies Library, St Augustine, Trinidad.

Jolivet, E., Lefèvre, S., et de Coninck, B. (1976). Détermination de l'état physiologique de la racine tubérisée de Chicorée de Bruxelles (*Cichorium intybus* L.) par son pouvoir réducteur à l'égard du 2.6.-dichlorophénol-indophénol: application au repérage de la période optimale de forçage. *Physiol. vég.* **14**, 849–63.

Le Clerch, J. (1971). La tubérisation de l'avoine à chapelet: *Arrhenatherum elatius* (L.) Mert. et K. var. *bulbosum* (Willd.) Spenn. *C. r. hebd. Séanc. Acad. Sci., Paris* **272**, 2174–6.

Lioret, C. (1974). L'analyse des courbes de croissance. *Physiol. vég.* **12**, 413–34.

Loomis, R. S. et Rapoport, H. (1976). Productivity of root crops. *Proc. 4th Symp. Int. Soc. Trop. Root Crops, Cali, Columbia,* 70–84.

Lowe, S. B. et Wilson, L. A. (1974). Comparative analysis of tuber development in six Sweet Potato (*Ipomoea batatas* (L.) Lam.) cultivars. 1—Tuber initiation, tuber growth and partition of assimilate. *Ann. Bot.* **38**, 307–17.

Madec, P. (1966). Croissance et tubérisation chez la pomme de terre. *Bull. Soc. fr. Physiol. vég.* **12**, 159–73.

—— et Perennec, P. (1962). Les relations entre l'induction de la tubérisation et la croissance chez la plante de pomme de terre (*Solanum tuberosum* L.) *Annls Physiol. vég.* **4**, 5–84.

Martin, F. W. et Rhodes, A. M. (1978). The relationship of *Dioscorea cayenensis* and *D. rotundata. Trop. Agric., Trin.* **55**, 193–206.

Miège, J. (1952a). Contribution à l'étude systématique des *Dioscorea* ouest africains. Thèse, Paris.

—— (1952b). L'importance économique des ignames en Côte d'Ivoire. Répartition des cultures et principales variétés. *Revue Bot. appl. Agric. trop.* **32**, 144–55.

—— (1957). Influence de quelques caractères des tubercules semences sur la levée et le rendement des ignames cultivées. *J. Agric. trop. Bot. appl.* **4**, 315–42.

—— (1978). Etude chimiotaxonomique de dix cultivars de Côte d'Ivoire relevant du complexe *Dioscorea cayenensis–D. rotundata.* Séminaire International sur l'Igname, Buéa *IFS Provisional Report* n° 3, 241–82.

Milford, G. F. J. (1973). The growth and development of the storage root of sugar beet. *Ann. appl. Biol.* **75**, 427–38.

Onwueme, I. C. (1973). The sprouting process in yam (*Dioscorea* spp.) tuber pieces. *J. agric. Sci., Camb.* **81**, 375–9.

Sobulo, R. A. (1972). Studies on white yam (*Dioscorea rotundata*). I. Growth analysis. *Exp. Agric.* **8**, 99–106.

Trouslot, M. F. (1976). Rythme de développement de quelques *Nervilia,* Orchidées tropicales à tubercules, cultivées en conditions climatiques uniformes. *Physiol. vég.* **14**, 193–200.

Vandevenne, R. (1976). Etude de l'influence des dates de tubérisation et de bourgeonnement des tubercules d'ignames (*Dioscorea* sp.) sur la date de levée au champ des semenceaux. *Agron. trop., Nogent* **31**, 188–93.

Williams, C. N. (1974). Growth and productivity of Tapioca (*Manihot utilissima*). IV. Development and yield of tubers. *Exp. Agric.* **10**, 9–16.

11 Inherent constraints to high productivity and low production cost in yam (*Dioscorea* spp) with special reference to *Dioscorea rotundata* Poir.

C. OYOLU

Abstract

A number of factors in the biology of the yam, more especially *Dioscorea rotundata,* tend to militate against increasing productivity and reducing the cost of production. Efforts to grow yam from seeds or vine cuttings have not, so far, resulted to practical replacement of the tuber as planting material. The size of sett or seed yam has positive correlation with the size of the harvest. Moreover, the reproductive coefficient of yam

$$\frac{\text{Gross yield} - \text{seed rate}}{\text{seed rate}} \times \frac{100}{1}$$

is very low, being usually less than 300.

Although the roots and vine emerge early and grow to considerable lengths in the seedling, the roots do not appear to become functional for about 42 days from planting early in the rainy season. During this period, there are mainly rudimentary leaves (cataphylls) and the plant is established but not autotrophic. The new plants draw on the reserved nutrients in the planted material up to about 56 days from planting when enough leaves have developed to make the new plant autonomous.

Staking is another factor that influences the yield and production cost of yam. Response to fertilizer is erratic. It appears that method and time of fertilizer application related to the biology of yam may offer some solution to increasing the productivity of yam.

Résumé

Un nombre de facteurs inhérents à la biologie de l'igname, et plus spéciale-ment *Dioscorea rotundata,* a tendance à fournir des arguments contre l'accroissement de la productivité et la diminution du coût de production. Les efforts déployés à cultiver l'igname à partir de graines ou de boutures n'ont pas, jusqu'à ce jour, abouti à une méthode pratique pour remplacer le tubercule comme semence. Il y a une corrélation positive entre la grosseur du semenceau et le rendement de la récolte. De plus, le coefficient de reproduction de l'igname

$$\frac{\text{rendement brut} - \text{quantité de semence}}{\text{quantité de semence}} \times \frac{100}{1}$$

est très faible, habituellement moins de 300.

Bien que les racines et les rameaux apparaissent tôt au cours du cycle végétatif et se développent rapidement, les racines ne deviennent pas fonctionnelles avant 42 jours après la date de plantation, au début de la saison des pluies. Au cours de cette période initiale, les feuilles sont rudimentaires et la plante n'est pas encore autotrophe. La nouvelle plante absorbe les éléments nutritifs contenus dans le tubercule-semence durant les 56 jours qui suivent la plantation; à ce stade quand suffisamment de feuilles se sont développées, la plante devient autonome.

Le tuteurage est un autre facteur qui influence la productivité et le coût de production de l'igname. La réponse aux engrais est irrégulière. Cependant, il apparaît que certaines méthodes de fertilisation appropriées à la biologie de l'igname pourraient apporter des solutions pour accroître la productivité de l'igname.

In parts of the world where the yam is a major staple food, it has been found to have intimate association with the people's culture (Miège 1954; Coursey 1972). In the Igbo districts of Nigeria for instance, the yam is present in marriage ceremonies, birth and death rites, and other ceremonies. It is the only crop whose production is marked with ceremonies at the beginning of cropping and at harvest. And a person's ability to produce large quantities of yams, usually judged by the size of his barn, is recognized with the confirment of title such as *diji, ezeji,* or *ogbuji.* There was a time when distinguished people ate no other root vegetable.

Nigeria produces more yams and cassava than other West African countries (Table 11.1) and is the major producer of white guinea yam (*D. rotundata*) which is the most important yam produced in the country. The study of yam production, particularly white guinea yam, in Nigeria may therefore reflect the trend in the production of the yam. Although the available data about agricultural production in Nigeria, as in other developing countries, are not very reliable, it is reasonable to at least deduce the trend in production from such data and personal experience. Indications are that in the last decade, the production and hectareage of the yam have tended to decline while those of cassava, millet, and rice have tended to increase (Table 11.2).

Declining yam production in Nigeria is not unrelated to the fact that it is very expensive to grow. In a cash economy system, cost/benefit analysis is an important factor in making decisions on production. The yam not only has one of the highest man/day requirements but also seed rate (Table 11.3). Furthermore, it is tedious to grow and the yield is low relative to the seed rate. The reproductive coefficient:

$$\frac{\text{Gross yield} - \text{seed rate}}{\text{seed rate}} \times \frac{100}{1}$$

is usually below 300. Consequently, yam is expensive and is more or less becoming a luxury. The logical result is changing food pattern. People who at one time ate mainly yam now eat *garri* (which is processed cassava), *semovita,* and rice as primary substitutes.

Table 11.1. Production of yams and cassava in some West African countries (in million tonnes)

Countries	Commodities	Value (US$)	Average 1961–1965	1966	1967	1968	1969	1970	1971	1972	1973	1974	1975
Benin (Dahomey)	Yam	79	0.522	0.544	0.560	0.571	0.585	0.600	0.615	0.630	0.645	0.660	0.675
	Cassava	15	1.108	1.089	1.120	1.142	1.165	1.190	1.215	1.240	1.265	1.300	1.330
Cameroon	Yam*	52	0.218	0.230	0.240	0.255	0.260	0.265	0.270	0.275	0.280	0.285	0.290
	Cassava	23	0.798	0.825	0.847	0.855	0.870	0.890	0.910	0.930	0.950	0.970	0.990
Ghana	Yam	73	1.600	1.766	1.814	1.800	1.850	1.459	1.486	1.514	1.534	1.575	1.625
	Cassava	37	1.020	1.171	1.176	0.914	0.940	0.940	0.965	0.995	1.020	1.050	1.080
Ivory Coast	Yam	51	1.239	1.320	1.350	1.388	1.520	1.551	1.555	1.520	1.624	1.680	1.900
	Cassava	32	0.488	0.515	0.520	0.530	0.532	0.540	0.567	0.585	0.625	0.625	0.650
Nigeria	Yam	61	11.611	12.196	11.685	11.481	14.814	14.682	16.104	16.257	16.800	17.200	17.600
	Cassava	29	9.656	8.840	8.331	8.128	11.807	11.410	12.396	12.700	13.000	13.300	13.600
Togo	Yam	38	0.374	0.408	0.425	0.425	0.435	0.445	0.455	0.465	0.475	0.490	0.505
	Cassava	30	0.363	0.395	0.410	0.410	0.420	0.430	0.440	0.450	0.460	0.475	0.490
Upper Volta	Yam	64	0.025	0.021	0.025	0.025	0.025	0.025	0.025	0.025	0.025	0.025	0.026
	Cassava	32	0.031	0.027	0.030	0.030	0.031	0.032	0.030	0.030	0.030	0.030	0.031

* Sweet potatoes and yams.
Source: US Department of Agriculture (1976).

Table 11.2. Estimated annual production of major food crops in Nigeria (million tonnes/million hectares)

Crop		1960	1961	1962	1963	1964	1965	1966	1967	1968	1969	1971	1972	1973	1974
Maize	Yield	1.067	1.107	0.991	1.167	1.118	1.158	1.131	1.098	1.056	1.566	1.274	0.639	0.808	0.528
	Area	1.317	1.375	1.120	1.140	1.471	1.399	1.380	1.466	0.920	1.507	1.197	1.050	1.130	0.579
	Average (t/ha)	0.8	0.8	0.9	1.0	0.8	0.8	0.8	0.7	1.1	1.0	1.1	0.6	0.7	0.9
Millet	Yield	1.560	2.644	2.525	2.728	2.479	2.723	1.744	2.585	2.190	2.667	2.835	2.391	3.794	5.554
	Area	4.354	4.360	4.442	4.122	4.022	4.612	4.050	4.369	4.462	4.866	4.788	3.692	5.651	4.787
	Average (t/ha)	0.6	0.6	0.6	0.7	0.6	0.6	0.4	0.6	0.5	0.5	0.6	0.6	0.7	1.2
Sorghum	Yield	3.480	3.958	4.499	4.060	4.230	4.226	3.154	3.382	2.843	3.941	5.794	2.298	3.125	4.738
	Area	4.570	4.658	4.773	5.234	5.532	5.916	4.826	4.719	5.159	5.638	5.387	3.792	5.516	4.653
	Average (t/ha)	0.8	0.8	0.9	0.8	0.8	0.7	0.7	0.7	0.6	0.7	0.7	0.6	0.6	1.0
Rice	Yield	0.155	0.133	0.257	0.195	0.220	0.231	0.199	0.385	0.353	0.325	0.279	0.447	0.487	0.525
	Area	0.134	0.149	0.218	0.162	0.179	0.188	0.160	0.262	0.235	0.258	0.200	0.237	0.373	0.269
	Average (t/ha)	1.2	0.9	1.2	1.2	1.2	1.2	1.2	1.5	1.5	1.3	1.4	1.9	1.3	2.0
Yam	Yield	12.085	13.444	13.073	15.850	14.531	14.074	11.936	10.646	12.366	13.817	9.766	6.900	6.936	7.160
	Area	1.268	1.412	1.299	1.561	1.622	1.530	1.344	1.372	1.699	1.292	1.197	0.788	0.855	0.671
	Average (t/ha)	9.5	9.5	10.0	10.0	9.0	9.2	8.9	7.8	7.3	10.7	8.2	8.9	8.1	10.7
Cassava	Yield	6.668	7.384	7.583	7.783	7.982	8.182	8.382	8.581	8.801	9.040	4.516	2.573	2.912	3.582
	Area	0.754	0.780	0.865	0.801	0.870	0.829	0.910	0.958	0.902	0.906	0.399	0.344	0.361	0.415
	Average (t/ha)	8.8	9.5	8.8	9.7	9.2	9.9	9.2	9.0	9.8	10.0	11.3	7.5	8.1	8.6

Sources: Federal Ministry of Agriculture and Natural Resources (1974); Federal Office of Statistics (1976).

There is usually elaborate soil preparation in making mounds or heaps which are, in most cases, traditional seed-beds for yam cultivation. Studies of yam yield under different types of seed-bed, including flat seed-beds, in a loamy soil at Nsukka revealed no differences in yield; but tubers from the flat beds and from ridges appeared more distorted and therefore had relatively low market value.

Yam is normally propagated from seed yams, which are whole tubers usually specially cultivated for this purpose, or from setts, which are pieces of ware yam. Coursey (1967) cited data from Miège (1957) to show that the larger the planted material, the greater is the yield, especially the yield per plant. Nwoke, Njoku, and Okonkwo (1973) obtained results that confirm that larger seed yams of *D. rotundata* produce higher yields and show the main effects of large seed yams to be due to vigorous initial growth of root, vine, and, subsequently, leaves, which gives the plant an advantage throughout the rest of its growth and development. Plants from large setts of *D. alata* have also been reported to emerge earlier, to produce larger primary nodal complexes and greater leaf areas, to begin tuber bulking earlier, and to have longer duration of tuber bulking (Ferguson 1973). In practice, farmers use large seed yams or setts for the production of ware yams and small ones for the production of seed yams.

The positive correlation between seed yam size and yield appears to be a function of nutrient supply and development of parts in the early growth and development phases of yam. Available data (Njoku, Oyolu, Okonkwo, and Nwoke 1973; Oyolu and Obanu, in press) suggest that:

(1) seed yams planted in early rainy season (April/May) sprouted from 17 to 22 days after planting;

(2) there is relatively rapid growth of roots and vines from sprouting up to about 42 days from planting in the early rainy season during which period there are mainly rudimentary leaves (cataphylls) (Fig. 11.1) indicating that the plant is established but not autotrophic;

(3) yam plant depends on reserve nutrients in the planted material until about 56 days after planting in the early rainy season;

(4) more than half of the dry matter in the planted material is still unutilized about 30 days from sprouting, and more than one third about ten days later (Fig. 11.2). The dry matter is usually not exhausted by the time the yam plant becomes autonomous.

This factor in the biology of yam underlies the practice of producing seed yams which are subsequently grown to produce ware yams. Ware yam tubers are cut into pieces that weigh between 57 g and 142 g (2 oz and 5 oz). These are planted as setts which produce seed yams that weigh between 227 g and 684 g (8 oz and 24 oz). Where seed yams are used in the production of ware yams, the latter should, indeed, be regarded as the product of two cropping seasons.

Phillips (1964) gave the man/day requirement for producing one acre of

Fig. 11.1. *D. rotundata* plant 42 days from planting (19 days from sprouting).

yam as between 150 and 240 (370 and 592 per hectare). If we take an average of 500 man/days per hectare (Table 11.3) at 5.00 *naira* (US$7.7) per man/day, which is a conservative estimate of current daily labour wage in Nigeria, it means that labour in the production of one hectare of yam costs 2500.00 *naira* (US$3850.00). At a spacing of 1 metre × 1 metre, there will be 10000 stands per hectare which at 30 k per seed yam cost 3000.00 *naira* (US$4620.00). Add 6.00 *naira* (US$9.24) for fertilizer. In effect, therefore,

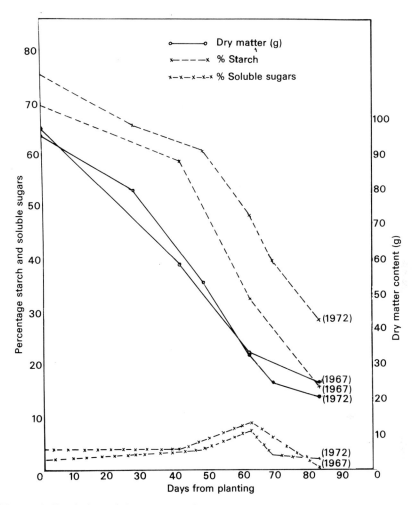

Fig. 11.2. Depletion of dry matter and changes in percentage of starch and soluble sugars in sprouted seed yam of *D. rotundata*.

planting material accounts for 54.50 per cent of the total cost of producing one hectare of yam. Thus planting material represents the most expensive unit of production.

Hence reduction in the cost of planted material will contribute substantially to reduction in the overall cost of producing yam. Towards this objective, investigations are being carried out for alternative or modified propagating material. But, as yet, none has yielded applicable results.

Until fairly recently, it has not been possible to study yam production from true seeds. Most of the important yam species and cultivars were

Table 11.3. Production cost of one hectare of yams

	Man/days	Cost (naira)
1. Clearing and tillage	60	300.00
2. Seed-bed preparation		
(a) 1 m × 1 m heaps	74	370.00
(b) ridges 1 m apart	54	270.00
3. Seed yam preparation and planting	35	175.00
4. Stakes	89	445.00
5. Staking and training vines	62	310.00
6. Weeding (3)	64	320.00
7. Fertilizer application	8	40.00
8. Harvesting§	99	495.00
9. Repairing barn and tying in barn	30	150.00
10. Cost of fertilizer, 150 kg	—	6.00*
11. Cost of 10 000 seed yams at 30 k	—	3000.00
	521 or 501	5611.00
		(US$8640.94)†

* at 75 per cent subsidy.
† 1 naira = 1.54 US dollars.
§ If the tubers are sold directly after harvest, at average farm-gate price of 55 k, the farmer just breaks even.

known either not to flower or to be mostly unisexual. Plants of *D. rotundata* cultivars that flower, normally, produce more staminate than pistillate flowers. Some plants are however known to produce complete flowers in addition to staminate flowers while other plants produce either staminate or pistillate flowers (Sadik and Okereke 1975). Fruit and seed set and their retention on the plant are low and filled seeds do not necessarily germinate even after three to four months dormancy period. Sadik and Okereke reported the expected number of potentially viable seeds to be about 5 per cent.

Anther size is small and pollen grains are sticky. Moreover, opening the pistillate flowers for artificial pollination necessitates teasing and cutting through petals thus giving rise to enzymic browning of the tissue which may lead to flower dehiscence.

Tuber development in seedling plants of *D. rotundata* is reported to begin about three months from germination. While Waitt (1963) indicated that it takes at least two years to produce tubers weighing up to 450 g from seedling plants, Sadik and Okereke (1975) obtained some tubers that weighed about 500 g in one year. It would appear that the majority of tubers produced by seedling plants ranges between 160 g and 250 g which is the range for seed yam production (Anon. 1975). It may therefore be inferred that it takes three cropping seasons to produce ware yam from seed.

Propagating yam from vine cuttings has been studied by Njoku (1963) and Nwosu (in press). The latter found that cuttings with three to four pairs of leaves from primary branches of *D. rotundata* which are less than six weeks old are capable of producing profuse roots within three weeks of planting in porous propagating medium in humidified chamber. If such rooted cuttings are potted at about four weeks from setting up the medium and allowed to harden under shade for another four weeks before being transplanted into the field, they will produce tubers that weigh 1.5 g to 3.5 g in four to five months when the plants mature. Tubers of this size range can be used to produce seed yams. But it takes two cropping seasons to produce seed yams, using the method.

Okigbo and Ibe (1973) have shown that two or more plants can be established in one cropping season from the same seed yam through the process of sequential removal of planted material or 'milking' and replanting in different locations. The indications are that one seed yam can be repeatedly used to produce new plants and that the aggregate yield of the different plants from one seed yam exceeds the yield from a similar seed yam which has produced only one plant. This situation is more pronounced when the initial planting is in early rainy season. The advantages of the method with special emphasis on the economics have yet to be studied in detail.

It has been reported that as many as 30 ware and seed yams can be produced from one tuber by inducing plantlets, detaching them with about 10 g segment of the parent tuber, raising the detached plantlets in polythene bags for two to four weeks before transplanting into the field (Anon. 1975a). The first step in the process is the destruction of apical dominance in the tuber by the removal of the head and tail portions, at 5 to 8 cm from both ends. This is followed by cutting the tuber into cylinders approximately 7 cm long which, given adequate germinating conditions in a moist porous medium such as coarse sand or fermented sawdust, produce plantlets in three to six weeks (Nwosu, private communication). Plantlets are produced by and detached from the same cylinders over the period March to mid-July. After carving out the plantlets in mid-July, what remains of the mother tuber is cut into two or three pieces, each weighing about 40 g to 60 g, and planted out as setts. The sprouts on them grow into normal yam plants and produce seed yams at harvest. The bulk of tubers produced from the plantlets fall within seed yam class (not more than 912 g); an average of about 6 per cent of tubers produced weigh more than 912 g and may therefore be classified as ware yams.

It is estimated that one person working for approximately four hours up to 12 noon can carve out and plant 170 to 200 plantlets and if only carving, can handle about 300 plantlets. Mortality rate after planting out in the field is estimated at about 6 per cent, provided that frequent plot inspection is carried out and slugs, beetles, and vine diseases removed as soon as observed, and the plots are kept weed-free.

There is expectation that this system of multiplying seed yams by single bud excision will reduce the cost of planting material and therefore the cost of production. But there are yet some unsolved problems. A technique for shortening the period of plantlet production has yet to be developed. The present prolonged period of March to mid-July predisposes some yam cylinders to rotting. Moreover other factors, apart from early planting, will increase the percentage of ware yam produced from this method and will certainly contribute to reduced production cost.

Indications from 'milking' and single bud excision tend to suggest that the detachment of the yam plant from the planted material or parent tuber forces the plant to become autonomous earlier than usual. This situation alters the normal correlation between the size of seed yam (sett) and the yield of individual plants of *Dioscorea rotundata*, thereby making yield more dependent on soil fertility level at the time of planting or very soon after. If this is confirmed, then a new approach to the study of yam response to fertilizer application becomes necessary.

Under traditional planting system, Ferguson and Haynes (1970) noted that there were generally low but positive responses to nitrogen and organic manures; variable low positive responses to low levels of potassium, but none to phosphorus.

Sobulo (1972) estimated that a yam crop yielding 29 tonnes per hectare removed 133, 10, and 85 kg/ha of nitrogen, phosphorus, and potassium, respectively. This pattern of nutrient usage may partly explain the inconsistencies in yam response to fertilizers and why yams often tend to respond to nitrogen and sometimes to potassium but rarely to phosphorus. This aspect requires further critical study, and the effect of applied calcium and magnesium, which have been shown to constitute an appreciable fraction of the mineral component of *D. rotundata*, should also be studied (Oyolu, in press). Socorro and Cibes (1975) have also shown that magnesium deficiency highly reduced tuber yield. Because yam roots do not penetrate deeply into the soil (9–10 cm below the surface) and the longest may be up to 250 cm (Njoku, *et al.* 1973) (Figs. 11.3 and 11.4) future studies of the response of yam to fertilizers should also entail the time and method of application.

Another important factor in yam production, especially the highly valued species, is staking. The necessity for staking cultivated yams is believed to be due to the original habitat of wild yams. Wild yams produce tall vines which twine round forest shrubs and trees for support and for better exposure of their leaves to sunlight. Under cultivation, staking appears to contribute to increased yield in yam (Haynes, Spence, and Walker 1967; Doku 1967; Enyi 1970*a*, *b*; Okigbo 1973) and its absence may reduce yield by as much as 30–50 per cent. Stalks of maize, sorghum, or millet are bent over to serve as stakes in savannah zones of Nigeria. Poles, pruned live shrubs, petioles of palm trees, and ropes are variously used for staking in the rain forest or derived savannah zones. Where the farmland has a high water-table and is prone to flooding during the rains, high mounds are constructed to prevent yam roots and new tubers from growing into the water. In such situations as obtained in the Abakaliki area of Eastern Nigeria, the vines either trail over

Fig. 11.3. Root depth of *D. rotundata.*

high mounds, which may be up to two metres high, or are trained to grow over branched twigs stuck into the mounds. Notwithstanding the contribution of staking to yam yield, stakes and staking account for substantial proportion of the production costs, about 13 per cent, which may be considered economical.

Fig. 11.4. Possible root length of *D. rotundata.*

The high cost of producing yams poses a serious threat to the existence of the crop and presents a challenge to those scientists involved in yam production. In an era of the revival of indigenous cultures, the production of yams has so far been sustained, by people's sentimental attachment to this food. How long purely cultural considerations will succeed in sustaining the existence of the yam at present production costs and in the face of growing economic awareness is in question. The answer lies in the reduction of production cost and increase in reproductive coefficient. More critical research in the fields of single-bud excision, judicious mechanization, effective control of weeds with herbicides, elimination of stakes, efficient usage of fertilizers, and storage or processing of harvested tubers should be adequately supported at international level.

References

Anon. (1975*a*). *Guide to rapid multiplication of yam tubers.* Advisory Bulletin No 2. Federal Agricultural Research Training Station, Umudike, Umuahia, Nigeria.
—— (1975*b*). *IITA Annual Report* p. 147. International Institute of Tropical Agriculture, Ibadan, Nigeria.
Coursey, D. G. (1967). *Yams.* Longmans, London.
—— (1972). The civilizations of the yam. Interrelationships of man and yams in Africa and the indo-pacific region. *Archeol. phys. Anthropol. Oceania* **7**, 215–33.
Doku, E. V. (1967). Root crops in Ghana. *Proc. 1st Int. Symp. Trop. Root Crops, Trinidad* **1**, 39–65.
Enyi, B. A. C. (1970*a*). Yams in Africa. *Proc. 2nd Int. Symp. Trop. Root Crops, Hawaii.* **1**, 90–3.
—— (1970*b*). Growth studies in Chinese yams (*Dioscorea esculenta*). *Proc. 2nd Int. Symp. Trop. Root Crops, Hawaii* **1**, 103.
Federal Ministry of Agriculture and Natural Resources (1974). *Agricultural Development in Nigeria 1973–1985,* pp. 85–7.
Federal Office of Statistics (1976). National Agricultural Sample Census of Nigeria 1974–5: first provisional estimates of area and production.
Ferguson, T. U. (1973). Tuber development in yams: physiological and agronomic implications. *Proc. 3rd Int. Symp. Root Crops, Ibadan, Nigeria.*
—— and Haynes, P. H. (1970). The response of yams (*Dioscorea* spp.) to nitrogen, phosphorus, potassium and organic fertilizers. *Proc. 2nd. Int. Symp. Trop. Root Crops, Hawaii* **1**, 93–6.
Haynes, P. H., Spence, J. A., and Walker, C. J. (1967). The use of physiological studies in the agronomy of root crops. *Proc. 1st Int. Symp. Trop. Root Crops, Trinidad* **1**, 1–15.
Miège, J. (1954). Les cultures vivrières en Afrique occidentale. *Cah. d'outre-mer* **7**, 25–50.
—— (1957). Influence de quelques caractères des tubercules semences sur la levée et le rendement des ignames cultivées. *J. Agric. trop. Bot. appl.* **4**, 315–42.
Njoku, E. (1963). The propagation of yams (*Dioscorea* spp.) by vine cuttings. *Jl. W. Afr. Sci. Ass.* **8**, 29–32.
—— Oyolu, C., Okonkwo, S. N. C., and Nwoke, F. I. O. (1973). The pattern of growth and development in *Dioscorea rotundata* Poir. *Proc. 3rd Int. Symp. Trop. Root Crops, Ibadan, Nigeria.*
Nwoke, F. I. O., Njoku, E., and Okonkwo, S. N. C. (1973). The effect of size of seed yams on yield of individual plants of *Dioscorea rotundata. Proc. 3rd Int. Symp. Trop. Root Crops, Ibadan, Nigeria.*
Nwosu, N. A. The production of 'seed yams' of the white Guinea yam (*Dioscorea rotundata* Poir.) from rooted leafy vine cuttings. (In press.)
Okigbo, B. N. (1973). Effects of cultivations and heights and directions of staking on eight yam cultivars. *Proc. 3rd Int. Symp. Trop. Root Crops, Ibadan, Nigeria.*
—— and Ibe, D. G. (1973). A new method of yam preparation. *Proc. 3rd Int. Symp. Trop. Root Crops, Ibadan, Nigeria.*

Oyolu, C. and Obanu, Z. A. Compositional changes in growing white Guinea yam (*Dioscorea rotundata* Poir.). I. Depletion of planted material. (In press.)
—— Compositional changes in growing white Guinea yam (*Dioscorea rotundata* Poir.). II. Distribution of dry matter components in organs of the plant during growth and development. (In press.)

Phillips, T. A. (1964). *An agricultural note book*. Longmans, London.

Sadik, S. and Okereke, O. U. (1975). Flowering, pollen grain germination, fruiting, seed germination and seedling development of white yam, *Dioscorea rotundata* Poir. *Ann. Bot. 39*, 597–604.

Sobulo, R. A. (1972). Studies on white yam (*Dioscorea rotundata* Poir.). III. Foliar analysis for nitrogen nutrition. *Expl. Agric. 8*, 271–9.

Socorro, G. and Cibes, H. R. (1975). Nutritional deficiencies of yam *Dioscorea* spp. and related effects on yield and leaf composition. *J. Agric. Univ. P. Rico 59*, 264–73.

US Department of Agriculture (1976). *Indices of agricultural production in Africa and the Near East 1956–75*. Statistical Bulletin, No. 556.

Waitt, A. W. (1963). Yams, *Dioscorea* species. *Fld Crops Abstr. 16*, 145–57.

12 Investigations on selection and production of edible yams (*Dioscorea* spp) in the western highlands of the United Republic of Cameroon

S. N. LYONGA* and J. A. AYUK-TAKEM

Abstract

This study, aimed at providing technical information and improved material for Cameroonian farmers, started with the collection of mainly local yam germplasm. By classification and selection from 114 types in three eco-logical zones based on the systems of Lawton (1967) and Martin (1973), we identified 63 cultivars, among which were three elites, Batibo (*Dioscorea cayenensis* Lamk.), Jakiri (*D. dumetorum* (Kunth)Pas.), and Oshie (*D. rotundata* Poir.) yielding respectively 20, 35, and 22 tonnes per hectare. These are being used for further work in the highlands and for producing selected clones.

Results on cultural techniques show no significant differences between yams planted on ridges and on flat seed-bed but the latter treatment had more defective tubers (6.4 per cent greening and rots) and poorer shape (20 per cent).

Optimum sett weight was 375–500 g for food yams and 125 g for seed yams. The most economic population density per hectare seems to be 15 000 stands (1 m × 0.67 m).

Staking yams was economical for *D. cayenensis* (39 per cent increase) and *D. rotundata* (52 per cent increase) but not for *D. dumetorum*.

Topping (milking) of yams had little commercial prospect.

Nitrogenous (160 units) and potassic (120 and 240 units) fertilizers signi-ficantly increased yam yields by 25 per cent and 22.5 per cent respectively.

Cost of planting material contributed to 36.6 per cent of cultivation costs per hectare with labour input of 390 man-days + 24 tractor hours per hectare.

This study has attracted the Government's financial assistance towards seed production.

Résumé

Cette étude, destinée à fournir des informations techniques et du matériel amélioré aux agriculteurs camerounais, a commencé avec l'établissement d'une collection d'ignames surtout locales. La classification et la sélection de 114 espèces en trois zones écologiques basées sur le système de Lawton (1967) et Martin (1973) ont permis d'identifier 63 cultivars, parmi lesquels se sont distinguées trois élites: Batibo (*Dioscorea cayenensis* Lamk.) Jakiri

* Part of the work reported here has resulted in a thesis in partial fulfilment of the require-ments for the degree of Doctor of Philosophy of the University of Ibadan, Nigeria.

(*D. dumetorum* (Kunth) Pas.) et Oshie (*D. rotundata* Poir.) produisant 20, 35, et 22 tonnes par hectare respectivement. Ces dernières sont utilisées pour des études supplémentaires dans les régions en altitude et pour la production de clones sélectionnés.

Les résultats des techniques culturales ne montrent pas de différences significatives entre l'igname plantée sur billons ou à plat, bien que cette dernière comporte plus de tubercules défectueux (6.4 pour cent verts et pourris) et d'une forme moins intéressante (20 pour cent).

Le poids optimum est de 375 à 500 g pour les ignames de consommation et 125 g pour les ignames de semence. La densité de population la plus économique semble être 15 000 pieds par hectare (1 m × 0.67 m).

Le tuteurage des ignames est économique dans le cas de *D. cayenensis* (39 pour cent d'augmentation) et *D. rotundata* (52 pour cent d'augmentation) mais pas dans le cas de *D. dumetorum.*

L'étêtage (milking) des ignames présente peu d'intérêt commercial.

Des engrais à base d'azote (160 unités) et de potasse (120 et 240 unités) augmentent les rendements d'une façon significative: 25 pour cent et 22.5 pour cent respectivement.

Le coût de la semence représente 36.6 pour cent des frais totaux de culture par hectare, et une main d'oeuvre de 390 jours/homme et 24 heures de tracteur sont nécessaires pour la culture d'un hectare d'ignames.

Le gouvernement a accordé une aide financière à cette étude en vue de la production de semences.

Introduction

The objectives of the investigations summarized in this paper were to provide a package of practical recommendations based on technical information, and to initiate the supply of improving yam planting material for the benefit of yam growers involved in a Government-sponsored Yam Production Scheme (Ndum 1965). This yam scheme was launched by the former West Cameroon Government to increase yam supply to a self-sufficient level, in order to stop exorbitant importations from neighbouring Eastern Nigeria which amounted to 4250 tonnes in 1965 (Anon 1973).

To achieve these goals, the necessity for a systematic broad-based research on yams was realized. These investigations, therefore, took six years (1969–1974) and covered the research programme summarized below.

1. The collection of local yam cultivars and importation of good varieties; the study of their performance in different ecological zones; simple and rough classification of local types; multi-locational yield trials of promising cultivars and the determination of their nutritional composition; selection of elites and production of clones for multiplications and distribution to growers.

2. Studies of the following yam cultural techniques — seed-bed preparation, optimum population density, size of planting material, time of planting, yam staking and topping and inter-cropping.

3. The effects and economics of the use of fertilizers.

4.   The study of the economics of yam production; tuber storage, weeds, diseases and pests associated with yam production.

This paper merely summarizes the findings of the various trials and does not try to give any details.

Materials and methods

Collection and selection studies

A nation-wide collection of local yam cultivars and 'types' was made between 1969 and 1974 in addition to importing good clones from Nigeria and Guadeloupe in the West Indies.

A total of 114 'types' (19 imported) within nine species were studied at Mfonta (Bambui) Station (1330 metres), and later at Ekona (424 metres), and Santchou (720 metres). Classification of these yams followed the system adopted by Lawton (1967) in respect of species, but involved ten characters instead of Lawton's nine, and that of Martin (1973) with regard to varieties involving fifty-five characters instead of Martin's eighty-three.

A preliminary selection of promising cultivars of the species *Dioscorea bulbifera, D. cayenensis, D. dumetorum,* and *D. rotundata* was made, and multilocational yield trials of these were carried out in four ecological areas; crude protein analyses and organoleptic tests were carried out on material from Bambui, the main research station (see Table 12.1).

The various operations of land preparation, clearing, ploughing, harrowing, and ridging, were carried out mechanically, using a Massey Ferguson 156 tractor and implements.

Studies on yam cultural techniques

Land preparation for all trials was as described above and planting took place between early February and the middle of March. The spacing used was one metre along ridges spaced one metre apart giving 10 000 stands to the hectare. Except in fertilizer trials, mixed fertilizers were used at the rate of 80 units of N plus 50 units of P_2O_5 and 120 units of K_2O per hectare. The phosphatic component was applied during planting and the nitrogenous and potassic ones were split equally into two and applied sixty and one hundred and twenty days after planting.

Yams had wooden stakes about three metres high, each stake supporting four stands (two from each of neighbouring ridges).

Table 12.2 lists out details of all trials on yam cultural practices.

Results and discussions

Collection and selection studies

A total of 114 'types' of yam including 19 imported cultivars within nine

Table 12.1. Information on multi-locational yam cultivar yield trials in four
sites between 1971 and 1973

Species	No. of cultivars compared	Experimental plot size (sq. metres)	No. of replicates	Planting dates
A. Bambui plain station 1330 m Humic soil				
D. bulbifera	5	50	8	18/3/71
D. cayenensis	3	20	8	28/3/71
D. cayenensis	5	40	6	10/3/72
D. dumetorum	8	10	5	15/3/71
D. dumetorum	6	20	6	12/3/72
D. rotundata	7	20	6	20/3/71
D. rotundata	4	30	6	28/2/73
B. Babungo site 1176 m Eutric cambisol				
D. cayenensis	4	40	6	28/2/72
D. cayenensis	4	40	6	10/3/73
D. dumetorum	10	30	6	28/3/73
D. rotundata	4	30	6	26/2/72
D. rotundata	4	30	6	3/3/73
C. Santchou site 720 m Alluvium soil				
D. rotundata	4	30	6	25/3/72
D. Befang site 605 m Eutric gleysol				
D. dumetorum	10	20	6	16/3/72
D. rotundata	3	20	6	30/3/71
D. rotundata	4	30	6	27/2/73

species were studied in three different ecological areas as summarized in
Table 12.3.

A rough classification resulted in the identification of sixty-three cultivars
from the 114 types (see Table 12.4).

'Types' and cultivars were numbered as follows: the first letter deals with
the first of the species, the next two numbers with the chronological collection order, and the last two indicate the year. For example B 1072 means
bulbifera accession No. 10 collected in 1972.

As a result of multilocational yield trials and chemical analyses, the
following elites on which further work on cultural techniques was based,
were selected:

> *Dioscorea cayenensis*
> Batibo (C 169) for the highlands
>   Yield average = 20 tonnes per hectare.
>   Crude protein = 7.4 per cent DM.

Table 12.2. Trials on cultural practices of yam (*Dioscorea* spp)

Title and site	Design	No. of treatment	No. of replicates	Experimental plot size (sq. metres) (sub. plots)	Year
Seed-bed preparation	Split plot	2-land preparation ×	4	60	1972–1974
Spacing and fertilizers on Oshie white yam at Bambui	(2 × 4 × 2)	4-spacings 2 fertilizers		30	
(a) Optimum weight of planting material of Oshie white yam at Bambui	Randomized blocks	5 weights of setts	6	20	1971
(b) Optimum weight of planting material of Batibo yellow yam at Bambui heads vs. rest of setts	Split-plot (5 × 2)	5 weights × 2 types of material	4	20	1972
(c) Optimum weight on Jakiri yam at Bambui heads vs. rest of setts	Split-plot (5 × 2)	5 weights × 2 types of material	4	20	
(d) Optimum weight of plant material whole yam seeds of Oshie white yam and spacing at Bambui	Split-plot (5 × 3)	5 weights × 3 spacings		20	1973
(a) Optimum time of planting yam at Bambui, grass mulching all treatments	Randomized blocks	8 planting dates	6	20	1972
(b) Optimum time of planting Oshie yam vs. types of sett vs. mulch at Bambui	Split-plot 11 × 2 × 2	11 dates × 2 types of setts × mulch no mulch	6	10	1973–1974
Height and type of stakes on three species of yams at Bambui	Split-plot 5 × 3	5 stakes × 3 species	4	40	1972–1974
(a) Topping (milking) of Mbam white yam at Befang	Randomized blocks	7	6	30	1973
(b) Topping Oshie yam Bambui	Randomized blocks	7	6	30	1973
(c) Topping yellow yam Bambui	Randomized blocks	7	6	30	1974 and 1975
Intercropping of Oshie yams with groundnuts and maize vs. levels of fertilizers at Bambui	Split-plot (7 × 3)	7 cropping with spacings × 5 levels of fertilizers	4	30	1974

As indicated in the table above, the following elite cultivars selected from the multiplicational tests were used in the trials on cultural techniques: Oshie white yam (*Dioscorea rotundata*), Batibo yellow yam (*D. cayenensis*), and Jakiri trifoliate yam (*D. dumetorum*).

Table 12.3. Yam types collected and studied in three ecological zones in Cameroon

Species	Station									Total collected
	Bambui 1969	Bambui 1970	Bambui 1971	Bambui 1972	Bambui 1973	Ekona 1973	Bambui 1974	Ekona 1974	Santchou 1974	
D. alata	6	5*	7	16(6)	23(6)	19(4)	23(6)	19(4)	10	26
D. bulbifera		8	8	10	10	10	10	10	6	10
D. cayenensis	7	17	17	17	23(4)	23(4)	23(4)	23(4)	11	24
D. dumetorum	10	11	11	18	18	16	18	16	9	18
D. esculenta	0	0	1(1)	3(1)	3(1)	3(1)	3(1)	3(1)	3(1)	3
D. liebrechtsiana	0	2	2	2	2	2	2	2	0	2
D. rotundata	4	5(1)*	9	15	15	13	15	12*	11	17
D. schimperiana	2	4	6	6	6	6	6	6	0	6
D. trifida	0	0	0	9(9)*	8(8)*	8(8)	8(8)	7(7)	6(6)	10
Unclassified	0	0	0	0	0	0	0	0	0	6
Total studied	37	52(1)	61(1)	102(20)	108(19)	100(17)	114(19)	98(16)	56(7)	—
Total collected	39	55	64	109	116	—	122	—	—	122

* Indicates failure of some cultivars to sprout or survive.
Parentheses denote the number of imported cultivars. They are included in the totals.

Table 12.4. Yam 'types' studied and classified into cultivars and selected from elite cultivars

Species	No. of 'types' studied	No. of cultivars identified	'Types' grouped as a cultivar	Selected elite cultivars
D. alata	23	None, due to scorch die back	None, due to scorch die back	None, due to scorch die back
D. bulbifera	10	7	5(B169 + B769) 6(B269 + B869) 7(B469 + B1072)	None of commercial importance
D. cayenensis	23	17	14(C269 + C870) C1570 + C1570 15(C669 + C970) 16(C1070 + 1670) 17(C1872 + C1972)	Batibo yellow (C169) for grassland plateau
D. dumetorum	18	13	11(D269 + D1472 + D1872) 12(D769 + D869 + D969) 13(D1572 + D1672)	Jakiri (D569) Adapted to the highland and lowland zone
D. esculenta	3	2	2(E272 + E372)	None adapted to grassland plateau
D. liebrechtsiana	2	2	—	None adapted to grassland plateau
D. rotundata	15	11	8(R670 + R770) 9(R971 + R1372) 10(R127 + R1672) 11(R1575 + R1772)	Oshie (R871), Mbot (R569) for grassland plateau; Bonakanda (R971), Ogoja (R670) promising in hot lowlands
D. schimperiana	6	3	1(S169 + S370) 2(S269 + S470) 3(S577 + S671)	None of commercial importance
D. trifida	8	8	—	Not adapted to grassland plateau. INRA 25 (T372) IRAT 29 (T872) are promising at Ekona
Unclassified	6	—	—	—

Dioscorea dumetorum
Jakiri (D 564) for both highlands and lowlands
Yield average =35.5 tonnes per hectare.
Crude protein = 9.4 per cent DM.

Dioscorea rotundata
Oshie (R 871) for the highlands
Yield average = 22 tonnes per hectare.
Crude protein = 8.2 per cent DM.
Mbot (R 569) for the highlands
Yield average = 19 tonnes per hectare.
Bonakanda (R 971) has shown promise in the lowlands. Ogoja (R 670) from Nigeria has shown promise in the lowlands.

Cultural techniques

SEED-BED PREPARATION   The yields of white yam (*D. rotundata*) on ridges one metre wide and on flat seed-beds were compared for three years. There was no significance in the yield of good tubers as indicated in Table 12.5.

Table 12.5. The effect of seed-bed preparation on white yam (*D. rotundata*) · combined results (1972–1974)

Particulars	Flat seed-bed	Ridges
Total yield (t/ha)	17.02	15.70
Weight of damaged tubers (green, dried rotted) (t/ha)	1.09(6.4%)	0.03(0.19%)
Total good tubers (t/ha)	15.93	15.67
Loss weight equivalent to cost of ridging (t)	0	0.24 (1.53%)
Comparable yield (t/ha)	15.93	15.43

It was noted that 6.4 per cent of the tubers from the flat seed-bed were not usable due to heaving which caused tuber greening and rot on exposure. Also 20 per cent of the yield of this treatment had poor tuber shape which reduced their market value.

In both treatments there were corresponding increases in yield due to increased plant population density from 5000 stands to 20 000 stands per hectare.

There were no interactions in the response of either treatment to mixed NPK fertilizer application.

OPTIMUM WEIGHT, AND TYPE OF YAM PLANTING MATERIALS ON THE YIELD OF WHITE YAM (*D. ROTUNDATA*)   In respect of weight of planting material, the yield of 1000 g weight planting material of 30.6 t per hectare, was 30.2 per cent, 75.8 per cent, 108.2 per cent, and 277.7 per cent over the yields of 500, 375, 250, and 125 g sett weight respectively.

Multiplication ratio and the net return per unit weight of planting, however, increased with reduction in sett weight indicating that better economic returns could be obtained with smaller planting materials. The results suggested that 125 g seed material is best suited to seed production and 375–500 g sett weight suited to ware yams production. Setts from the tops of tubers were better than from the 'middle and bottoms' of tubers.

Similar results were obtained in the case of Batibo yam (*D. cayenensis*) and Jakiri yam (*D. dumetorum*).

OPTIMUM TIME OF PLANTING YAMS   In Bambui Station, planting white yam in December was better than late planting. The yields of 31.0 tonnes and 25.8 tonnes per hectare for 'tops' and 'rest' of tubers respectively in the December planting decreased by 15.8 per cent by February, then sharply by 40.4 per cent in March, 75.4 per cent in April and 81.8 per cent at the end of May.

Mulching seemed to help 'tops' planting material more than the 'rest'. There was no significant interaction between time of planting and mulching.

STAKING OF YAMS   Staking of yams significantly increased yield of Batibo (*D. cayenensis*) by 39 per cent and Oshie (*D. rotundata*) by 52 per cent, but not of *D. dumetorum* which has a different morphology from the others. Height of stakes was an advantage only in respect of wooden stakes. Wire lines proved more expensive than wooden stakes even after depreciating their use over a number of years.

TOPPING OR 'MILKING' OF YAMS (DOUBLE HARVESTING)   Topping or 'milking' of yams to increase seed production showed that more whole seed-yams were produced but the total weight of material was not increased. Topped yams harvested prematurely, especially at eight weeks before maturity, did not store well. This practice as practised at present has little commercial prospect.

INTERCROPPING YAMS WITH MAIZE AND GROUNDNUTS   Intercropping yams with maize and groundnuts showed that maize shaded yams and caused a significant yield depression of yams. The yield of yams in the full stand as a sole crop averaged 12.2 tonnes per hectare as against a yam yield of 7.4 tonnes for the treatment yam full stand plus maize half stand and 5.2 tonnes yam yield in the treatment yam full stand plus maize full stand. These represented yam yield decreases of 39 per cent and 57.3 per cent respectively. Yield depressions on the full yam/maize intercrop was 23 per cent.

FERTILIZERS   Yams showed positive responses to nitrogen and potassium but not to phosphorus in the humic, alluvial, and colluvial soils of the western plateau.

The higher level of nitrogen (200 units per hectare) increased yields of Batibo yams *(D. cayenensis)* by 18 per cent, of Jakiri yam *(D. dumetorum)* by 25 per cent, and of Oshie cultivar *(D. rotundata)* by 21 per cent.

Potash at 120 and 240 units of K_2O per hectare increased yields of Oshie white yam by 13.4 per cent and 22.5 per cent respectively, when it was applied twice in early May and late June. The other two cultivars did not show response to potash, possibly because it was applied only once at planting time. In the case of Oshie yam N × K interactions were positively significant but not on Batibo *(D. cayenensis)* or Jakiri *(D. dumetorum)*.

Fertilizer use proved very economical, especially at the low levels of nitrogen and potash application where, in all species, extra return/extra fertilizer cost ratios of between 4.8 and 7.6 were obtained even in treatments which were statistically not significant.

It was also found that by applying nitrogenous fertilizer in July, the period of rapid leaf-area development and tuber initiation was better than application in April or in October.

It is considered necessary to link future fertilizer work with growth studies in order to come to a better understanding of the mechanisms responsible for greater yields.

The rising cost of fertilizers is a serious limitation to their use by peasant farmers.

WEEDS, DISEASES, AND PESTS   Weeds are a serious problem in yam cultivation. This study showed that weeding constituted over 10.5 per cent of the total cost of inputs per hectare, and 30.8 per cent of labour inputs per hectare coming only second to harvesting. Forty-one weeds were identified in the various yam fields. Of these only a few were difficult to eradicate. These were a sedge, *Cyperus rotundus* L., spear-grass (*Imperata cylindrica* Beauv.), and 'Black Jack' *(Bidens pilosa* L.).

Anthracnose mainly on *D. rotundata* caused by the fungus *Glomerella cingulata* (Stonem) Spauld and Schrenk was the most important disease. Spraying with 4.5 g of 'Manesan' 80 per cent proved more effective as a control rather than a curative measure.

In 1972 a virus was observed on *D. rotundata*. It caused chlorosis, vein banding, leaf distortion, bushiness, and stunting of plants. The incidence reached its peak of 15 per cent infection in 1973. No control measure was adopted.

Die-back disease was also observed on *D. alata* causing black scorching and nearly wiping out this species in Bambui in 1974.

Tuber rots caused by *Botryodiplodia theobromae* Pat. were serious during storage of *D. rotundata* and *D. cayenensis*.

The only serious pest of yams was the greater yam beetle (*Heteroligus meles* (Bilb)), at Babungo and Befang. Aldrin 2½ dust at 2.5 kg per hectare proved effective.

Yam storage

Traditional methods of storing yams in Cameroon have been described. Clamp storage practised by the people of the Dourou Plain in the north during the dry season is effective.

Storing yams in slatted wooden trays under ambient conditions in a ventilated cellar at Bambui produced different results with the different species. Yellow yam (*D. cayenensis*) lost 46.7 per cent of its weight after two months as against 32 per cent for *D. dumetorum* and 28.7 per cent for *D. rotundata* which did best by maintaining 53 per cent of good yams after 5 months of storage.

There was little difference between the keeping quality of fertilized and unfertilized yams in all three species tested, contrary to the allegations of some farmers.

Maturity was a big factor in tuber storage. In the case of *D. rotundata*, 58.2 per cent of mature tubers remained good after four months' storage as against 44.7 per cent and 12.5 per cent for those harvested one month and two months prematurely, respectively.

Light appears to be one of the factors that contribute to the rapid hardening of *D. dumetorum* a few days after harvesting, which renders it inedible.

These facts suggest a more detailed storage study in the future.

The economics of yam production

These investigations show that it costs 227.9 thousand francs CFA to grow one hectare of *D. rotundata*. Cost of seed material constituted 36.6 per cent of the cost of production and the highest input. This was followed by the cost of fertilizer, 11.4 per cent and harvesting, 11.2 per cent. The cost of weed and land preparation was 10.5 per cent each and of staking, 7 per cent.

Labour inputs per hectare amounted to 390 man-days plus 24 tractor-hours. The major components of labour were harvesting which was 32 per cent, weeding 30.8 per cent, and staking 14.4 per cent.

A yield of 10.87 tonnes of fresh tubers per hectare was required to break even when yam was selling at 22 francs CFA per kilogram allowing for 5 per cent damage losses.

The recorded yield of 17.48 tonnes per hectare, gave a gross profit margin of 60.4 per cent after deducting 5 per cent damage losses. This was considered highly economic under the conditions of this study.

References

Anon. (1973). *Production Yearbook* Vol. 27. FAO, Rome.
Lawton, J. R. S. (1967). A key to the *Dioscorea* species in Nigeria. *Jl W. Afr. Sci. Ass.* **12**, 1–9.

Martin, F. W. (1963). A collection of West African yams. *Proc. 3rd Int. Symp. Trop. Root Crops, Ibadan, Nigeria.*
Ndum, S. N. (1965). West Cameroon Yam Scheme. *Half Yearly Bulletin*, Ministry of Natural Resources **3**, 21–4.

13 L'igname au Togo

H. K. OLYMPIO

Résumé

Le Togo s'étend du Golfe du Bénin à la Haute-Volta sur 56 000 km². Le substratum géologique est essentiellement précambrien. Relief peu élevé, généralement inférieur à 200 m. Climat subéquatorial dans le Sud et tropical dans le Nord. Les sols sont essentiellement ferrugineux, marqués par l'hydromorphie de profondeur et l'individualisation du fer. La place de l'igname dans l'alimentation de base est prépondérante. Les principales espèces cultivées sont: *Dioscorea alata, D. rotundata, D. cayenensis, D. dumetorum, D. bulbifera.* La culture se fait sur buttes en tête de rotation. La mise en place d'un programme d'amélioration et de mécanisation de la culture est en cours.

Summary

Togo has an area of 56 000 km² with a low relief generally below 200 m. The climate is subequatorial in the south and tropical in the north. The soils are essentially ferruginous. Yams are the main staple food. The chief cultivated species are *Dioscorea alata, D. rotundata, D. cayenensis, D. dumetorum* and *D. bulbifera.* They are cultivated on mounds and come first in the crop-rotation system. A plant improvement and mechanical harvesting programme is being established.

Le milieu écologique

Le cadre géographique

Le Togo est situé en Afrique Occidentale entre le 6ème et le 11ème parallèle de latitude Nord d'une part, le méridien de Greenwich et le méridien 1°40′ de longitude Est d'autre part.

La superficie est de 56 000 km²

GÉOLOGIE ET RELIEF   Le Togo est essentiellement formé de terrains précambriens (gneiss, micaschistes, schistes, quartzites).

Le pays a une altitude généralement faible, le sixième à peine dépasse 400 m. Une chaîne de montagnes d'âge précambrien traverse le pays du N.NE au S.SO, c'est l'Atakora ou Monts Togo, qui culmine à 986 mètres.

CLIMAT, HYDROGRAPHIE ET VÉGÉTATION   Le Togo connaît deux types de climat:

(1) un climat subéquatorial, sensible dans la partie sud, depuis la côte

jusqu'à la latitude 8°20′ N; il comprend deux saisons pluvieuses et deux saisons sèches d'inégale durée.

(2) un climat de type tropical, sensible dans la partie nord, de 8°20′N à 11°N; il comprend une saison de pluies et une saison sèche de plus en plus marquée vers le nord.

La végétation se caractérise par:

(1) des forêts soudano-guinéennes et savanes de montagne (*Antiaris* sp. et *Chlorophora* sp) qui couvrent la chaîne;

(2) des forêts galeries, des savanes arborées plus ou moins denses dans la plaine.

SOLS Les sols sont essentiellement ferrugineux caractérisés par l'individualisation et l'induration fréquentes d'hydroxydes de fer et l'hydromorphie de profondeur.

Des sols ferralitiques, des vertisols et des sols hydromorphes existent également en îlots dispersés.

Le cadre social

Le Togo compte actuellement 2 500 000 habitants environ. La densité moyenne est de 35 habitants au km².

La population s'adonne surtout à l'agriculture dont la vie économique dépend pour plus de 80 pour cent.

Les principales cultures de rapport sont: le café, le cacao, le palmier à huile, le coton, et l'arachide.

Les principales cultures vivrières sont: l'igname, le manioc, le maïs, le sorgho, et le riz.

Il faut noter que le manioc et l'igname prennent de plus en plus un caractère de culture de rapport.

La plante

Origine et historique

Les Dioscoréacées sont représentées en Afrique par un seul genre: *Dioscorea* L. Les *Dioscorea* tiennent une place très importante dans le complexe alimentaire de plusieurs régions d'Afrique. Le terme général d'igname dérive probablement de certaines langues africaines qui qualifient les *Dioscorea* alimentaires de 'Niam'.

Il semble que les ignames aient été domestiquées depuis les temps préhistoriques dans les savanes limitrophes. On peut dire avec Miège (1954) que 'l'igname, du moins pour certaines espèces, est une invention africaine'.

Aire géographique

Alors que la moitié occidentale de l'Afrique de l'Ouest est la zone de prédilection du riz, la moitié orientale est une zone où l'igname joue un rôle de premier plan dans l'alimentation de base.

De la Guinée jusqu'à l'Etat Centre Africain, l'igname est souvent la plante essentielle.

Au Togo, la culture de l'igname est surtout développée entre les parallèles 7° et 9°30′ N, ce qui correspond à la Région des Plateaux et à la Région Centrale; plus au sud c'est le maïs et le manioc qui dominent et plus au nord le mil et le sorgho.

Classification et principales variétés

Les ignames sont des Monocotylédones qui appartiennent à la famille des Dioscoréacées. Cette famille, qui ne contient que neuf genres, n'est représentée en Afrique que par le seul genre: *Dioscorea* L.

Au Togo, où il existe un grand nombre d'espèces cultivées et sauvages, l'étude systématique des espèces principales et types variétaux n'a pas encore été réalisée.

A l'Institut des Plantes à Tubercules, grâce à nos prospections, nous avons mis en place une collection vivante. Notre objectif est de collectionner la plupart des espèces et variétés locales, de les observer dans différentes conditions écologiques, de dégager leurs principales caractéristiques et de procéder à l'amélioration quantitative et qualitative de la production.

Après avoir adopté une clef sommaire de détermination basée sur les formes des tiges et des feuilles, les premières observations de la collection nous ont permis d'ébaucher une classification des principales espèces cultivées dans la Région Centrale (centre de la production de l'igname au Togo):

Dioscorea alata
  1 Kabanga
  2 Lambor

Dioscorea rotundata – cayenensis
  1 Loboko
  2 Katala
  3 Lerou
  4 Tounatalou
  5 Tchabourou
  6 Kplindjo
  7 Kidjikankara

Dioscorea cayenensis
  1 Tsabé
  2 Gnalabo
  3 Alassora

4 Kpétinké
5 Kéké

Dioscorea dumetorum
1 Yema

Dioscorea bulbifera
1 Agbagnon

Morphologie de la plante

Les ignames sont généralement des plantes volubiles à tiges aériennes.

DIOSCOREA ALATA   Les tiges inermes sont vertes et rouges à maturité, elles présentent 3–4 expansions plates ou ondulées appelées ailes. Les pétioles sont également ailés.

Les feuilles sont glabres, à sinus profonds. Elles sont opposées. L'acumen est généralement long, effilé, assez étroit et plus sombre que le reste du limbe.

Les fleurs sont rares; lorsqu'elles existent, elles sont généralement mâles.

Les tubercules sont habituellement volumineux et de formes diverses. Ils pénètrent assez profondément dans le sol. La chair est aqueuse.

Il existe de nombreuses variétés différentes par la forme et la couleur de la chair des tubercules.

DIOSCOREA CAYENENSIS   La tige est parsemée d'aiguillons, ou est inerme; le sens de torsion est inverse du mouvement des aiguilles d'une montre; les bulbilles manquent.

Les feuilles sont alternes ou opposées. L'acumen est souvent bien développé surtout sur les feuilles de base.

Les tubercules sont généralement de forme allongée, plus ou moins digités à leur extrémité.

Il y a un nombre important de variétés. Certaines sont hâtives, elles fournissent deux récoltes. Les variétés dites demi-précoces sont mises en terre plus tard et ne donnent qu'une seule récolte.

DIOSCOREA ROTUNDATA   *D. rotundata* est une souche très proche de *D. cayenensis*. Cependant, *D. rotundata* possède des feuilles plus allongées, un cycle plus court et des tubercules à chair blanche (jaune chez *cayenensis*).

DIOSCOREA DUMETORUM   La tige est épineuse. Le pétiole est normalement épineux. Les feuilles alternes sont à trois folioles. Un groupe de gros tubercules est produit à la base des tiges.

DIOSCOREA BULBIFERA   La tige n'est pas épineuse, elle est cylindrique ou légèrement angulaire.

Les feuilles sont alternes, glabres, simples, plus ou moins longues et brusquement acuminées.

La plante dioïque porte des inflorescences soit mâles, soit femelles. Elle porte également des bulbilles dont la chair est souvent blanche, ferme et comestible dans quatre formes cultivées.

Ecologie

L'igname est une plante exigeante en eau surtout pendant les premiers mois de végétation. Au Togo, l'igname est surtout cultivée dans les zones dont la pluviométrie est égale ou supérieure à 1300 mm.

Température moyenne: 23 à 25 °C

Au point de vue sol, l'igname exige des sols légers, riches en potasse, bien drainés, à pH 6 à 7.

Culture

Actuellement, la culture de l'igname est essentiellement traditionnelle et itinérante dans les Régions Centrale et des Plateaux, en assolement dans la Région de la Kara.

Préparation du terrain

La culture de l'igname se place en tête d'assolement sur défriche de savane. Les défrichements sont effectués entre les mois d'août et décembre.

La préparation des buttes se fait progressivement lorsque les premières précipitations le permettent. Le nombre de buttes à l'hectare est variable: 2.000 à 2.500; la culture est faite souvent en association avec d'autres plantes; les écartements sont de l'ordre de 2,50 m; sur la plantation expérimentale de l'Institut des Plantes à Tubercules l'écartement adopté est de 1,50 m en tous sens.

Un essai de culture mécanisée de l'igname est en cours dans la Région Centrale. Cette première année a été consacrée à la mise au point des opérations de billonnage. Nous avons utilisé une billonneuse fabriquée à partir du modèle de la billonneuse israélienne Kidmah, qui a été recommandée par Vandevenne (1971) en Côte d'Ivoire. La billonneuse a les caractéristique suivantes:

largeur 2,55 m
longueur 1,30 m
deux paires de disques de 710 mm de diamètre

Les billons ont à leur base une largeur de 1,20 m à 1,30 m, et 40 à 45 cm de haut.

Choix des plants et plantation

La préparation des plants diffère suivant les espèces. Chez *D. dumetorum*, on plante les tubercules entiers, 2 à 3 tubercules par buttes. Chez *D. alata* chaque tubercule est sectionné en plusieurs semenceaux.

Les variétés précoces de *cayenensis* et *rotundata* sont plantées très tôt, dès les premières pluies, parfois même 2 à 3 mois avant les pluies, certainement pour favoriser la prégermination.

Les plants sont enfouis légèrement au sommet des buttes ou des billons.

Plusieurs expériences ont révélé un bénéfice net en faveur de la culture tuteurée, on utilise des perches d'environ 2 mètres de hauteur.

L'IRAT–Togo mène actuellement une étude sur le mode de tuteurage de l'igname:

(1) tuteurage sur fil de fer;

(2) tuteurage traditionnel

Les premiers résultats ont été les suivants (Tableau 13.1).

Tableau 13.1

Traitements	Rendements en t/ha
Tuteurage sur fil de fer	22,12
Tuteurage individuel	16,95
Témoin sans tuteurage	13,62

Coefficient de variation: 8,2%
Rendement moyen: 17,50 t/ha

Le résultat obtenu avec le tuteurage sur fil est significativement supérieur au tuteurage traditionnel. Cependant, l'application du tuteurage sur fil nécessite une manutention importante, surtout en plantation industrielle.

Entretien

Deux ou trois sarclages sont nécessaires pendant les trois premiers mois. Plus tard le feuillage de l'igname domine les mauvaises herbes. Le désherbage chimique sera envisagé la saison prochaine.

Récolte

La récolte est un opération délicate. On dégage chaque tubercule avec soin ce qui nécessite beaucoup de temps.

Les tubercules volumineux des espèces *alata* et *rotundata* sont difficiles à extraire du sol.

Rendement et production

Les rendements peuvent varier de 20 à 40 tonnes par hectare selon les espèces, le sol, et le soin apporté à la préparation du terrain et à l'entretien.

La Région des Plateaux et la Région Centrale par leur sol et leur climat, conviennent le mieux à la culture de l'igname. Les 9/10èmes de la production totale proviennent de ces deux régions.

Les superficies plantées en igname et les productions obtenues par région économique durant les quatre dernières années sont indiquées dans le Tableau 13.2.

Tableau 13.2

Région Campagne		Maritime	Plateaux	Centrale	Kara	Savanes	Togo
1973–74	S	1.300	14.900	20.300	1.700	1.000	39.200
	P	12.700	159.300	201.300	17.660	176	400.060
1974–75	S	—	15.600	20.500	—	—	—
	P	—	112.641	231.395	—	—	—
1975–76	S	—	15.900	22.500	—	—	—
	P	—	123.768	230.996	—	—	—
1976/77	S	1.600	17.500	25.200	3.000	1.500	40.800
	P	8.000	108.302	251.722	18.000	8.250	394.274

S = superficie plantée en ha
P = production en tonnes
Source: Statistiques agricoles

La Région Maritime, la Région de la Kara et la Région des Savanes sont déficitaires en ignames, leur production a été insignifiante en 1975 et 1976.

Maladies et ennemis

Il existe au Togo diverses maladies. D'après les observations et études du Service Togolais de la Protection des Végétaux, les principaux ennemis et maladies de l'igname sont les suivants:

Maladie à virus

Les viroses sont rares, le seul symptôme observé est le recroquevillement des feuilles.

Maladies bactériennes

Dans la Région Centrale (Sotouboua) une attaque bactérienne a été observée, elle se caractérise par une attaque angulaire nécrotique avec sécrétions sur les feuilles. Il y a décomposition des tubercules de certaines variétés. On a constaté la présence de bactéries sur ces tubercules, on n'a pas pu encore attribuer cette décomposition à un seul organisme.

Maladies cryptogamiques

Sur les feuilles, on a constaté des taches nécrotiques rondes ou ovales dues à un cryptogame non encore identifié. *D. alata* est le plus sensible à cette maladie.

   Les blessures physiologiques peuvent provoquer la pourriture des tubercules dans les buttes. Après récolte, si les tubercules sont stockés dans un milieu humide et chaud, il y a noircissement interne suivi de pourriture.

Animaux nuisibles

LES COCHENILLES   Les cochenilles farineuses sur les tubercules causent beaucoup de dégâts. Elles provoquent souvent la pourriture sèche des semences au stockage ou après plantation.

LES DIPLOPODES   Les diplopodes ou mille-pattes causent souvent des dégâts sur les tubercules si ces derniers sont conservés dans des fosses. Les perforations faites par les diplopodes sont des portes d'entrée pour d'autres organismes.

LES TERMITES   Les termites construisent des galeries sur les tubercules. Il n'y a pas de dégâts directs sur les tubercules, mais le matériel végétal servant d'abri peut être détruit.

Conservation et utilisation

Conservation

Dans un milieu sec et bien aéré, des tubercules d'igname qui ne présentent aucune blessure peuvent être conservés pendant plusieurs mois.

Utilisation

L'igname joue un rôle important dans l'alimentation de base au Togo surtout dans la moitié sud du pays. Les tubercules d'igname sont consommés sous les formes suivantes (noms 'ewé')

   Igname pelé, coupé, en 'ragoût': *Eteba*

Igname pelé, coupé, bouilli: *Etéko*
Igname pelé, coupé, grillé: *Etémémé*
Igname pelé, coupé, frit: *Etékoliko*
Igname pelé, coupé, bouilli, réduit en purée: *Eba*
Igname pelé, coupé, bouilli, pilé: *Fufu* (préparation la plus courante)
Igname pelé, coupé, séché (cossette): *Etékokoté*
Igname pelé, râpé, frit en boule: *Etékaklo*

Les épluchures d'igname sont utilisées pour l'alimentation des animaux (petits ruminants).

Une étude sur les possibilités de transformation des tubercules d'igname en flocons ou fécule est en cours.

Conclusion et améliorations envisagées

L'igname joue un rôle très important dans l'alimentation journalière de base au Togo. Sa culture est pratiquée un peu partout dans le pays. Cependant les Régions Centrale et des Plateaux, où les conditions édaphiques et climatologiques conviennent bien aux exigences de l'igname, fournissent les 9/10èmes de la production nationale.

Actuellement, cette culture est essentiellement traditionnelle et itinérante, les opérations sont pénibles et exigent beaucoup de main-d'oeuvre. Aussi, son intégration dans un système de culture modernisé pose-t-il des problèmes difficiles à résoudre.

Cependant, écarter la culture de l'igname des systèmes de culture modernes ne peut pas être envisagé, compte-tenu de l'importance que la masse de la population continue à accorder à cette plante dont la valeur nutritive est intermédiaire entre les céréales et le manioc. Une action de modernisation des opérations culturales et d'amélioration qualitative et quantative de la production est donc nécessaire selon le schéma suivant:

(1) *La mécanisation de la culture.* Une expérimentation avec plantation sur billons est en cours.

(2) *La lutte contre les mauvaises herbes.* Les opérations de sarclage sont coûteuses, des essais d'herbicides seront mis en place la saison prochaine.

(3) *Le problème de tuteurage.* L'IRAT a étudié plusieurs modes de tuteurage afin de mettre au point une technique peu coûteuse et simple pour les opérations de tuteurage. Le tuteurage sur fil s'est montré significativement supérieur au tuteurage traditionnel (rendement supérieur de 30%) qui lui-même dépasse largement le témoin sans tuteur.

Ce système de tuteurage sur fil sera testé sur une superficie importante par l'Institut des Plantes à Tubercules.

(4) *La sélection variétale.* Il existe à l'IRAT et à l'Institut des Plantes à

Tubercules des collections de différentes variétés qui sont en observation dans différentes conditions écologiques.

Dans une seconde étape, il faudra sélectionner parmi les meilleures variétés (haut rendement et qualité organoleptique), celles dont les tubercules présentent des aptitudes à la culture mécanisée.

(5) *Le problème du stockage.* Les techniques de conservation sont peu évoluées, les pertes après stockage sont élevées (environ 30%). L'étude de ce problème demande également à être envisagée.

La valeur nutritive de l'igname n'est pas à dédaigner et sa production la classe parmi les produits vivriers les plus productifs (Tableau 13.3.)

Tableau 13.3.

Production de calories

Espèces	Rendements en kg/ha	Calories par kg	Calories par ha
Riz irrigué	2500	3600	9 000 000
Igname	9000	900	8 100 000
Manioc	5000	1090	5 450 000
Patate douce	2000	1200	2 400 000

Extrait de: Perspectives décennales de développement économique, social et culturel 1960–1970. Ministère du Plan.

On peut comparer la valeur nutritive de l'igname avec celles d'autres plantes alimentaires à racines ou tubercules (Tableau 13.4.)

Tableau 13.4.

Espèces	MS (%)		Protéines (%) *	Mat. gras. (%) *	Hydrates carbone (%) *	Fibres (%) *	Cendres (%) *
	†	*					
D. alata	25,0	37,0	2,6	0,2	31,8	0,7	1,7
D. rotundata	31,0	37,1	1,8	0,2	33,2	0,7	1,2
Manioc	36,0	44,5	0,7	0,2	42,0	0,9	0,7
Pomme de terre	—	21,0	2,0	0,1	17,3	0,4	1,2

* selon Watson 1971   † rapports IRAT/CI., 1970–1971   MS: matière sèche

On constate que la teneur en protéines de l'igname est de l'ordre de 5 à 10 pour cent.

Il faut cependant tenir compte du fait que cette faible richesse de l'igname en protéines est compensée par les quantités importantes d'igname consommées par jour et par habitant.

Tableau 13.5. Coût des travaux

Travaux	Coût en F CFA (2 Ha)	Main d'oeuvre en homme-jour par ha (estimation)
Défrichement	10 000	13
Abattage et dessouchage	49 600	62
Débardage	20 000	25
Buttage 10F/butte	62 630	78
Plantation	20 000	25
Tuteurage	16 800	42
1er sarclage	10 712	13
2ème sarclage	14 008	17
3ème sarclage	4 552	6
Récolte–transport–stockage	24 720	30
Total	233 002	311
Achat de boutures	130 355	
Total	363 357	311

Date de plantation: Du 6 au 21 mai 1977 et du 4 au 9 juin 1977
Récolte et stockage: Date de récolte du 23 janvier au 8 février 1977
Production totale: 8780 kg
Rendement à l'hectare: 4390 kg

Tableau 13.6. Evaluation des variétés

Variétés	Production totale en kg	Rendement en kg/ha	Forme des tubercules	Maladies et ennemis des cultures
Katala	12	3631,96	Cylindrique	Mycose, virose, bactériose
Loboko – Sotouboua	28	4226,85	Cylindrique	Mycose, virose, bactériose
Loboko – Bassar	22	4477,33	Cylindrique	Mycose, virose, bactériose
Kidjikankara	49	6293,31	Cylindrique	Mycose, virose, bactériose
Tchabourou	125	9111,21	Cylindrique	Mycose, virose, bactériose
Lerou	386	7263,92	Cylindrique	Mycose, virose, bactériose
Tounatalou	50	7263,92	Rond	Mycose, virose, bactériose
Kplindjo	71	5354,01	Cylindrique	Mycose, virose, bactériose
Alassora	2600	7545,71	Cylindrique	Mycose, virose, bactériose
Gnalabo	1097	9925,27	Cylindrique	Mycose, virose, bactériose
Tsabé	872	9424,31	Cylindrique	Mycose, virose, bactériose
Kéké Sotouboua	650	7514,40	Cylindrique	Mycose, virose, bactériose
Kéké – Bassar	39	6731,65	Cylindrique	Mycose, virose, bactériose
Yema	47	11 647,32	Irrégulier	Mycose
Kpétinké	61	7577,02	Cylindrique	Mycose, virose, bactériose
Kabanga	588	12 555,31	Ovale	Balais de sorcière
Lambor	326	10 676,71	Ovale	Balais de sorcière
TDa 161	86	6825,58	Irrégulier	
TDa 223	326	15 404,52	Irrégulier	
TDa 228	664	10 363,61	Cylindrique	
TDa 251	681	13 525,92	Cylindrique	

Observations: Le retard de plantation auquel s'ajoutent les anomalies climatiques expliquent la faiblesse des rendements.
On a observé des attaques de tubercules par les rongeurs.

Références

Miège, J. (1954). Les cultures vivrières en Afrique occidentale. Etude de leur répartition géographique, particulièrement en Côte d'Ivoire. *Cah. d'outre-mer* **7**, 25–50

Vandevenne, R. (1971). *Contributions à l'étude de la mécanisation de la culture de l'igname en Côte d'Ivoire*. IRAT, Bouaké, Côte d'Ivoire.

Watson, I.D. (1971) Investigations on the nutritive value of some Ghanaian food-stuffs. *Ghana J. Agr. Sci.* **4**, 95–111.

14 De quelques caractères discriminatoires entre les taxons infraspécifiques de *Dioscorea bulbifera* L.

J. MIÈGE

Résumé

Dioscorea bulbifera L. a une aire très vaste qui couvre une grande partie de l'Afrique et de l'Asie tropicales. En Afrique occidentale l'espèce est très polymorphe. Après avoir passé en revue les opinions parfois contradictoires de divers auteurs, les uns jugeant qu'il existe deux espèces (l'une asiatique, l'autre africaine), les autres prétendant qu'il n'y en a qu'une multiforme, les caractères de plusieurs variétés sauvages et cultivées sont examinés qui permettent une meilleure discrimination. Sont ainsi envisagés successivement la morphologie des bulbilles, les nombres chromosomiques ($2n = 40, 50, 60$ chromosomes), les épidermes foliaires observés au microscope électronique à balayage. Les sections des pétioles à différents niveaux semblent fournir également des critères de distinction intéressants.

Summary

Dioscorea bulbifera L. covers a vast area of tropical Asia and Africa. In the west of Africa the species is very polymorphous. Several contradictory opinions have been put forward by different authors. Some writers believe that there are two existing species (one Asian and the other African). Others claim that there is only one multiform species. The characters of several wild and cultivated varieties have been examined which enable a better discrimination. The following have also been viewed successively: the morphology of bulbils, the chromosome numbers ($2n = 40, 50, 60$ chromosomes), the foliar epidermis observed by scanning electron microscope. The sections of leaf-stalks at different levels seem to provide also interesting criterion of distinction.

Introduction

L'aire de répartition de *Dioscorea bulbifera* L. est considérable puisqu'elle s'étend à la fois aux régions intertropicales d'Afrique et d'Asie et se poursuit jusqu'aux îles les plus éloignées du Pacifique. Cette espèce a été introduite en Amérique où elle est cultivée et se rencontre occasionnellement à l'état spontané.

L'espèce est polymorphe. Sur la base principalement de la distribution géographique des formes qui la composent, les auteurs ont eu des vues divergentes sur son statut. En outre, il y eut des confusions nomenclaturales qui ont compliqué un problème déjà par nature délicat. Au cours du siècle dernier, nombreux furent, en effet, les botanistes qui lui ont appliqué le nom illégitime de *Dioscorea sativa*, terme qui, pour des raisons techniques (Prain et Burkill 1919), n'est plus donné à aucune espèce de *Dioscorea*.

Classification

Pour Prain et Burkill (1936) qui ont examiné avec beaucoup de soin les formes asiatiques et plus superficiellement les formes africaines, il n'existe qu'une seule espèce: *D. bulbifera*. L. couvrant toute l'aire et de laquelle relèvent donc toutes les variétés connues quelles que soient leurs origines. Cependant, les variétés africaines ne sont pas les mêmes que les variétés asiatiques. La distinction des deux groupes tiendrait d'une part, à leur localisation géographique, d'autre part, au fait que les asiatiques produisent des bulbilles globuleuses, qu'elles soient sauvages ou cultivées alors que les africaines donnent naissance à des bulbilles toujours plus ou moins anguleuses. Les deux auteurs regroupent ces dernières en une seule variété *D. bulbifera* var. *anthropophagorum*.

Pour Chevalier, les caractères ci-dessus sont suffisants pour séparer en deux espèces, les deux groupes. Cet auteur applique le nom de *D. bulbifera* L. aux premières et celui de *D. anthropophagorum* A. Chev. (Chevalier 1905, 1913) au second. Cette appellation est restée à l'état de *nomen nudum*.

Dans un article plus récent, Chevalier (1936) revient sur ce problème. Il se réfère à Bentham (1849) pour grouper les formes africaines dans l'espèce *D. latifolia* Benth. qu'il subdivise en six variétés:

(1) Tiges grêles, plantes de petite taille 1.50 m maximum. Feuilles petites, ovales-hastées ou hastées-lancéolées, à sinus large, 5–7 × 4.5–6.5 cm. Bulbilles minuscules, 3 à 8 mm, arrondies, verruqueuses grisâtres. Inflorescences grêles peu nombreuses.   *senegambica*.

(1′) Tiges robustes, plantes dépassant 3 m.

(2) Plantes cultivées de grande taille (3 à 6 m) tubercule souterrain insignifiant ou nul, grosses bulbilles (6–10 cm), subtriquètres, grisâtres, chair légèrement blanc jaune, comestible.

(2′) Plantes sauvages, bulbilles âcres toxiques.   *anthropophagorum*.

(3) Afrique centrale.

(4) Feuilles plus longues que larges, violacées, pétioles moyens (7 cm), bulbilles violacées, allongées, fusiformes.   *violacea*.

(4′) Feuilles plus larges que longues, pétioles longs (12 cm), racèmes de longueur supérieure à 40 cm.   *longipetiolata*.

(3′) Afrique occidentale.

(5) Plante robuste, 3–10 m, bulbilles 2–5 cm, très âcres, périderme gris verruqueux.   *sylvestris*.

(5′) Bulbilles grosses à angles arrondis, taille du poing jusqu'à 150 g ou plus, périderme gris ou violacé, verruqueux, chair blanc verdâtre ou violacée, toxique, cultivée comme plante fétiche.   *contralatrones.*

En outre, Chevalier (1952) reconnaît l'existence de *D. bulbifera* var. *birmanica* Prain et Burkill en Afrique. La plante aurait été importée et diffusée par les arabes et les portugais. Elle ne serait pas florifère mais produirait par contre des bulbilles grosses, subtriquètres, gris cendré à presque blanches, à chair ferme, blanche, comestible.

. La reconnaissance des variétés ci-dessus est basée principalement sur les caractères des bulbilles, sur la taille des individus, sur la forme, la dimension, et la coloration des feuilles. Malheureusement, aucune figure n'illustre la partie de l'article qui traite de ces taxons. Les numéros d'herbier ne sont pas cités. En herbier, d'ailleurs, beaucoup des organes mentionnés manquent ou sont rarement représentés; les échantillons sont toujours insuffisants.

Burkill (1939) revenant sur les observations de Chevalier n'admet pas ces conclusions. Il persiste à considérer qu'il n'existe qu'une seule espèce *D. bulbifera* L. englobant toutes les formes et il préfère réserver l'appellation *D. bulbifera* var. *anthropophagorum*, comme il l'avait fait, aux plantes produisant des bulbilles anguleuses qui, par surcroît, sont africaines. Il juge qu'il vaut mieux parler de races que de variétés botaniques à l'intérieur de ce trinôme car elles ne seraient pas reconnaissables en herbier. Burkill ajoute que l'étude des variétés africaines n'est pas assez poussée et qu'il est nécessaire d'entreprendre une recherche complète et expérimentale pour éclairer leur position systématique. Il reconnaît, cependant, que les formes africaines se distinguent des asiatiques.

En 1952, nous avons dressé une clé basée sur des échantillons de Côte d'Ivoire. Cette clé, modifiée en tenant compte des données contenues dans l'intéressant travail de Mme Buffard-Morel: 'Quelques *Dioscorea* à bulbilles trouvés en Côte d'Ivoire', en voie de publication, est présentée ci-dessous:

(1) Formes à grand développement dépassant 4 à 6 m de long et pouvant atteindre de plus grandes dimensions. Aspect robuste. Feuilles largement cordées, dont la longueur est ordinairement supérieure à 13–14 cm. Bulbilles grosses pesant plus de 50 g.

(2) Bulbilles à périderme gris clair lustré ou légèrement beige à chair blanche ou jaune, habituellement arrondies ou si elles offrent des pans, ceux-ci sont à bords émoussés. Plantes très souvent non ou peu florifères. Formes améliorées par l'homme, cultivées et comestibles.

(3) Tubercules gros, lisses, à chair blanche ou légèrement jaune (Fig. 14.1(a))...   *birmanica* Pr. & Burk.

(3) Pas de tubercule ou peu développé; toutes les réserves dans les bulbilles qui sont volumineuses...   *sativa* Pr. & Burk.

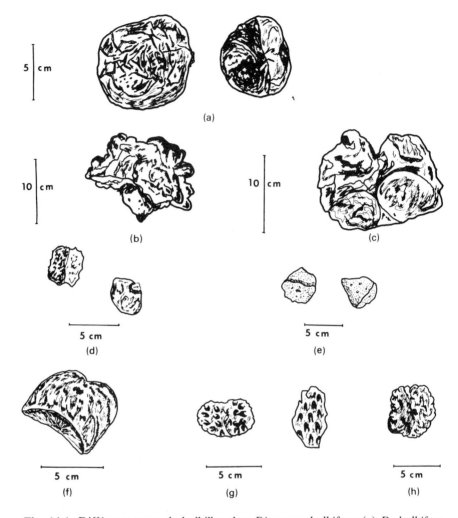

Fig. 14.1. Différents types de bulbilles chez *Dioscorea bulbifera*: (a) *D. bulbifera birmanica*; (b) *D. bulbifera sylvestris*; (c) *D. bulbifera anthropophagorum*; (d) *D. bulbifera soubreana*; (e) *D. bulbifera senegambica*; (f) *D. bulbifera deltoidea*; (g) *D. bulbifera alveolata*; (h) *D. bulbifera verrucosa*.

 (2) Bulbilles grosses, anguleuses, à bords lobés. Plantes sauvages, florifères. Bulbilles toxiques, à périderme plus ou moins verruqueux (Fig. 14.1b)) . . .   *sylvestris* A. Chev.
  (4) Périderme gris, chair jaune (forme a)
  (4) Périderme brun, chair rouge vineux (forme b)
 (1) Plantes de développement moins important, ne donnant pas, même si elles atteignent une taille relativement élevée, la même impression de

robustesse. Tiges moins épaisses. Plantes généralement florifères (moins dans les formes cultivées)

(5) Plantes cultivées à bulbilles comestibles

    (6) Bulbilles dont le plus grand diamètre atteint 6–10 cm, subtriquètres à bords assez anguleux, souvent verruqueuses; quelquefois, les bulbilles sont lobées; épiderme lisse; chair blanc jaunâtre à jaune. Tubercule souterrain insignifiant (Fig. 14.1(c)) . . .   *anthropophagorum* A. Chev.

    (6) Cultivar à petites bulbilles à chair beige rosé Tubercule non consommé (Fig. 14.1(d)) . . .   *soubreana* J.M.

(5) Plantes sauvages, à bulbilles toxiques

    (7) Plantes de petite taille dépassant rarement 2 m.

    Feuilles nettement plus longues que larges, de 5–7 cm de long sur 4–6 cm de large.

    Bulbilles de la taille d'un pois ou d'une fève, arrondies ou en forme de cône tronqué, à sommet aplati.

    Inflorescences grêles, chair jaune verdâtre ou teintée de mauve (Fig. 14.1(e)) . . .   *senegambica* A. Chev.

    (7) Plantes plus élevées

(8) Plantes toujours tachées de violet ou de pourpre au renflement basal du pétiole. Tige rosée au-dessus de l'aisselle des feuilles Bulbilles à périderme foncé

Chair violette . . .   *purpurascens* J.M.

(8) Plantes non marquées de violet ou de pourpre

(9) Feuilles triangulaires-cordées, à sinus large, fines, à nervures secondaires moins régulièrement parallèles que dans les autres formes Bulbilles beiges ou brunes (Fig. 14.1(f)) . . .   *deltoïdea* J. M.

(9) Feuilles cordées, plus épaisses, à nervation secondaire très parallèle

    (10) Feuilles aussi longues que larges, à acumen peu ou pas défini. Tiges et feuilles vert foncé

    Bulbilles plutôt petites (moins de 10 g), à périderme noirâtre, chair violet foncé . . .   *nigrescens* J. M.

    (10) Feuilles et tiges d'un vert moins sombre

        (11) Bulbilles de formes variées mais toujours profondément creusées d'alvéoles caractéristiques. Bulbilles brun plus ou moins foncé, mates (Fig. 14.1(g)) . . .   *alveolata* J. M.

        (11) Bulbilles plus ou moins verruqueuses, non alvéolées mais à bords festonnés (Fig. 14.1 (h)) . . .   *verrucosa* J. M.

La distinction de ces formes ou variétés — leur position systématique étant pour l'instant difficile à préciser — si elle apporte quelques éléments sur la diversité et la complexité de l'espèce *D. bulbifera* est cependant trop imprécise. Il faudrait la compléter par des caractères plus nombreux et mieux définis.

Pour ce faire, il serait utile, d'une part, de réunir une collection très complète, d'autre part, d'examiner en plus des caractères morphologiques classiques d'autres caractères pouvant apporter un appui important dans la reconnaissance des taxons infraspécifiques.

Nos observations caryologiques (1954) ont confirmé la variabilité de l'espèce. Le polymorphisme cytologique correspond au polymorphisme morphologique. Les valeurs suivantes, $2\,n$ =36, 40, 54, 60, 80 ont été trouvées sur des échantillons ivoiriens. Martin et Ortiz (1963) ont décompté 40 et 80 chromosomes tandis que Ramachandran (1968), sur 6 clones indiens, relève 80 et 100 chromosomes ($2n$). Ces résultats sont insuffisants pour tirer des conclusions générales. Ils laisseraient supposer que les formes asiatiques contiennent des nombres chromosomiques élevés; les formes africaines auraient des valeurs plus basses. Mais pour donner de meilleures réponses, il faudrait multiplier les comptages sur un grand nombre de plantes provenant de populations habitant des régions différentes. Les données palynologiques peuvent offrir malgré l'uniformité générale des pollens de *Dioscorea*, quelques indications utiles (Miège 1965).

Suivant les voeux de Burkill, nous avons débuté une nouvelle étude des *Dioscorea bulbifera sensu lato* d'Afrique occidentale. Dans cette note préliminaire, les caractéristiques de quatre échantillons sont données. Nous devons ceux-ci à l'obligeance de Mme Buffard-Morel qui entreprend une étude du développement ontogénique des bulbilles. Ces ignames sont représentées dans les champs expérimentaux de l'ORSTOM à Adiopodoumé (Côte d'Ivoire). Voici leurs principaux caractères.

Bulbilles (Fig. 14.2)

n° 39 – forme sauvage; bulbilles anguleuses brun violacé, aplaties, diamètre de 5,5 cm, bords festonnés, aréoles légèrement en creux.

n° 40 – forme cultivée; bulbilles arrondies, grisâtres, crêtes nettes, périderme verruqueux; $9 \times 7 \times 5$ à 6 cm.

n° 41 – forme cultivée; bulbilles globuleuses aux contours émoussés; périderme pouvant être fissuré ou fendillé, gris clair; aspect lisse, aréoles effacées, peu saillantes.

n° 44 – forme sauvage; bulbilles plus ou moins anguleuses, bords plus légèrement festonnés que dans le n°39; verrues saillantes, larges; périderme brunâtre.

Cytologie (Fig. 14.2).

Les observations ont été faites sur méristèmes racinaires après prétraitement au bromonaphtalène, fixation à l'alcool acétique (3:1) et coloration au carmin acétique. Les plaques métaphasiques sont peu nombreuses

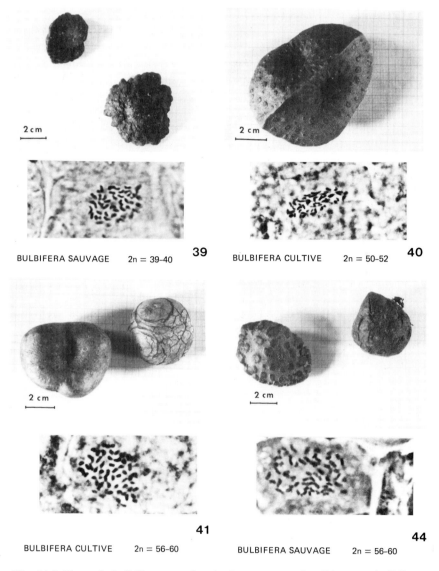

Fig. 14.2. Types de bulbilles et nombre de chromosomes chez *Dioscorea bulbifera*.

malgré des prélèvements effectués à diverses heures de la journée. Les racines épaisses en sont pratiquement dépourvues; elles sont moins rares dans les petites radicelles.

n° 39: $2n = 40$ chromosomes de taille moyenne,
n° 40: $2n = 50$ chromosomes petits,

n° 41: $2n = ca$ 60 chromosomes relativement grands,

n° 44: $2n = ca$ 60 chromosomes relativement grands.

Comme nous l'avions déjà signalé en 1952, sur certaines plaques métaphasiques, on observe 2 à 3, parfois 4 chromosomes, selon les figures, paraissant reliés les uns aux autres, bout à bout.

Surfaces épidermiques foliaires (Figs. 14.3 et 14.4).

L'examen au microscope électronique à balayage des divers organes des plantes est souvent une source abondante de renseignements discriminatoires.

Dans la présente étude, nous avons considéré en premier lieu, les épidermes foliaires supérieurs. La comparaison des images provenant de différents points d'une même feuille et de feuilles différentes comparables nous a permis de constater leur ressemblance. Cette vérification une fois effectuée, notre choix s'est porté sur la partie inférieure du limbe à mi-distance environ entre la nervure principale et la marge de la feuille, en un point suffisamment éloigné des grosses nervures.

L'observation des figures met en évidence:

(1) que les cellules épidermiques de la face adaxiale présentent une surface cuticulaire très ridée chez tous les échantillons examinés de *D. bulbifera*;

(2) que des différences parfois notables, d'autres fois plus subtiles, sont visibles et permettent de distinguer plus ou moins facilement les divers spécimens;

(3) que des stomates existent sur la face supérieure mais ils sont beaucoup moins abondants que sur la face inférieure;

(4) que des poils capités parsèment ces épidermes;

(5) les différences avec les autres espèces sont très nettes et différentielles (voir figures *D. dumetorum, D. esculenta, D. hirtiflora*).

Section des pétioles (Fig. 14.5).

Des caractères qui paraissent avoir un certain poids dans la comparaison et la discrimination des espèces et des variétés sont ceux concernant les dimensions, la forme et les autres paramètres tirés de l'examen des sections de pétioles, les coupes étant opérées à trois niveaux différents: (1) dans le renflement qui rattache le pétiole au limbe; (2) dans la partie médiane; (3) dans le renflement basal, à proximité de la tige. Des différences sensibles ont été relevées entre les quatre variétés considérées comme nous pouvons nous en rendre compte d'après les figures.

Il faut ajouter que les caractères tirés de la nervation des feuilles et en particulier de sa densité fournissent d'utiles renseignements (Miège 1972).

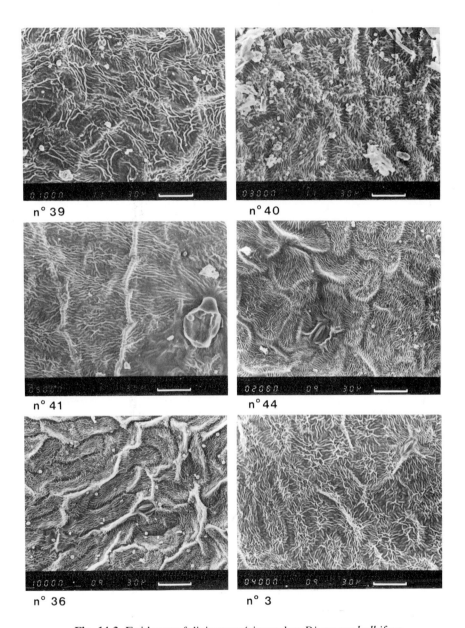

n° 39   n° 40

n° 41   n° 44

n° 36   n° 3

Fig. 14.3. Epidermes foliaires supérieurs chez *Dioscorea bulbifera*.

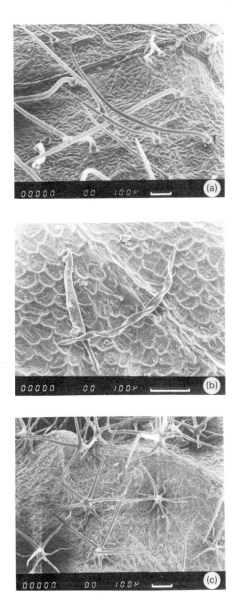

Fig. 14.4 Epidermes foliaires supérieurs chez d'autres espèces: (a) *Dioscorea dumetorum*; (b) *Dioscorea esculenta*; (c) *Dioscorea hirtiflora*.

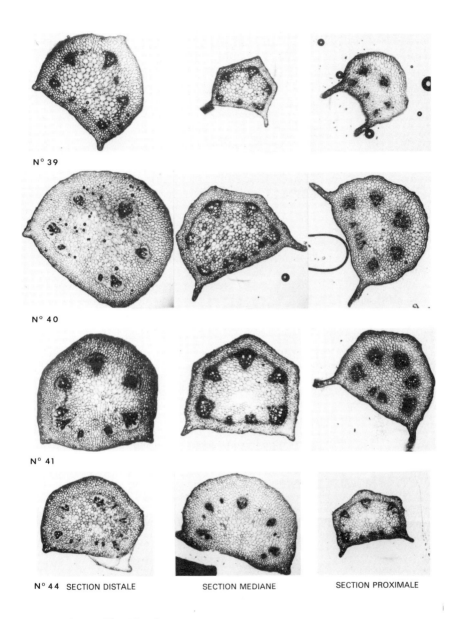

Fig. 14.5. Sections des pétioles chez *Dioscorea bulbifera*.

Conclusions

Il semble donc que de nouveaux caractères dont la stabilité devra être confirmée (bien que les premières observations la laissent supposer) sont utilisables et peuvent venir renforcer les moyens déjà existants de distinction et de séparation des formes composant l'espèce complexe *D. bulbifera*. Peut-être permettront-ils en association avec d'autres, de déterminer si cette espèce complexe doit être fragmentée en deux groupes spécifiques distincts, l'un africain, l'autre asiatique.

Références bibliographiques

Buffard-Morel, J. Quelques *Dioscorea* à bulbilles trouvés en Côte d'Ivoire. *Ann. Univ. Abidjan* (sous-presse).

Burkill, I. H. (1939). Notes on the genus *Dioscorea* in the Belgian Congo. *Bull. Jard. bot. Etat Brux*. **15**, 345–92.

Chevalier, A. (1905). *Les végétaux utiles de l'Afrique tropicale française*. Vol. I, pp. 80–1, Paris.

— (1913). *Etudes sur la Flore de l'Afrique centrale française*. Vol. I, p. 309, Challamel, Paris.

— (1936). Contribution à l'étude de quelques espèces africaines du genre *Dioscorea*. *Bull. Mus. natn. Hist. Nat., Paris* **8**, 520–51.

— (1952). De quelques *Dioscorea* d'Afrique équatoriale toxiques dont plusieurs variétés sont alimentaires. *Revue int. Bot. appl. Agric. trop*. **32**, 14–19.

Martin, F. W. et Ortiz, S. (1963) Chromosome numbers and behavior in some species of *Dioscorea*. *Cytologia* **28**, 96–101.

Miège, J. (1952). Contribution à l'étude systématique des *Dioscorea* ouest africains. Thèse Paris.

— (1954). Nombres chromosomiques et répartition géographique de quelques plantes tropicales et équatoriales. *Revue Cytol. Biol. vég*. **15**, 312–48.

— (1965). L'appui de la palynologie dans la distinction des espèces africaines de *Dioscorea*. *Proc. 5th plen. Meet. AETFAT Gênes-Florence. Webbia* **19**, 841–5.

— (1972). La densité de nervation foliaire, caractère possible d'identification et de séparation spécifique chez les Dioscoréacées. *Annls scient. Univ. Besançon*, 3e sér. Bot. **12**, 91–5.

Prain, D. et Burkill, I. H. (1919). *Dioscorea sativa. Kew. Bull*. 339–75.

— — (1936). An account of the genus *Dioscorea* in the East. Part I. The species which twine to the left. *Ann. R. bot. Gdn Calcutta* **14**, 1–210.

Ramachandran, K. (1968) Cytological studies in *Dioscoreaceae*. *Cytologia* **33**, 401–10.

15 Etude chimiotaxonomique de dix cultivars de Côte d'Ivoire relevant du complexe *Dioscorea cayenensis–D. rotundata*

J. MIÈGE

Résumé

Aux caractères morphologiques habituels qui s'avèrent parfois insuffisants dans la distinction des taxons de *Dioscorea*, la chimie taxonomique apporte un concours souvent précieux.

Dans ce travail, l'étude des protéines a été appliquée aux tubercules d'ignames de manière à définir les liens existant entre cultivars et de 'débrouiller' le complexe *Dioscorea cayenensis* Lamk. – *D. rotundata* Poir., cette connaissance devant faciliter les recherches entreprises par les généticiens.

Dix cultivars (cvs) de Basse Côte d'Ivoire, cinq à une récolte, cinq à deux récoltes ont été examinés. Les méthodes d'échantillonnage, d'extraction, d'isolement des familles protéiniques (albumines, globulines solubles, globulines insolubles) sont exposées. Des données quantitatives et qualitatives ont été réunies. Les parts des différentes familles protéiniques ont été calculées. Il faut signaler que l'extraction des protéines se heurte à la présence de mannanes et au fait qu'elles se trouvent souvent sous forme de glycoprotéines. En outre, les lectines (phytohémagglutinines), les BAPA-ases, les caséines, les inhibiteurs de trypsine ont été recherchés. Des électrophorèses ont été établies sur gel d'agarose et sur gel d'acrylamide traité ou non au SDS (sodium dodécyl sulfate).

Les pH oscillent entre 6 et 7. Le contenu protéinique s'élève, selon les cultivars, de 6 à 10 pour cent. Les caséinases, présentes dans les graines, sont absentes des albumines de tubercules et n'existent qu'à l'état de traces dans les globulines. De même les BAPA-ases, abondantes dans les graines, sont absentes ou rares dans les tubercules. Les inhibiteurs de trypsine se rencontrent seulement dans les albumines de deux cvs. En dehors d'une variété qui lyse les hématies, sans doute par présence de diosgénine, il n'existe pas de lectines. Les électrophorégrammes montrent diverses fractions, certaines communes à tous les cvs, les autres particulières à certains d'entre eux. Les isoenzymogrammes révèlent aussi des différences discriminatoires.

Les données obtenues ont été traitées à l'ordinateur. Les dendrogrammes et l'analyse factorielle ont permis de montrer que les cvs présentent d'étroites affinités. Néanmoins, trois groupes ont été individualisés. Il faudrait, cependant, pour avoir des résultats plus probants sur le complexe *D. cayenensis–D. rotundata* qu'un plus grand nombre de cvs soit étudié et que les données chimiques soient confrontées à l'ensemble des autres caractères: morphologiques, caryologiques, biologiques.

Summary

The usual morphological characteristics by which the taxons of *Dioscorea* are distinguished sometimes prove insufficient, and in these cases taxonomic chemistry can provide a valuable contribution.

In this work, the study of proteins has been applied to yam tubers so that existing bonds between cultivars can be defined and the *Dioscorea cayenensis* Lamk.–*D. rotundata* Poir. complex sorted out. This knowledge should facilitate the research undertaken by geneticists.

Ten cultivars from the southern region of the Ivory Coast, five at one harvest and five at two harvests, were examined. The methods of sampling, extraction, and isolation from protein families (albumins, soluble globulins, and insoluble globulins) are described. Quantitative and qualitative data were brought together. The parts of the different protein families were calculated. It must be noted that the extraction of proteins is difficult because of the presence of mannans, owing to the fact that they are often in the form of glycoproteins. Research has been carried out on the lectins (phytohaemagglutinins), the BAPA-ases, caseinases, and the trypsin inhibitors. Electrophoreses were made on agar gel and acrylamide gel with or without SDS pre-treatment.

The pH varies between 6 and 7. The protein content is 6 to 10 per cent according to the cvs. The caseinases present in the seeds are missing from the albumins of the tubers, and there are only traces of caseinases in the globulins. In the same way, the BAPA-ases, abundant in the seeds, are absent or very rare, in the tubers. The trypsin inhibitors can only be found in the albumins of two cvs. Except for one variety, which lyzes the red blood corpuscules, no doubt because of the presence of diosgenin, there are no lectins. The electrophoregrams show different fractions, some similar to all the cvs, others particular to certain among themselves. The isoenzymograms also reveal discriminatory differences.

The data obtained were put on computer. The dendrograms and factorial analysis show that the cvs have close affinities. Nevertheless, three groups have been distinguished. However, in order to obtain more convincing results on the *D. cayenensis–D. rotundata* complex, it would be necessary to study a greater number of cvs, and chemical data would have to be confronted with all the other characters: morphological, caryological, and biological.

Introduction. Rappel des travaux antérieurs

Pour démêler l'écheveau génétique particulièrement embrouillé des ignames, il semble que les caractères morphologiques habituels soient insuffisants. Il est tentant de chercher à tirer parti des résultats provenant d'investigations faites dans des branches nouvelles venues dans la systématique. La chimie taxonomique, à cet égard, a fait ses preuves. Parmi les substances étudiées, les protéines ont fourni des données intéressantes tant quantitatives que qualitatives principalement en utilisant les graines comme matériel. Mais, chez les Dioscoréacées, surtout cultivées, les graines sont parfois difficiles à obtenir, les cultivars étant peu prolifiques ou même stériles, ou encore strictement mâles d'où l'intérêt de travailler sur les tubercules.

Plusieurs études ont porté sur le contenu protéinique des tubercules de *Dioscorea*. Ces données ont trait essentiellement aux teneurs globales en protéines et à leur composition en acides aminés. Sans vouloir faire une étude exhaustive des travaux effectués, nous signalerons quelques–uns des résultats les plus importants obtenus.

Dès 1965, Busson dans son ouvrage très complet sur les plantes alimentaires de l'Ouest africain, fournit les taux de protéines de plusieurs espèces d'ignames: *D. alata* (3 cultivars), *D. cayenensis* (3 cvs), *D. bulbifera, D. dumetorum, D. esculenta, D. preussii*. Les teneurs en protéines ($N\times6.25$) varient de 5.2 à 11.9 pour cent suivant les taxons, avec des variations assez importantes à l'intérieur d'une même espèce. L'auteur donne aussi la composition en acides aminés de ces mêmes taxons.

Martin et Thomson (1971) ont examiné 40 cultivars appartenant aux espèces *D. alata* (28 cvs), *D. esculenta* (6 cvs), *D. rotundata* (2 cvs), *D. bulbifera* (3 cvs), *D. trifida* (1 cv). Parmi cet échantillonnage imposant un seul spécimen provient d'Afrique (Côte d'Ivoire). Ces chercheurs font état des résultats généralement assez fragmentaires acquis avant eux notamment ceux de Clement (1918), de Bois (1927), d'Oyenuga (1959). Ils déduisent que le contenu protéinique ($N\times6.25$) est moins variable que d'autres paramètres tels que le rendement, la résistance aux maladies et aux insectes, les qualités culinaires, les facultés de conservation.

Splittstoesser, Martin, et Rhodes (1973) recherchent, basées sur 19 caractères des protéines et des acides aminés, les différences existant entre 46 cvs des cinq espèces ci-dessus. Une grande diversité est découverte dans la composition en acides aminés dans et entre espèces. La plupart des cvs en contiennent des quantités convenables et suffisantes, à l'exception des acides aminés soufrés (méthionine, cystéine) qui sont déficients (50 à 60 pour cent des quantités considérées comme nécessaires par la FAO). Les acides aminés en jeu seraient hérités indépendamment les uns des autres. Il en découle qu'une sélection serait fructueuse. En utilisant ces caractères biochimiques et en les mettant sur ordinateur, les auteurs ont pu délimiter, par analyse factorielle, les cinq espèces étudiées. *D. bulbifera* est nettement séparé, *D. esculenta* et *D. trifida* se chevauchent ainsi que *D. alata* et *D. rotundata*, un seul cultivar de cette dernière espèce se trouvant en dehors de l'aire délimitée pour *D. alata*.

En 1975, Splittstoesser et Martin complètent la précédente étude par la détermination du contenu en tryptophane de 14 cvs des mêmes cinq espèces. Les teneurs sont généralement inférieures aux standards préconisés par la FAO.

Francis, Halliday, et Robinson (1975) comparent les valeurs nutritives des produits séchés à l'air libre ou après cuisson. Ils soulignent la constance des résultats obtenus bien qu'il y ait une variation considérable des taux proténiques suivant les taxons. Ils confirment les données de Busson (1965) et celles de Martin et Thompson (1973), trouvant sensiblement les mêmes profils en aminoacides, et soulignant l'insuffisance des acides aminés soufrés, le tryptophane étant parfois également limitant.

Splittstoesser (1976, 1977) rappelle que les ignames fournissent environ 12 pour cent des besoins en calories des populations des tropiques. Les quantités normalement consommées par les habitants de l'Afrique occidentale devraient couvrir les besoins en vitamine C et aussi ceux en protéines, à condition que la ration journalière (environ 3 kg par jour pour un adulte) soit respectée. L'auteur met en évidence une perte de 25 à 59 pour cent des acides aminés solubles lors de la cuisson. Les déficiences en acides aminés soufrés et en tryptophane nécessitent des supplémentations alimentaires.

Tous ces travaux sont d'ordre quantitatif. Ils se limitent à la détermination des contenus protéiniques et à la recherche de la composition en acides aminés des tubercules. Les qualités alimentaires sont déduites de ces caractéristiques. En outre, malgré leur intérêt évident, ces études s'appesantissent sur le côte nutritionnel et sur ses conséquences dans le choix des directives agronomiques.

Nous pensons qu'une analyse plus approfondie tant quantitative que qualitative peut permettre de résoudre, au moins partiellement, les problèmes taxonomiques posés tout en apportant une aide accrue à la solution des problèmes alimentaires et agronomiques. Cette analyse s'appuie principalement sur l'isolement des familles protéiniques (albumines, globulines solubles et insolubles) composantes et sur l'appréciation de leurs parts relatives dans l'édifice protéinique. Par électrophorèse, des protéinogrammes et des isoenzymogrammes caractéristiques sont réalisés. Ils permettent de différencier les taxons et d'éclaircir leurs relations phylogénétiques ou tout au moins leurs degrés de ressemblance ou de dissemblance. C'est toute une panoplie de données supplémentaires dont l'intérêt, notamment dans l'élucidation des rapports existant entre les divers membres du complexe *D. rotundata–D. cayenensis* pourrait être d'un grand poids, quand suffisamment de résultats seront rassemblés.

L'imbroglio génétique des *Dioscorea*

Nous avons obtenu, grâce à l'amabilité du Professeur Bakary Touré, Doyen de la Faculté des Sciences d'Abidjan, des tubercules de dix cultivars d'ignames relevant du complexe *Dioscorea cayenensis–D. rotundata* de manière à étudier leurs caractéristiques protéiniques tant quantitatives que qualitatives. Cette étude doit permettre d'apporter une contribution au problème lancinant de savoir s'il existe deux espèces distinctes – et sur quels critères elles peuvent être différenciées – ou s'il s'agit d'un ensemble dans lequel sont intéressées une seule, deux ou plusieurs espèces. Celles-ci dériveraient d'espèces sauvages ennoblies par les cultivateurs ouest africains. Les hybridations, polyploïdisations et mutations avec de nombreux recroisements auraient conduit à la formation d'un complexe plus ou moins en réseau dont il convient de déterminer soigneusement les constituants (Miège 1979).

L'analyse de dix cultivars est certes insuffisante pour débrouiller ce problème ardu auquel doit contribuer, pour le résoudre, le maximum de données de tous ordres. Le but plus modeste de cette étude est de déterminer si les données biochimiques apportent des renseignements supplémentaires de valeur pour arriver à une solution. Les résultats obtenus devront être confrontés aux caractères morphologiques, biologiques, caryologiques, palynologiques (Miège 1965) des mêmes cultivars. La comparaison des données biochimiques aux autres données ne manquera pas d'être instructive et aidera à découvrir quelques fils conducteurs dans cet imbroglio.

Le chercheur se heurte à plusieurs obstacles dans l'étude des protéines des tubercules d'ignames. Ils tiennent aux modalités de l'échantillonnage et surtout aux difficultés d'extraction et donc au choix, ou plutôt à la mise au point des techniques d'isolement les plus adéquates.

Conditions nécessaires pour une exploitation valable des caractères chimiques

Les causes de variabilité des caractères chimiques doivent être connues et maîtrisées. Elles relèvent :

(1) de la méthodologie;
(2) d'influences d'ordre agro-écologique;
(3) de modalités ontogéniques et physiologiques.

Facteurs de variabilité agro-écologiques et ontogéniques

1. Quelles sont les répercussions du mode de culture sur les caractéristiques protéiniques des tubercules et quelle est l'amplitude de variation à l'intérieur d'un même clone? De manière à trouver des réponses à ces questions nous avons mis en place un essai comparatif avec *D. opposita*. Cette étude compare des tubercules provenant d'individus différents d'un même clone développés, d'une part, dans les mêmes conditions et d'autre part, dans des conditions variées. L'influence des époques de plantation, des densités de plantation, des fumures et autres facteurs agro-écologiques est ainsi testée.

2. L'influence des conditions écologiques et géographiques doit également être déterminée. Des études parallèles devraient donc porter sur des plantes génétiquement identiques mais provenant de lieux différents, par exemple, savanes, forêts caducifoliées, forêts sempervirentes, dont le climat et les sols ne sont pas les mêmes.

3. Les conditions de développement, de récolte, de conservation des tubercules interviennent-elles pour modifier les caractéristiques chimiques des tubercules? Ces recherches sont actuellement en cours en employant *D. opposita*. Les résultats pourraient être vraisemblablement transposés à

d'autres espèces en effectuant des contrôles. Ce travail déjà amorcé envisage deux aspects :

(a) Les modifications qui s'opèrent au cours de la formation du nouveau tubercule jusqu'à sa maturité et donc à son arrachage. Il faudrait suivre à cet égard le comportement des cultivars à une et à deux récoltes. La formation du deuxième tubercule sur la section du tubercule prélevé doit correspondre à des modifications sensibles.

(b) Les modifications post-maturité qui s'observent en fonction de l'âge du tubercule et des conditions de conservation qui provoquent un vieillissement plus ou moins accéléré. La rupture de dormance provoque certainement des changements enzymatiques.

4. Individus mâles et individus femelles présentent-ils les mêmes profils électrophorétiques? D'observations préliminaires effectuées sur des tubercules de *Dioscorea opposita* Thunb. il apparaît que des différences, certes peu importantes, existent dans l'équipement protéinique et enzymatique des tubercules de sexes différents. Cette espèce a été choisie parce que les correspondances entre pieds mâles et pieds femelles sont sûres. Les clones utilisés sont suivis avec attention depuis plusieurs années.

Les plantes femelles ont une teneur plus faible en azote total et ceci au profit des substances glucidiques. Ce déficit concernerait les protéines de structure de préférence aux protéines salino-solubles dont les teneurs sont voisines.

Facteurs de variabilité d'ordre méthodologique

La maîtrise de ces facteurs est nécessaire préalablement à toute exploitation des données biochimiques. C'est sur cette maîtrise qu'ont porté nos premiers travaux.

ECHANTILLONNAGE   Il s'agit de savoir si les échantillons à analyser peuvent être prélevés dans n'importe quelle partie du tubercule. Chez la variété florido de *D. alata* (Miège 1978), il s'avère qu'il existe un gradient de répartition des substances azotées (Fig. 15.1). La partie proximale est la plus riche en N total et en protéines qu'elles soient albuminiques ou globuliniques. Ces dernières décroissent fortement de la zone moyenne à la partie distale. Cependant, les électrophorèses des globulines solubles sont caractérisées par quatre fractions quel que soit le niveau observé. Par contre, les zymogrammes de peroxydases varient avec la topographie : trois bandes se manifestent au niveau sommital, deux bandes dans la zone intermédiaire, une seulement au niveau basal (Fig. 15.2). Ce fait est à mettre en parallèle avec les écarts relevés dans les levées des fragments-semenceaux en fonction de leur position sur le tubercule mère.

EXTRACTION   Un problème majeur réside dans l'extraction des protéines qui se heurte à la présence d'un mucilage, plus ou moins abondant selon les

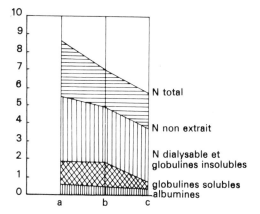

Fig. 15.1. Gradients de variation des différents types d'azote: (a) partie proximale (sommet du tubercule); (b) partie équatoriale: (c) partie distale (base du tubercule).

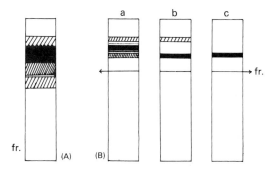

Fig. 15.2. A Electrophorégramme de globulines solubles. Même profil pour tous les fragments. fr: front.
B Electrophorèse sur agarose des peroxydases. Variation selon la topographie: (a) sommet; (b) partie équatoriale; (c) base.

clones. Ce mucilage semble lié chimiquement aux protéines par des liaisons covalentes ou encore par des liaisons électrostatiques qui font que ces substances adsorbent les protéines. Les mucilages s'oxydent très rapidement, dès que le tubercule est découpé. Ils constituent, semble-t-il, un réseau plus ou moins serré qui emprisonnerait une partie des protéines. La reproductibilité des résultats va être influencée par les conditions particulières de ce milieu visqueux.

Les méthodes habituelles d'extraction que nous utilisons pour isoler les protéines des graines ont été appliquées aux tubercules. Elles impliquent la précipitation des globulines par dialyse contre l'eau de l'extrait. Du fait de la viscosité de l'extrait les résultats ont été moins reproductibles qu'avec les graines. La méthode a alors été modifiée, par adjonction, préalablement à la dialyse d'isolement des globulines, d'un relargage global des protéines de l'extrait brut par le sulfate d'ammonium. Les essais se poursuivent pour neutraliser tout à fait les inconvénients dus à la présence des mucilages.

Matériel végétal

Les tubercules des dix cultivars suivants (Fig. 15.3) ont servi de matériel d'étude:

24. GNANLEKE (igname à 2 récoltes)

25. KROUPA (igname à 2 récoltes)

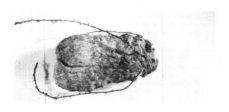

26. SIARA (igname à 1 récolte)

27. TCHATCHAMITCHORO (igname à 2 récoltes)

28. DANGARIGUE (1ere récolte)

28. DANGARIGUE (2ième récolte)

29. DESOPLE (igname à 1 récolte)   30. KROUKROUPA BEDOU (igname à 1 récolte)

31. NDETRE (igname à 2 récoltes)   32. WASSOU (igname à 1 récolte)

34. KOUNDIN (igname à 1 récolte)

Fig. 15.3. Tubercules des espèces étudiées.

24.2 Gnanléké	29.1 Désoplé
25.2 Kroupa	30.1 Kroukroupa
26.1 Siara	31.2 N'Détré
27.2 Tchatchamitchoro	32.1 Wassou
28.2 Dangarigué	34.1 Koundin

Ils provenaient des collections de l'Institut National Agronomique de

Côte d'Ivoire dont les champs d'expérience se trouvent aux environs d'Abidjan. Quelques-unes de leurs caractéristiques sont consignées dans les Tableaux 15.1 et 15.2

Les tubercules de trois variétés avaient moins bien supporté le voyage et présentaient quelques dommages, légers chez le cv 30.1, plus marqués chez les cvs 25.2 et 31.2. Une fois les zones abîmées supprimées, ils ont pu être utilisés, le reste du tubercule étant sain. Nous verrons, d'après les résultats, que les répercussions de ces attaques très localisées ont été nulles.

Tableau 15.1. Caractères morphologiques du tubercule: dimensions

No et nombre de récoltes	Nom du cultivar	Longueur du tubercule (L)	Épaisseur du tubercule		L/e	L/e'	État sanitaire du tubercule
			Au sommet (e)	A la base (e')			
24.2	Gnanléké	34 cm	6 cm	6 cm	5,6	5,6	bon
25.2	Kroupa	17	10,5	9,5	1,6	1,8	mauvais
26.1	Siara	18	5	3,5	3,6	5,1	bon
27.2	Tchatchamitchoro	24	4	4	6,0	6,0	bon
28.2	Dangarigué	17	6	6	2,8	2,8	bon
29.1	Désoplé	25	7	4	3,6	6,2	bon
30.1	Kroukroupabédou	15	7	12	2,1	1,25	quelques parties abîmées
31.2	N'Détré	29	3,5	3	8,3	9,7	mauvais
32.1	Wassou	16	5	9	3,2	1,8	bon
34.1	Koundin	20	7	4,5	2,8	4,4	bon

Tableau 15.2. Caractères morphologiques du tubercule: consistance, coloration, viscosité

No et nombre de récoltes	Oxydation et coloration	Couleur de la chair	Aspect mucilagineux	Consistance de la chair	Séparation GS et GI
24.2	faible	très blanche	sec puis de plâtre	difficile à couper, fibreuse	
25.2	faible	crème	± mucilagineux	dure	
26.1	± violette	très blanche	id. 24.2	normale	
27.2	faible	blanche	mucilagineux	normale	
28.2	faible	blanche	mucilagineux	normale	mauvaise
29.1	brune	crème	mucilagineux	normale	mauvaise
30.1	faible	crème	aspect sec	dure fibreuse	
31.2	faible	crème foncé	± mucilagineux	très dure	mauvaise
32.1	faible	crème foncé	± mucilagineux	normale	
34.1	faible	blanc crème	± mucilagineux	assez dure	

Dès réception, les tubercules ont été conservés en chambre froide à 12–13 °C puis lyophilisés. Avant cette opération le périderme et les parties détériorées, quand elles existaient, ont été enlevés. Les lyophilisats étaient conservés au congélateur jusqu'au moment de l'extraction.

Mode d'extraction et d'isolement des familles protéiniques

Il conduit à isoler trois familles protétiniques: les albumines, les globulines solubles et les globulines insolubles (Miège, Mascherpa, Royer-Spierer, Grange, et Miège 1976; Miège et Mascherpa 1976) suivant le schéma ci-dessous (Fig. 15.4):

(1) Mesure de l'azote du lyophilisat.

(2) *n* grammes de lyophilisat sont broyés avec 6 volumes d'eau distillée.

(3) Centrifugation 30 minutes à 29.000 g:

   (a) après mesure du pH le surnageant E1 est conservé à 4 °C.

   (b) le précipité est repris avec une solution de NaCl 4%.

(4) Le précipité est centrifugé; le culot est éliminé et le surnageant E2 est conservé. E1 et E2 sont mélangés; ils forment l'extrait brut. Mesure de l'azote sur une aliquote.

(5) Au volume restant de E1 + E2, addition de 76 g pour cent de sulfate d'ammonium:

   (a) après un repos de 30 minutes en chambre froide, centrifugation,

   (b) le surnageant est éliminé,

   (c) le précipité est repris dans de l'eau distillée puis est dialysé pendant 44 heures contre de l'eau distillée. L'eau est changée 4 fois par jour.

(6) Le dialysat est éliminé. L'adialysat est centrifugé:

   le surnageant contient les albumines (A); il est lyophilisé et sera utilisé pour les différents dosages: azote, BAPA-ases, inhibiteurs, caséinases et pour les électrophorèses. Le précipité est repris deux fois dans une solution de NaCl à 4%.

(7) Ce précipité repris dans NaCl 4% est centrifugé:

   (a) le surnageant correspond aux globulines solubles (GS). Il est congelé et servira ultérieurement aux différents dosages (v. ci–dessous);

   (b) le précipité repris par l'eau est lyophilisé, il correspond aux globulines insolubles (GI) et sera analysé.

La séparation des GS et des GI s'est mal faite pour les échantillons 28.2, 29.1, et 31.2. Entre GS et GI se constitue une zone mucilagineuse qui attire le précipité des GS qui est très mou et dont elle a du mal à se séparer. La séparation Albumines/Globulines n'a pas posé de problèmes particuliers.

Le contenu en eau est en moyenne de 69 à 70 pour cent.

Azote. Le dosage a été effectué avec l'appareil Tecator par la méthode de Nessler.

Lowry (estimation des peptides). Utilisation d'une microméthode et comparaison (Tableau 15.5) des résultats N/Lowry et N/Nessler.

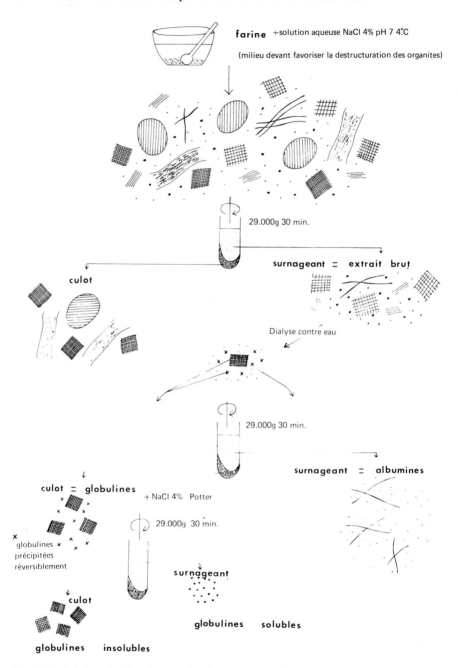

Fig. 15.4. Schéma du déroulement des diverses étapes de la séparation des principales familles de protéines.

Electrophorèses

Elles ont été effectuées selon la méthode exposée par Miège (1975) sur gel d'agarose et aussi sur gel d'acrylamide, en présence ou non de SDS, à pH 4.5 et pH 8.6 tant pour les albumines que pour les globulines solubles (40 minutes de migration à voltage constant). La révélation a été faite au noir amide. Les enzymogrammes des estérases ont été établis. Les estérases albuminiques sont apparues facilement (une heure trente minutes), celles de globulines solubles plus difficilement (trois heures minimum).

Agglutination

Elle a été recherchée par la méthode semi-quantitative exposée par Manen et Miège (1977) sur les trois types sanguins A, B, et O en considérant les extraits bruts, les albumines et les globulines solubles. Il n'y a pas eu agglutination mais une lyse, c'est-à-dire que les hématies au lieu d'être agglutinées éclatent au contact des extraits. Les résultats ont été négatifs (Tableau 15.4) avec les albumines sauf pour le cv 32.1 (Wassou) qui a provoqué une lyse des sangs A et O ce qui place cette variété dans une catégorie spéciale. Pour les extraits bruts et les globulines solubles cette même variété se place à part. Une légère action mais beaucoup plus atténuée se remarque avec les extraits bruts des variétés 30.1 (Kroukroupa) et 31.2 (N'Détré).

BAPA-ases, caséinases, inhibiteurs de trypsine

Selon les méthodes exposées par Royer, Miège, Grange, Mascherpa, et Miège (1974).

Résultats: caractères morphologiques

La forme des tubercules (Fig. 15.3) peut constituer un bon critère de reconnaissance. Bien qu'il eût fallu faire, à ce propos, un travail statistique portant sur un nombre suffisant d'organes, nous avons incorporé la longueur et le diamètre à la base et au sommet des échantillons reçus (un à deux par cv.) dans les données livrées à l'ordinateur. Elles permettent d'apprécier la forme par l'emploi de quelques indices.

Les cultivars se répartissent en trois catégories: (1) ceux ayant des tubercules cylindriques; (2) ceux plus larges au sommet qu'à la base; (3) ceux, au contraire, qui s'élargissent à la base pouvant même être digités.

D'autres caractères seraient utilisables que nous n'avons pu employer tels que la présence ou non de racines épineuses, le caractère grumeleux, plus ou moins lisse ou fendillé de l'épiderme, la coloration, etc. Mais, ils n'étaient décelables que sur quelques tubercules. Aussi, devant l'aspect fragmentaire de ces informations, avons–nous renoncé à nous en servir. Lors d'une prochaine étude, il faudrait inclure ces précieux renseignements distinctifs.

Dans le Tableau 15.2, nous avons consigné quelques caractères discriminatoires importants. On sait que les tubercules d'ignames découpés s'oxydent généralement rapidement à l'air, la chair de quelques-uns d'entre eux pouvant prendre une coloration caractéristique; tel est le cas des cvs 26.1 (Siara) et 29.2 (Désoplé). D'autre part, un mucilage plus ou moins abondant exsude des plaies. On n'en connait pas parfaitement la composition mais il parait être composé de glycoprotéines. Il gêne considérablement l'extraction des protéines. La viscosité serait principalement le fait de la présence de mannanes; la protéine et la phytine qui leur sont liées ne contribueraient pas, au moins d'une façon directe, à la viscosité (Satoh 1967*a*, *b*). D'après cet auteur, l'acétylmannane entrerait pour 62 pour cent dans la constitution de la matière visqueuse raffinée, la protéine interviendrait pour 10 pour cent et la phytine (phytate de sodium) pour 16 pour cent.

La chair est plus ou moins ferme et se découpe plus ou moins aisément. Certains tubercules ont une texture plus fibreuse que les autres (Tableau 15.2).

A ces caractères morphologiques ajoutons un caractère agronomique. Les cultivars examinés se répartissent en deux groupes quant aux possibilités de récolte:

(1) Ceux à une récolte qui s'effectue à la fin du cycle végétatif: Siara (26.1), Désoplé (29.1), Kroukroupa (30.1), Wassou (32.1), Koundin (34.1)

(2) Ceux dits à deux récoltes: Gnanléké (24.2), Kroupa (25.2), Tchatchamitchoro (27.2), Dangarigué (28.2), N'Détré (31.2) pour lesquels le cultivateur prélève assez tôt dans la saison, sur des plantes encore en pleine végétation, le tubercule intact. Sur la plaie, les tissus se régénèrent activement. Il se formera un nouveau tubercule, de forme différente, qui sera extrait au moment de la fanaison du pied.

Résultats: caractères biochimiques des substances azotées

Données quantitatives

Dans le tableau 15.3 sont consignées les valeurs des pH et les données quantitatives: taux d'azote de la farine, taux de l'azote salino-soluble extrait et les proportions d'albumines, de globulines solubles et insolubles.

1. Les pH des extraits bruts varient peu et oscillent autour de 6 à 7, c'est-à-dire qu'ils sont près de la neutralité.

2. Les contenus protéiniques sont du même ordre que ceux relevés par nos prédécesseurs. Calculés à partir des taux d'azote déterminés sur les lyophilisats en utilisant la méthode de Nessler, ils évoluent entre 6.06 pour cent, valeur la plus faible rencontrée dans la variété Kroupa (25.2) et 9.85

Tableau 15.3. Données quantitatives. Proportions des différentes substances azotées (protéines par appréciation directe, petites molécules par différence entre azote de l'extrait brut et azote protéique)

No	Nom du cultivar	Nombre de récoltes	pH	N total farine μg/mg (= ‰)	Protéines (N × 6,25) % farine de tubercule	N extrait brut mgN/g farine (= ‰)	N farine % NEB*	N Albumines % NEB	N Globulines solubles % NEB	N Globulines insolubles % NEB
24	Gnanléké	2	6,62	12,3	7,68	8,8	71,5	2,6	52,2	6,4
25	Kroupa	2	6,00	9,7	6,06	6,75	70,0	3,5	50,0	7,6
26	Siara	1	6,20	14,0	8,75	11,2	80,0	2,4	48,2	0,95
27	Tchatchamitchoro	2	6,60	13,8	8,52	11,0	79,7	2,8	28,2	4,8
28	Dangarigué	2	6,15	15,0	9,37	12,5	83,3	1,9	48,0	6,0
29	Désoplé	1	7,00	9,8	6,12	7,3	74,5	1,8	39,7	2,0
30	Kroukroupa Bedou	1	6,55	15,9	9,85	13,3	83,6	24,8	27,0	5,15
31	N'Détré	2	6,75	14,4	9,00	11,1	77,1	1,7	26,1	8,6
32	Wassou	1	6,35	10,0	6,25	7,8	77,1	—	46,0	—
34	Koundin	1	6,80	12,5	7,81	9,9	79,2	4,3	38,8	3,4
	Moyennes		6,50	12,74	7,94	9,965	77,60	5,09	40,42	4,99

* NEB: N de l'extrait brut

pour cent, valeur la plus élevée trouvée chez le cv. Kroukroupa (30.1). La variété Désoplé (29.1) a des teneurs du même ordre que Kroupa (6.12 pour cent). La moyenne générale s'établit à 7.94 pour cent donc très proche de 8 pour cent.

3. La comparaison des cultivars à une et à deux récoltes révèle un très léger avantage pour ceux à une récolte sans que la différence soit significative. Cette différence peut s'expliquer par le fait que les dates des récoltes des secondes sont plus précoces que celles des premières:

(a) moyenne des cvs à une récolte: 8.30 pour cent (entre 6.12 et 9.85);

(b) moyenne des cvs à deux récoltes: 7.53 pour cent (entre 6.06 et 9.37).

4. Les taux d'azote salino-soluble des tubercules varient sensiblement puisqu'ils passent presque du simple (Kroupa = 6.75 pour cent) au double (Kroukroupa = 13.3 pour cent). Aucune différence significative ne peut-être décelée entre groupes à une et à deux récoltes. Ce dernier offre un léger avantage:

(a) moyenne des cvs à une récolte : 8.90 pour cent (7.3 à 13.3);

(b) moyenne des cvs à deux récoltes : 10.30 pour cent (6.75 à 12.50).

Si l'on apprécie l'azote extrait par rapport à l'azote total, il varie de 70 pour cent (Kroupa) à 83.3 pour cent (Dangarigué) et 83.6 pour cent (Kroukroupa). Le taux moyen d'extraction s'établit à 77.6 pour cent.

5. Les taux d'albumines, estimés en pour cent de l'N extrait, font ressortir peu d'écarts entre les divers cultivars à l'exception de Kroukroupa qui se singularise par les valeurs extrêmement élevées qui lui sont attribuées. 24.8 pour cent de l'azote de l'extrait brut correspondent à des albumines, ce qui est considérable comparé aux autres dont les pourcentages oscillent entre 1.7 et 3.5 pour cent.

6. En ce qui concerne les globulines solubles presque tous les cvs présentent des pourcentages s'échelonnant entre 30 et 52 pour cent (N globulinique relativement à l'N extrait). Font exception les variétés Tchatchamitchoro (27.2) = 28.2 pour cent, Kroukroupa (30.1) = 27 pour cent, et N'Détré (31.2) = 26.1 pour cent. Kroukroupa en tête pour les albumines est ici la plus pauvre en globulines solubles.

7. Les globulines insolubles sont, elles-mêmes, en quantités variables suivant les cvs considérés: 0.95 pour cent pour Siara la moins bien pourvue, 8.6 pour cent pour N'Détré, la plus riche soit un écart allant de 1 à 9. Deux groupes peuvent être distingués. Celui dont les teneurs dépassent 5 pour cent avec Gnanléké (24.2), Kroupa (25.2), Dangarigué (28.2), Kroukroupa (30.1), N'Détré (31.2). Tchatchamitchoro frôle les 5 pour cent. Celui dont les valeurs sont inférieures à 5 pour cent avec Siara (26.1), Désoplé (29.1) et Koundin (34.1). Il semble donc que les cvs à une récolte contiennent moins de globulines insolubles.

8. Il n'existe pas de corrélations entre les teneurs en albumines (NA) et les teneurs en globulines insolubles (NGI), entre globulines solubles (NGS) et insolubles ni entre albumines et globulines solubles. L'absence de

corrélation rappelle qu'une 4ème nature de substances azotées intervient et qu'on n'a pas:

$$N \text{ extrait brut} = NA + NGS + NGI$$

mais: $$NEB = N \text{ dialysable} + NA + NGS + NGI$$

9. Quelques cultivars se détachent du lot par leurs particularités:
   (a) Kroukroupa (30.1) se singularise par sa haute teneur en albumines et son faible taux en globulines solubles.
   (b) N'Détré (31.2) se distingue par sa faible valeur en albumines, en GS et au contraire un taux relativement fort de GI, le plus élevé de toute la série.
   (c) Gnanléké (24.2) et Kroupa (25.2) sont riches en GS et GI (taux en GS double de celui de N'Détré).
   (d) Siara présente les plus faibles valeurs en GI. Il serait intéressant de rechercher s'il existe une corrélation entre l'abondance des GI et l'abondance du mucilage. Il faudrait alors pouvoir mesurer celui-ci. Rappelons que les GI sont la partie des substances protéiniques de l'extrait brut, extraites ou en suspension qui précipitent à la dialyse avec les globulines vraies (GS) mais qui ne peuvent plus passer ni en solution ni en suspension après cette précipitation.

Données qualitatives

Les notions de caractères quantitatifs et de caractères qualitatifs sont imbriquées. L'accent est mis sur l'un ou l'autre de ces aspects pour structurer d'une façon pratique l'emploi de ces caractères.

AGGLUTINATION   Il n'y a pas agglutination mais lyse des sangs A, B et O tant avec les extraits bruts qu'avec les globulines solubles de la variété Wassou. Les albumines de la même variété ne lysent que les sangs A et O et sont sans effet sur le sang B.

Ces réactions laissent supposer qu'il n'existe pas de phythémagglutinines (lectines) mais on peut penser que ce cv contient des saponines dont les génines (diosgénines) sont hémolysantes. Ces diosgénines n'existeraient qu'à l'état de traces ou seraient même absentes chez les autres cultivars (Tableau 15.4)

CASÉINASES   Ces enzymes protéolytiques existent chez toutes les graines que nous avons étudiées (Miège et Miège 1971) principalement dans les globulines, elles sont absentes dans les albumines des tubercules examinés. Elles existent à l'état de traces dans les globulines des cvs: Siara, Dangarigué, Désoplé, Wassou, Koundin (Tableau 15.5)

BAPA-ASES   Ces enzymes protéolytiques sont abondantes dans les graines

Tableau 15.4. Lyse (agglutination)

		Sang	24	25	26	27	28	29	30	31	32	34
Extraits bruts	A	Titre	2	2	2	8	2	2	16	16	64	4
		Titre/Folin	0,5	0,6	0,5	2	0,5	0,3	2,5	4	16	1
	B	Titre	2	2	2	16	2	2	16	8	64	4
		Titre/Folin	0,5	0,5	0,5	4	0,5	0,3	2,5	2	16	1
	O	Titre	2	2	2	4	2	2	16	4	32	2
		Titre/Folin	0,5	0,5	0,5	1	0,5	0,3	2,5	1	8	0,5
Globulines solubles	A	Titre	4	16	16	16	16	16	8	8	64	8
		Titre/Folin	0,2	1	0,6	1,2	0,7	1,3	0,5	0,7	4,5	0,4
	B	Titre	4	16	16	8	16	8	8	8	64	16
		Titre/Folin	0,2	1	0,6	1,2	0,35	1,3	0,5	0,7	4,5	0,8
	O	Titre	4	8	16	16	8	16	8	4	32	8
		Titre/Folin	0,2	0,5	0,6	1,2	0,35	1,3	0,5	0,3	2	0,4

Les albumines sont négatives *sauf* No. 32 A titre: 16
                                              titre/F: 11,4
                                           B pas d'agglutination
                                           O titre: 16
                                              titre/F: 11,4

Tableau 15.5. Lowry – caséinases – BAPAases – inhibiteurs trypsine

Fraction No.	EBL mg/g lyoph	Albumines				GS				GI mg lyoph /g lyoph
		L mg/g lyoph	C γ tryp/g lyoph	B γ tr/g lyoph	I % I/g lyoph	L mg/g lyoph	C γ tryp/g lyoph	B γ tr/g lyoph	I % I/g lyoph	
24	42,7	1,15	0	0	3,12	31,3	0	0	0	9,26
25	35,1	1,46	0	*0,948	2,16	23,8	0	0	0	5,82
26	47,8	1,44	0	0	0	41,4	*8,85	*8,16	0	1,58
27	40,0	1,84	0	0	0	20,1	0	0	0	7,76
28	47,8	2,04	0	0	0	40,8	*9,63	0	0	1,12
29	33,3	0,825	0	0	0	20,8	*9,84	*6,26	0	2,67
30	67,3	16,8	0	24,0	0	25,8	0	*3,95	0	12,1
31	41,1	0,807	0	0	0	20,0	0	*6,40	0	12,0
32	46,6	—	0	0	0	20,5	*8,55	*3,57	0	—
34	44,4	1,97	0	0	0	31,5	*6,68	*5,01	0	6,5

* Valeur faible au dosage   L = Lowry   C = Caséinases   B = BAPAases   I = Inhibiteurs

que nous avons, par ailleurs, analysées; elles sont principalement albuminiques. Dans le cas des tubercules, elles sont absentes des albumines de tous les cvs à l'exception de Kroupa, où elles se trouvent en faible quantité et de Kroukroupa, où elles sont plus abondantes. Elles sont plus fréquentes dans les globulines solubles puisqu'elles ont été détectées dans les cvs. Siara, Désoplé, Kroukroupa, Wassou, Koundin, c'est-à-dire chez tous les cvs à une récolte. Parmi les cvs à deux récoltes, seul le clone N'Détré en contient (Tableau 15.5).

INHIBITEURS DE TRYPSINE   Ils existent dans les albumines de Gnanléké et de Kroupa et sont complètement absents dans les globulines solubles. Ces deux cvs se particularisent donc (Tableau 15.5).

ELECTROPHORÉGRAMMES   Par électrophorèse, on obtient en se servant de différentes méthodes, des électrophorégrammes caractérisés par la présence d'un certain nombre de bandes diversement séparées en fonction de la mobilité des divers constituants de la protéine. Ces fractions au pouvoir migrateur différent, se colorent plus ou moins intensément. Ces électrophorégrammes permettent de distinguer des taxons très proches. L'emploi des isoenzymes est à cet égard souvent intéressant. La simple présence d'une bande sur un élecrophorégramme peut être caractéristique d'une différence génique unique. La nature hybride d'un taxon par comparaison avec les diagrammes des parents présumés ou connus, peut être même décelée. D'où l'intérêt d'appliquer cette méthode à l'étude des tubercules d'ignames.

Avec les cultivars dont nous disposions, les albumines se résolvent, en gel d'agarose, en 4 à 6 bandes selon les clones. Ces bandes, distribuées en neuf positions sont désignées d'après leur distance aux dépôts d'origine. Les fractions -2 et 0 sont présentes chez tous les cultivars étudiés. Les fractions 12 et 18 se remarquent chez Wassou et Koundin qui sont par contre, dépourvus de la bande 8 (Tableau 15.6 et Fig. 15.5(a)).

Six isoestérases sont révélées chez les albumines dont quatre existent chez tous les cultivars avec des variations d'intensité peu marquées. Inversement, les fractions 8 et 12, moins fréquentes, sont discriminantes (Fig. 15.5(b)).

Les globulines solubles fournissent en gel d'agarose des protéinogrammes très uniformes; seul N'Détré se particularise. En ce qui concerne les estérases, trois bandes se retrouvent chez tous les cultivars avec de faibles différences de coloration (Fig. 15.6 (a),(b)).

En gel de polyacrylamide, les albumines se résolvent en un grand nombre de fractions: six à quatorze, selon les cas, réparties sur seize positions. Deux fractions (35 et 50) sont communes à tous les cvs et quatre (3, 19, 40, et 46) sont très fréquentes (Tableau 15.7).

Les globulines solubles sont homogènes. Deux bandes seulement sont révélées que l'on retrouve chez tous les clones avec pratiquement la même intensité à l'exception de Désoplé et de N'Détré plus pâles (Fig. 15.7).

Les globulines solubles, traitées par le sodium dodécyl sulfate (SDS) révèlent en gel de polyacrylamide quatre bandes dont l'une, la bande 30, est présente dans tous les cas sauf chez Tchatchamitchoro (Fig. 15.8).

Intégration des résultats: dendrogrammes

Données quantitatives

Il a été recouru à plusieurs méthodes d'ordination: distances euclidiennes, coefficients de corrélation, pour dresser les dendrogammes (Maréchal,

Tableau 15.6. Données qualitatives, intensité et position des bandes (distance du point de départ) fournies par les électrophorégrammes et enzymogrammes en gel d'agarose à pH 8.6

No variétés	24.2	25.2	26.1	27.2	28.2	29.1	30.1	31.2	32.1	34.1
Noir amide albumines No des bandes d'après leur distance du point de départ										
−4	0	0	3	3	3	0	0	0	3	2
−2	1	2	3	3	3	1	3	1	3	1
0	1	2	3	3	3	1	3	1	3	3
2	0	1	1	1	0	0	0	1	1	0
4	1	0	0	0	1	1	1	0	0	0
8	3	1	1	2	1	2	0	2	0	0
12	0	0	0	0	0	0	0	0	1	1
14	1	2	1	1	1	1	1	1	0	1
18	0	0	0	0	0	0	0	0	1	1
Nombre de bandes	5	5	6	6	6	5	4	5	6	6
Estérases albumines										
−10	1	3	2	1	2	3	3	3	2	3
−6	1	3	3	1	3	3	2	3	3	3
0	3	3	1	3	3	1	2	3	3	2
2	3	2	3	3	2	1	2	3	3	2
8	0	3	0	1	0	0	1	0	0	0
12	0	1	0	0	0	0	0	1	0	0
Nombre de bandes	4	6	4	5	4	4	5	5	4	4
Noir amide GS										
−1	3	3	3	3	3	3	3	0	3	3
+1	0	0	0	0	0	0	0	3	0	0
Estérases GS										
−8	2	3	2	3	2	2	3	1	2	2
−3	1	1	1	1	1	1	1	2	1	1
2	1	1	1	1	1	1	1	2	1	1

Mascherpa, et Stainier 1978). Les résultats obtenus sont identiques suivant les approches et à partir des données quantitatives deux groupes de cultivars ont pu être séparés (Figs. 15.9 et 15.10).

Dans un premier groupe sont rassemblées les variétés Wassou, Kroupa, et Gnanléké. Elles se définissent par leurs pH plutôt bas, un contenu protéinique et un taux d'azote salinosoluble (N extrait brut/N farine) plutôt faibles, un taux d'albumines moyen (2.5 à 3.5 pour cent), une forte proportion de globulines solubles (GS) et insolubles (GI).

Le deuxième groupe englobe les autres cultivars. Malgré un phénomène de chaînage apparent nous pouvons individualiser deux sous-groupes dans ce dernier ensemble:

1. Désoplé, Kroukroupa et N'Détré présentent des traits qui ne les délimitent pas parfaitement. L'intégration permet cependant un certain regroupement

Noir-amide ALBUMINES   Estérases ALBUMINES

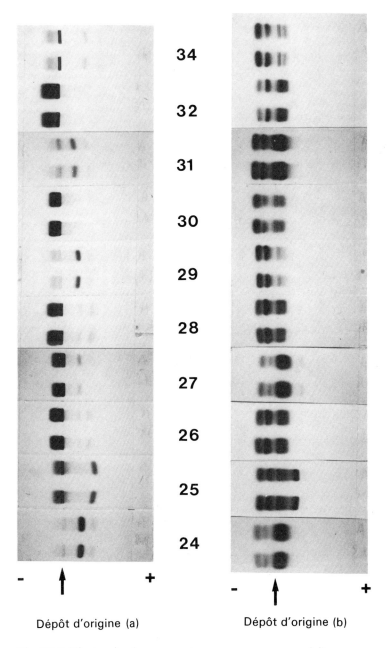

Dépôt d'origine (a)   Dépôt d'origine (b)

Fig. 15.5. Electrophorégrammes et enzymogrammes en gel d'agarose.

Noir-amide GLOBULINES SOLUBLES   Estérases GLOBULINES SOLUBLES

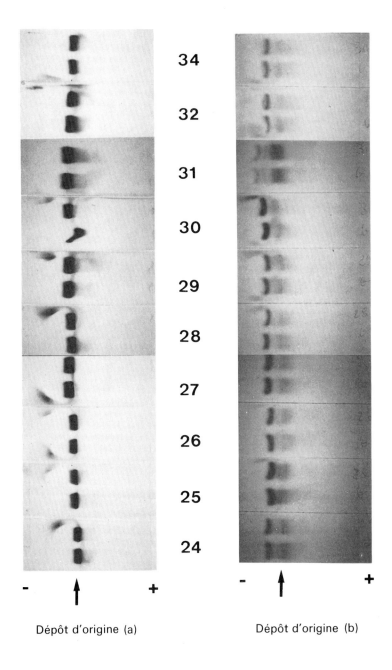

Dépôt d'origine (a)   Dépôt d'origine (b)

Fig. 15.6. Electrophorégrammes et enzymogrammes en gel d'agarose.

Tableau 15.7. Données qualitatives. Intensité et position des bandes fournies par électrophorèses en gel de polyacrylamide: (1) à pH 8.6 (2) en présence de SDS

No cvs	24.2	25.2	26.1	27.2	28.2	29.1	30.1	31.2	32.1	34.1
Albumines pH 8.6										
0	0	2	2	0	2	2	2	0	2	2
3	2	1	2	1	2	2	0	0	1	1
8	1	1	1	0	0	0	0	2	0	2
10	1	1	0	0	0	0	0	1	0	0
15	2	1	0	1	0	1	0	0	0	0
19	2	0	1	1	1	2	0	2	1	1
22	0	0	1	0	1	0	0	2	1	1
26	0	1	1	0	1	1	0	1	1	0
30	0	2	1	0	1	1	0	0	2	0
35	1	3	3	2	2	1	1	3	3	1
40	0	3	3	2	3	1	2	0	4	1
46	0	3	4	2	4	2	0	1	4	2
50	1	3	4	4	4	2	4	1	4	3
56	0	0	4	4	4	2	4	2	4	3
60	0	0	2	2	3	1	4	2	3	3
65	0	0	2	2	2	0	0	0	2	0
Nombre de bandes	7	11	14	10	13	12	6	10	13	11
Globulines solubles pH 8.6										
55	4	4	4	4	4	3	4	3	4	4
60	3	3	3	3	3	2	3	1	3	3
Globulines solubles SDS										
28	0	0	2	0	0	0	2	2	0	2
30	2	2	2	0	3	2	2	3	2	2
32	2	2	0	3	2	2	1	0	2	0
35	0	0	0	2	0	0	2	0	1	0
Nombre de bandes	2	2	2	2	2	2	4	2	3	2

établi sur des caractères jouant d'une manière quelque peu triangulaire, existant chez deux des cultivars mais pas chez le troisième, le troisième n'étant pas le même selon le caractère retenu.

Kroukroupa a une position à part, due à son taux considérable d'albumines qui lui donne une extrême originalité. Il partage avec N'Détré le fait de contenir peu de GS. Tous deux sont parmi ceux qui ont les taux de protéines les plus élevés. Par contre, N'Détré et Désoplé ont en commun de renfermer peu d'albumines.

2. Le deuxième sous-groupe réunit Tchatchamitchoro, Dangarigué, Koundin et Siara. Ce dernier se fait remarquer par son pH assez bas, un contenu protéinique moyen, un taux relativement élevé de GS, peu de GI.

Données qualitatives

Par le calcul des distances euclidiennes, trois groupes peuvent être isolés (Fig. 15.11).

Globulines solubles

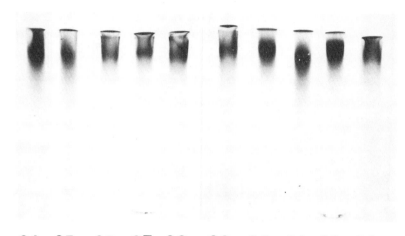

24 25 26 27 28 29 30 31 32 34

Fig. 15.7. Electrophorèses en gel de polyacrylamide pH 8,6.

Globulines solubles

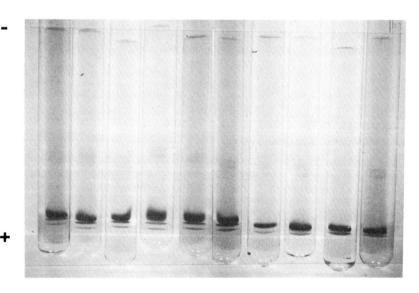

24 25 26 27 28 29 30 31 32 34

Fig. 15.8. Electrophorèses en gel de polyacrylamide SDS.

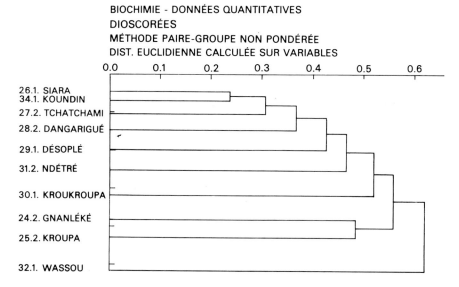

Fig. 15.9.

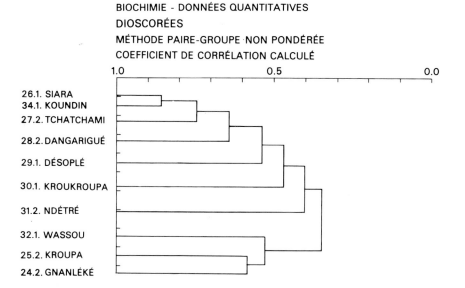

Fig. 15.10.

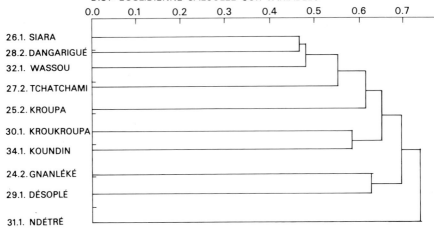

Fig. 15.11.

(1) Le premier englobe N'Détré, Désoplé, Gnanléké. Leurs protéino-grammes et enzymogrammes offrent de grandes similitudes surtout dans les figures en gel d'agarose

(2) Le second réunit Koundin et Kroukroupa qui offrent beaucoup d'analogies

(3) Le troisième rassemble les cinq autres cultivars. On pourrait sub-diviser avec précaution ce groupe en deux sous–groupes:

(a) Kroupa et Tchatchamitchoro, d'une part,

(b) Wassou, Dangarigué et Siara, d'autre part.

En utilisant l'indice de Sokal et Michener (Fig. 15.12) les résultats sont moins explicites. Comme précédemment, N'Détré, Désoplé et Gnanléké sont proches bien que N'Détré offre des particularités. Le reste des cultivars se trouve chaîné. Il est difficile sinon impossible d'effectuer des délimita-tions dans cet amas de formes très proches.

En employant les coefficients de corrélation, on isole deux ensembles (Fig. 15.13).

1. Un groupe renfermant Gnanléké, Kroupa, Désoplé, Koundin, et Kroukroupa qu'on peut séparer en deux unités: Gnanléké, Kroupa, Désoplé, d'une part, Koundin et Kroukroupa, d'autre part. Cette distribu-tion ressemble à celle dégagée par la première méthode, toutefois Kroupa a permuté avec N'Détré.

2. Un groupe réunissant les autres clones. Il peut être divisé en deux unités: l'une avec N'Détré et Tchatchamitchoro, l'autre avec Wassou, Dangarigué

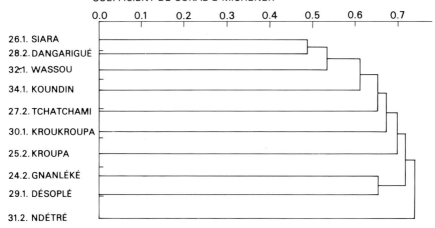

Fig. 15.12.

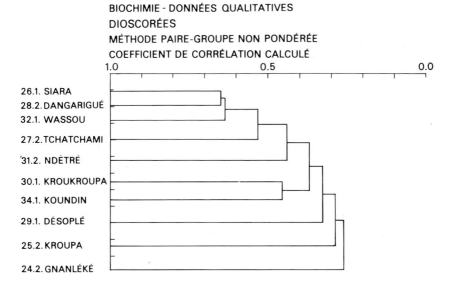

Fig. 15.13.

et Siara. Cet assemblage se rapproche beaucoup des résultats obtenus avec la méthode des distances euclidiennes.

En conclusion, ces trois procédés donnent des résultats assez voisins et conduisent à des regroupements semblables.

Données globales

L'intégration par la méthode des coefficients de corrélation (Fig. 15.14) des données tant quantitatives que qualitatives permet de dresser un dendrogramme très semblable à ceux réalisés avec les résultats partiels.

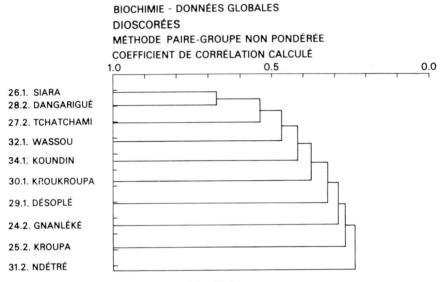

Fig. 15.14.

Le premier groupe contient N'Détré, Gnanléké, Désoplé, Kroupa, suite proche de celles déterminées avec les caractères qualitatifs (N'Détré, Gnanléké, Désoplé) et avec les caractères quantitatifs (Wassou, Gnanléké, Kroupa, Désoplé).

Le deuxième groupe renferme Kroukroupa et Koundin ce qui est similaire au dendrogramme 'qualitatif'.

Le troisième groupe associe Wassou, Tchatchamitchoro, Dangarigué, Siara ce qui fait ressortir de grandes analogies avec les précédents dendrogrammes.

Ainsi, sans qu'il y ait complète superposition on observe néanmoins une grande similitude dans les résultats et les dendrogrammes; elle indique l'existence pour tous ces cultivars d'un patrimoine commun.

Intégration des résultats: analyse factorielle des correspondances

Données quantitatives

Pour interpréter les résultats d'une manière globale, une approche intéressante est de faire appel à l'analyse factorielle des correspondances. Elle permet de déterminer les corrélations existant entre des jeux de données différentes et les individus. On peut ainsi définir l'information minimale qui permet, parmi toute celle contenue dans les données, de mettre en correspondance, sur un même diagramme, les groupements des individus par rapport aux données.

Par exemple, pour les données quantitatives (Figs. 15.15 et 15.16) 80 pour cent de l'information suffit pour isoler les différents cultivars, d'une part, sur l'axe 1 par les caractères d'agglutination et d'autre part, sur l'axe 2, par les caractères liés aux albumines.

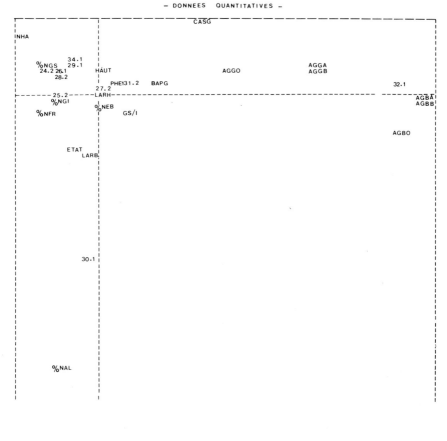

Fig. 15.15.

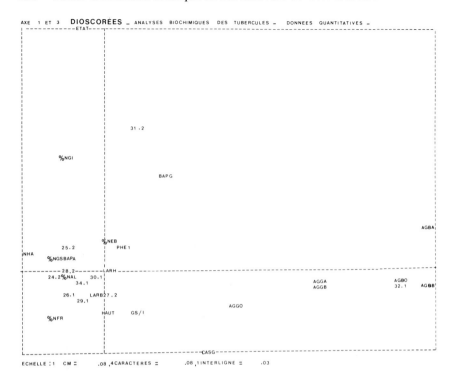

Fig. 15.16.

Dans le premier diagramme, nous pouvons isoler Wassou qui est tiré par l'aptitude de ses extraits bruts, de ses globulines et de ses albumines à lyser les hématies. Kroukroupa, quant à lui, est tiré par le fort pourcentage d'azote de ses albumines et par son activité BAPA-asique. Ces résultats confortent les précédents.

Le 2ème diagramme a pour axe 1 les données d'agglutination et pour axe 3 l'état sanitaire des tubercules et le pourcentage des globulines insolubles, d'une part, la forme du tubercule (diamètre sommital) et la teneur en azote de la farine d'autre part. L'état sanitaire n'a pas d'influence directe. Il ne semble pas lié aux autres facteurs ce qui est justifié puisque les parties détériorées ayant été éliminées, seuls les tissus sains ont été analysés. Le pourcentage d'azote de la farine conduit à séparer les cultivars en deux familles : ceux ayant moins de 12 pour cent d'N (Désoplé, Kroupa, et Wassou) et ceux en ayant plus de 12 pour cent (les autres cvs). N'Détré et Kroupa ont les pourcentages d'azote les plus élevés. Mais, il s'agit d'une variable problématique délicate à apprécier à cause de la difficulté qu'il y a parfois à séparer les globulines solubles (GS) des insolubles (GI).

Données qualitatives

En exploitant les données qualitatives par l'analyse factorielle des correspondances, nous constatons que plus de 78 pour cent de l'information sont acquis en considérant les quatre premiers axes.

L'axe 1 est défini, d'une part par les bandes NG + 1 (noir amide globulines solubles), PA 10 (polyacrylamide albumines), EG 2 et EG–3 (estérases globulines), d'autre part, par les bandes PA 50 et PA 40 (Fig. 15.17).

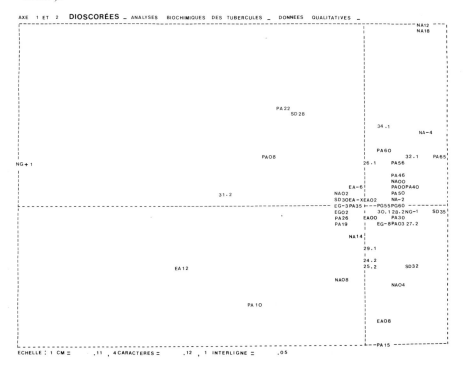

Fig. 15.17.

Tous les échantillons présentent les bandes EG–3 et EG 2 mais avec des intensités supérieures pour l'élément 31.2 (N'Détré), doubles des autres cultivars. Ce clone est tiré par NG + 1, EG 2 et EG–3. Il est le seul à posséder la fraction NG + 1. Par ses diverses caractéristiques, il s'isole des autres échantillons. Il se distingue, en outre, par la présence de la bande PA 10. Il faut lui associer dans une certaine mesure Gnanléké et Kroupa.

La fraction PA 40 manque (Gnanléké et N'Détré) ou est peu colorée (Désoplé et Koundin), en contraste avec les autres cvs qui ont une intensité de coloration pouvant être très forte (Wassou).

L'axe 2 est défini par les bandes électrophorétiques PA 22 et PA 60, en antagonisme avec SD 32 (globulines solubles SDS) et PA 15. Cette dernière bande semble discriminer les variétés à deux récoltes de celles à une récolte, Désoplé semblant intermédiaire. Il existerait un certain antagonisme entre PA 15 et PA 22, la présence de l'une excluant l'autre. PA 60 manque chez Gnanléké et Kroupa. SD 32 se rencontre partout à l'exception de Siara, N'Détré et Koundin.

La prise en considération de l'axe 3 apporte peu d'indications nouvelles.

Ces informations recoupent bien, en général, celles résultant de l'examen des dendrogrammes.

Données globales

La prise en considération des données globales mène à des résultats voisins de ceux obtenus avec les données partielles. Les diagrammes sont, à cet égard, typiques et évidents (Fig. 15.18).

En considérant les axes 1 et 2, nous remarquons que deux cultivars se détachent: Wassou du fait de ses caractères lysants, N'Détré par la présence de la bande caractéristique NG + 1. Les autres cultivars restent groupés. Kroukroupa est défini par son pour cent d'azote albuminique et la présence de BAPA-ase.

En reprenant ces axes 1 et 2 mais en amputant les données de certains caractères, nous nous rapprochons des principales conclusions précédentes avec un surplus d'informations. N'Détré est toujours sous la dépendance de la bande NG + 1. Gnanléké et Kroupa sont très voisins par leur contenu en inhibiteurs de trypsine. Les autres variétés demeurent groupées avec, toutefois, l'action de diverses bandes électrophorétiques qui jouent un rôle discriminatoire (voir diagrammes).

Avec les axes 1 et 3, nous voyons que N'Détré est toujours tiré par NG + 1 et PA 10, Wassou par ses caractères lysants, Kroukroupa par la bande SD 35. Le groupement des autres cultivars met en évidence leur étroite parenté.

Conclusions

L'analyse chimiotaxonomique des protéines et des enzymes des tubercules de dix cultivars (cinq à une récolte, cinq à deux récoltes) appartenant au taxon complexe *Dioscorea cayenensis–D. rotundata* fournit un ensemble de données qui une fois traitées à l'ordinateur permet de les répartir en plusieurs groupes se singularisant par des traits particuliers. Les similitudes, les différences des divers clones et l'originalité de quelques-uns d'entre eux ont été mises en évidence.

Les méthodes utilisées doivent tenir compte de la présence de mucilages qui gênent le fractionnement. Des moyens de lever cet obstacle sont à l'étude. Il en sera référé ultérieurement. Les résultats déjà recueillis constituent déjà une source importante d'informations qu'il faudrait maintenant comparer aux données morphologiques et biologiques. La prise en considération de tous les résultats permettrait d'affiner les conclusions tirées de la seule analyse chimique.

AXE 1 ET 2   DIOSCORÉES_ ANALYSES BIOCHIMIQUES   DES TUBERCULES _ DONNEES GLOBALES _

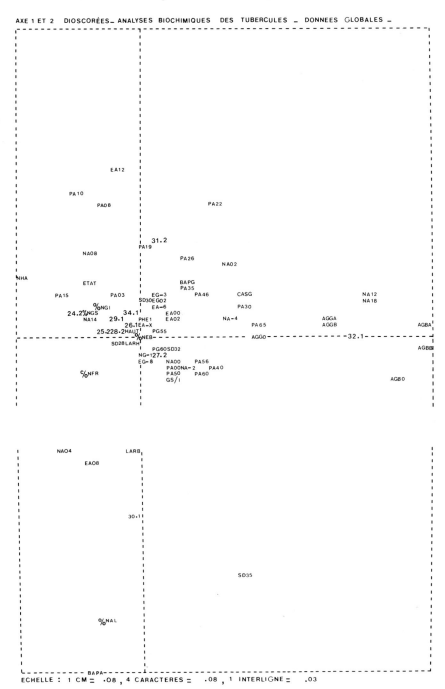

ECHELLE : 1 CM = .08 , 4 CARACTERES =   .08 , 1 INTERLIGNE =   .03

Fig. 15.18.

Il serait également nécessaire de considérer, pour arriver à de meilleures déductions, un nombre beaucoup plus élevé et mieux représentatif des cultivars ainsi que les formes sauvages présumées parentes ou affines.

Il résulte des études que nous avons effectuées jusqu'ici sur des ignames de Côte d'Ivoire et du Bénin, en nous servant de caractères aussi bien morphologiques que chimiques, que la galaxie des cultivars offrirait plusieurs pôles (deux, trois ou davantage) de plus grande densité taxonomique. Des intermédiaires assez nombreux se situent entre ces centres de gravité correspondant sans doute aux espèces parentes initiales. L'ensemble fait penser à une diversification en réseau.

J'adresse mes remerciements à M. J.-M. Mascherpa pour sa précieuse collaboration et l'aide qu'il m'a apportée dans le traitement informatique des données.

Références bibliographiques

Bois, D. (1927). *Les plantes alimentaires chez tous les peuples et à travers les âges*. P. Lechevalier, Paris.

Busson, F. (1965). *Plantes alimentaires de l'ouest africain. Dioscoréacées* pp. 426–35. Leconte, Marseille.

Clement, L. S. (1918). A study of *Dioscorea* with starch determination and cooking tests. *Philipp. Agric.* **6**, 230–46.

Francis, B. J., Halliday, D., et Robinson, J. M. (1975). Yams as a source of edible protein. *Trop. Sci.* **17**, 103–10.

Manen, J.-F. et Miège, M.-N. (1977). Purification et caractérisation des lectines isolées dans les albumines et les globulines. *Physiol. vég.* **15**, 163–73.

Maréchal, R., Mascherpa, J.-M., et Stainier, F. (1978). Etude taxonomique d'un groupe complexe d'espèces des genres *Phaseolus* et *Vigna* (*Papilionaceae*) sur la base des données morphologiques et polliniques traitées par l'analyse informatique. *Boissiera* **28**, 1–273.

Martin, F. W. et Splittstoesser, W. E. (1975). A comparison of total protein and amino-acids of tropical roots and tubers. *Trop. Root Tuber Crops Newsl.* **8**, 7–15.

—— et Thompson, A. E. (1971). Crude protein content of yams. *Hortscience* **6**, 545–6.

—— —— (1973). Protein content and amino-acid balance in yams. *J. Agric. Univ. P. Rico* **51**, 78–83.

Mascherpa, J.-M. (1975). Taxonomie numérique: chimie taxonomique et ordinateur au service de la systématique. *Saussurea* **6**, 171–85.

Miège, J. (1965). L'appui de la palynologie dans la distinction des espèces africaines de *Dioscorea*. *Webbia* **19**, 841–5.

—— (1975). *Les protéines des graines. Genèse, nature, fonctions, domaines d'utilisation*. Georg, Genève.

—— (1978). Gradients de répartition des substances azotées dans les tubercules de *Dioscorea alata* var. florido. *Candollea* **33**, 321–7.

—— (1979). Sur quelques problèmes taxonomiques posés par *Dioscorea cayenensis* Lamk. et *D. rotundata* Poir. *Proc. 9th Plen. Meet. AETFAT* Las Palmas, 109–13.

—— et Miège, M.-N. (1971). Recherches taxonomiques et biologiques sur la famille des Dioscoréacées. Les protéines des graines de quatre espèces de *Dioscorea* d'Afrique occidentale: méthodologie et résultats systématiques. *Archs. Sci.*, Genève, **24**, 177–206.

Miège, M.-N. (1975). Chimie taxonomique; analyse critique de l'utilisation des caractères biochimiques des protéines de graines. *Saussurea* **6**, 153–69.

—— et Mascherpa, J.-M. (1976). Isolation and analysis of protein bodies from cotyledons of *Lablab purpureus* and *Phaseolus vulgaris* (*Leguminosae*). *Physiologia Pl.* **37**, 229–38.

——, ——, Royer-Spierer, A., Grange, A., et Miège, J. (1976). Analyse des corps protéiques isolés de *Lablab purpureus* (L.) Sweet.: localisation intracellulaire des globulines, protéases et inhibiteurs de trypsine. *Planta* **131**, 81–6.

—— et Miège, J. (1971). Les protéines des graines de quatre espèces de *Dioscorea* d'Afrique occidentale. *C. r. hebd. Séanc. Acad. Sci. Paris.* **272**, 2536–9.

Oneyuga, V. A. (1959). *Nigeria's Feeding Stuffs*. Ibadan University Press, Ibadan.

Royer, A., Miège, M.-N., Grange, A., Mascherpa, J.-M., et Miège, J. (1974). Inhibiteurs anti-trypsine et activités protéolytiques des albumines de graines de *Vigna unguiculata*. *Planta* **119**, 1–16.

Satoh, T. (1967*a*). Action of enzymes on the mucilage of the yam (*Dioscorea batatas* forma icho). *Nippon Kagaku Zasshi* **88**, 989–91.

—— (1967*b*). Purification and properties of the mucilage of the yam (*Dioscorea batatas*). *Nippon Kagaku Zasshi* **88**, 216–20.

Splittstoesser, W. E. (1976). Protein and total aminoacid content before and after cooking of yams (*Dioscorea*). *Hortscience* **11**, 611.

—— (1977). Protein quality and quantity of tropical roots and tubers. *Hortscience* **12**, 294–8.

—— et Martin, F. W. (1975). The tryptophan content of tropical roots and tubers. *Hortscience* **10**, 23–4.

—— —— et Rhodes, A. M. (1973). The aminoacid composition of five species of yams (*Dioscorea*). *J. Am. Soc. hort. Sci.* **98**, 563–7.

Discussion II

Communications de J. E. Wilson et L. Degras

Onwueme. Vous avez exposé la méthode préconisée à Umudike de scarification des tubercules pour obtenir une multiplication rapide. L'avez vous essayée?

Wilson. Oui, mais je n'ai pas obtenu les résultats attendus.

Onwueme. J'ai utilisé cette méthode. Elle ne réussit que dans des cas exceptionnels. Il ne se forme pas toujours un bourgeon à chaque segment.

Nwankiti. Des résultats satisfaisants sont obtenus avec *D. alata*. Avec *D. rotundata* il faut employer une hormone pour qu'une germination uniforme étendue à tous les segments soit acquise.

Oyolu. Ces méthodes offrent de grandes possibilités mais il y a des réponses variétales différentes. Les scarifications ne sont pas faites de façon continue car elles peuvent détruire les bourgeons.

Wilson. Il y a aussi une méthode de 'milking', de sevrage (Okigbo et Ibe): on prépare des segments, des fragments que l'on met en terre, puis on retire le bourgeon formé pour le planter et l'on déplace ailleurs le fragment d'origine.

Degras. La technique de fragmentation par incision est actuellement utilisée de façon courante aux Antilles. La profondeur de l'incision est de un cm, son rôle étant de supprimer l'effet de la dominance apicale. Le tubercule est placé dans un sac plastique, et après l'éclatement du suber, on applique des vapeurs d'éthylène chlorhydrine pour accélérer la germination. On peut ainsi obtenir 80 petites plantes à partir d'un tubercule de 800 gr; ceci a été vérifié chez *D. alata* et *D. cayenensis*, et on obtient également des résultats intéressants avec *D. trifida*.

Onwueme. Quels sont la grosseur moyenne et le poids moyen des tubercules issus de graines?

Wilson. La grosseur du tubercule dépend de l'espacement et de la constitution génétique de la plantule. Pour une densité de 20.000 plantules à l'hectare, le poids des tubercules varie de 20 à 1.000 gr. Si l'on veut un produit destiné à être cultivé, il faut une bonne sélection. Cependant, il est difficile de réaliser une bonne igname.

Oyolu. Sadik a montré qu'il fallait trois ans pour obtenir une bonne igname à partir de graines.

Wilson. Une fois finie la sélection, on peut avoir des tubercules en deux ans.

Lyonga. Je voudrais connaître l'avantage de la méthode de culture de tissus mise au point par l'IITA, en tant que moyen de multiplication.

Terry. Elle permet l'élimination des pathogènes.

Wilson. Sadik a effectué des cultures de méristèmes. Technique très élaborée, bien que la production extensive ne soit pas au point. Les cultures de tissus constituent un potentiel pour la conservation du 'germplasm'.

Ahoussou. Vous faites des boutures de plusieurs noeuds. Les boutures d'un seul noeud ne donnent-elles pas de meilleurs résultats?

Wilson. Les boutures à quatre ou cinq noeuds sont simples et adaptées à la plupart des cas; il suffit de les placer dans une enceinte où le taux d'humidité est élevé. Bien sûr, les boutures uni-nodales sont possibles sous brouillard. *D. alata* se bouture plus facilement.

Ahoussou. Avez-vous observé des bulbilles sur les rameaux à plusieurs noeuds?

Wilson. Non, la plupart de nos cultivars ne produisent pas de bulbilles aériennes. Si l'on pratique des boutures après que la plante mère ait tubérisé, la bouture forme un petit tubercule car la croissance aérienne est arrêtée, donc le succès de la bouture n'est pas élevé.

Degras. Le stade physiologique de la plante-mère est capital pour le bouturage. Ne pensez-vous pas que la réduction de l'éclairement dans vos pépinières soit préjudiciable? Avez-vous effectué des cultures de plantules dans différentes localités pour un même croisement? Avez-vous des précisions sur les descendances selon l'écologie?

Wilson. 1. Les conditions en pépinière sont artificielles. Néanmoins, aucun problème ne s'est présenté à nous en ce qui concerne la tubérisation. Je suis consciente que notre sélection peut conduire à des cultivars adaptés à ces conditions. Il est donc nécessaire d'étudier les corrélations existant entre les caractères des plantules et l'écologie.

2. Au Nigéria, une igname est spécifique d'une zone écologique. Nous n'avons pas utilisé les mêmes descendances (progenies) dans chaque zone écologique. D'ailleurs, nous avons des collections de descendances dans les différentes régions. La collecte des graines dans les plantations paysannes a permis de s'apercevoir que les plantules issues de graines de la zone forestière étaient plus résistantes aux nématodes; les descendances des zones de savane sont plus sensibles.

Degras. Ces dernières informations sont intéressantes pour résoudre le problème de l'obtention de cultivars à large adaptation.

Wilson. Je suis d'accord avec vous. La possibilité d'adaptation est importante et il en découle une plus grande facilité d'obtenir des clones adaptés à des zones écologiques différentes.

Communication de N. Ahoussou, P. Piquepaille et B. Touré

Lyonga. Il est assez difficile d'admettre que la mesure de la taille des feuilles est un indice de vigueur de la plante. La dimension de la feuille n'a pas d'importance. Les plantes sont vigoureuses ou non et les caractères de la tige ont plus de valeur.

Ahoussou. J'ai établi des relations entre les caractères foliaires et le rendement. Ces caractères foliaires sont soit la longueur, soit la largeur mais jamais le nombre de feuilles. Des corrélations (indices de vigueur) ont été mises en évidence pour des organes donnés: fragment de tubercules, rameau, bouture. Il n'y a pas de relation directe à l'intérieur d'une fraction entre longueur de la feuille et rendement.

Lyonga. Quels sont les facteurs de multiplication du matériel?

Ahoussou. La multiplication par boutures donne des rendements inférieurs à ceux obtenus à partir de fragments mais elle est plus rapide et l'homogénéité des tubercules est meilleure.

Degras. Pose différentes questions ayant trait à:

(1) la définition de clone qui, selon lui, est trop restrictive dans la communication d'Ahoussou;

(2) la valeur des observations sur la phase initiale de la croissance;

(3) la régularité de la forme des tubercules.

Touré. Il faut replacer l'étude dans l'optique visée. Dans les instituts de recherche, la préoccupation essentielle est d'arriver à une multiplication végétative valable, utilisable pour entretenir les collections et pour distribuer du matériel aux paysans, ou pour transférer du matériel. Notre objectif est d'apprécier l'importance de la variabilité que l'on traîne avec ces modes de propagation végétative. Les travaux présentés ici ne sont qu'une partie de ce que nous entreprenons actuellement. Nous prélevons à différents endroits de la tige, du tubercule sans se préoccuper beaucoup du niveau du prélèvement. Le matériel est hétérogène et dans notre première approche cette hétérogénéité est voulue. Mais de nouvelles études sont en cours pour comparer:

(1) les données relatives aux essais mettant en jeu des bulbilles et fragments de pieds divers.

(2) les résultats obtenus avec des fragments prélevés à différents niveaux.

Il sera alors répondu à beaucoup de questions.

En ce qui concerne la définition du clone, nous pouvons dire qu'il s'agit des individus ayant le même génotype et présentant des descendances uniformes, ce qui n'est point évident pour l'igname. Quant à la variabilité de la forme du tubercule nos données ne sont encore que préliminaires.

Communication de M.-F. Trouslot

Onwueme. Quand un tubercule est-il mûr ou prêt à la consommation?

Trouslot. Le plus souvent l'allongement et surtout le grossissement du tubercule se poursuivent jusqu'au dessèchement total de la liane, mais, il est nécessaire de laisser le tubercule en terre quelques jours après le dessèchement, pour permettre au suber de revêtement de se développer efficacement à la partie distale, la plus jeune. Je ne peux apporter d'autres informations.

Onwueme. Comment quantifier la maturité de l'igname? Nous avons utilisé comme paramètre, le poids spécifique du tubercule.

Coursey. Il n'est pas bon de définir la maturité trop étroitement. Cette idée vient de la maturité des graines. Une igname est mûre quand elle ne grandit plus, quand elle est en dormance, quand elle perd du poids. Des changements dans la teneur en eau qui ont trait à la respiration s'opèrent pendant la conservation. La maturité physique arrive graduellement, rien à voir avec le processus de maturation des fruits.

Onwueme. Mais il est nécessaire de quantifier la maturité quand on pratique deux récoltes. La première récolte est faite avant que la croissance du tubercule s'arrête. Peut-on évaluer la maturité de ces ignames de première récolte? La mesure des feuilles donne une indication sur les tubercules que l'on va récolter. Mais, quand l'igname pousse en serre ou dans un endroit ombragé, elle produit une grande quantité de feuilles et moins de tubercules. Donc le nombre de feuilles peut donner une indication fausse.

Coursey. Les ignames précoces ne sont pas mûres donc non conservables.

Trouslot. Les tubercules de première récolte, prélevés sur une plante adulte qui vit, ne peuvent pas être mûrs puisqu'ils sont en pleine croissance. La méthode que j'ai employée n'avait pas pour but de dégager des corrélations entre la taille finale de la liane et celle du tubercule. J'ai établi des relations entre le développement des parties aériennes et le développement du tubercule tout au long du cycle végétatif dans un milieu donné. J'ai cultivé des ignames en serre, sous un éclairement faible et à température élevée; en fin du cycle, le développement de la liane (longueur des axes, nombre de feuilles) était multiplié par trois, et la longueur du tubercule réduite d'autant.

Degras. En ce qui concerne les chiffres donnés sur le nombre de feuilles, s'agit-il de constantes valables sur plusieurs années?

Trouslot. Absente de Côte d'Ivoire en 1978, je n'ai pu vérifier les résultats de 1977. Néanmoins, la constance des observations pour un cultivar donné laisse supposer que ce repère est valable. Mais, j'insiste, il s'agit d'un repère mis en évidence pour un cycle obtenu à partir d'un fragment de tubercule dépourvu de bourgeons sous le climat de Basse Côte d'Ivoire. Le repère pour un cycle obtenu à partir d'un semenceau de deuxième récolte peut être différent.

Degras. Vous avez utilisé des tubercules déjà germés et vous enlevez la tige initiale. Ne provoquez-vous pas une modification du processus ultérieur?

Trouslot. Je n'ai rien inventé; je fais comme le paysan qui élimine la tête du tubercule portant cette tige initiale. Le paysan ne met pas en terre la tête du tubercule à une seule récolte.

Wilson. Au Nigéria, si le tubercule est gros, le paysan sépare la tête et la plante.

Communication de J. Miège

Coursey. Propose que s'établisse une collaboration entre les différents pays de l'Afrique de l'Ouest pour tenter de résoudre les problèmes taxonomiques posés par le complexe *D. cayenensis – D. rotundata*. Ce travail pourrait se faire en se basant sur un certain nombre d'échantillons (400) provenant des diverses régions d'Afrique occidentale et comprenant également des ignames sauvages.

Touré. Souligne l'intérêt de l'exposé de Miège en ce qui concerne l'utilité de la chimie comme moyen taxonomique et insiste sur le problème de l'évaluation des collections. Il est indispensable pour les apprécier et les comparer de travailler sur les mêmes caractères.

Coursey. Propose que le problème soit discuté en Comité restreint (voir recommandations).

Communications de C. Oyolu, S. N. Lyonga, et H. Olympio

Dofonsou. Quel est le revenu du paysan qui cultive l'igname?

Oyolu. En se basant sur un prix de vente moyen de 2.50 N par tubercule, le revenu serait de 5.000 à 6.000 N par ha (1 N = 1,54 US$).

Dumont. En ce qui concerne l'économie de l'igname, nous avons mis en place, en Haute-Volta, une série d'enquêtes qui visent à déterminer l'importance de l'igname ainsi que d'autres tubercules dans l'économie des paysans.

Onwueme, Lyonga, et Oyolu sont en désaccord sur la définition du terme 'milking' (sevrage). Oyolu propose que le problème soit discuté en Comité restreint.

Lyonga. Je suis d'accord avec les différents aspects abordés dans la communication d'Oyolu mis à part le mode d'application de l'engrais.

Doku. Il faut faire un trou circulaire au milieu de la butte et y déposer l'engrais.

Oyolu. Des études supplémentaires sont nécessaires pour savoir quand et comment il faut apporter l'engrais.

Wilson. Au Nigéria, les paysans croient que l'utilisation d'engrais entraîne des pertes pendant le stockage. Je recommanderai donc à ceux qui font des études sur la fertilisation, de les poursuivre pendant le stockage pour essayer de voir l'effet de la fertilisation sur la conservation des tubercules.

Nwankiti. Nous avons pu montrer que l'application d'engrais n'avait pas d'effect sur la conservation de l'igname.

PART III: PLANT PROTECTION

IIIème PARTIE: PROTECTION DES PLANTES

16 A *Dioscorea rotundata* virus disease in Nigeria

E. R. TERRY

Summary

A virus disease of the white yam (*Dioscorea rotundata* Poir.) in Nigeria characterized by severe green vein-banding and mottling of the foliage is described. Data on its distribution, incidence, and transmissibility are reviewed. The biological and morphological properties of the virus are presented. Preliminary work on breeding for host-plant resistance to this disease is also discussed.

Résumé

L'auteur décrit une maladie virale de l'igname à chair blanche (*Dioscorea rotundata* Poir.) au Nigéria, qui se caractérise par de sévères rayures vertes et des taches importantes sur les feuilles. Des données concernant la répartition, l'incidence, et la transmissibilité ainsi que les propriétés biologiques et morphologiques du virus sont présentées. Des travaux préliminaires sur la sélection de plantes résistantes font également l'objet de discussion.

Yams (*Dioscorea* spp) are a staple food for millions of people in the tropical regions of the world. The main regions of production are West Africa, South-East Asia (including adjacent parts of China, Japan, and Oceania), and the Caribbean (Lawani and Odubanjo 1976). In 1975 the total world production of yams was 20 million tonnes, 75 per cent of which (15 million tonnes) were produced in Nigeria (FAO 1976).

Virus diseases of *Dioscorea* spp have been reported mainly from West Africa (Miège 1957; Coursey 1967), Puerto Rico (Adsuar 1955; Ruppel, Delpin, and Martin 1966) and the Commonwealth Caribbean (Mohamed and Mantell 1975).

In Nigeria, Chant (1957) and Robertson (1961) reported localized incidences of a virus disease of *D. alata*, *D. cayenensis*, and *D. rotundata*. Infected plants appeared stunted with proliferation of lateral buds giving the plant a bushy form. Foliar symptoms consisted invariably of mottling, vein clearing, and distortion. In the Ivory Coast, a virus disease with symptoms similar to those mentioned above was recently described in *D. cayenensis* (Thouvenel and Fauquet 1977). *D. cayenensis* as described is not dissimilar to *D. rotundata*.

Earlier attempts to transmit the agent of the *D. rotundata* virus disease in Nigeria by mechanical inoculation were unsuccessful (Robertson 1961). In 1975, a *D. rotundata* virus was transmitted mechanically and by nymphs and winged adults of the cotton aphid *Aphis gossypii* to seedlings of *D. rotundata* (Terry 1976). This paper reviews presently available knowledge on the distribution and symptomatology of this disease, the transmissibility of the virus, and its biological and morphological properties. The development of a breeding programme for host-plant resistance to this disease and the results to date are also discussed.

Distribution, incidence, and symptom expression

A survey of farmers' fields in twenty-three locations, in four states within Nigeria, revealed that the incidence of the virus disease as evidenced by symptom expression ranged from 20–66 per cent of the total number of plants (Table 16.1). The most consistent symptoms were green vein-banding and mottling (Table 16.1). However, on a large number of diseased plants the green vein-banding and mottling were accompanied by a characteristic shoe-stringing and bushiness wherein leaf shape was modified from the typical ovate or cordate to a lanceolate form.

Table 16.1.   Distribution, incidence, and symptom expression of the *D. rotundata* virus disease in four states of Nigeria, 1976

State	Incidence (%)	Symptoms
Oyo	45	GVB + M
	38	GVB + SS
Niger	20	GVB + M
	20	GVB + SS
Kwara	26	GVB + M
	30	GVB + SS
Bendel	66	GVB + M
	61	GVB + SS

GVB + M = Green vein-banding + mottling
GVB + SS = Green vein-banding + shoe-stringing

Transmissibility

In mechanical transmission tests, inoculum from plants exhibiting the characteristic symptom type, i.e. green vein-banding (GVB), mottling (M), and shoe-stringing (SS) was prepared by macerating infected leaves in a buffer solution containing 0.05M pH 7.0 phosphate buffer and 0.01M cysteine hydrochloride. The test seedlings were from true seed of female *D. rotundata* plants germinated in petri dishes and transplanted into peat pots at the 3-leaf stage.

Fig. 16.1. Green vein-banding symptoms on *Dioscorea rotundata*.

Results from mechanical transmission tests indicated that, irrespective of inoculum source, 97 per cent of the infected test plants developed only the green vein-banding symptoms (Terry 1976).

Nymphs and adults of the cotton aphid *Aphis gossypii* were given a 4-hour access feeding on infected *D. rotundata* and transferred to disease-free seedlings for a 4-hour inoculation feed.

A serial transfer test was also conducted by varying inoculation feeding periods of single aphids from 1 minute to four hours (with 30 minute intervals) to determine the minimum time required for inoculation.

Both nymphs and adults were able to transmit the virus to test seedlings in the serial transfer study. Only the first plants tested in the series became infected; the remaining which were subjected to feeding by the same aphids were symptom-free (Terry 1976).

Vegetative transmission

The survival and systemic establishment of the virus in vegetative planting material was investigated by sectioning whole tubers harvested from infected *D. rotundata* plants into the following 4 categories: (A) heads, (B) section immediately following head, (C) section immediately preceding the tail and (D) tails. The sub-setts were planted in aphid-proof screenhouses with a mean temperature of 27.8–34.5 °C, and mean relative humidity of 67–89 per cent. The rate of symptom development on new foliage was then observed and recorded. A summary of the observations is presented in Table 16.2

Table 16.2.   Effect of sub-sett position on rate of vegetative transmission of *D. rotundata* virus. Number of days to sprouting and symptom expression.

	A	B	C	D
Sprouting	26.9	39.4	40.4	39.4
Symptom expression	21.0	21.8	18.6	21.6

The data indicate that sprouting is earliest from the head (category A) sub-setts, and occurred on the average 27 days after planting. There was no difference however in time of sprouting between the other three sub-sett positions. The data also indicate that, once sprouting has occurred, there is no difference in rate of vegetative transmission of the virus among the four sub-sett positions (average 21 days).

Virus properties *in vitro*

Dilution end-point

Seedlings of an indicator plant *Nicotiana benthamiana* and *D. rotundata* were inoculated with sap from diseased *D. rotundata* plants diluted in series from undiluted sap to 10^{-7} dilution. Sap from virus infected *D. rotundata* was infective at dilutions of 10^{-3} but not 10^{-4}. Infective sap induced diffuse mottling and mild green mosaic on *N. benthamiana* and the characteristic green vein-banding on *D. rotundata*.

Thermal inactivation point

Sap from infected *D. rotundata* plants was subjected to heat treatment in a water bath for 10 minutes through a series of temperatures ranging from 50–90 °C at 5 °C intervals. Seedlings of *N. benthamiana* and *D. rotundata* were inoculated with sap from each of the temperature treatments. The virus was infective after 10 minutes at 55 °C but not at 60 °C. The symptoms induced were the same as described above.

Particle morphology

Electron microscope examination revealed that leaves of *D. rotundata* plants showing green vein-banding and shoe-string symptoms were infected with a flexuous rod-shaped virus about 805 nm long. Infected leaves contained masses of filamentous virus-like particles and cytoplasmic inclusions usually associated with infection by poty-viruses except that no true pinwheels were detected (Mohamed and Terry 1979).

Host-plant resistance

Improved base populations of *D. rotundata* for breeding purposes are being developed by recombination in population crossing blocks and by controlled hand pollinations at the IITA.

Studies of the variability for resistance to the yam virus within the present breeding population indicate that most seedlings of *D. rotundata* are more susceptible than local varieties. This suggests that it may require several cycles of recurrent selections within the population improvement programme to achieve acceptable levels of virus resistance (Wilson, personal communication).

References

Adsuar, J. (1955). A mosaic disease of the yam *Dioscorea rotundata* in Puerto Rico. *J. Agric. Univ. P. Rico* **39**, 111–13.

Chant, S. R. (1957). *Annual Report*, Nigerian Federal Deparment of Agricultural Research 1954/55.

Coursey, D. G. (1967). *Yams*. Longmans, London.

FAO (1976). *FAO Production Yearbook,* Vol. 30. FAO, Rome.

Lawani, S. M. and Odubanjo, M. O. (1976). *A bibliography of yams and the genus* Dioscorea. International Institute of Tropical Agriculture (IITA).

Miège, J. (1957). Influence de quelques caractères des tubercules semences sur la levée et le rendement des ignames cultivées. *J. Agric. trop. Bot. appl.* **4,** 315–42.

Mohamed, N. and Mantell, S. H. (1975). *Report on a survey of virus diseases affecting yam* (Dioscorea *spp.*) *foliage in the Commonwealth Caribbean.* Caribbean Agricultural Research and Development Institute, Trinidad, West Indies.

—— and Terry, E. R. (1979). Virus-like particles and cytoplasmic inclusions associated with diseased *Dioscorea rotundata* Poir. from Nigeria. *Trop. Agric., Trin.* **56**, 175–9.

Robertson, D. G. (1961). *Annual Report*, Nigerian Federal Department of Agricultural Research 1959/60.

Ruppel, E. G., Delpin, H., and Martin, F. W. (1966). Preliminary studies on a virus disease of a sapogenin producing *Dioscorea* species in Puerto Rico. *J. Agric. Univ. P. Rico* **50**, 151–7.

Terry, E. R. (1976). Incidence, symptomatology, and transmission of a yam virus in Nigeria. *Proc. 4th Symp. Int. Trop. Root Crops, Cali, Columbia* 170–3.

Thouvenel, J.-C. and Fauquet, C. (1977). Une mosaique de l'igname *(Dioscorea cayenensis)* causée par un virus filamenteux en Côte d'Ivoire. *C.r. hebd. Séanc. Acad. Sci., Paris, sér. D* **284**, 1947–9.

17 Les viroses de l'igname en Côte d'Ivoire

J.-C. THOUVENEL et C. FAUQUET

Résumé

Les tournées conduites à travers la Côte d'Ivoire ont permis de reconnaître la présence d'au moins trois maladies d'origine virale. Parmi celles-ci, la plus répandue est causée par un virus filamenteux encore non décrit, et appartenant au groupe des potyvirus. Cette maladie, caractérisée par une mosaïque, est transmissible mécaniquement; cependant, le type naturel de transmission se fait par l'intermédiaire d'aphides, de manière non persistante, ou surtout par la voie végétative. Des essais de thermothérapie sur les tubercules de pieds malades n'ont pas abouti. Par contre, le virus ne se transmet pas par la graine. Une méthode de purification du virus à partir des feuilles d'igname a été mise au point, et un antisérum spécifique de titre 1/2 048 est disponible.

Summary

At least three virus diseases have been found during different field surveys in the Ivory Coast. The most widespread of them is caused by a filamentous virus which has not yet been described and which belongs to the potyvirus group. This is a mosaic disease which is mechanically transmissible; however, the usual way of transmission is either by aphids, or more commonly through vegetative reproduction. Thermotherapy tests with tubers from diseased plants have not been successful. On the other hand, the virus cannot be transmitted through the seed. A method of purifying the virus from yam leaves has been worked out and a specific antiserum (1/2 048) is available.

La culture de l'igname a toujours tenu une bonne place en Côte d'Ivoire, comme d'ailleurs dans toute l'Afrique de l'Ouest. Parmi les différentes atteintes pathologiques, les maladies causées par virus ont particulièrement été rapportées pour cette plante; aussi, le laboratoire de Virologie de l'ORSTOM, dans le cadre de l'inventaire des viroses des plantes cultivées, a été amené à prospecter les diverses zones où se cultive l'igname en Côte d'Ivoire.

En 1957, Miège avait signalé la présence d'une maladie causée par un virus en Côte d'Ivoire, mais déjà en 1938 West au Nigéria, en 1956 Deighton en Sierra Leone, ainsi que Girardot au Liberia avaient rapporté l'existence de viroses sur igname. Après quelques années où les recherches ont peu avancé, probablement en raison des difficultés rencontrées avec ce matériel végétal, l'étude de ces maladies a été reprise et plusieurs virus ont été identifiés en Afrique et dans d'autres parties du monde (Harrison and

Roberts 1973; Waterworth, Lawson, and Kahn 1974; Migliori et Cadilhac 1976; Thouvenel et Fauquet 1977).

En Côte d'Ivoire, la diversité des symptômes rencontrés laissait supposer la présence de nombreuses maladies, en fait les essais de transmission et l'identification de l'agent causal de la principale maladie ont montré que, à de rares exceptions près, on se trouvait en présence d'un seul responsable, un virus non encore décrit appartenant au groupe des potyvirus. De ce fait, nous parlerons surtout de l'agent de cette maladie, principalement caractérisée par une mosaïque des feuilles, après avoir signalé les autres symptômes rencontrés.

Enroulement de l'igname (leaf-curl)

Cette virose trouvée dans la région de N'Douci sur *Dioscorea cayenensis* est en cours d'étude, l'agent causal est encore non identifié. Les pieds malades présentent un enroulement des feuilles qui par ailleurs s'épaississent et prennent une teinte plus claire. Les bords se gaufrent donnant à la feuille une certaine ressemblance avec un coquillage (Fig. 17.1). Cette maladie se transmet mécaniquement à *D. cayenensis*, les symptômes sur les plantules inoculées apparaissent en cinq à sept jours, d'abord une chlorose internervaire, puis la feuille prend une forme de cuillère ainsi qu'une teinte vert-jaunâtre

Fig. 17.1. Feuille d'igname avec un symptôme d'enroulement.

uniforme. La croissance de la plante est très ralentie. Les essais de transmission par différents insectes ont montré que les aphides étaient vecteurs sur le mode non-persistant.

Feuilles en lacets de l'igname (shoe-string)

Observée en Côte d'Ivoire uniquement dans la région de Bouaké avec des symptômes très caractéristiques, cette maladie encore non identifiée est probablement identique à celle décrite au Nigéria (Terry 1976). Cette appellation lui a été donnée en raison de l'aspect très particulier que prennent les feuilles, le limbe disparaît presque entièrement, la feuille se vrille sur elle-même (Fig. 17.2). On assiste à une prolifération des bourgeons axillaires donnant un aspect buissonnant à la plante. Cette maladie se transmet par le tubercule, mais nous n'avons pas encore réussi à la transmettre mécaniquement. De plus, des tubercules malades plantés en région côtière (sud de la Côte d'Ivoire) ont donné naissance à des plantes présentant des symptômes très atténués, proches de ceux dûs à la mosaïque de l'igname; il n'est donc pas à exclure que les symptômes violents observés en certaines occasions soient les conséquences d'une localisation dans une zone climatique plus sèche. Cette maladie ne doit pas être confondue avec les 'balais de sorcière' parfois observables sur les ignames de Côte d'Ivoire dans des

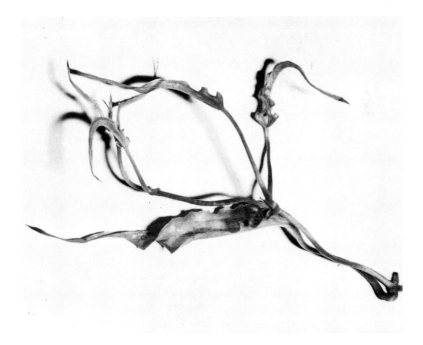

Fig. 17.2. Symptômes en lacets sur rameau d'igname.

conditions de forte pluviosité, ceux-ci sont causés par un champignon: *Bagnisiopsis dioscoreae*.

Chlorose de *D. alata* et *D. esculenta*

Ces symptômes particulièrement spectaculaires sur les plants de *D. esculenta* (Fig. 17.3) semblent causés par une virose transmise par le tubercule; toutefois les essais de transmission mécanique ont échoué. L'agent causal semble être différent de celui responsable de la mosaïque. En raison de la fréquence avec laquelle on trouve ces symptômes au champ, les recherches se poursuivent activement. Le vecteur de cette maladie est inconnu.

Fig. 17.3. Chlorose sur feuille de *D. esculenta*.

Mosaïque de l'igname

Alors que les maladies citées auparavant n'atteignent qu'un nombre limité de plantes, la mosaïque constitue un problème majeur justifiant l'étude approfondie qui en a été faite. Assez rare dans le nord du pays (où les maladies sont en général plus rares du fait du climat), elle peut atteindre certains champs à 100 pour cent dans la région forestière.

Les symptômes sont très variables en fonction des cultivars et suivant l'état physiologique de la plante. Ils sont parfois presque imperceptibles, se réduisant à de légères chloroses sur certaines feuilles; à d'autres moments ils sont très violents, déformant la feuille par des cloques et des boursouflures; il est parfois possible d'observer une moucheture ou des ponctuations régulières, ou encore un liseré des nervures qui ressemble beaucoup au 'vein-banding' signalé par Terry au Nigéria (1976). Sur un même plant les symptômes peuvent varier considérablement d'une feuille à l'autre. Les plants obtenus à partir de graines et inoculés très jeunes présentent en général les symptômes les plus forts (Fig. 17.4).

Fig. 17.4. Mosaïque de l'igname sur feuille de *D. cayenensis*; à droite feuille de plant sain.

Cette maladie se transmet mécaniquement à *D. cayenensis*, *D. preussii*, et *D. liebrechtsiana*; elle a été observée sur *D. alata* et *D. trifida*. Par contre, elle n'atteint pas *D. bulbifera*, *D. composita*, et *D. floribunda*.

Dans les autres familles, seule une Solanacée: *Nicotiana benthamiana* s'est montrée hôte pour le virus.

La mosaïque se transmet par le tubercule; par contre, à ce jour, les essais effectués avec plusieurs milliers de graines provenant de pieds malades n'ont pas permis de mettre en évidence une transmission par la graine.

Des essais de transmission ont été effectués avec plusieurs espèces d'insectes, en particulier avec ceux trouvés le plus fréquemment sur igname. Ils ont été négatifs à l'exception des essais effectués par pucerons. Le Tableau 17.1 résume les résultats.

Tableau 17.1. Résultats des tests de transmission du virus de la mosaïque de l'igname par aphides, toutes les expériences sont effectuées avec 10 pucerons par plante

Espèce du puceron	Temps du repas d'acquisition	Temps du repas d'inoculation	Nombre de plantes inoculées	Nombre de plantes malades
Aphis gossypii	5 mn	—	30	10
Aphis gossypii	5 mn	15 mn	20	7
Aphis gossypii	15 mn	—	10	6
Aphis gossypii	1 h	—	20	11
Aphis gossypii	24 h	—	12	4
Toxoptera citricidus	15 mn	—	30	21
Rhopalosiphum maidis	15 mn	—	20	1
Aphis craccivora	5 mn	—	24	13

De ce tableau nous pouvons conclure que le virus de la mosaïque de l'igname est transmis sur le mode non-persistant par les principaux pucerons présents en Côte d'Ivoire. Il faut ajouter cependant que nous n'avons pas trouvé de colonies de pucerons sur igname, et que nous n'avons pas pu y en faire survivre au-delà de 48 heures.

La purification du virus à partir des feuilles d'igname est rendue difficile par la présence de substances mucilagineuses; elle a pu cependant être menée à bien, dernièrement, par une série de centrifugations différentielles après une clarification au chloroforme, suivie d'un passage sur gradient de saccharose. Les observations en microscopie électronique ont révélé que l'agent causal est un virus filamenteux de 750 à 800 nm de longueur (Fig. 17.5).

Un antisérum a été préparé en injectant le virus purifié à des lapins, le titre homologue est de 1/2 048. Comparé aux virus trouvés en Côte d'Ivoire, le virus de la mosaïque de l'igname s'est révélé apparenté au virus de la mosaïque de *Panicum* (Thouvenel, Givord, et Pfeiffer 1976) et au virus des taches ocellées de l'arachide (Dubern et Dollet 1978) qui appartiennent tous deux aux potyvirus. Ce virus qui ne ressemble par ailleurs à aucun autre virus décrit sur igname est donc un nouveau virus appartenant au groupe des potyvirus.

L'étude des propriétés biologiques ayant montré que le point de thermo-inactivation du virus dans le jus brut d'igname est situé entre 55 et 60 °C, des essais de thermothérapie ont été entrepris sur des tubercules provenant de pieds malades, les résultats sont consignés dans le Tableau 17.2

Il ressort de ces résultats que le traitement du tubercule par la température est sans effet sur la maladie. Des temps de traitement plus longs à ces températures ont entraîné une perte de pouvoir germinatif et un pourrissement rapide des tubercules. La thermothérapie n'est donc pas envisageable dans le cas de cette maladie pour produire des tubercules indemnes.

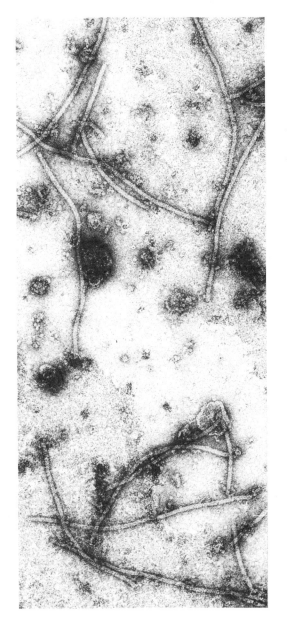

Fig. 17.5. Particules virales responsables de la mosaïque de l'igname, observées en microscopie électronique (photo P. Pfeiffer).

Tableau 17.2. Résultats des essais de traitement par la chaleur de tubercules provenant de pieds malades ou supposés malades

Temps et température de traitement	Nombre de tubercules plantés	Nombre de tubercules germés (%)	Nombre de plantes malades	(%) de plantes malades
Témoin	35	88,6	24	77,4
15 mn à 45°	27	70,4	14	73,7
30 mn à 45°	30	60,0	15	83,3
15 mn à 50°	54	55,6	18	60,0
30 mn à 50°	51	44,1	18	75,0
15 mn à 55°	36	16,7	4	66,7

Pour résumer, nous pouvons dire que le principal problème est dû au virus de la mosaïque de l'igname ; ce virus est peut-être également à l'origine de la maladie observée au Nigéria et dans d'autres pays de l'Afrique de l'Ouest, l'antisérum produit en Côte d'Ivoire permettra dans un avenir proche de répondre à cette question.

Références bibliographiques

Deighton, F. C. (1956). *Diseases of cultivated and other economic plants in Sierra Leone.* 52. 3. Government Printer, Sierra Leone.

Dubern, J. et Dollet, M. (1978). Observation d'une nouvelle maladie à virus en Côte d'Ivoire: la maladie des taches ocellées de l'arachide. *Oléagineux* **33**, 175–7.

Girardot, L. V. (1956). *Planting and fertilization experiments with yams.* Note 9. Cent. agric. exp. Sta. Sualaoko, Liberia.

Harrison, B. D. and Roberts, I. M. (1973). Association of virus-like particles with internal brown spot of yam *(Dioscorea alata).* Trop. *Agric., Trin.* **50**, 335–40.

Miège, J. (1957). Influence de quelques caractères des tubercules semences sur la levée et le rendement des ignames cultivées. *J. Agric. trop. Bot. appl.* **4**, 315–42.

Migliori, A. et Cadilhac, B. (1976). Contribution à l'étude de la maladie à virus de l'igname *Dioscorea trifida* en Guadeloupe. *Annls Phytopathol.* **8**, 73–8.

Terry, E. R. (1976). Incidence, symptomatology, and transmission of a yam virus in Nigeria. *Proc. 4th Int. Symp. Trop. Root Crops, Cali, Columbia* 170–3.

Thouvenel, J. C. et Fauquet, C. (1977). Une mosaïque de l'igname *(Dioscorea cayenensis)* causée par un virus filamenteux en Côte d'Ivoire. *C.r. hebd. Séanc. Acad. Sci., Paris* sér D **284**, 1947–9.

—— Givord, L., and Pfeiffer, P. (1976). Guinea-grass mosaic virus, a new member of the potato virus Y group. *Phytopathology* **66**, 954–7.

Waterworth, H. E., Lawson, R. M. and Kahn, R. P. (1974). Purification, electron microscopy and serology of *Dioscorea* latent virus. *J. Agric. Univ. P. Rico* **58** , 351–7.

West, J. (1938). A preliminary list of plant diseases in Nigeria. *Kew Bull.* 17–23.

18 Nematodes of yams

J. BRIDGE

Summary

Since the review by Smit in 1967 there has been a considerable amount of work done on yams nematodes. However there are still important questions left unanswered; particularly on the economics of damage, methods of control, and biology.

The present review intends to bring together the different contributions and progress achieved in this field for a better understanding of the most important plant parasitic nematodes associated with yams such as *Scutellonema bradys, Pratylenchus coffeae,* and *Meloidogyne* spp. The two endoparasitic nematodes *S. bradys* and *P. coffeae,* are of primary importance in the damage they cause to tubers during storage; *Meloidogyne* spp mainly contribute to reduce growth and yield in the field. Methods available for controlling nematodes in yams by chemical and cultural means in the field or by treatment of tubers to reduce storage losses are also described.

Résumé

Un travail considérable a été effectué sur les nématodes de l'igname depuis la parution de la synthèse publiée par Smit en 1967. Il subsiste des domaines comme en particulier l'évaluation des pertes, les méthodes de contrôle et la biologie qui nécessitent que des recherches soient poursuivies.

Cette présente étude passe en revue les différentes contributions et progrès réalisés dans ce domaine pour une meilleure compréhension des principaux nématodes parasites des ignames tels que *Scutellonema bradys, Pratylenchus coffeae* et *Meloidogyne* spp. *S. bradys* et *P. coffeae,* nématodes endoparasites, jouent un rôle particulièrement important dans les pertes occasionnées pendant le stockage des tubercules alors que les *Meloidogyne* spp sont principalement responsables d'une diminution de la croissance et de la production aux champs. L'auteur décrit également les méthodes disponibles pour lutter contre les nématodes de l'igname comme les méthodes chimiques et culturales aux champs ou les traitements des tubercules pour diminuer les pertes pendant le stockage.

Yams, in common with the majority of both tropical and temperate crops, are prone to attack by plant parasitic nematodes. These microscopic roundworms are found in both soil and plant tissues, often in large populations owing to their high egg production and generally short life cycles. They feed by puncturing plant cells with their specially adapted mouthparts, and this results in cell breakdown and/or malfunctioning of the plant tissues.

Since the review by Smit in 1967 there has been a considerable amount of work done on yam nematodes and our knowledge of these plant parasites has increased greatly over the past ten years. However, there are still important questions left unanswered, particularly relating to the economics of damage, methods of control, and biology. It is hoped that this review may stimulate further work on these frequently overlooked and often misunderstood parasites of yams.

Many nematode species and genera have been found associated with the yam crop but relatively few of these have been fully investigated and shown to cause damage. The aptly named yam nematode, *Scutellonema bradys*, is one of these species together with the lesion nematodes, *Pratylenchus* spp, and the root-knot nematodes, *Meloidogyne* spp.

The yam nematode, *Scutellonema bradys* (Steiner and Le Hew) Andrassy

Scutellonema bradys has been recorded on yams from West Africa (The Gambia, the Ivory Coast, Nigeria, Senegal, Togo), the Caribbean (Cuba, Jamaica, Puerto Rico), Brazil, and India. In the earlier literature it is referred to under different names, such as *Anguillulina bradys* (Steiner and LeHew) Goodey, *Hoplolaimus bradys* Steiner and LeHew, *Rotylenchus bradys* (Steiner and LeHew) Filipjev, *Rotylenchus blaberus* Steiner, *Scutellonema blaberum* (Steiner) Andrassy, and *Scutellonema dioscorea* Lordello.

The yam nematode is found in soil around yams but mainly occurs as a migratory endoparasite of roots and tubers. The eggs can be laid in the soil, but more often in the plant tissues where they hatch and develop to maturity. Very large populations can build up in the tubers, the maximum recorded being 62000 nematodes/10 g of tuber in Nigeria (Bridge 1972) where 100000 nematodes are found commonly in infested tubers (Adesiyan, Odihirin, and Adeniji 1975a).

A disease of tubers commonly associated with *S. bradys* was first observed by Steiner and LeHew (1933), and referred to as 'dry rot of yams' by West (1934). The disease was described in some detail by early authors (Goodey 1935; Steiner 1937; West 1934) and also in more recent studies (Acosta and Ayala 1975; Adesiyan *et al.* 1975a; Baudin 1956; Bridge 1972, 1973; Decker, Casamayor, and Bosch 1967; Smit 1967; Unny and Jerath 1965). The nematodes feed intracellularly in the tubers causing breakdown of cell walls, destruction of the cell contents, and often producing cavities within the tissues. An increase of pectic enzymes has been detected in diseased tissue which could be produced by the nematodes and contribute to tissue damage (Adesiyan 1976a). *S. bradys* is found in the peridermal and subperidermal layers, rarely penetrating deeper than 1 to 2 cm during growth of the tuber. During storage, penetration can be greater in parts of the tuber (Adesiyan 1977b). Initially small yellowish lesions develop, which are revealed if the yam skin is removed; these turn dark-brown or black and, as the infection spreads, the lesions coalesce to form a continuous dark, dry-rot layer which can girdle the whole tuber.

External symptoms of damage are slight to deep cracks in the tuber skin, malformation of the tubers, and, in extreme cases, the flaking off of parts of the epidermal layers exposing the dark brown, dry rot tissue underneath, giving a mottled appearance to the tubers. Numbers in excess of 1000 nematodes per 50 g of tuber have been found necessary to cause extreme symptoms (Bridge 1973).

S. bradys invades developing tubers by way of the tuber growing-point, alongside emerging roots and shoots, through the roots, and also through cracks or damaged areas in the suberized epidermis (Bridge 1972). Tubers grown from infested seed pieces in sterilized soil were found to contain large populations of the nematode after 10 weeks. There was some infection direct from the seed tuber, but in the majority of developing tubers examined, nematodes had first migrated into the soil before re-invading. Infested seed tubers or tuber pieces are probably the main source of inoculum in the field. As comparatively small numbers of the nematode do not produce obvious symptoms in the tubers, *S. bradys* is easily disseminated by the planting of infected, but apparently healthy, seed material.

Results from pathogenicity studies in Nigeria (Bridge 1973) and Puerto Rico (Acosta and Ayala 1975, 1976a) indicate that *S. bradys* does not cause severe, if any, reduction in growth of yams, but it does cause marked reduction in the edible portion and marketable value of the tubers. Weight reduction can occur with late harvested tubers in dry soil and during storage as a result of moisture loss through cracked epidermal layers. Smit (personal communication) in the Ivory Coast estimated that weight differences between healthy and diseased tubers harvested from the field were about 20 to 30 per cent. These differences would become more marked by the losses in tubers during storage. Adesiyan, Odihirin, and Adeniji (1975b) showed that, during storage, *S. bradys* infection resulted in a significant increase in water loss from *D. rotundata* and *D. cayenensis* tubers and a reduction in the edible portions of tubers of these species and also *D. alata* in a yam barn in Nigeria. Storage losses are of particular importance because nematodes continue to reproduce and increase in stored yams associated with an increase in both 'dry rot' and 'wet rot'. It has been suggested that *S. bradys* can cause 80 to 100 per cent loss of stored yams in the Mid-West State of Nigeria (Adesiyan and Odihirin 1975).

In 1935, Goodey first suggested that damage to tubers by *S. bradys* may afford entry to pathogenic and saprophytic organisms, particularly fungi and bacteria, which gradually bring about the destruction of the tuber in the ground and during storage. This interaction with *S. bradys* in yam tubers has been observed in West Africa (Adesiyan *et al.* 1975a; Baudin 1956; Bridge 1972; Smit 1967) and in India (Nadakal and Thomas 1967). Although dry rot symptoms can be caused by *S. bradys* alone in the absence of other organisms

(Bridge 1973), nematode infection does predispose the tuber tissues to invasion by fungi and bacteria to produce the 'wet rot' of the tubers, but it has been shown that *S. bradys* is not directly involved in the later stages of wet rot (Adesiyan *et al.* 1975*a*).

S. bradys is the major economically important nematode pest of yams in West Africa, but not necessarily in other yam-growing regions of the world. Examination of tubers purchased from town and village markets in the Western State of Nigeria showed that 47 per cent of the yams were infested with the nematode (Bridge 1973). Adesiyan and Odihirin (1975) did a similar survey in the Mid-West State of Nigeria and found *S. bradys* to be frequently found in tubers, but also showed that root-knot nematodes were common in *D. alata* tubers.

Most of the yam species, and many cultivars, commonly grown in West Africa are attacked by *S. bradys*; these include *D. rotundata, D. cayenensis, D. alata, D. bulbifera, D. dumetorum,* and *D. esculenta.* In the Ivory Coast, Smit (personal communication) observed that 12 cultivars of *D. alata* and 8 of *D. cayenensis* were infested by *S. bradys.* In Nigeria (Bridge, unpublished work), *D. alata, D. cayenensis,* and 12 cultivars of *D. rotundata* were all highly susceptible to infection and showed marked dry rot symptoms after 6 months growth in nematode-infested soil (Table 18.1). Neither *D. esculenta*

Table 18.1.   Tubers of *Dioscorea* species and cultivars attacked by *S. bradys* in Nigeria

Species	Cultivar	External symptoms of nematode damage	Presence or absence of dry rot in tubers	Nos. of *S. bradys* per 50 g tuber tissue
D. rotundata	Ihobia	Obvious	+	22 500
	Omifunfun	Obvious	+	56 250
	Atoja	Obvious	+	19 000
	Boninbonin	Obvious	+	16 600
	Alade	Obvious	+	18 750
	Akosu	Obvious	+	11 750
	Aimo	Obvious	+	13 500
	Avaga	Obvious	+	14 250
	Esinmirin	Obvious	+	3750
	Olonko	Obvious	+	2500
	Odo	Obvious	+	6250
	Efon	Slight	+	8250
D. alata	?	Obvious	+	11 750
D. cayenensis	Igangan	Obvious	+	5250
D. esculenta	?	None	−	875
D. dumetorum	?	None	−	75
Dioscorea sp (1)	Wild	None	−	250
Dioscorea sp (2)	Wild	None	−	250

nor *D. dumetorum* were as readily invaded by *S. bradys* under the conditions of the trial and did not produce dry-rot symptoms. Two wild *Dioscorea* spp collected near Ibadan also supported low populations of the nematode (Table 18.1). Elsewhere in West Africa dry-rot symptoms are seen more easily on *D. esculenta* than on other yam species (Baudin 1956), but Smit (personal communication) in the Ivory Coast observed that population levels were markedly lower on *D. dumetorum*. Caveness (1967*a*) found that *D. alata* supported greater populations of the nematode than either *D. rotundata* or *D. cayenensis* in pot experiments in Nigeria. It has been reported that the depth of penetration of *S. bradys* varies with different cultivars of *D. rotundata* (Adesiyan 1977*b*).

A wide range of other crops and some weeds have been shown to support low populations of *S. bradys* including yam bean (*Pachyrrhizus erosus*), greengram (*Phaseolus aureus*), pigeon pea (*Cajanus cajan*), kenaf (*Hibiscus cannabinus*), okra (*Hibiscus esculentus*), tomato (*Lycopersicon esculentum*), sorghum (*Sorghum vulgare*), loofah (*Luffa cylindrica*), roselle (*Hibiscus sabdariffa*) and *Synedrella nodiflora*. These alternate hosts permit the yam nematode to survive in soil in the absence of yams, but only cowpea (*Vigna unguiculata*) and melon (*Cucurbita melo*) have been found to actually increase soil populations of the nematode (Adesiyan 1976*b*; Bridge, unpublished work; Luc and de Guiran 1961).

Lesion nematode, *Pratylenchus coffeae* (Zimmerman) Filipjev and Sch. Stekhoven

P. coffeae is distributed in many countries throughout the world and is known to cause serious damage to a wide range of crops. As a pest of yams, it has only been recorded from Jamaica, Puerto Rico, and British Solomon Islands. In Jamaica and Puerto Rico, it is the major cause of tuber dry rot known locally as 'burn', a condition very similar to that associated with *S. bradys* elsewhere.

This lesion nematode is also a migratory endoparasite of yam roots and tubers, and eggs are either laid in the plant tissue or surrounding soil. The first moult of the life cycle occurs within the egg and is followed by three further moults before the adult stage is reached. On hosts other than yam the life cycle is approximately 4 weeks at temperatures of 25–30 °C (Siddiqi 1972). Although large numbers of nematodes are found in yam soil and roots, highest populations occur in the tubers (Acosta and Ayala 1975).

The biology and symptoms of *P. coffeae* on yam tubers are similar to those of *S. bradys*. The nematodes are concentrated in the outer 6 mm of tuber tissue of *D. rotundata* but can penetrate as deep as 15 mm (Acosta 1974). Large numbers have been found in the oldest portions of the tubers, adjacent to the vines (Acosta 1974) but this seems to depend on time of infection by *P. coffeae* (Coates-Beckford and Braithwaite 1977). Infection of tubers causes severe necrosis, dry rot, deep cracks in the outer tissues, and is associated with deterioration of tubers and marked reduction in their quality. Under Puerto Rico conditions, where both *S. bradys* and *P. coffeae* occur, it is *P. coffeae* which is the dominant species and mainly responsible for severe deterioration of *D. rotundata* tubers, although the nematode does not appear to reduce growth or yield of tubers at harvesting (Acosta and Ayala 1975, 1976a).

Thompson, Been, and Perkins (1973) found that most yam tubers of *D. rotundata* and *D. cayenensis* harvested from the Christiana area of Jamaica were infested with *Pratylenchus* sp, probably *P. coffeae*. External symptoms of damage associated with infestation by the nematode included skin splitting, corky patches, and dry, brown, rotted areas. Nematodes remained active in stored tubers and 67 to 100 per cent of these contained live nematodes after 73 to 168 days in storage. Nematode populations in tubers stored at ambient temperatures (22–31 °C) rose to very high levels, but at cooler temperatures (12–13 °C) population levels remained low.

Other species of *Pratylenchus* occur in yams; *P. brachyurus* is found in roots and tubers in the Ivory Coast (Miège 1957; Luc and de Guiran 1961; Smit 1967) and Nigeria (Bridge 1973), and in yam roots in Guatemala (Jenkins and Bird 1962). Steiner (1931) describes *Tylenchus pratensis* (= *Pratylenchus* sp) parasitizing yams from West Africa, and it is referred to again under the different name of *Anguillulina pratensis* causing necrosis in the outer layers of yam tubers from Japan, Jamaica, Puerto Rico, and West Africa (Steiner and Buhrer 1934).

Root-knot nematodes, *Meloidogyne* spp

Root-knot nematodes are very common root pests of tropical crops often causing serious yield losses. *Meloidogyne* species are found in all the yam growing regions of the world associated with galling of roots or tubers.

A number of different species of *Meloidogyne (M. arenaria, M. hapla, M. incognita, M. javanica)* occur on yams, but all species of the genus have similar life cycles. The infective second stage juveniles invade roots and tubers, and migrate to a feeding site normally alongside the vascular tissues. They develop through the non-feeding, third and fourth stages to a swollen sedentary female or migratory male. Feeding of the females produces enlarged cells around the head of the nematode, and causes hyperplasia of the surrounding tissues giving rise to the swollen galls or knots typical of the genus. Eggs are laid in an egg-sac extruded by the female either into the soil or within the plant tissues.

Infestation by *Meloidogyne* spp causes slight to severe galling of yam roots, and gives rise to irregular, knobbly tubers. Severe damage to yam seedlings is likely to occur when yams are grown alongside, or immediately after, a root-knot susceptible crop (e.g. vegetables) where very large nematode populations occur in the soil and are able to parasitize roots and tubers early in the development of the plant.

M. incognita has been found infesting yams in the Ivory Coast (Luc and de Guiran 1961; Smit 1967). Both *M. incognita* and *M. javanica* are recorded as widespread only on *D. rotundata* and *D. alata* tubers in the south eastern region of Nigeria (Adesiyan and Odihirin 1975, 1978; Unny and Jerath 1965) where they are considered as important pests of yams. However, in the south-west region of Nigeria, *Meloidogyne* was infrequently found in stored tubers (Adesiyan and Odihirin 1978; Bridge 1973). It was observed that no infective juvenile stages or eggs of *M. incognita* survived long periods of storage in *D. rotundata* tubers due apparently to a host reaction which isolates and kills the nematodes in necrotic areas throughout the interior of the tubers (Bridge 1973). A similar host reaction occurs in developing *D. composita* and *D. floribunda* tubers infested with *M. incognita* in Guatemala. Females of *M. incognita* became surrounded by lignified cells, and tubers, which are attacked at a later stage, do not seem to be as severely damaged because nematodes that penetrate into the tubers are killed before viable eggs are produced (Bruhn and Koch 1962; Jenkins and Bird 1962; Koch 1975). *M. incognita* and *M. arenaria* are the predominant nematode species attacking *D. composita, D. floribunda*, and *D. spiculiflora* in Guatemala. They cause the typical galling of roots and are also reported to cause rotting of tubers. Seedlings parasitized by *Meloidogyne* are severely stunted with some foliar chlorosis and distorted roots (Jenkins and Bird 1962; Schieber 1961; Schieber and Lassmann 1961), and very young seedlings are killed by severe infestation (Bruhn and Koch 1962). In Nigeria it was shown that 5000 nematodes of both *M. incognita* and *M. javanica* inoculated around seed pieces did not affect germination of *D. alata, D. rotundata*, or *D. cayenensis* but did significantly reduce tuber yield of 5-month-old *D. alata* (Adesiyan and Odihirin 1978).

Other nematodes associated with yams

Paratrichodorus porosus has been found associated with a black scurf-like syndrome of unknown aetiology on seedlings of *D. opposita* in Japan (Nishizawa 1973).

One species of nematode, *Aphelenchoides besseyi*, has been observed both on the foliage and tubers of *D. trifida* in the French West Indies (Kermarrec and Anais 1974).

In Fiji the burrowing nematode, *Radopholis similis* was found infesting tubers of *D. alata* (Butler and Vilsoni 1975).

Many other nematode species occur in soil around yam roots including *Aphasmatylenchus nigeriensis, Aphelenchus* spp, *Aphelenchoides* spp, *Criconemoides* spp, *Ditylenchus* spp, *Helicotylenchus* spp, *Hemicriconemoides* spp, *Hemicycliophora* spp, *Hoplolaimus pararobustus, Macroposthonia* sp,

Nothotylenchus sp, *Paratylenchus microdorus*, *Pratylenchus* spp, *Rotylenchulus reniformis*, *Scutellonema* spp, *Tetylenchus annulatus*, *Trichodorus* spp, *Trophurus* sp, *Tylenchorhynchus* spp, *Tylenchus* spp, *Uliginotylenchus rhopalocercus*, and *Xiphinema* spp, (Ayala and Acosta 1971; Bridge 1973; Caveness 1967*b*). There is no information available on the importance of these nematodes in yam production. Apart from the nematodes mentioned in the previous sections and above, the only other species which have been found as endoparasites of yam roots or tubers are *Helicotylenchus dihystera*, *Rotylenchulus reniformis*, and *Scutellonema clathricaudatum*.

Control of yam nematodes

It has been clearly established that nematodes are important pests of the yam crop. The two endoparasitic, migratory nematodes, *S. bradys* and *P. coffeae*, are of primary importance in the damage they cause to tubers during storage either directly or indirectly; *Meloidogyne* spp and other nematodes mainly contribute to reduced growth and yield losses in the field although tuber quality can be affected in yams heavily infested with root-knot.

The methods available for controlling nematodes in yams are by chemical and cultural means in the field to reduce infestation of roots and tubers, or by treatment of tubers to prevent dissemination of nematodes in propagative tuber material and to reduce storage losses.

Cultural practices play an important role in determining the extent of nematode damage. The obligate, plant nematode populations will be reduced if the land is kept as fallow, free of all host plants, and this has been suggested as a control of *S. bradys* in *D. alata* (Decker *et al.* 1967). However, uncultivated fallow, especially 'bush fallow', contains many wild hosts for *S. bradys* and control is unlikely to be achieved by this method alone (Smit 1967). It should be possible to reduce root-knot damage to yams by avoiding land which has recently been planted to highly susceptible crops, e.g. vegetables. Also avoiding mixed cropping with other host crops of *Meloidogyne* alongside yam vines will decrease nematode populations and thus the severity of damage by root-knot. Some of the many different traditional yam cultivation methods could be utilized to reduce nematode damage. In Nigeria it was observed that, although the crop of early 'new yams' was heavily infested with *S. bradys*, the small 'seed tubers' grown from the same vines until the end of the season contained very few nematodes (Bridge, unpublished work). A possible explanation is that the nematodes remain endoparasitic in the tubers once they have invaded and the majority are removed from the field in the 'new yam' tubers leaving relatively few to re-infect the later developing seed tubers. If this is a common phenomenon, the planting of seed tubers rather than main crop tuber pieces will reduce the incidence of dry rot. Acosta (1974), in Puerto Rico, demonstrated that the oldest portion of *D. rotundata* tubers, adjacent to the stems, contained the highest numbers of *P. coffeae*, and suggested that central or distal portions of main crop tubers only should be selected for planting as these harbour fewer nematodes.

Control of yam nematodes by soil application of chemicals has not yet proved to be an economic proposition. Conflicting results have been obtained using different nematicides to control the major nematode pests of yams. In Nigeria, DD (1,3-dichloropropene, 1,2-dichloropropane) and DBCP (1,2-dibromo-3-chloropropane) was reported to increase the number of 'clean' tubers at rates of 84–253 l/ha and 28–84 kg/ha respectively (Anon. 1964). Spot treatment of DD in yam planting stations at rates of 60 and 120 l/ha did not control *S. bradys* in *D. rotundata* var. Ihobia tubers or improve yield (Bridge, unpublished work). Also in Nigeria, DD applied at 25.3 l/ha by a conventional chisel-type applicator was generally ineffective against *S. bradys*, and DBCP at 35.2 kg/ha was found to be phytotoxic to *D. alata* although it did greatly reduce numbers of *S. bradys* in the tubers (Adeniji 1977). In contrast, application of DD at 182 l/ha and DBCP at 9.1 l/ha in Puerto Rico reduced the number of *D. rotundata* tubers infected with *S. bradys* and *P. coffeae* from 88 per cent to 32 per cent and 48 per cent respectively, and increases of yield of up to 14 per cent were obtained with DBCP (Ayala and Acosta 1971). The use of DBCP was not considered to be an economic proposition for the main yam crop in Brazil. Some control of *S. bradys* in *D. cayenensis* tubers was achieved by application of 5 and 10 g of granular DBCP in yam mounds thirty days before planting, but was phytotoxic when applied as plant and post-plant treatments (Moura, Coelho, and Pio Ribeiro 1978).

Treatment of propagative tuber material prior to planting by immersion in nematicides or hot water is more successful than field treatments in controlling nematodes. However, heat or chemicals do not penetrate deep enough into the tubers to kill all the nematodes and complete eradication is often only achieved at the expense of damage to the tubers. Hot-water treatment involves immersing tubers in heated water for a time which is sufficient to kill the nematodes without damaging the plant tissues. Treatments at 51 °C for 30 minutes kill most root-knot nematodes in *D. floribunda* tubers (Hawley 1956), and treatments at 46 °C for 60 minutes, 52 °C for 7–15 minutes and 50 °C for 15–60 minutes have given good control of *P. coffeae* and *S. bradys* to a depth of 6 mm in *D. rotundata* tubers (Acosta and Ayala 1976b; Ayala and Acosta 1971). In other cases treatments at 50 °C for varying lengths of time reduced populations of *P. coffeae* in *D. rotundata* and *D. cayenensis* but caused severe, physiological damage to the tubers (Thompson *et al.* 1973). Bridge (1975) showed that immersion in water at 50 °C and 55 °C for 40 minutes killed over 98 per cent of *S. bradys* without damage to stored *D. rotundata* tubers, but, when tubers were treated soon after dormancy had broken, germination was delayed, and if treated later than this they tended to rot. Adeniji (1977) observed that 'new yam' tubers of *D. alata* and *D. cayenensis* rotted completely when treated at 55 °C for 40 minutes immediately after harvesting, but stored tubers showed very little signs of deterioration if treated after dormancy had broken. He reported a 100 per cent kill of *S. bradys* in the tubers.

In Jamaica, immersion of *D. rotundata* tubers in water at 51 °C for 30 minutes was the most effective in reducing *P. coffeae* populations but the treatment caused a significant increase in rotting of the distal portions of the tubers (Coates-Beckford and Braithwaite 1977).

Chemical dip treatments with DBCP and Nemafos (O,O-diethyl-O-2-pyrazinyl phosphorothioate) reduced nematode populations to a depth of 6 mm only in *D. rotundata* tubers at concentrations of 600–625 p.p.m. for 30–60 minutes (Acosta and Ayala 1976b; Ayala and Acosta 1971). Coates-Beckford and Braithwaite (1977) found that an oxamyl dip at 1200 or 2400 p.p.m. for 30 minutes was the most successful nematicide treatment for reducing population of *P. coffeae* in *D. rotundata* tubers without affecting their viability.

Fumigation of tubers prior to storage with methyl bromide, ethylene dibromide or hydrogen phosphide, has been attempted for control of *P. coffeae* but concentrations which reduced nematode numbers also caused injury to the tubers (Thompson *et al.* 1973). Adesiyan (1977a) tried to control *S. bradys* in stored tubers of *D. rotundata* by gamma radiation but was unsuccessful. Storing tubers at relatively low temperatures of 12–13 °C does not eliminate *P. coffeae* but does inactivate them thus inhibiting dry rot (Thompson *et al.* 1973).

The ideal solution to the yam nematode problem, as stated by Thompson *et al.* (1973), is to grow nematode-free seed material in soils from which nematodes have been eliminated. This has not been achieved, but modifications of the above methods or combinations of them, together with more understanding of the effects of different cultural practices and storage procedures, may eventually produce an effective and economic means of controlling the yam nematodes.

References

Acosta, N. (1974). Depth of penetration of phytoparasitic nematodes in yam tubers. *Nematropica* **4**, 7–11.

—— and Ayala, A. (1975). Pathogenicity of *Pratylenchus coffeae, Scutellonema bradys, Meloidogyne incognita,* and *Rotylenchulus reniformis* on *Dioscorea rotundata. J. Nematol.* **7**, 1–6.

—— —— (1976a). Effects of *Pratylenchus coffeae* and *Scutellonema bradys* alone and in combination on Guinea yam (*Dioscorea rotundata). J. Nematol.* **8**, 315–17.

—— —— (1976b). Hot water and chemical dips for nematode control in tubers of *Dioscorea rotundata. J. Agric. Univ. P. Rico*, **60**, 395–402.

Adeniji, M. O. (1977). Studies on some aspects of control of the yam nematode, *Scutellonema bradys. Acta hortic.* **53**, 249–56.

Adesiyan, S. O. (1976*a*). The mechanism of action of the yam nematode *Scutellonema bradys*. *Nematologica* **22**, 289–97.

—— (1976*b*). Host range studies of the yam nematode, *Scutellonema bradys*. *Nematropica* **6**, 60–3.

—— (1977*a*). Studies on the effect of gamma radiation (from Cobalt 60 source) on storage life of white yam (*Dioscorea rotundata* var. efon) infected with *Scutellonema bradys*. *Ann. appl. Biol.* **86**, 213–18.

—— (1977*b*). Penetration and multiplication of *Scutellonema bradys* in yams (*Dioscorea* spp.). *Nematol. medit.* **5**, 313–17.

—— and Odihirin, R. A. (1975). Distribution of nematode parasites of yam tubers in Mid-West State, Nigeria. *Occ. Publs. Niger. Soc. Pl. Prot.* **1**, 21.

—— —— (1978). Root knot nematodes as pests of yams (*Dioscorea* spp.) in southern Nigeria. *Nematologica* **24**, 132–4.

—— —— and Adeniji, M. O. (1975*a*). Histopathology studies of the yam tuber (*Dioscorea rotundata* Poir.) infected with *Scutellonema bradys* (Steiner & LeHew). *Int. Biodetn. Bull.* **11**, 48–55.

—— —— —— (1975*b*). Economic losses caused by the yam nematode, *Scutellonema bradys* in Nigeria. *Pl. Dis. Reptr.* **59**, 477–80.

Anon. (1964). Note in *Ann. Rep., Ministry of Agriculture, Eastern Nigeria for 1962–63*.

Ayala, A. and Acosta, N. (1971). Observations on yam (*Dioscorea alata*) nematodes. *Nematropica* **1**, 39–40.

Baudin, P. (1956). Les maladies parasitaires des ignames en Côte d'Ivoire. *Revue Mycol.*, Paris, Suppl. 21, No. 2, 87–111.

Bridge, J. (1972). Nematode problems with yams (*Dioscorea* spp.) in Nigeria. *Pest Artic. News Summ.* **18**, 89–91.

—— (1973). Nematodes as pests of yams in Nigeria. *Meded. Fac. Landbouwwet. Rijksuniv. Gent*, **38**, 841–52.

—— (1975). Hot water treatment to control plant parasitic nematodes of tropical crops. *Meded. Fac. Landbouwwet. Rijksuniv. Gent*, **40**, 249–59.

Bruhn, C. and Koch, W. (1962). Beobachtungen über den Befall mittelamerikanischer Dioscoreenarten durch *Meloidogyne incognita* (Kofoid & White). *Nematologica* **8**, 307–17.

—— —— (1963). Control of root-knot nematodes in *Dioscorea* tubers. (Abstr.). *Phytopathology* **53**, 24.

Butler, L. and Vilsoni, F. (1975). Potential hosts of burrowing nematode in Fiji. *Fiji agric. J.* **37**, 38–9.

Caveness, F. E. (1967*a*). Shadehouse host ranges of some Nigerian nematodes. *Pl. Dis. Reptr.* **51**, 115–19.

—— (1967*b*). *End of tour progress report on nematology project*. Ministry of Agriculture, Nigeria and USAID.

Coates-Beckford, P. L. and Braithwaite, C. W. D. (1977). Comparison of various treatments for the control of *Pratylenchus coffeae* in yam. *Nematropica* **7**, 20–6.

Decker, H., Casamayor, G. R. and Bosch, D. (1967). Observaciones sobre la presencia del nématodo *Scutellonema bradys* en el tuberculo de name, en la provincia de Oriente (Cuba). *Boln. Cienc. tecnol. Univ. cent. Las Villas*, **2**, 67–70.

Goodey, T. (1935). Observations on a nematode disease of yams. *J. Helminth.* **13**, 173–90.

Hawley, W. O. (1956). Hot water treatment for the control of root-knot nematodes on *Dioscorea floribunda*. *Pl. Dis. Reptr.* **40**, 1045–6.

Jenkins, W. R. and Bird, G. W. (1962). Nematodes associated with wild yam *Dioscorea* sp. with special reference to the pathogenicity of *Meloidogyne incognita incognita*. *Pl. Dis. Reptr.* **46**, 859–60.

Kermarrec, A. and Anaïs, A. (1974). Presence of *Aphelenchoides besseyi* in foliage and tubers of yam (*Dioscorea trifida*) in the French West Indies. (Abstr.). *Nematropica* **4**, 2–3.

Koch, W. (1975). Control of diseases, pests and weeds in cultivating steroid plants. *Proc. 8th int. Plant Protection Congr., Moscow*. Section VI.

Luc, M. and de Guiran, G. (1961). Les Nématodes associés aux plantes de l'Ouest Africain. Liste préliminaire. *Agron. trop., Nogent*, **15**, 434–49.

Miège, J. (1957). Influence de quelques caractères des tubercules semences sur la levée et le rendement des ignames cultivées. *J. Agric. trop. Bot. appl.* **4**, 315–42.

Moura, R. M., Coelho, R. S. B., and Pio Ribeiro, G. (1978). Estudo etiológico e efeito de 1,2-dibromo-cloropropano no controle à casca preta do inhame (*Dioscorea cayenensis* Lamk.). *Fitopatol. Bras.* **3**, 47–53.

Nadakal, A. M. and Thomas, N. (1967). Observations of nematodes associated with 'dry rot' of *Dioscorea alata* L. *Sci. Cult.* **33**, 142–3.

Nishizawa, T. (1973). Pathogenicity of *Trichodorus porosus* to Chinese yam. *Jap. J. Nematol.* **3**, 33–7.

Schieber, E. (1961). Parasitic nematodes on *Dioscorea* in Guatemala. *Pl. Dis. Reptr.* **45**, 425.

—— and Lassmann, D. K. (1961). Root-knot nematode on *Dioscorea* in Guatemala. *Pl. Dis. Reptr.* **45**, 981.

Siddiqi, M. R. (1972). C. I. H. Descriptions of plant-parasitic nematodes *Pratylenchus coffeae*. Set 1, No. 6.

Smit, J. J. (1967). Nematodes. In *Yams* (ed. Coursey, D. G.) pp. 115–20. Longmans, London.

Steiner, G. (1931). *Tylenchus pratensis* parasitising yams (*Dioscorea* sp.) from West Africa. *Pl. Dis. Reptr.* **15**, 21.

—— (1937). Observations on the yam nematode (*Rotylenchus blaberus* (Steiner and LeHew, 1933), Filipjev, 1936). *Phytopathology* **27**, 865–7.

—— and Buhrer, E. M. (1934). Disease symptoms produced by *Anguillulina pratensis* in yams. *Phytopathology* **24**, 164–5.

—— and LeHew, R. R. (1933). *Hoplolaimus bradys* n.sp. (Tylenchidae, Nematoda), the cause of disease of yam (*Dioscorea* sp.). *Zool. Anz.* **101**, 260–4.

Thompson, A. K., Been, B. O., and Perkins, C. (1973). Nematodes in stored yams. *Expl. Agric.* **9**, 281–6.

Unny, K. L. and Jerath, K. L. (1965). Parasitic nematodes on *Dioscorea* spp. in eastern Nigeria. *Pl. Dis. Reptr.* **49**.

West, J. (1934). Dry rot of yams. *Bull. imp. Inst., Lond.* **32**, 449–50.

19 Effet des piqûres d'*Aspidiella hartii* CKll (Homoptère-Coccidae) sur la levée, le développement de l'appareil végétatif, et la productivité de l'igname

K. FOUA-BI

Résumé

Les effets des attaques des tubercules d'ignames par les cochenilles ont été observés au domaine de l'ENSA de Côte d'Ivoire. Les piqûres provoquent en général un retard de la germination des tubercules, le rabougrissement des tiges par raccourcissement des entre-noeuds, et la diminution de poids des tubercules infestés.

Ces résultats, obtenus expérimentalement, ne reflètent pas le comportement naturel des ignames dont certaines possèdent des moyens naturels de protection.

Summary

Studies carried out in the experimental fields of ENSA in the Ivory Coast have shown that scale insect attacks provoke in general a delay in the germination of the tuber, a partial stunting of the stems (shortening in the internodes), and a reduction in weight of the tuber in the infected yams.

These experimentally obtained results do not reflect the natural behaviour of yams since certain species have their own natural means of protection.

Introduction

Depuis sa découverte par Cockerell (1895), *Aspidiella hartii* Ckll a été signalé à travers le monde, vivant principalement aux dépens des ignames (*Dioscorea* spp) auxquelles il cause des dégâts plus ou moins importants.

Dans l'île d'Antigua, Ballou (1916) l'a observé sur les tubercules et l'appareil végétatif des ignames alors que Gowdey (1923) l'a découvert en Jamaïque, Edwards (1937) aux Iles Caïman, et Panis, Ferran, et Torregrossa (1974) en Guadeloupe, sur les mêmes plantes.

Au Ghana (Anon. 1964), des attaques peu étendues ont été notées sur les individus au champ. Toutefois c'est au cours de la conservation durant la saison sèche que les populations de cochenilles augmentent le plus rapidement; les agriculteurs ont remarqué que, dans ces conditions, la germination diminue.

Ritchie (1918) et Mountia (1935) ont même noté que l'attaque sévère des tubercules entraîne la mort de la plante.

En dehors de ces observations qualitatives, Hall (1954) a déterminé dans la Province du Delta, au Nigéria, une perte de production de 70 pour cent, due à une action combinée de *Heteroligus meles* Billb. (Col. *Dynastidae*) et de *A. hartii*.

En Côte d'Ivoire, le problème de *A. hartii* a été évoqué pour la première fois en 1957 par Miège qui signale le rejet des tubercules infestés par les paysans, mais estime qu'il est difficile d'évaluer exactement les dégâts provoqués par la cochenille. Il fait allusion à la répercussion de ces attaques sur les jeunes pousses qui deviennent débiles, chétives, présentant un retard dans leur développement.

Hormis les effets mécaniques dus à la pénétration du rostre des cochenilles dans les tissus végétaux, et les effets physiologiques consécutifs à l'émission de salive toxique (Miles 1968), *A. hartii* transmettrait une virose (Miège 1957 et Panis *et al.* 1974). Cette virose se traduit par une frisolée plus ou moins intense avec rétrécissement des feuilles et disparition plus ou moins poussée du limbe.

Les observations ci-dessus ont porté principalement sur des aspects quali-tatifs pour attirer l'attention sur l'importance de cette cochenille. Aucun auteur ne s'est intéressé à une démonstration expérimentale, si l'on excepte Thouvenel et Fauquet (1976) qui ont prouvé que le puceron *Toxoptera citricidus* Kirk (*Homoptera Aphididae*) était le vecteur principal de cette maladie virale.

Nous avons donc vérifié un certain nombre des affirmations relatives aux conséquences des attaques d'*A. hartii*.

Les paramètres que nous avons retenus, à la suite des différentes observa-tions, sont les suivants :

(1) la germination : taux et temps de germination;
(2) l'accroissement en longueur de l'appareil végétatif;
(3) le poids des tubercules produits.

**Mise en évidence des effets de l'attaque de *A. hartii*
sur la phénologie des ignames**

Méthodes employées et matériel

Pour juger de l'influence des attaques de cette cochenille nous avons été amenés à procéder pendant deux années consécutives à des essais de comporte-ment d'ignames infestées par rapport à des ignames saines.

L'expérience a porté essentiellement sur trois espèces d'ignames choisies pour leurs caractéristiques biologiques particulières: *Dioscorea bulbifera* L. qui produit des tubercules aériens, *Dioscorea esculenta* Burk. dont un seul semenceau* produit dans le sol plusieurs tubercules-fils et *D. alata* L. var.

---

* Semenceau: fragment ou tubercule d'igname destiné à la plantation

florido qui, comme la plupart des ignames donne un seul tubercule par semenceau planté.

Sur une parcelle de 0.75 hectare environ, nous disposons 10 blocs de 18 billons chacun. Chaque billon mesure 10 mètres de longueur sur environ 0.50 mètre de hauteur. Les billons sont espacés les uns des autres de 1.50 mètre. Sur chaque billon nous avons mis en terre 10 semenceaux d'ignames, espacés de 0.90 mètre les uns des autres; tous les semenceaux utilisés proviennent pour chaque espèce d'un même parent et sont plantés le même jour.

Pour les différents essais, nous avons enfoui à 10 cm de profondeur, sur des billons voisins, des ignames infestées et non infestées, en un système couple à 9 répétitions disposées au hasard dans la parcelle expérimentale. Nous avons ainsi planté 1800 semenceaux au total, soit 600 semenceaux par espèce d'igname, dont 300 infestés et 300 indemnes. Toutes les ignames sont infestées à la même date.

Dans chacun des cas, nous avons utilisé une méthode appropriée de travail. Ainsi, pour la germination, nous avons noté le temps de germination des différents semenceaux, c'est-à-dire l'intervalle de temps compris entre la date de plantation et la sortie du bourgeon au-dessus du billon. Compte-tenu du gradient de germination nous avons utilisé, soit des tubercules entiers (*D. bulbifera* L., et *D. esculenta* Burk.), soit des fragments de tête (*D. cayenensis* et *D. alata*) pesant environ 300 grammes (Miège 1957). Pour l'analyse des résultats nous avons eu recours à la comparaison des moyennes par le test de l'hypothèse nulle qui revient à vérifier si d est inférieur ou égal à *2sd*.

En ce qui concerne la taille de l'appareil végétatif, nous avons mesuré la longueur de la pousse à partir du niveau du sol, 45 jours après son apparition. Cette période correspond, en moyenne, au départ de la tubérisation, elle constitue aussi le début du ralentissement de l'accroissement linéaire de la tige (Vandevenne 1976, Trouslot 1978).

La détermination de la productivité s'est faite par la pesée, le jour de la récolte, des tubercules issus des semenceaux. L'effet de l'hétérogénéité éventuelle du sol ayant été annulé par notre dispositif expérimental, la différence de poids entre les ignames constatée est alors attribuée à l'effet de l'attaque de la cochenille.

Résultats obtenus

RÉPARTITION DE LA COCHENILLE SUR LE VÉGÉTAL Les cochenilles diaspines vivent généralement sur les parties aériennes des plantes. Les feuilles, les rameaux et parfois même les tiges constituent les lieux privilégiés de leur fixation.

Cependant, l'examen de la littérature ayant trait à leur biologie nous a fait découvrir qu'un certain nombre d'entre elles vivent sur les parties souterraines.

Ainsi, *A. hartii* vit normalement sur les tubercules de ses hôtes habituels. Mais il a été signalé et nous l'avons observé quelquefois sur la tige des ignames. Il s'agit là de cas où la tige était infestée dans les stocks, avant la plantation du tubercule. Les feuilles n'ont jamais fait l'objet, d'après nos propres observations, de fixation de la cochenille.

EFFETS DES ATTAQUES SUR LA PLANTE   La germination des tubercules contaminés comme celle des tubercules indemnes est toujours échelonnée. Aucune différence significative n'a été mise en évidence entre les durées moyennes des levées des deux groupes. Toutefois (Tableau 19.1) des différences significatives ($P = 0.05$) ont été observées dans les taux de germination des tubercules de *D. alata* L. var. florido. La différence pratiquement nulle chez *D. bulbifera* (0.24 jour) devient appréciable dans les cas de *D. esculenta* (2.48 jours) et surtout de *D. alata* var. florido (5.77 jours).

Tableau 19.1. Effet de l'attaque de *A. hartii* sur la germination de *D. bulbifera, D. esculenta, D. alata* var. florido

Espèces		Etat des tubercules		Observations
		Infestés	Non infestés	
D. bulbifera	Taux de germination	100%	100%	Aucune différence
	Temps de germination	20,86 j	20,62 j	Différence non significative = 0,24
D. esculenta	Taux de germination	100%	100%	Aucune différence
	Temps de germination	22,17 j	19,69 j	Différence significative = 2,48 au seuil de 5%
D. a. florido	Taux de germination	92,5%	100%	Différence significative = 7,5 au seuil de 5%
	Temps de germination	31,73 j	25,96 j	Différence significative = 5,77 au seuil de 5%

Ces résultats ne sont qu'apparemment hétérogènes étant donné que les espèces utilisées n'ont jamais présenté le même degré d'infestation quel que soit le temps d'infestation. En effet, les larves se fixent difficilement sur *D. bulbifera*, tubercule aérien qui présente un tégument extrêmement coriace. L'attaque n'est possible qu'au début de la germination c'est-à-dire au moment où le tégument se fissure pour laisser passer la tige, ce qui correspond généralement à environ une dizaine de jours de la date de plantation.

Par contre, sur *D. esculenta*, des cochenilles se fixent; mais cette fixation est toujours peu importante. Dans ces conditions, leur action ne peut être que faible même si l'implantation est généralement sélective et localisée au lieu d'apparition des futurs bourgeons. Il y a donc un retard dans la germination, mais jamais inhibition de celle-ci, comme c'est le cas chez *D. alata* var. florido. Cette dernière igname est rapidement infestée sur toute la surface du tubercule, l'effet de l'attaque est ici maximum et se manifeste aussi bien au niveau du taux que de la durée de germination.

Des essais complémentaires ont été effectués sur d'autres ignames. Le nombre restreint des semenceaux (32 pour les *cayenensis* et 30 pour les *alata*) ne nous a pas permis d'en faire une analyse statistique. Cependant la tendance exprimée par le Tableau 19.2 montre bien que toutes ces ignames sont sensibles aux attaques de *A. hartii* Ckll. Cette sensibilité se manifeste aussi bien au niveau du taux que de la durée de germination, ce qui confirme l'explication du comportement des deux espèces déjà vues, *D. bulbifera* et *D. esculenta*, qui ont des évolutions phénologiques différentes des autres *Dioscorea*.

Tableau 19.2. Effet de l'attaque de *A. hartii* sur la germination de divers cultivars de *Dioscorea alata* et de *D. cayenensis*

Espèces	Clone		Etat des tubercules		Différence
			Infestés	Non infestés	
D. alata	N'za	Taux de germination	81,25%	100%	18,75%
		Temps de germination	28,00 j	26,25 j	1,75 j
	Bodo	Taux de germination	93,75%	100%	6,25%
		Temps de germination	27,67 j	26,14 j	1,53 j
D. cayenensis	Kangba	Taux de germination	93,33%	100%	6,67%
		Temps de germination	30,82 j	26,08 j	4,74 j
	Gnario	Taux de germination	73,93%	100%	26,07%
		Temps de germination	30,50 j	30,00 j	0,5 j
	Tami	Taux de germination	75%	75%	0%
		Temps de germination	36,62 j	30,50 j	6,12 j
	Kponou	Taux de germination	73%	100%	27%
		Temps de germination	35,80 j	24,50 j	11,30 j

On remarque, cependant, que la sensibilité varie avec les clones: très faible chez *D. cayenensis* var. gnario (0.5 j.), la différence entre le temps de germination des tubercules indemnes et celui des tubercules infestés atteint 1.8 jour en moyenne chez *D. alata* var. n'za. Le taux de germination varie de façon plus nette encore entre *D. alata* var. bodo (6.25%) et *D. cayenensis* var. kponou (27%).

La sensibilité aux attaques de cochenilles semble plus liée aux cultivars qu'aux espèces. Si les différences entre plantes infestées et plantes indemnes en ce qui concerne la durée de la levée sont assez voisines chez les divers représentants de *D. alata* (cv. florido: 5.77 jours; n'za: 1.75 j.; bodo: 1.53 j.), elles sont plus marquées entre cultivars de *D. cayenensis* (gnario: 0.50 j.;

kangba: 4.74 j.; tami: 6.12 j.; kponou: 11.30 j.). Des variations similaires se remarquent également quand on compare les pourcentages de levée: *D. alata* bodo: 6.25%, florido: 7.5%, n'za: 18.75%; *D. cayenensis* tami: 0%, kangba: 6.67%, gnario: 26.07%. Si nous considérons les résultats d'ensemble les *D. cayenensis* paraissent être moins tolérants aux attaques que *D. alata*:

Différences dans les:	% de germination	durée de levée
Moyenne pour les 3 cvs de *D. alata*	10.83	3.01 j
Moyenne pour les 4 cvs de *D. cayenensis*	14.93	5.66 j

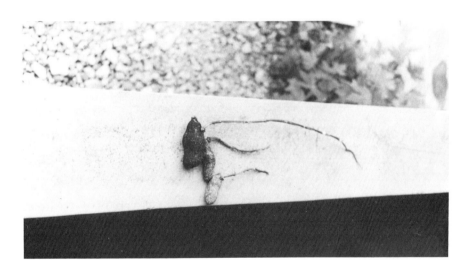

Fig. 19.1. Effet des piqûres de *A. hartii* sur l'accroissement de la tige des ignames.

Les dégâts dus à *A. hartii* se manifestent donc par un rabougrissement et un dépérissement progressifs des plantes (Balachowsky 1934). L'essai que nous avons réalisé au laboratoire confirme ces observations. Parmi des tubercules ayant germé le même jour, ceux qui sont infestés montrent pour un même nombre d'entre-noeuds des tiges nettement plus courtes (Fig. 19.1). La réaction joue donc sur le raccourcissement des entre-noeuds.

Les résultats consignés dans le Tableau 19.3 sont suggestifs : sur 10 taxons que comprenait l'expérience 8 se sont révélés sensibles.

Les *D. cayenensis* à l'exception du cultivar gnario réagissent davantage que les *D. esculenta, D. bulbifera* et *D. alata* (à l'exception du cultivar florido). En effet les variétés bodo et bété-bété ne présentent qu'une diffé-rence de 2.52 cm et 2.99 cm respectivement, ce qui est l'équivalent de la poussée d'un seul jour chez ces variétés. Par contre, le retard accusé par les variétés kponou (29.54 j), tami (19.52 j), kangba (12.69 j) chez les *cayenensis* est nettement appréciable. Florido (16.37 j), n'za (10.36 j.) font exception dans le cas des *alata*.

Tableau 19.3. Effet de l'attaque de *A. hartii* sur le développement de l'appareil végétatif des ignames

Espèces ou clones	Accroissement en cm des tiges de tubercules		Différence moyenne	Poussée journalière des non infestés	Retard pondéré
	infestés	non infestés			
D. bulbifera	161,19	173,35	12,16	3,85	3,15
D. esculenta	124,15	134,98	10,3	3,00	3,15
D. cayenensis					
Gnario	67,37	72,64	5,27	1,61	3,27
Kponou	44,42	129,50	85,08	2,88	29,54
Kangba	65,00	90,50	25,50	2,01	12,69
Tami	54,18	95,57	41,39	2,12	19,52
D. alata					
N'za	122,11	158,59	36,48	3,52	10,36
Bodo	111,67	113,37	1,7	2,52	0,67
Bété-bété	131,83	134,37	2,54	2,99	0,84
Florido	96,08	150,92	54,84	3,35	16,37

Ces retards évalués sur toute la période d'accroissement des tiges, soit trois mois au maximum, correspondent à des valeurs comprises entre 21 et 60 jours.

Quant au rendement, il est plus ou moins touché selon les espèces et les variétés. La prise en considération du poids des tubercules respectivement sains et attaqués permet de calculer la perte due à *A. hartii* (Tableau 19.4). Elle représente en moyenne 27.35 pour cent du poids des tubercules non attaqués. Si nous prenons pour référence la production de 1977 qui est de 15 550 tonnes, nous évaluons, à raison de 80 F en moyenne le prix du kilogramme d'ignames sur le marché, la perte financière à environ 335.88 millions de francs CFA.

Dans la réalité, on observe au moment de l'arrachage (en octobre–novembre) que 25% environ des tubercules nouvellement récoltés, soit le quart de la production nationale, sont infestés. L'expérience ayant porté sur la moitié des tubercules infestés, il y a lieu de diviser la perte financière évaluée précédemment par 2; ce qui porte le préjudice causé par *A. hartii* à quelque 167.94 millions de francs CFA.

Tableau 19.4. Effet de l'attaque de *A. hartii* sur la production des ignames en Côte d'Ivoire

Variété d'igname	Tubercules issus des semenceaux infestés (g)	Tubercules issus des semenceaux sains (g)	Différence (g)
D. c. Gnario	519,881	598,812	78,931
D. c. Kponou	638,625	733,738	94,113
D. c. Kangba	444,388	735,738	291,350
D. c. Tami	359,500	571,300	221,800
D. a. N'za	907,700	1244,500	336,800
D. a. Bodo	608,500	925,143	316,643
D. a. Florido	642,222	684,980	222,758
D. a. Bété-bété	602,088	952,083	349,995
Total	4722,904	6626,294	1802,932

Conclusion

Les observations précises faites en plantation expérimentale pendant deux années successives, complétant celles des six années réalisées dans diverses plantations sur différents marchés du territoire national, nous permettent d'apprécier exactement l'importance économique sous-estimée jusqu'à présent, de cette cochenille diaspine en tant que déprédateur des ignames.

Les dommages causés à la plante vont du retard de la germination à une chute de productivité, en passant par un raccourcissement de l'ensemble de l'appareil végétatif.

Il faut cependant noter que ces résultats apparemment homogènes cachent une diversité incroyable dans la réalité. En effet, les échantillonnages pratiqués pendant six années consécutives nous ont permis d'observer que certaines ignames, bien que très sensibles à l'attaque de *A. hartii*, ne sont pas très infestées dans la réalité. C'est le cas de *D. cayenensis* var. tami dont le taux d'infestation ne dépasse pas 11% dans les magasins au mois d'avril, alors que la moyenne générale des attaques à cette période dépasse largement les 50% des ignames stockées. *D. cayenensis* var. kponou et terelaï et *D. alata* var. bété-bété, florido (lorsqu'il existe) ont généralement le taux le plus élevé à cette époque.

On serait tenté d'expliquer ces faits par la protection naturelle que représente l'épaisseur ou la dureté de leur tégument. Ces considérations ne faussent pas nos résultats estimés sur la production réelle de la Côte d'Ivoire. Si nous ajoutons par ailleurs la quantité d'ignames rejetées comme trop infestées soit par les paysans au niveau des semenceaux, soit par les commerçants, il est légitime de penser que ces pertes atteignent un niveau insoupçonnable.

Dans ces conditions *A. hartii* constituera un danger réel pour la culture de l'igname, le jour où elle sera mécanisée.

Références bibliographiques

Anon. (1964). Note in *Annual Report, Ministry of Agriculture, Eastern Nigeria for 1962–1963.*

Balachowsky, A. (1934). *Les pucerons et les cochenilles.* Congrès de la défense sanitaire des végétaux, Paris.

Ballou, H. A. (1916). Report on the prevalence of some pests and diseases in the West Indies during 1915. Part I: Insect pests. *W. Indian Bull.* **16**, 1–30.

Cockerell, T. D. A. (1895). *Aspidiotus hartii. Bull. misc. Inf. R. bot. Gdns, Trin.***2**, 85.

Edwards, W. H. (1937). Report on an agricultural survey in the Cayman Islands with notes on the control of the more important pests and diseases which were found attacking economic plants in that dependency of Jamaica. *Bull. Dep. Sci. Agric. Jamaica* **13**.

Gowdey, C. C. (1923). Work connected with insect and fungus pests and their control. *Rep. agric. Dep. St. Vincent* 23–9.

Hall, W. J. (1954). Plant pests in British colonial dependencies in 1954. *Pl. Prot. Bull. F. A. O.* p. 56.

Miège, J. (1957). Influence de quelques caractères des tubercules semences sur la levée et le rendement des ignames cultivées. *J. Agric. trop. Bot. appl.***4**, 315–42.

Miles, W. (1968). Insect secretions in plants. *Anim. Rev. Phytopathology* **6**, 137–64.

Mountia, A. (1935). *Aspidiella hartii* Ckll. *Pres. Rapp. Agric.* **11**.

Panis, A., Ferran, A., et Torregrossa, J. P. (1974). Les cochenilles des cultures vivrières et fourragères aux Antilles et Guyane française. *Rev. Zool. agric. Path. vég.* **1**, 22–7.

Ritchie, A. H. (1918). Annual report of entomologist. *Rep. Dep. Agric. Jamaica* 34–40.

Thouvenel, J-C. et Fauquet, C. (1976). *La mosaïque de l'igname en Côte d'Ivoire.* ORSTOM Adiopodoumé.

Trouslot, M-F. Croissance et tubérisation chez quatre cultivars du complexe *Dioscorea cayenensis-D. rotundata.* (In this book, chapter 10.)

Vandevenne, R. (1976). Etude de l'influence des dates de tubérisation et de bourgeonnement des tubercules d'igname (*Dioscorea* sp.) sur la date de levée au champ des semenceaux. *Agron. trop., Nogent* **31**, 188–93.

20 Symptomatology, aetiology, and incidence of a leaf disease of yam (*Dioscorea* spp) originally called 'Apollo' disease

A. O. NWANKITI

Summary

The symptomatology, aetiology, and incidence of a leaf disease of two species of yam (*Dioscorea rotundata* and *D. cayenensis*) were investigated. *Colletotrichum* state of *Glomerella cingulata* (Stonem) Spauld and Shrenk IMI (214021), *Fusarium equiseti* IMI (211608), and *Pestalotiopsis* sp, were isolated. *Colletotrichum* sp was shown experimentally on detached healthy yam leaves to be the causal organism of the disease. High humidity was essential for the development of the disease both in the field and in artificially inoculated plants.

Of the 282 yam cultivars evaluted, 85 per cent incidence was recorded while igwe, nwopoko, ekpe, and okwocha cultivars of *D. rotundata* were of high susceptibility to the disease.

Résumé

Une étude sur la symptomatologie, l'étiologie et l'incidence d'une maladie attaquant les feuilles de deux espèces d'ignames (*Dioscorea rotundata* et *D. cayenensis*) a été effectuée. Plusieurs agents pathogènes ont été isolés et identifiés; il s'agit de l'état *Colletotrichum* de *Glomerella cingulata* (Stonem) Spauld et Shrenk IMI (214021), *Fusarium equiseti* IMI (211608) et *Pestalotiopsis* sp. Des tests effectués sur les feuilles d'ignames détachées et saines ont prouvé que *Colletotrichum* sp était la cause de la maladie.

Quatre-vingt cinq pour cent des 282 cultivars étudiés se sont révélés atteints; les cultivars igwe, nwopoko, ekpe, et okwocha (*D. rotundata*) sont particulièrement susceptibles à la maladie.

Introduction

Leaf disease of yam caused by *Colletotrichum* species has been reported on *D. alata* from several of the major yam-growing regions of Nigeria and other parts of the world (Nwankiti and Arene 1978; Coursey 1967; Anon. 1973, 1974), West Indies (Gooding and Hoad 1967; Ferguson 1970).

An outbreak of a similar disease on *D. rotundata* and *D. cayenensis* which was called 'Apollo' by the farmers in the Benue State of Nigeria was reported in 1974 (Federal Agricultural Research and Training 1972–74). Pathogenicity tests show the causal organism to be *Colletotrichum* spp.

In this paper, a synopsis of our present knowledge of the disease is presented.

Symptomatology

The first symptom is the appearance of small necrotic spots on the tips of the lamina on the abaxial side of mature leaves, lower down the vines. The spots, which measure about 2 mm in diameter initially, are sub-circular in shape and turn dark brown in colour three months after planting. Most of the spots enlarge, and wilting and death progress backwards towards the stalk.

Eventually the whole leaf yellows, shrivels, and finally the brownish colour of the spot changes to a dirty-brown or metallic (silvery) colour, in *D. rotundata* and *D. cayenensis*. Petioles and vines are also affected in the field. The vines affected at a later stage (July/August), five to six months after planting are completely defoliated and wilt suddenly from infections that girdle vines near to the soil level.

Identification of pathogen and pathogenicity

The pathogen was isolated by planting surface-sterilized affected leaf portions on plates containing Czapeck Dox agar. Hyphal tip transfers were made after one day of growth from different areas of growth on the agar. Different stages of development of the disease on different leaves were also plated differently.

Identification of the causal organism as *Colletotrichum* state of *Glomerella cingulata* (Stonem) Spauld and Shrenk was based on disc-shaped acervuli with dark spines or setae among the conidiophores. Specimen has been deposited at the Commonwealth Mycological Institute under Herb. IMI No.214021. The other organisms isolated were *Fusarium equiseti*, deposited also at the Commonwealth Mycological Institute under Herb. IMI no. 211608 and *Pestalotiopsis* spp.

Pathogenicity tests were conducted on detached healthy leaves of *D. rotundata* cv. nwopoko with the isolates individually and in all possible combinations. For the inoculation studies, a spore suspension was prepared in distilled water using infected leaves collected from field plots. Spore suspensions estimated with haemocytometer and maintained approximately at 20×10^4/ml were sprinkled on detached healthy leaves and placed on moist filter papers in petri-plate. Healthy leaves were sprinkled with distilled water and also placed on moist filter paper in petri-plates as control. Both the control and inoculated leaves were placed in a growth chamber with a relative humidity of between 90 and 98 per cent. A constant number of 120 leaves were inoculated with each of the suspected pathogen and also in combinations.

Observations were made on symptom development at 12-hour intervals.

Pathogenesis of the causal agent was studied by periodic sampling of inoculated severed leaves incubated at between 26 and 28 °C in a moisture saturated chamber, with the point of inoculation marked and held in the chamber for 48 hours. Inoculated leaves were removed briefly after 6, 12, 18, 24, 36, and 48 hours and discs of leaf tissues were removed with a cork borer in the vicinity of the marking. Discs were placed in FAA, a separate vial for each harvest. After discs had been cleared for about 78 hours, they were mounted for microscopic examination.

Evaluation of yam cultivars for susceptibility to leaf disease caused by *Colletotrichum* spp.

An initial evaluation of stands of the available yam cultivars in the germplasm pool maintenance which constitute yam collections from Anambra and Imo States of Nigeria was carried out in August of 1976. Preliminary selections were then subjected to intensive screening in 1977 by planting ten stands of some of the screened cultivars per ridge on the field previously infested with the disease after previous year's harvest, to ensure source of inoculum.

Evaluation of plants for 'Apollo' severity was based on a 0 to 5 scale of 'Apollo' disease.

0 = Very resistant plants (no infection).
1 = Resistant (slight infection); 1–10 per cent total foliage infected.
2 = Moderately resistant (light infection); 11–30 per cent total foliage infected.
3 = Moderately susceptible (moderate infection); 31–50 per cent foliage infected.
4 = Susceptible (heavy infection); 51–75 per cent total foliage infected.
5 = Very susceptible (very heavy infection); 76–100 per cent total foliage infected and death of the whole vine.

Results and discussion

Table 20.1 shows percentage infection of detached leaves of the susceptible

Table 20.1. Percentage infection on detached healthy leaves of *D. rotundata* cv nwopoko inoculated with *Colletotrichum* sp, *Fusarium equiseti* and *Pestalotiopsis* sp

Isolated organisms	Number of leaves inoculated	Number of leaves infected	Infection (%)
Colletotrichum sp	120	90	75
Fusarium equiseti	120	0	0
Pestalotiopsis sp	120	0	0
Colletotrichum + *Fusarium*	120	75	62.5
Colletotrichum + *Pestalotiopsis*	120	64	53.3
Fusarium + *Pestalotiopsis*	120	0	0

cultivar 'nwopoko' of *D. rotundata*. The results indicate that any combination with *Colletotrichum* gave the characteristic symptom observed in the field, except that the silvery coloration did not appear at any time in the artificially inoculated ones. This discoloration might be an environmental factor.

Spores of the *Colletotrichum* are hyaline, and one-celled. The acervulus resembles that of the *Gloesporium*, but the major difference is that there are bristles among the conidiophores of the *Colletotrichum*.

Germination of spores of *Colletotrichum* occurs between 6 and 12 hours after which germ tubes grow into the stomatal apertures. Infection might therefore occur through the stomata pores.

A grand total of 424 cultivars were screened in the germplasm plot many of which were collections from Imo and Anambra States (see Appendix I).

From Table 20.2, only two species of *Dioscorea*, *D. rotundata*, and *D. cayenensis* were infected; and severity of disease was rated as high as 4 in one cultivar of *D. rotundata* (see footnote to Table 20.2).

Table 20.2. Disease rating for five species of *Dioscorea* subjected to serious screening in the field

Species of *Dioscorea*	Number of stands	'Apollo' disease severity
*rotundata**	10	4
cayenensis†	10	3
alata	10	0
dumetorum	10	0
esculenta	10	0

   * Cultivar 'Ji-aga' see appendix
   † Cultivar 'Okoma' see appendix

Table 20.3 shows a total of 282 yam cultivars of *D. rotundata* alone. Results indicate that 'igwe' group showed highest susceptibility to the disease.

In general, there seem to be more local sources of resistance to 'Apollo' from *D. cayenensis* than from *D. rotundata*, which are the two most preferred species of *Dioscorea* in Imo and Anambra. *Dioscorea esculenta*, *D. alata*, and *D. dumetorum* showed no susceptibility to the disease.

Acknowledgements

The facilities provided for this work by the Director, Dr B. E. Onochie and the Leader, Yam Programme, Dr O. O. Okoli, and the valuable contributions by O. B. Arene, Principal Phytopathologist, are gratefully acknowledged.

I wish also to thank all the technical staff involved in this work.

Table 20.3. Comparative study on 'Apollo' disease on the various yam groups of *D. rotundata*

Group	Number of cultivars in the group	Percentage showing 100% incidence	Percentage showing 30–60% incidence	Percentage showing 0–30% incidence
Igwe	84	57	23	11
Nwopoko	78	62	13	9
Ekpe	33	85	3	0
Okocha	18	83	6	0
Okom	19	26	53	0
Abii	15	47	7	7
Unclassified group	35	60	6	12
	282			

Appendix 1. Estimate of incidence of 'Apollo' leaf disease of yam in different groups of yam collection in germplasm at Umudike

Group of yam collection	Population observed	Population infected	% incidence
I. *Dioscorea alata*			
Nne anwuka	24	0	0
Ababa igum	10	0	0
Ukuru	3	0	0
Aba-ajata	8	0	0
Mbala nwite	8	0	0
Mbala nkpu	5	0	0
Mbala agboro	4	0	0
Mbala ike	2	0	0
Nvula Nwokiri	3	0	0
II. *Dioscorea dumetorum*			
Una ocha	13	0	0
Una oji	3	0	0
Una odo	2	0	0
Adu	4	0	0
III. *Dioscorea cayenensis*			
Aga-ocha	3	0	0
Oku	20	2	10
Nwogo	15	4	26.7
Okomocha	5	2	40
Ogba awada	4	1	25
Ogo modo	2	1	50
Okuaru	2	0	0
Ji-iko	1	0	0
Akparam	1	0	0
IV. *Dioscorea rotundata*			
(a) *Ekpe group*			
Madunakpo	16	5	33.3
Ekpe enyi	2	0	0
Akuru	20	10	50

Appendix 1. *Continued*

Group of yam collection	Population observed	Population infected	% incidence
Akpohiara	3	0	0
Omala	5	0	0
Ekpambo-Olunobi	15	5	33.3
(b) *Ukom group*			
Ukom	25	18	72
Esi-ji	13	6	46.1
Ewada	12	6	50
Agagwa	2	0	0
(c) *Okwocha group*			
Akapko	1	1	100
Ahukwu	2	1	50
Ji-okigwe	2	1	50
Awudu	6	2	33.3
Nneji	2	1	50.0
(d) *Abii group*			
Abii	20	4	20
Ita	1	0	0
(e) *Nwopoko group*			
Nwopoko	15	5	33.3
Adaka	5	2	40
Igun/Iguma	16	13	81.25
Agba ocha	8	0	0
Ji aga	3	3	100
Egee	2	1	50
Ji udene	6	6	100
Ahunwanyi	4	2	50
(f) *Igwe group*			
Obiaoturugo	20	20	100
Ji-igwe	14	10	71.42
Arafu	8	2	25
Unegbe	13	3	23
Agbaeneaka	2	2	100
Otu	4	4	100
Ikparikpa	5	0	0
Ji ocha	10	10	100

References

Anon. (1973). Annual Report, Root and Tuber Improvement Programme IITA, Ibadan.

—— (1974). Annual Report, Root and Tuber Improvement Programme IITA, Ibadan.

Coursey, D. G. (1967). *Yams* An account of the nature, origins, cultivation and utilization of the useful members of Dioscoreaceae. Longmans, London.

Federal Agricultural Research and Training Annual Report (1972–1974).

Ferguson, T. U. (1970). The status and future of yams in the Caribbean. *Proc. 2nd Int. Symp. Trop. Root Tuber Crops, Hawaii*, Vol. 2, 28–30.

Gooding, E. G. B. and Hoad, R. M. (1967). Problems of yam cultivation in Barbados. *Proc. 1st Symp. Int. Trop. Root Crops, Trinidad* **3**, 137–51.

Nwankiti, A. O. and Arene, O. B. (1978). Diseases of yam *(Dioscorea* spp.) in Nigeria. *Pest Artic. News Summ.* **24**, 486–94.

Discussion III

Lyonga. Quels sont les effets des maladies à virus sur le rendement?

Terry. L'estimation des pertes est en cours actuellement. Le Dr. Hahn les a évaluées à 22 pour cent. Si les semenceaux mis en terre proviennent d'individus malades aucune immunité ne se manifeste. Si les semenceaux utilisés sont indemnes de maladie, les plantes qui en sont issues sont saines ou souffrent peu et les pertes à la récolte seront faibles quelle que soit la force d'attaque du vecteur. Des pertes de 50 pour cent ont été, cependant, observées à la récolte.

Lyonga. La transmission est-elle systématique sur les différentes parties du tubercule?

Terry. Oui, la transmission est systématique. Si un virus a été inoculé au niveau des feuilles, il diffusera jusqu'aux tubercules.

Lyonga. Mais après la récolte, le virus est-il présent dans le tubercule?

Terry. Oui, bien sûr, et toutes les plantes qui en sont issues seront infectées. Il faut donc absolument utiliser comme semences des tubercules de plantes saines.

Thouvenel. Il semblerait que le virus des Antilles ait des points communs avec ceux d'Afrique de l'Ouest. N'y a-t-il pas deux sortes de particules virales sur une 'diapositive'.

Terry. Cette question doit être résolue par vous.

Thouvenel. Au sujet des cultures de tissus, s'agit-il d'une culture de tissu de tubercules ou de méristèmes?

Terry. Des cultures de méristèmes apicaux et latéraux vont être entreprises pour tenter de réaliser des plantes indemnes de maladies. On essaie de déterminer le temps séparant le bourgeonnement de l'expression du virus, de manière à pratiquer l'excision des méristèmes avant que le pathogène ne les ait atteints.

Ahoussou. Chez certains cultivars toutes les plantes sont atteintes. Existe-t-il des remèdes?

Terry. Aucun traitement n'est efficace au champ. Le seul remède connu est la culture de méristème.

Terry. Le 'shoe-string' peut-être associé avec la mosaïque. Avez-vous pu utiliser du matériel sans mosaïque?

Thouvenel. Nous avons vu des symptômes de 'shoe-string' sans ceux de mosaïque. Cette année, nous avons pu transmettre indépendamment le 'shoe-string' et la mosaïque et ainsi observer séparément les symptômes des deux maladies qui, par ailleurs, peuvent être présents sur une même plante; il s'agit de deux virus.

Terry. Je voudrais connaître votre réaction quant à l'utilisation des insecticides importants comme méthode de lutte au champ. J'ai des doutes.

Thouvenel. Sur un champ où la moitié des plantes sont malades, de fortes doses d'insecticides peuvent inhiber les aphides vecteurs. Mais, l'opération n'est pas rentable.

Terry. Une possibilité de réaliser du matériel sain en partant d'une plante malade est d'exciser les bourgeons en pleine croissance avant qu'ils ne soient virosés puis de les cultiver après enracinement. Mais la culture de méristèmes est difficile même dans de grands centres bien outillés. Si un jour cette technique devait être appliquée à l'igname, elle poserait des problèmes logistiques, en particulier financiers.

Communication de J. Bridge (présentée par D. G. Coursey)

Coursey. Les nouvelles méthodes de propagation présentent des avantages importants pour l'obtention de plantes résistantes aux nématodes. Cependant, en bouturage, il est indispensable d'employer un sol stérile. Des boutures de rameaux ont été utilisées; il serait important de savoir si des nématodes ne sont pas présents dans ces rameaux.

Dumont. Des différences de sensibilité aux nématodes ont-elles été observées entre cultivars?

Coursey. D'après les expériences, il y aurait des différences mais il faut être prudent.

Wilson. De grandes différences à la prédisposition ont été trouvées liées à l'origine écologique des cultivars. Ceux de savane sèche sont sensibles au *Scutellonema bradys*, ceux des forêts sont plus résistants. Dans les descendances sélectionnées, il n'a pas été établi de niveaux différents de résistance aux nématodes.

Degras. *Scutellonema bradys* n'existe pas aux Antilles, il faut donc prendre des précautions lors d'introductions de matériel végétal, d'autant qu'il est présent à Cuba. Depuis 1974, on emploie systématiquement des boutures de tige pour les introductions. *D. trifida* est très sensible aux nématodes. Aucune différence significative n'a été mise en évidence dans la résistance des diverses descendances.

Ahoussou. L'action du nématode a-t-elle une incidence sur la forme du tubercule?

Coursey. Sa forme est souvent affectée. Cependant, il faudrait éliminer toutes les causes de variabilité par des études morphologiques détaillées sur la forme du tubercule.

PART IV: POST-HARVEST BIOLOGY AND TECHNOLOGY

IVème PARTIE: BIOLOGIE ET TECHNOLOGIE DE LA CONSERVATION DES RÉCOLTES

21 Dormancy of yams in relation to storage

H. C. PASSAM

Summary

Dormancy is of major importance to yam storage because (a) it determines the length of storage, (b) it relates to the endogenous metabolic activity which in turn regulates carbohydrate breakdown. Dormancy varies between species of yam and is dependent on temperature and humidity of storage. It has not so far proved possible effectively to prolong dormancy by the application of sprout-suppressant chemicals such as those widely used for potatoes. A likely reason for this is that in yams, sprouts are not formed until a late stage of dormancy and originate from beneath the periderm, thus being protected from the effects of such treatment. A more promising approach to prolonging dormancy and hence to increasing storage life is the application of growth-regulating hormones, in particular gibberellic acid.

Résumé

La dormance est un phénomène d'importance majeure pour la conservation de l'igname parce que (a) elle détermine la durée de la conservation, (b) elle est liée à l'activité endogène métabolique qui à son tour joue un rôle dans la régulation de la dégradation des glucides. La dormance varie entre les espèces d'ignames et dépend de la température et de l'humidité de conservation. Il n'a pas encore été possible de prolonger la dormance de façon efficace en utilisant des traitements chimiques pour inhiber la germination comme ceux qui sont communément utilisés pour la pomme de terre. Ceci peut s'expliquer par le fait que chez l'igname les germes n'apparaissent que très tard au cours de la dormance et qu'ils proviennent de la zone sous-épidermique étant ainsi protégés des effets d'un tel traitement. L'utilisation d'hormones régulatrices de la croissance, et en particulier l'acide gibbérellique, est une méthode plus prometteuse pour prolonger la dormance et augmenter la durée de conservation.

Introduction

The major food yams (*Dioscorea* spp) are normally cultivated as annual plants, grown from tuber sets. Growth occurs in a seasonal cycle: during the tropical wet season there is a phase of active epigeous vegetative growth of vine extension and flowering, while at the onset of the dry season, aerial growth ceases and most of the dry matter of the vine is translocated into the tuber which then enters a resting, or dormant, state (Coursey 1967). The ability of yam tubers to remain dormant for prolonged periods without loss of viability enables them to serve as a means of both propagation and perennation. This dormancy is also of importance in connection with the food use of yams by man, as it ultimately determines the length of time for which tubers may be stored. Providing they are undamaged and free from disease, tubers may normally be stored satisfactorily for the duration of the dormant period. However, once dormancy is broken and sprouting occurs, the tubers rapidly senesce, pathogenic invasion occurs, and, effectively, further prolonged storage is no longer possible (Passam and Noon 1977).

In recent years several attempts have been made to extend the dormant period and hence the storage life of yams by physical and/or chemical means. However, to a large extent, such methods have met with relatively little practical application. The present paper describes the importance of dormancy in yam storage and discusses the problems of sprout suppression and the extension of dormant (i.e. storage) life.

The importance of dormancy in yam storage

Dormancy is of major importance in yam storage for two reasons: first, it determines the length of storage life, since once sprouting occurs protracted storage is no longer practicable; secondly, the suppression of endogenous metabolism during dormancy reduces the rate of loss of storage carbohydrate.

The inherent length of dormancy varies considerably between different species of yam. As shown in Table 21.1, species such as *D. alata* and *D. rotundata* remain dormant for periods of three months or more and thus may be stored over a relatively long time. In contrast, species such as *D. cayenensis* and *D. trifida* are normally dormant for only 1–2 months and may not be stored satisfactorily for longer periods. It has been suggested that these differences in dormancy stem from differences in the ecological environment in which the species have evolved. Thus *D. cayenensis*, which is a species of the West African forest zone where the dry season is very short,

Table 21.1. Comparison of the 'natural' dormancy of tubers of the major edible yams

Species	Locality	Length of dormant period (weeks)	Source
D. alata	Caribbean	14–16	Present work
	Caribbean	16	Campbell *et al.* 1962*a*
	West Africa	14–18	Hayward and Walker 1961
D. rotundata	West Africa	12–14	Coursey 1961
	West Africa	13	Adesuyi 1973*a*
D. cayenensis	West Africa	4–8	Coursey 1961
D. esculenta	West Africa	12–18	Hayward and Walker 1961
	Caribbean	4–8	Present work
D. trifida	Caribbean	~4	Present work

shows almost continuous vegetative growth. In contrast, *D. alata* and *D. rotundata* appear to be adapted to climates where there is a longer dry season, during which time the plant survives as a resting tuber. These inherent differences in dormancy are responsible to a large extent for the differences in storability of the different species. Species such as *D. elephantipes*, a native of semi-desert areas, exist for the greater part of the year in a dormant condition (Coursey 1967).

In addition to governing the length of storage, dormancy is also a state in which the endogenous metabolic rate is lowered, thereby reducing loss of storage carbohydrate, as was observed by Coursey and Russull (1969). The subject was studied in more detail by Passam and Noon (1977) who showed that immediately after harvest *D. rotundata* tubers respired at a rate of 15 ml CO_2/kg fresh weight/hour at 25 °C. As tubers became dormant the rate dropped to as low as 3 ml CO_2/kg/hour and remained at this level until sprouting, at which time it increased to over 30 ml CO_2/kg/hour. The significance of this suppression of respiration during dormancy on storage loss may be seen by comparing the weight loss due to respiration during storage with total loss as shown in Table 21.2. At 25 °C, the percentage daily weight loss of *D. rotundata* tubers just after harvest is about 0.22, of which 27 per cent is due to respiration, i.e. to actual loss of carbohydrate. During dormancy, weight loss declines to 0.15 per cent per day of which, due to suppression of metabolic activity, only 7 per cent is attributable to respiration, the major loss being due to water loss. At the time of sprouting, weight loss rises to about 0.21 per cent a day and the loss of carbohydrate due to respiration again increases. A similar pattern, but with rather higher total losses is observed at 35 °C.

Table 21.2. The relative contribution of respiration to total weight loss of *D. rotundata* tubers during storage

Age of tubers	Total % weight loss per day		Per cent of total weight loss attributable to respiration	
	25 °C	35 °C	25 °C	35 °C
After harvest	0.22 ± 0.02	0.36 ± 0.02	27	30
Dormant	0.15 ± 0.03	0.28 ± 0.06	7	10
Sprouting	0.21 ± 0.02	0.34 ± 0.07	35	20

Although water loss *per se* representing principally a drying out of the tuber is not too important to storage, loss of carbohydrate due to respiration represents a real loss of food. Thus, dormancy, during which state respiration is suppressed, acts as a major factor in reducing food loss during storage, for in the absence of dormancy the respiration rate of yams at tropical ambient temperatures would be high.

Physical factors affecting dormancy

Reduction of storage temperature is a common method for lowering the metabolic activity of plant storage organs and prolonging dormancy, and therefore of reducing storage loss. The possible application of low temperature storage to yams is limited by the fact that they are susceptible to low temperature injury at the relatively high temperatures of 10 °C to 12 °C (Coursey 1968). Temperatures of 16–17 °C have been successfully employed to prolong storage of yams (Gonzalez and Collazo de Rivera 1972; Rivera, Gonzales, Collazo de Rivera, and Cuevas-Ruiz 1974*a*; Passam 1977). At 16 °C the dormancy and hence the storage life of *D. alata* tubers may be extended by as much as four months, particularly if the tubers are cured prior to storage so as to reduce infection by wound pathogens (Gonzalez and Collazo de Rivera 1972). However, the widespread application of cold storage for yams is not yet feasible since the technology required is expensive to operate. Sprouting of *D. rotundata* tubers can be delayed by non-lethal doses of gamma irradiation (Adesuyi and Mackenzie 1973), and similar effects have been observed by Rivera, Gonzalez, and Cuevas-Ruiz (1974*b*), who exposed *D. alata* tubers to various levels of gamma-irradiation and recommended 7.5 Krad as an optimum dose to inhibit sprouting. However, this technique has not yet been applied on a commercial scale, and is unlikely to be of practical value to the average yam farmer in the foreseeable future.

The effect of chemical treatments on dormancy

As a simpler and possibly cheaper alternative to the application of cold storage to yam in the tropics, a number of workers have investigated the possibilities of using chemical treatments in conjunction with ambient storage. Such work has been concentrated broadly in two areas: (a) the application of sprout-suppressing chemicals such as are used commercially for potatoes, (b) the use of natural or synthetic plant 'hormones'. Treatments have been applied usually either in the form of a pre-harvest spray or as a post-harvest immersion in a solution of the chemical.

To date the application of sprout-suppressant chemicals has proved to hold little promise for yams. As indicated in Table 21.3, which summarizes the data of a number of authors, of all the treatments tested, only isopropyl N-(3-chlorophenyl) carbamate (CIPC) has been found to exhibit any positive effects. While this compound was found by Olorunda, McKelvie, and Macklon (1974) to have no effect on unsprouted tubers, it nevertheless prevented further sprouting of tubers which had commenced sprouting, and had then been desprouted. Rivera *et al.* (1974*a*) showed CIPC to prolong yam storage slightly, although problems of phytotoxicity occurred. Maleic hydrazide, tetrachloronitrobenzene (TCNB), pentachloronitrobenzene

Table 21.3. The effect of sprout-suppressant chemicals on the length of storage of yam tubers

Species	Chemical	Effect on length of storage	Other effects	Source
D. alata	TCNB	None	—	Campbell *et al.* 1962*a*
	PCNB	None	—	
	IPPC	None	—	
	Maleic hydrazide.*	Reduced sprouting but no data given	—	
	Maleic hydrazide*	None	Initial reduction of weight loss during storage	Hayward and Walker 1961
	CIPC	+ < 1 month	In some cases phytotoxic	Rivera *et al.* 1974*a*
	CIPC	None	Inhibited sprouting of desprouted tubers	Olorunda *et al.* 1974.
D. rotundata	TCNB	None	—	Adesuyi 1973*b*
	Maleic hydrazide	None	—	
	Maleic hydrazide	Slightly delayed sprouting	—	Passam 1977
D. esculenta	Maleic hydrazide*	None	—	Hayward and Walker 1961

* Denotes pre-harvest application. Other treatments applied post-harvest.

(PCNB) and isopropylphenylcarbamate (IPPC) have all been shown to hold no practical application (Hayward and Walker 1961; Campbell, Chukwueke, Teriba, and Ho-A-Shu 1962*a*; Adesuyi 1973*b*; Passam 1977).

Although it was suggested earlier that the lack of effect of sprout suppressants (and some hormones), when applied as post-harvest immersion treatments, could be due to insufficient uptake of the treatment through the thick skin of the tuber (Passam 1977), recent experiments by the same author (unpublished) suggest an alternative explanation. Compounds such as CIPC are mitotic poisons and exert their effects on the meristematic cells of the sprouting loci. In potato, these loci are well-formed by the time of harvest and are superficially located, but in yam, sprout initials are formed only just prior to breakage of dormancy and then arise from beneath the periderm (Onwueme 1973). Therefore, if a sprout-suppressant is applied to yams before or just after harvest, there will be no sprout loci upon which the chemical may act. In contrast, once the tuber has started to sprout and the meristematic cells of the sprouting loci are active, application of sprout suppressant may then inhibit further growth of the sprout initials, as reported for CIPC by Olorunda *et al.* (1974).

On this basis, it is not surprising that so little effect of sprout suppressants has been seen in yams, in contrast to potatoes; a more promising approach to the extension of dormancy would perhaps be to examine chemicals, such as the natural or synthetic hormones which interact with meristematic cells independently of whether or not sprouting loci have been formed.

A number of attempts have been made in this direction, the results of which are summarized in Table 21.4. Chemicals such as methyl-alpha-naphtalene acetic acid have been found to inhibit sprouting, although problems of phytotoxicity occur (Campbell *et al.* 1962*a*). Other growth-regulating chemicals such as ethylene chlorhydrin (Campbell *et al.* 1962*b*) or thiourea and chlorethanol promote sprouting (Cibes and Adsuar 1966).

More recently, Martin (1977) and Mantell, Mohamed, Haque, and Phelps (1977) have shown gibberellic acid to prolong the dormancy of *D. alata* tubers. The effect of gibberellic acid is critically dependent on the time of application; when applied soon after harvest gibberellin delayed sprouting, but when applied at a later stage of storage, sprouting was either unaffected or even promoted (Martin 1977). Passam (1977) did not find the dormancy of *D. rotundata* tubers to be prolonged by post-harvest application of gibberellic acid; however, it is possible that by the time of treatment the tubers were not responding to gibberellin (Martin 1977). Alternatively, the effect of gibberellin may vary between different yam species. Subsequent work by Passam and Wickham (unpublished) has shown that gibberellic acid, when applied either as a pre-harvest foliar spray or as a post-harvest immersion, delays the sprouting of *D. esculenta* tubers by six weeks or more.

The reasons for the different effects of gibberellin are interesting. Gibberellin is known to promote growth and may thus be expected to

Table 21.4. Effects of growth-regulating chemicals on the storage life of yam tubers

Species	Compound	Effect on storage life	Other effects	Source
D. alata	Methyl-α-NAA	+ 1½ − 2 months	Phytotoxic	Campbell *et al.* 1962*a*
	Chlorethanol + Thiourea	− 3 months	—	Cibes and Adsuar 1966
	Chlorethanol	Promoted sprouting	—	Mantell *et al.* 1977
	Ethylene chlorhydrin	Promoted sprouting	—	Campbell *et al.* 1962*b*
	Gibberellic acid	′ + ≥ 40 days	—	Mantell *et al.* 1977
	Gibberellic acid	up to + 4 weeks	—	Martin 1977
D. rotundata	Methyl-α-NAA	None	—	Adesuyi 1973*b*
	β-NAA	None	—	Adesuyi 1973*b*
	Gibberellic acid	None	—	Passam 1977
	IAA	None	—	Passam 1977
	Kinetin	None	—	Passam 1977
D. esculenta	Gibberellic acid	+ ≥ 6 weeks	—	Passam and Wickham (unpublished)

stimulate sprouting once the initial is formed; however, it is not so clear why it should delay sprouting when applied prior to or shortly after harvest when the initial is not formed. Hasegawa and Hashimoto (1974) suggested that in the aerial bulbils of *D. batatas*, gibberellin induced dormancy by raising the content of an endogenous dormancy-inducing principle identified as batatasin. It is possible that a similar mechanism operates also in the sub-terranean tuber (Okagami and Tanno 1977).

To date, gibberellic acid would appear to offer the most promise as a practical chemical means of prolonging dormancy and extending storage life. Gibberellin is a natural plant hormone but it is also manufactured chemically on a commercial scale. Because of the small amounts required (10^{-5} to 10^{-6} M: Mantell *et al.* 1977; Passam and Wickham unpublished) the cost of treatments could be reasonably low; at this concentration range there is also no phytotoxicity.

References

Adesuyi, S. A. (1973*a*). Curing technique for reducing the incidence of rot in yams. *Rep. Nigerian Stored Prod. Res. Inst. for 1971*, 57–63.

—— (1973*b*). Advances in yam storage research in Nigeria. *Proc. 3rd Int. Symp. Trop. Root Crops, IITA, Ibadan.*

—— and Mackenzie, J. A. (1973). The inhibition of sprouting in stored yams, *Dioscorea rotundata* Poir, by gamma radiation and chemicals. Radiation preserva-tion of foods. Int. atom. Energy Ag. Bull., 127–36.

Campbell, J. S., Chukwueke, V. O., Teriba, F. A., and Ho-A-Shu, H. V. S. (1962*a*). Some physiological experiments with the white Lisbon yam (*Dioscorea alata* L.) in Trinidad. III. The effect of chemicals on storage. *Emp. J. exp. Agric.* **30**, 335–44.

—— —— —— —— (1962*b*). Some physiological investigations into the white Lisbon yam (*Dioscorea alata* L.). I. The breakage of the rest period in tubers by chemical means. *Emp. J. exp. Agric.* **30**, 108–14.

Cibes, H. R. and Adsuar, J. (1966). Effects of chlorethanol and thiourea on the germination and relative yield of the yam (*Dioscorea alata* L.). *J. Agric. Univ. P. Rico* **50**, 201–8.

Coursey, D. G. (1961). The magnitude and origins of storage losses in Nigerian yams. *J. Sci. Fd agric.* **12**, 574–80.

—— (1967). *Yams.* Longmans, London.

—— (1968). Low temperature injury in yams. *Fd Technol., Lond.* **3**, 143–50.

—— and Russull, J. D. (1969). A note on endogenous and biodeteriorative factors in the respiration of dormant yam tubers. *Int. Biodetn. Bull.* **5**, 27–30.

Gonzalez, M. A. and Collazo de Rivera, A. (1972). Storage of fresh yam (*Dioscorea alata* L.) under controlled conditions. *J. Agric. Univ. P. Rico* **56**, 46–56.

Hasegawa, K. and Hashimoto, T. (1974). Gibberellin-induced dormancy and batatasin content in yam bulbils. *Pl. Cell Physiol.* **15**, 1–6.

Hayward, L. A. W. and Walker, H. M. (1961). The effect of pre-harvest foliar spraying with maleic hydrazide on the storage of yams. In *A. Rep. W. Afr. Stored Prod. Res. Unit*, pp. 107–15. Fed. Min. Commerce and Industry, Nigeria.

Mantell, S. H., Mohamed, N., Haque, S. Q., and Phelps, R. H. (1977). *Virus diseases of yams in the Commonwealth Caribbean.* O.D.M. Yam Virus Project Tech. Rep. No. 3, Caribbean Agric. Res. and Dev. Inst., UWI Campus, Trinidad.

Martin, F. W. (1977). Prolonging the storage life of yams by removal of shoots and by treatment with gibberellic acid and waxes. *Trop. Root Tuber Crops Newsl.* **10**, 39–44.

Okagami, N. and Tanno, N. (1977). Dormancy in *Dioscorea*: Generality of gibberellin-induced dormancy in asexual dormant organs. *Pl. Cell Physiol.* **18**, 309–16.

Olorunda, A. O., McKelvie, A. D., and Macklon, A. E. S. (1974). Effects of temperature and chlorpropham on the storage of the yam. *J. Sci. Fd Agric.* **25**, 1233–8.

Onwueme, I. C. (1973). The sprouting process in yam (*Dioscorea* spp.) tuber pieces. *J. agric. Sci., Camb.* **81**, 375–9.

Passam, H. C. (1977). Sprouting and apical dominance of yam tubers. *Trop. Sci.* **19**, 29–39.

—— and Noon, R. A. (1977). Deterioration of yams and cassava during storage. *Ann. appl. Biol.* **85**, 436–40.

Rivera, J. R., Gonzalez, M. A., Collazo de Rivera, A., and Cuevas-Ruiz, J. (1974a). An improved method for storing yam (*Dioscorea alata*). *J. Agric. Univ. P. Rico* **58**, 456–65.

—— ——, and Cuevas-Ruiz, J. (1974b). Sprout inhibition in yam by gamma irradiation. *J. Agric. Univ. P. Rico* **58**, 330–7.

22 Le durcissement de *Dioscorea dumetorum* au Cameroun

S. TRÈCHE et F. DELPEUCH

Résumé

Au Cameroun, les tubercules de *Dioscorea dumetorum* subissent après la récolte un durcissement qui les rend impropres à la consommation humaine; la nature et l'importance de ce phénomène ont été étudiées.

Après un mois de conservation 50 pour cent des tubercules sont durs. L'observation histologique montre d'importants épaississements membranaires qui se traduisent au niveau de la composition chimique des tubercules par une augmentation des teneurs en cellulose, lignine, et pentosanes.

Le durcissement varie en fonction des variétés cultivées et des dates de récolte. Plusieurs traitements et modes de conservation ont été essayés. Ceux qui limitent les échanges des tubercules avec le milieu extérieur ralentissent l'apparition du durcissement.

L'ensemble des observations a permis d'élaborer une hypothèse quant au mécanisme du durcissement. Des solutions pratiques sont envisagées.

Summary

In Cameroon, *Dioscorea dumetorum* tubers become hard after harvesting and consequently cannot be used for human consumption; the nature and importance of this phenomenon have been studied.

After one month's storage, 50 per cent of the tubers are hard. Histological observations have shown an important thickening of the membranes, which leads to the modification of the chemical composition of the tubers, i.e. an increase in the cellulose, lignin, and pentosan contents.

The hardening varies according to the varieties cultivated and the date of harvest. Several treatments and storage methods have been tested. Those which limit the contact of the tubers with the external environment have been found to slow down the hardening process.

Based on the observations made, a hypothesis of the hardening mechanism has been elaborated. Practical solutions are considered.

Introduction

La culture de *D. dumetorum* en Afrique de l'Ouest est surtout répandue au Nigéria où Coursey (1967) signale son importance, et dans l'Ouest Cameroun (Lyonga, Fayemi, et Agboola 1973).

Les rendements obtenus avec les variétés camerounaises sont très intéressants; ils sont à la fois supérieurs à ceux enregistrés en Nigéria sur la même espèce (IITA 1972) et à ceux observés au Cameroun chez d'autres espèces d'ignames (Lyonga 1973).

La culture de *D. dumetorum* présente, par ailleurs, l'avantage de pouvoir se faire sans tuteurage et d'être probablement facilement mécanisable compte-tenu de la forme et de l'homogénéité des tubercules.

Sur le plan nutritionnel, il ne semble pas que sa consommation après cuisson soit entravée par la présence d'alcaloïdes toxiques dont l'existence a été signalée chez certaines variétés par Bevan et Hirst (1958); de plus son goût est très apprécié par les populations locales et sa teneur en protéines est relativement forte (8 à 10 pour cent de la matière sèche).

Cependant les variétés de *D. dumetorum* rencontrées au Cameroun posent un problème particulier de conservation déjà signalé par Lyonga *et al.* (1973) mais non encore étudié: après la récolte une forte proportion de tubercules durcissent et, présentant une résistance à la mastication qui persiste après cuisson, deviennent impropres à la consommation humaine.

Toute possibilité de stockage ou de commercialisation hors de la zone de production est donc interdite; les populations locales ont coutume de faire cuire les tubercules aussitôt après l'arrachage et de les consommer rapidement.

L'objectif de notre travail est double:

1. Il s'agit, d'une part, de définir le phénomène de durcissement en le quantifiant et en étudiant les changements qui interviennent au niveau de l'histologie et de la composition chimique des tubercules.
2. Il s'agit, d'autre part, de rechercher des facteurs qui influencent le durcissement de manière à mettre en oeuvre des pratiques culturales et/ou des traitements susceptibles de le bloquer ou de le restreindre.

Matériels et méthodes

Tous les tubercules utilisés pour cette étude ont été cultivés au cours de trois campagnes consécutives (1975 à 1977) à la station expérimentale de l'IRAF à Bambui (Ouest Cameroun) dans la zone de culture traditionnelle de *D. dumetorum*.

La variété utilisée sauf dans l'essai intervariétal a toujours été Ex Jakiri.

Les tubercules ne présentant aucun signe extérieur permettant de détecter l'apparition du phénomène de durcissement, son appréciation nécessite une coupure nette des tubercules: l'aspect rugueux et pelucheux de la section des tubercules durcis contraste avec l'aspect lisse et humide des sections de tubercules non durcis.

Compte-tenu du caractère qualitatif de ce phénomène (on considère un tubercule comme durci ou non durci sans pouvoir nuancer ou établir une échelle de durcissement), nous avons choisi comme unité de comparaison statistique des parcelles de 30 pieds représentant plus de 200 tubercules.

Les champs expérimentaux étaient donc composés de parcelles de 30 pieds formées de deux billons de 10 mètres de long espacés d'un mètre (soit une densité de 15.000 pieds par hectare). Ces parcelles étaient réparties en 4 ou 6 blocs de Fischer selon les essais.

Les observations histologiques ont été effectuées sur du matériel frais non fixé et coupé à la main; les coupes ont été colorées au vert d'iode et carmin aluné après passage dans une solution diluée d'hypochlorite de sodium et mordançage.

La détermination de la teneur en matière sèche s'est faite par dessiccation entre 104 et 107 °C jusqu'à poids constant.

L'analyse chimique a été effectuée sur des échantillons séchés sous vide à une température inférieure à 60 °C. On a déterminé:

(1) la teneur en azote total par la microméthode de Kjeldahl et conversion en protéines brutes à l'aide du coefficient 6.25;

(2) la teneur en matières minérales par calcination à 550 °C pendant huit heures;

(3) la teneur en amidon par polarimétrie selon la méthode Ewers (1972);

(4) la teneur en lipides par extraction au soxhlet à l'éther de pétrole;

(5) la teneur en glucides alcoolo-solubles après extraction à chaud par l'éthanol à 85° GL par la méthode colorimétrique à l'anthrone de Loewus (1952);

(6) la teneur en fructose, après transformation en dérivés furfuriques par l'acide sulfurique concentré à 50 °C, par la méthode colorimétrique à l'anthrone de Johnson, Lambert, Johnson, et Sunderwirth (1964);

(7) la teneur en glucose par la méthode enzymatique à la glucose oxydase de Huggett et Nixon (1957);

(8) les teneurs en hémicelluloses, cellulose, et lignine en appliquant les méthodes de dosage de Van Soest (1963) et Van Soest et Wine (1967);

(9) la teneur en pentosanes par la méthode colorimétrique à l'acétate d'aniline après transformation en furfural par l'acide chlorhydrique (Cerning et Guilbot 1973);

(10) la teneur en insoluble formique par la méthode de Guillemet et Jacquot (1943).

Sur les amidons extraits on a déterminé:

(1) la teneur en amylose par la méthode de titrage ampérométrique de Bemiller (1964);

(2) la sensibilité à l'alpha-amylase bactérienne par la méthode de Thollier et Guilbot (1971).

Le gonflement et la solubilité dans l'eau en fonction de la température par la méthode de Leach, McCowen, and Schoch (1959) modifiée par Mercier (1968).

L'activité alpha-amylasique des tubercules a été mesurée par la méthode de Perten (1966).

Les essais de 'curing' ont été réalisés à 36–37 °C sous atmosphère saturée en eau dans des conditions un peu différentes de celles préconisées par Gonzalez et Collazo de Rivera (1972).

Résultats et discussions

Description du phénomène

IMPORTANCE QUANTITATIVE   Six parcelles de 30 pieds récoltés à maturité, soit environ 1200 tubercules, sont sacrifiées après 3, 7, 13, et 28 jours de conservation sur clayettes.

L'évolution du durcissement est donnée par la figure 22.1. Il apparaît que 93 pour cent des pieds sont affectés par le durcissement après 13 jours mais que seulement 3 pour cent des pieds sont entièrement durcis au bout d'un mois; l'unité de durcissement n'est donc pas le pied mais le tubercule.

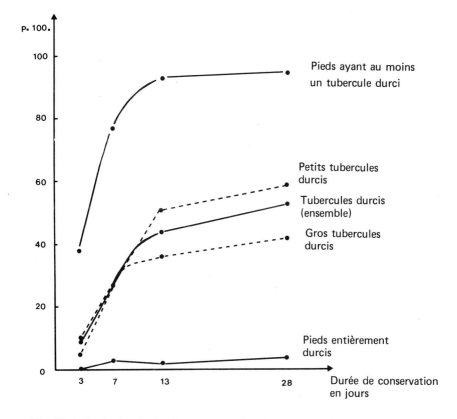

Fig. 22.1. Evolution du durcissement pendant le premier mois de conservation.

Le pourcentage de tubercules durcis augmente significativement avec le temps de conservation mais, après deux semaines, cette augmentation ralentit considérablement; après un mois la moitié environ des tubercules est dure.

On note que les tubercules de grande taille semblent durcir moins vite que ceux de petite taille.

Par ailleurs, le sacrifice de deux parcelles après 8, 14, et 20 semaines de conservation a donné respectivement 79, 88, et 99 pour cent de tubercules durcis. Il semble donc que tous les tubercules finissent par durcir après un temps plus ou moins long.

RELATION ENTRE LE DURCISSEMENT ET CERTAINES CARACTÉRISTIQUES AGRONOMIQUES   *Perte de poids au cours de la conservation.* Sur des tubercules récoltés à maturité, on a mis en évidence qu'après un mois de conservation les pieds présentant plus de la moitié de leurs tubercules durcis avaient perdu significativement ($P < 0.05$) plus de poids que ceux durcis à moins de 50 pour cent (9.1 pour cent du poids initial contre 8.3 pour cent).

Germination. Sur des lots de tubercules récoltés un mois après la maturité et conservés pendant 4, 8, et 12 semaines, on a montré, au moyen d'un test non paramétrique de Mann-Whitney, qu'il n'y avait pas de liaison significative entre l'importance de la germination et le pourcentage de parties durcies d'un pied.

ASPECTS HISTOLOGIQUES (FIGS 22.2–22.4) Les cellules des coupes pratiquées dans des tubercules non durcis sont celles d'un parenchyme amylifère banal. Par contre, les cellules des tubercules durcis présentent d'importants épaississements membranaires au milieu desquels sont enchâssés des nodules de nature et de structure non déterminées.

Ces épaississements membranaires pourraient expliquer le durcissement et notamment la résistance à la mastication.

Le phénomène du durcissement semble s'installer progressivement mais dans des délais assez courts puisque, après de nombreuses observations, nous n'avons réussi à trouver qu'une coupe où figurent à la fois des cellules de type durci et non durci.

En ce qui concerne la nature des épaississements, le traitement au carmin-vert d'iode a donné une coloration rose-rouge caractéristique des tissus cellulosiques.

L'examen des tissus de tubercules de *Dioscorea dumetorum* a été effectué sur le microscope électronique à balayage du Conservatoire botanique de Genève.* Divers grossissements et divers traitements ont été appliqués. Les observations faites appellent quelques remarques (Figs. 22.3 et 22.4).

Des différences sensibles se remarquent entre tubercules durcis et non durcis comme l'observation des photographies le fait ressortir. La section d'un tubercule frais, non durci, après traitement à l'hypochlorite de sodium et aux ultrasons qui débarrasse les tissus de leur contenu cellulaire, en particulier de l'amidon, montre à un grossissement de 500, des cellules aux parois minces et souples.

---

*Nous remercions le Professeur J. Miège et le Docteur J. Wüest pour leur aimable collaboration et les observations effectuées au microscope électronique à balayage.

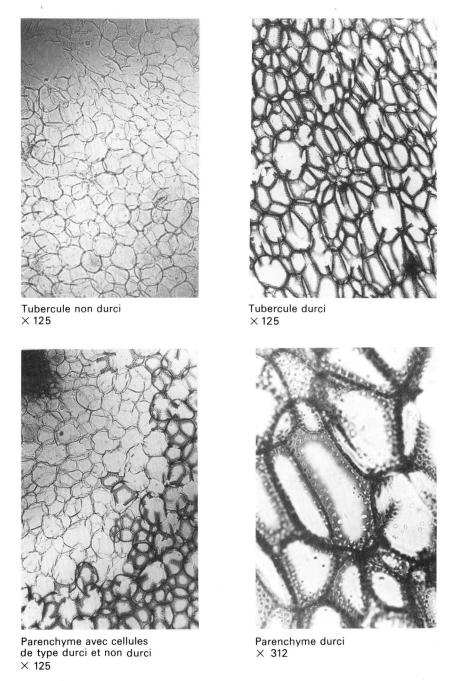

Tubercule non durci
× 125

Tubercule durci
× 125

Parenchyme avec cellules
de type durci et non durci
× 125

Parenchyme durci
× 312

Fig. 22.2. Observations au microscope optique du parenchyme de *Dioscorea dumetorum* (Ex Jakiri).

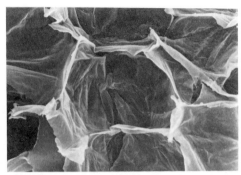

D. dumetorum frais × 300
(traitement hypochlorite de sodium et ultrasons)

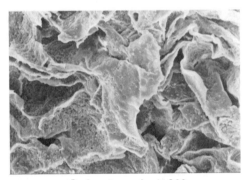

D. dumetorum dur × 360

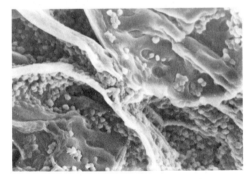

D. dumetorum dur × 900

Fig. 22.3. Observations au microscope électronique à balayage du parenchyme de *Dioscorea dumetorum*.

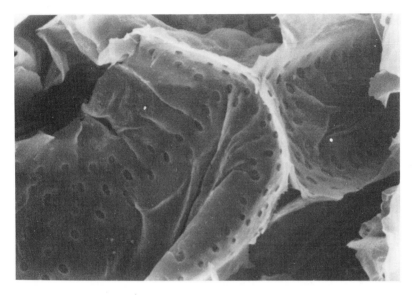

D. dumetorum dur × 1000

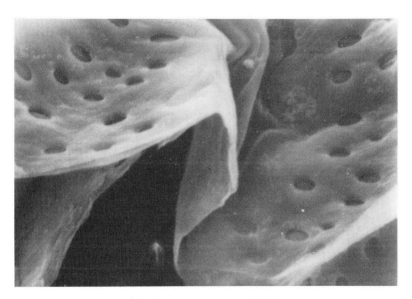

D. dumetorum dur × 2500

Fig. 22.4. Observations au microscope électronique à balayage du parenchyme de *Dioscorea dumetorum* (traitement hypochlorite de sodium et ultrasons).

Les tubercules durcis ont été considérés avec et sans traitement et à divers grossissements. Au grossissement 600, les détails sont assez indistincts, ce qui tient, sans doute, à la présence de grains d'amidon. Néanmoins, un épaississement, une rigidité des parois sont visibles. Des perforations existent. Au grossissement 1500 ces modifications se remarquent mieux.

Après traitement à l'hypochlorite de sodium et aux ultrasons, les transformations sont encore mieux mises en évidence (grossissements 1000 et 2500). Les perforations dans des parois plus épaisses et plus rigides sont des signes d'une forte sclérification, donc de durcissement qui explique leur impropriété à être consommées.

Les échantillons examinés étaient insuffisants pour déterminer les caractéristiques des stades intermédiaires du processus de durcissement. Néanmoins, les figures sont expressives et font ressortir les profondes transformations subies par les tubercules.

DIFFÉRENCE DE TENEUR EN MATIÈRE SÈCHE   La mise en évidence d'une éventuelle liaison entre la teneur en matière sèche et l'état de durcissement doit tenir compte de l'existence de nombreux facteurs de variation difficilement dissociables: taille, forme des pieds ou des tubercules, localisation du prélèvement de l'échantillon dans le tubercule; d'autre part, il faut distinguer les déterminations effectuées sur les pieds et sur les tubercules.

Au niveau des pieds on constate (Tableau 22.1) que la matière sèche ne varie pas significativement pendant le premier mois de conservation. Elle est cependant corrélée significativement ($P<0.05$, test de corrélation des rangs), au moins pendant les deux premières semaines de conservation, avec le pourcentage de parties durcies d'un pied.

Tableau 22.1. Relation entre la teneur en matière sèche des pieds et leur durcissement

	Durée de conservation			
	3 jours	7 jours	13 jours	28 jours
Matière sèche des pieds*	21.1 ± 0.3	22.1 ± 0.4	22.3 ± 0.3	22.0 ± 0.3
Coefficient de corrélation avec % parties durcies	+ 0.39 $P < 0.05$	+ 0.39 $P < 0.05$	+ 0.27 N.S.	+ 0.33 N.S.

* en g/100 g de matière brute comestible. Moyennes de 36 déterminations ± erreur standard. Différences non significatives au niveau 5%.

Par ailleurs, sur 14 tubercules durcis et 14 tubercules non durcis après 13 jours de conservation, nous avons prélevé des échantillons dans la partie centrale, dans la zone directement située sous le suber et dans une position intermédiaire. Les résultats (Tableau 22.2), outre l'existence d'un gradient positif de teneur en matière sèche du centre vers l'extérieur, montrent que la teneur en matière sèche est significativement plus forte chez les tubercules durcis.

D'une manière générale, il semble donc que la teneur en matière sèche soit plus élevée chez les tubercules et les pieds durcis; cette différence est surtout détectable pendant les premiers jours de conservation; par la suite, les différences s'estompent: on peut penser que les mouvements d'eau liés au durcissement sont alors masqués par les pertes d'eau plus importantes qui surviennent normalement au cours d'une conservation prolongée.

En définitive, il semble que les pertes d'eau soient bien liées au durcissement, intervenant peut-être dans son déterminisme; toutefois les faibles variations enregistrées ne justifient pas la modification de consistance des tubercules. Le durcissement ne se résume pas à une simple déshydratation des tubercules.

Tableau 22.2. Variations de teneur en matière sèche avec l'état de durcissement et la localisation du prélèvement sur les tubercules

	Localisation du prélèvement				
	Centrale	Médiane	Externe	Ensemble	
Tubercules non durcis*	20.2	21.2	23.7	21.7	a
Tubercules durcis*	23.4	23.2	26.0	24.2	b
Ensemble	21.8 p	22.2 p	24.8 q	$P < 0.01$ $P < 0.05$	

* en g/100 g de matière brute. Moyennes de 14 déterminations. Sur une même ligne, ou dans une même colonne, les moyennes suivies de lettres différentes sont significativement différentes au niveau indiqué.

COMPOSITION CHIMIQUE DES TUBERCULES L'ensemble des résultats d'analyse est reporté dans le Tableau 22.3

Deux échantillons de 45 tubercules durcis et non durcis après 17 jours de conservation ont été réalisés à partir des mêmes pieds; le seul facteur de variation entre les deux échantillons est donc le durcissement.

On n'observe pas de différences entre les teneurs en protéines, lipides, matières minérales, et glucides alcoolosolubles. La nature de ces derniers a été déterminée par chromatographie sur couche mince: on constate la présence de saccharose et de fructose accompagnés de faibles quantités de glucose; les dosages ont confirmé les résultats de la chromatographie.

Par contre, les teneurs en différents glucides membranaires sont plus fortes chez les tubercules durcis alors que la teneur en amidon y est plus faible.

La cellulose et les pentosanes sont, parmi les glucides membranaires, ceux

Tableau 22.3. Composition chimique des tubercules durcis et non durcis

Teneur en g/100 g de MS	Tubercules non durcis	Tubercules durcis
Matières minérales	3.8	3.7
Protéines brutes	8.5	8.5
Lipides	0.3	0.3
Amidon	74.0	71.4
Glucides alcoolosolubles		
Totaux	1.6	1.6
Fructose	0.63	0.63
Glucose	0.04	0.03
Glucides membranaires		
Hémicelluloses	6.6	7.5
Cellulose	4.4	6.8
Lignine	0.15	0.40
Pentosanes	0.5	1.3
Insoluble formique	2.9	5.1

qui augmentent le plus au cours du durcissement. La teneur en lignine est deux fois plus importante chez les tubercules durcis mais reste à un faible niveau.

Notons, par ailleurs, que les teneurs en glucides membranaires des tubercules non durcis sont déjà plus élevées que celles des autres espèces d'ignames.

PROPRIÉTÉS PHYSICO-CHIMIQUES DES AMIDONS EXTRAITS   L'amidon de l'espèce *dumetorum* possède des propriétés très différentes de celles des amidons des autres espèces d'ignames: spectre de diffraction des rayons X de type A, faible teneur en amylose, sensibilité élevée à l'attaque alpha-amylasique.

Les amidons extraits de tubercules durcis et non durcis ne présentent pas de différences décelables dans les spectres de diffraction des rayons X et les teneurs en amylose (10 à 11%).

En revanche, les amidons de tubercules durcis ont, pour des températures allant de 70 à 95 °C, un gonflement dans l'eau plus faible et une solubilité plus forte que les amidons de tubercules non durcis (Tableau 22.4).

Certaines des caractéristiques d'alpha-amylolyse sont également modifiées au cours du durcissement (Tableau 22.4). Pour de courtes durées de conservation (7 et 13 jours) la fraction facilement hydrolysable des amidons de tubercules durcis semble plus faible que celle des amidons de tubercules non durcis: ceci pourrait résulter de la mobilisation d'une partie des glucides de réserve pour la synthèse des épaississements membranaires. Par contre, après 4 semaines de conservation, l'amidon des tubercules non durcis présente une fraction facilement hydrolysable plus faible: on peut penser que cet amidon, dans des cellules non protégées par les épaississements

Tableau 22.4. Caractéristiques physico-chimiques d'amidons extraits de tubercules durcis et non durcis pour différentes durées de conservation

| | Durée de conservation | | | | | |
| | 7 jours | | 13 jours | | 28 jours | |
	Non durci	Durci	Non durci	Durci	Non durci	Durci
FH*	5.83	5.35	4.85	4.10	3.55	4.55
VI*	3.77	3.53	3.76	3.30	2.11	2.64
VF*	0.13	0.13	0.15	0.15	0.11	0.10
Solubilité à 90 °C en %	21.8	23.6	20.6	23.6	18.8	22.9
Gonflement à 90 °C†	40.1	35.9	37.3	34.7	41.5	36.4

   * Caractéristiques d'alpha-amylolyse (FH = fraction facilement hydrolysable; VI = vitesse initiale; VF = vitesse finale).
   † En gramme d'eau absorbée par gramme d'amidon non solubilisé.

membranaires, a subi une dégradation plus importante que celle subie par l'amidon des tubercules durcis.

Les résultats relatifs à la vitesse initiale vont dans le même sens.

Toutefois, l'activité alpha-amylasique des tubercules est très faible (0.10 Unités A) et identique chez les tubercules durcis et non durcis; elle ne rend donc pas compte du rôle joué par l'amidon dans le durcissement.

Facteurs de variation du durcissement

STADE DE MATURITÉ À LA RÉCOLTE   Nous avons procédé à 4 récoltes espacées d'un mois de 4 parcelles de 30 pieds.

Le poids des pieds est significativement plus faible ($P < 0.05$) à la première récolte (Tableau 22.5), 7 mois après la plantation. Il est maximum entre le

Tableau 22.5. Variation du poids des pieds, de la teneur en matière sèche et du durcissement en fonction de la maturité à la récolte

| | Durée du cycle végétatif | | | |
	7 mois	8 mois	9 mois	10 mois
Poids d'un pied en g*	2085 ± 78 a	2605 ± 93 b	2625 ± 99 b	2540 ± 88 b
Teneur en matière sèche en g/100 g†	20.1 ± 0.7 ab	19.3 ± 0.3 a	21.5 ± 0.7 b	21.2 ± 0.7 b
% de tubercules durcis après un mois	97 a	65 b	56 c	67 b

   * Moyenne de 120 pieds ± erreur standard.
   † Moyenne de 12 déterminations ± erreur standard.
   Sur une même ligne, les moyennes suivies d'aucune lettre commune sont significativement différentes au niveau 5%.

huitième et le neuvième mois et a une tendance à diminuer par la suite.

Cette évolution ainsi que celle de la teneur en matière sèche à la récolte, nous permet de situer le stade de maturité entre le huitième et le neuvième mois après la plantation.

Le pourcentage de tubercules durcis obtenus pour les différentes récoltes après un mois de conservation, indique que l'aptitude à la conservation est meilleure chez les tubercules récoltés au stade de maturité. On remarque la très grande sensibilité au durcissement des tubercules immatures.

CHOIX DE LA VARIÉTÉ   Les principaux résultats d'un essai intervariétal portant sur 4 parcelles de chacune 4 variétés couramment rencontrées au Cameroun sont rassemblés dans le Tableau 22.6.

Sur le plan des rendements, c'est la variété Ex Jakiri qui semble de loin la meilleure.

Tableau 22.6. Caractéristiques agronomiques et durcissement de quatre variétés camerounaises de *D. dumetorum*

	Variétés			
	Ex Jakiri	Dschang 45.	Dschang 47.	Yellow smooth
Poids d'un pied en g*	2396 ± 97 a	2376 ± 116 a	2296 ± 159 a	2233 ± 154 a
Nombre de tubercules par pied	7.9 a	9.2 ab	7.7 a	11.7 b
Teneur en matière sèche en g/100 g†	21.4 ± 0.6 a	21.8 ± 0.8 a	19.3 ± 0.3 a	20.9 ± 1.0 a
Quantité de MS comestible en t/ha	6.0	4.4	4.3	3.8
% de tubercules durcis après 4 jours	6	62	88	90
% de tubercules durcis après un mois	93	100	98	99

* Moyenne sur 120 pieds.
† Moyenne de 8 déterminations ± erreur standard.
Sur une même ligne, les moyennes suivies d'aucune lettre commune sont significativement différentes au niveau 5%.

En ce qui concerne le durcissement, les pieds n'ayant pu être récoltés qu'en surmaturité, on obtient des pourcentages de tubercules durcis inhabituels après un mois de conservation pour la variété Ex Jakiri. Ces résultats ne permettent pas de différencier les aptitudes des différentes variétés.

Toutefois sur 8 pieds (environ 50 tubercules) de chaque variété, sacrifiés 4 jours après la récolte, on observe un pourcentage de tubercules durcis beaucoup plus faible avec la variété Ex Jakiri.

La meilleure résistance au durcissement de la variété Ex Jakiri est peut-être à rapprocher de la taille plus importante de ses tubercules.

LIEUX DE CONSERVATION   Des tubercules ont été conservés pendant un mois sur des clayettes abritées et aérées à Yaoundé et à Bambui.

Au cours d'une première expérimentation, aucune différence significative n'est apparue dans l'évolution du pourcentage de tubercules durcis des 2 parcelles conservées à Yaoundé et des 4 parcelles stockées à Bambui.

En revanche, des différences très importantes ont été enregistrées l'année suivante puisque des tubercules de 4 parcelles récoltées à maturité, huit et neuf mois après la plantation, présentaient respectivement 79 et 71 pour cent de tubercules durcis à Yaoundé contre 51 à 41 pour cent à Bambui. Curieusement, ceux récoltés dix mois après la plantation, en surmaturité, n'étaient durcis après un mois qu'à 46 pour cent à Yaoundé contre 84 pour cent à Bambui.

Aucune explication à ces observations n'est satisfaisante. Notons toutefois, que, si les températures sont sensiblement les mêmes pendant la période de conservation à Yaoundé et à Bambui (de 19 à 30 °C), l'hygrométrie présente des variations plus fortes à Bambui (42 à 92 pour cent) qu'à Yaoundé (60 à 98 pour cent).

On retiendra, en définitive, l'extrême sensibilité du phénomène aux conditions du milieu.

Tableau 22.7. Influence de différents traitements sur le durcissement après 13 jours de conservation

	Nature du traitement					
	Mise à l'obscurité	Mise en pleine lumière	Trempage dans du borax	Trempage dans de l'eau	Mise en silo	Témoin en clayette
% de pieds ayant au moins 1 tubercule durci	95	100	95	100	80	93
% de pieds entièrement durcis	10	20	25	30	5	3
Pourcentage de tubercules durcis*	54 a	70 b	74 b	79 b	29 c	43 ac

* Les valeurs suivies par une lettre différente sont significativement différentes au niveau 5%.

Essais de traitements et de conservation en conditions contrôlées

UNE PREMIÈRE SÉRIE D'ESSAIS CONDUITE SUR LES LIEUX DE LA RÉCOLTE EST RAPPORTÉE DANS LE TABLEAU 22.7   Le trempage dans l'eau, dans une solution de borax et la conservation en pleine lumière augmentent significativement ($P<0.05$) le taux de durcissement par rapport au lot témoin.

Il semble, par contre, que la conservation en silo ait un effet bénéfique.

D'AUTRES ESSAIS (TABLEAU 22.8) ONT ÉTÉ RÉALISÉS DANS NOTRE LABORATOIRE DE YAOUNDÉ.   On remarque qu'en début de traitement, deux jours après la récolte (délai nécessaire pour ramener les tubercules du lieu de récolte à Yaoundé), un pourcentage important de tubercules a déjà durci.

Compte-tenu de cette observation, il apparaît que la conservation en sac plastique sous azote est très efficace puisque le durcissement semble avoir été bloqué au niveau atteint deux jours après la récolte.

Tableau 22.8. Pourcentage de tubercules durcis obtenus sur des lots de 50 à 150 tubercules ayant subi différents traitements ou modes de conservation

Nature des traitements	Tubercules récoltés à 9 mois	Tubercules récoltés à 10 mois
Témoin au champ	—	4
Témoin en début de traitement	—	29
Témoin*	69	91
Mise en silo bâché*	46	51
Sac hermétique + Azote*	25	29
Sac hermétique*	—	62
Armoire frigorifique*	83	72
'Curing'*	39	76

*Après 4 semaines de conservation.

Sur un plan pratique, la conservation sous silo bâché paraît relativement intéressante: on peut estimer que 20 pour cent seulement des tubercules non durcis à la mise en silo subissent le durcissement pendant le premier mois de conservation.

Par contre, les résultats relatifs à la conservation en armoire frigorifique ou après le traitement de 'curing' sont très irréguliers; en effet nous ne sommes pas parvenus à contrôler suffisamment les conditions de 'curing' pour parvenir à provoquer la synthèse d'une couche de suber protecteur qui, en isolant le tubercule du milieu extérieur, aurait ralenti ou bloqué le durcissement. Or, le fait que des tubercules paraffinés aussitôt après l'arrachage ne durcissent jamais, montre bien que l'on peut empêcher le durcissement en bloquant les échanges avec le milieu extérieur.

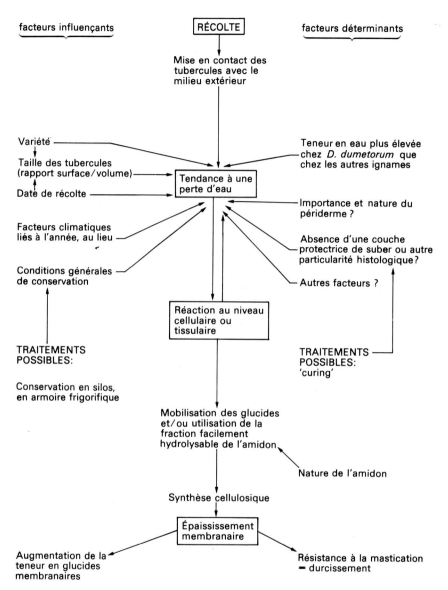

Fig. 22.5. Facteurs agissant sur le développement des tubercules de *Dioscorea dumetorum*.

Conclusion

Le durcissement pourrait constituer une réaction de défense des tubercules contre une tendance à une perte d'eau trop rapide ou excessive. La cause de cette tendance à la déshydratation, supposée plus importante chez *D. dumetorum* que chez les autres espèces d'ignames, reste encore à trouver: teneur initiale en eau plus importante? Suber n'assurant pas une protection suffisante? Autres particularités physiologiques ou histologiques de *D. dumetorum*?

Le fait que les gros tubercules présentant un rapport surface/volume plus faible que les petits durcissent moins, le blocage du durcissement par paraffinage, l'extrême sensibilité du phénomène aux conditions de milieu montrent bien que le déterminisme du phénomène n'est pas seulement dépendant de la nature des tubercules.

Quoi qu'il en soit la manifestation principale du durcissement est un épaississement membranaire de nature cellulosique se traduisant par une augmentation des teneurs en glucides membranaires et, pour le consommateur, par une résistance des tubercules à la mastication.

Un modèle possible d'explication est proposé sur la Figure 22.5.

D'autre part, compte-tenu des essais déjà réalisés, nous sommes à même de proposer un certain nombre de mesures simples pour limiter le durcissement: choix de la variété Ex Jakiri, récolte à maturité, conservation sous silo bâché.

Si l'on parvenait à maintenir les pertes liées au durcissement à un niveau raisonnable, *D. dumetorum* qui présente par ailleurs d'assez bonnes aptitudes à la conservation (taux de pourriture faible, maintien de la valeur nutritionnelle) resterait très compétitive en raison de ses rendements 3 à 7 fois supérieurs à ceux des autres espèces cultivées dans les mêmes conditions (Trèche et Guion 1979).

De plus, il semble que le durcissement n'altère pas la valeur nutritionnelle de l'igname et que, dans une perspective de culture industrielle, on puisse envisager des traitements technologiques permettant d'utiliser les tubercules durcis sous forme de farine ou de fécule.

Enfin, l'amidon de *D. dumetorum* étant facilement dégradé à l'état cru, on pourrait envisager l'utilisation de tubercules durcis en alimentation animale.

Références bibliographiques

Bemiller, J. N. (1964). Iodimetric determination of amylose – In *Methods in carbohydrate chemistry* (ed. R. L. Whistler) pp. 165–8. Academic Press, New-York.

Bevan, C. W. L. et Hirst, J. (1958). A convulsant alkaloid of *Dioscorea dumetorum*. *Chem. Ind.* **4**, 103.

Cerning, J. et Guilbot, A. (1973). A specific method for the determination of pentosans in cereals and cereal products.*Cereal Chem.* **50**, 176–84.

Coursey, D. G. (1967). *Yams*, Longmans, London.

Ewers (1972). Dosage de l'amidon, méthode polarimétrique. *J. O. C. E.*, **15**, 7–9.

Gonzalez,M. A. et Collazo De Rivera, A. (1972). Storage of fresh yam (*Dioscorea alata* L.) under controlled conditions. *J. Agric. Univ. P. Rico* **56**, 46–56.

Guillemet, R. et Jacquot, R. (1943). Essai de détermination de l'indigestible glucidique. *C. R. hebd. Séanc. Acad. Sci. Paris*, **216**, 508–10.

Hugget, A. S. O. and Nixon, D. A. (1957). Enzymatic determination of blood glucose. *Biochem. J.* **66**, 12.

IITA (1972). Report: *Root tuber and vegetable improvement program.* Ibadan, Nigeria.

Johnson, G., Lambert, C., Johnson, D. K., et Sunderwirth, J. G. (1964). Colorimetric determination of glucose, fructose and sucrose in plant material using a combination of enzymatic and chemical methods.*J. Agric. Fd Chem.* **12**, 216–19.

Leach, H. W., McCowen, L. O. et Schoch, T. J. (1959). Structure of the starch granule. 1. Swelling and solubility patterns of various starches. *Cereal Chem.* **36**, 534–44.

Loewus, F. A. (1952). Improvement in anthrone method for the determination of carbohydrates. *Analyt. Chem.* **24**, 219.

Lyonga, S. N. (1973). *Tubercules et plantes à racines.* Rapport synthétique, IRAT, Cameroun.

—— Fayemi, A. A., et Agboola, A. A. (1973). Agronomic studies on edible yams in the grassland plateau region of the United Republic of Cameroon *Proc. 3rd Int. Symp. Trop. Root Crops*, IITA, Ibadan, Nigeria.

Mercier, C. (1968). Contribution à l'étude de la structure du grain d'amidon au moyen de méthodes physiques et enzymatiques. Thèse Doctorat ès-Sciences, Paris. CNRS No A. O. 2413.

Perten, H. (1966). A colorimetric method for the determination of alpha-amylase activity. *Cereal Chem.* **43**, 337–41.

Thollier, M. T. et Guilbot, A. (1971). Caractéristiques de la fraction glucidique des échantillons de maïs grain. *Annls Zootech.* **20**, 633–40.

Trèche, S. et Guion, P. (1979). Etude des potentialités nutritionnelles de quelques tubercules tropicaux au Cameroun. *Agron. Trop., Nogent.* **34**, 127–56.

Van Soest, P. S. (1963). Use of detergents in the analyses of fibrous feeds. *J. Ass. off. analyt. Chem.* **46**, 829–35.

—— et Wine, R. H. (1967). Use of detergents in the analysis of fibrous feeds. 4. Determination of plant cell-wall constituents. *J. Ass. off. analyt. Chem.* **50**, 50–5.

23 The application of advanced technology to the improvement of yam storage

S. A. ADESUYI

Summary

The earlier unsuccessful and sometimes inconclusive trials on yam storage led to the attempt to use cool storage and ionizing radiation for controlling sprouting and rot in stored yam tubers. It was found that cool storage at 15 °C suppressed sprouting and greatly reduced weight loss for six months; however, for rot to be effectively controlled the tubers stored must be completely sound. Gamma irradiation applied at doses of 7.5 krad and above after the wounds on the yam tubers had healed inhibited sprouting for eight months and greatly reduced weight loss. A dose of 20.0 krad and above induced damage and browning to the internal tissues of the yams. A comparison of the two techniques in terms of practicability in developing countries showed the advantages of ionizing radiation over cool storage.

Résumé

Les expérimentations récentes sur la conservation de l'igname ont été pour la plupart infructueuses ou peu concluantes; c'est à partir de ce constat d'échec qu'on a essayé d'autres méthodes telles que la conservation par le froid et l'irradiation pour contrôler la germination et la formation de pourriture pendant la période de stockage. La conservation à 15 °C inhibe la germination et réduit considérablement les pertes de poids pendant six mois; cependant le contrôle de la formation de pourriture ne peut être efficace qui si l'on a affaire à des tubercules sains. L'irradiation, à des doses de 7,5 krad et plus, inhibe la germination pendant huit mois et diminue considérablement les pertes de poids. Une dose de 20.0 krad ou plus provoque des dégâts dans les tissus internes de l'igname. Une comparaison des deux techniques sur le plan pratique montre les avantages de l'irradiation sur la conservation par le froid pour les pays en voie de développement.

Introduction

Yam tubers of *Dioscorea* spp make a major contribution as a source of carbohydrate, to the nutrition of West Africans. Nigeria, with a production of 15 million tonnes in 1975, (FAO 1975) produced 74.3 per cent of world's production and 76.8 per cent of Africa's production.

Yams are harvested once a year and have to be stored for six months or longer in traditional structures such as yam barns. The lack of proper control of physical conditions, physiological processes, pests and microorganisms lead to considerable storage losses of 10–15 per cent in weight in the first three months and losses approaching 50 per cent after six months (Coursey 1967; Adesuyi 1975). Sprouting has been found to increase metabolic losses, which is one of the most important factors causing loss in weight and quality in stored yams. It is therefore necessary to inhibit sprouting so as to improve the quality and reduce weight loss of stored yam tubers.

Trials with chemical sprout-inhibitors have not given any conclusive result in inhibiting sprouting in stored yams (Hayward and Walker 1961; Campbell, Chukwueke, Teriba, and Ho-A-Shu 1962; Adesuyi and Mackenzie 1973).

Coursey (1968) after some trials at low temperature, concluded that a temperature of 10 °C or below was not suitable for the storage of *D. alata* and *D. rotundata* and suggested a temperature higher than 12.5 °C.

The effect of the use of gamma radiation for inhibiting sprouting in stored yams has been reported by Adesuyi and Mackenzie (1973) and Adesuyi (1976). The effect of storage at 15 °C on yam tubers was reported by Adesuyi and Mackenzie (1974).

This report deals with some recent findings and compares the techniques in terms of practical application in developing countries.

Materials and methods

The two techniques tried were:
  (1) storage at 15 °C, 20 °C, and 25 °C and the ambient temperature, that is between 27 °C and 35 °C in the yam barn;
  (2) application of gamma radiation at doses of 1.0, 2.5, 5.0, 7.5, 10.0, 12.5, 15.0, 17.5, 20.0 krad. These series of trials were carried out over a five-year period, from 1971 to 1976.

The rooms for the temperature trials were kept at the required temperatures using a refrigerating unit with a thermostat. The temperatures were checked with a glass thermometer and thermohygrograph. A yam barn was constructed for those to be stored under ambient conditions. The radiation source used was a gamma 3500 irradiation unit (Noratom—Norcontrol AS, Vinderen, Oslo 3, Norway). The sample chamber has a volume of 3.5 litres. The yams were stored in the barn at ambient temperature after irradiation. They were irradiated four weeks after harvest when the wound periderms had formed.

The yam samples used for the two techniques were *Dioscorea rotundata* Poir. variety Gwaguzu. They were carefully selected after harvest for lack of bruises and for reasonable uniformity in size and shape. The size of those to be irradiated was limited by the sample chamber of irradiation unit. Fifty yam tubers were used for each treatment. Monthly weight changes, rotting and sprouting were measured. Weight changes were measured using a spring balance accurate to the nearest ounce. Sprouting was assessed at the first appearance of a bud and a continued extension growth of such a bud later (Burton 1963). A tuber was assessed as rotting when any portion was soft to touch. The storage period was six to eight months.

Results

The temperature controls were correct to ±1 °C except at ambient which was not controlled in the yam barn.

The results presented are the averages over the five-year period. The results of the effect of radiation treatments and storage at different temperatures on sprouting of stored yam tubers are shown in Tables 23.1 and 23.2. Irradiation treatment above 7.5 krad inhibited sprouting for eight months while only storage at 15 °C inhibited sprouting for six months.

Table 23.1. Monthly cumulative percentage of sprouting in irradiated yam tubers

Storage period in months	20.0	17.5	15.0	12.5	10.0	7.5 (krad)	5.0	2.5	1.0	Control
0	0	0	0	0	0	0	0	0	0	0
1	0	0	0	0	0	0	0	0	0	0
2	0	0	0	0	0	0	0	0	16	6
3	0	0	0	0	0	0	0	94	96	86
4	0	0	0	0	0	0	0	100	100	100
5	0	0	0	0	0	0	4	100	100	100
6	0	0	0	0	0	0	10	100	100	100
7	0	0	0	0	0	4	10	100	100	100
8	0	0	0	0	0	4	12	100	100	100

Table 23.2. Monthly cumulative percentage of sprouting of yam tubers stored at different temperatures

Storage period in months	15 °C	20 °C	25 °C	Yam barn (ambient)
0	0	0	0	0
1	0	14	0	0
2	0	40	28	30
3	0	54	94	88
4	0	54	100	100
5	0	56	100	100
6	2	56	100	100

Table 23.3. Final percentage of rotting tubers of irradiated yam tubers and those stored at different temperatures

Storage period in months	20.0	17.5	15.0	12.5	10.0	7.5	5.0	2.5 (krad)	1.0	Control	15 °C	20 °C	25 °C	Yam barn (ambient)
0	0	0	0	0	0	0	0	0	0	0	0	0	0	0
6	—	—	—	—	—	—	—	—	—	—	20	26	32	48
8	18	16	10	12	12	14	20	30	44	52	—	—	—	—

— Not assessed.

Table 23.4. Monthly cumulative percentage loss in weight of irradiated yam tubers

Storage period in months	20.0	17.5	15.0	12.5	10.0 (krad)	7.5	5.0	2.5	1.0	Control
0	0	0	0	0	0	0	0	0	0	0
1	1.5	1.2	1.5	1.4	2.5	2.8	2.5	4.6	4.9	3.5
2	3.6	2.5	3.4	3.8	5.8	6.2	6.5	8.5	8.7	9.2
3	6.5	5.6	5.9	5.8	8.0	8.5	9.0	15.9	15.2	19.5
4	8.6	8.0	9.5	8.8	11.2	12.0	12.6	23.7	21.6	25.7
5	10.4	10.2	12.6	10.7	14.6	15.9	16.4	29.8	32.5	35.6
6	13.5	12.7	15.2	12.8	16.5	18.2	20.2	35.5	39.5	41.2
7	16.7	16.2	16.5	15.9	18.6	21.9	25.1	40.8	44.7	49.9
8	19.4	18.6	18.6	18.5	20.2	24.8	28.0	45.7	51.6	55.9

Table 23.3 shows that the percentage of rotting tubers was highest in the control samples in both techniques used. With the irradiated tubers, the higher the dose the lower the percentage of rotting tubers, up to 15.0 krad, after which the percentage started to increase with higher doses. The lower the temperature, in this experiment, the lower was the percentage of rotting.

From Tables 23.4 and 23.5 which show the monthly cumulative percentage loss in weight of the two techniques, it can be seen that weight losses from 5.0 krad to 20.0 krad were less than half the weight losses in the control, 1.0 krad and 2.5 krad. The same trend can be observed in Table 23.5, where the weight losses at 15 °C and 20 °C were less than or about half the losses at 25 °C and yam barn.

Table 23.5. Monthly cumulative percentage loss in weight of yam tubers stored at different temperatures

Storage period in months	15 °C	20 °C	25 °C	Yam barn (ambient)
0	0	0	0	0
1	2.3	1.7	5.3	5.6
2	5.8	8.6	9.1	8.9
3	8.4	14.4	13.7	13.7
4	11.9	16.1	20.8	23.6
5	15.0	17.7	34.5	35.7
6	18.4	21.2	41.7	42.6

Discussion

Irradiation treatment above 7.5 krad inhibited sprouting of yam tubers for eight months and 7.5 krad seemed to be the critical dose. This is within the same range as has been found to inhibit sprouting in potatoes (Dharkar 1966). The mechanism by which irradiation inhibits sprouting in potato tubers and onion bulbs has been ascribed by Metlitskii (1968) to the ability of radioisotope radiation to suppress the synthesis of nucleic acids which are very important in the life of all organisms. Some authors have attributed it to a derangement of the synthesis of auxins. They further suggested that it would seem that synthesis of a key enzyme in the production of indole acetic acid (IAA) was affected by irradiation. Storage at 15 °C only inhibited sprouting for six months compared with eight months by radiation treatment. Soon after the tubers stored at 15 °C for six months were removed to ambient temperature, they started to sprout within eleven days, and some were rotten. Secondly, if for any reason during storage there is a power failure or a breakdown of the refrigerating unit for more than a week in the store regulated at 15 °C the yam tubers will sprout. Restoring the temperature to 15 °C later does not inhibit further sprouting but only reduces the rate of growth of the vine. Power failure is a common occurrence in developing countries, so also is the breakdown of machines without a maintenance engineer being readily available. The use of irradiation is more flexible. Application of the required dose can be spread between the fourth and seventh week after harvesting. As soon as the tubers are irradiated, the electricity supply is no longer essential as they are stored in the yam barn under ambient conditions.

Thirdly, yams brought out from 15 °C to ambient for marketing will sprout and some will be rotten, unlike irradiated yams that have been stored under ambient conditions. The factors of unsteady electricity supply, unavailability of maintenance engineers, lack of flexibility, and marketing problems will militate against the adoption of storage of yams at low temperature in the developing countries.

None of the techniques inhibited rotting of the tubers, but all the treatments in the two techniques suppressed rotting when compared with control groups. It has been reported that a dose of 20 krad and above adversely affects the internal tissues of yams and kills them, hence the increase in the percentage of rotting tubers from 17.5 krad over doses between 7.5 krad and 15.0 krad.

There was a significant reduction in weight loss in those treatments that inhibited sprouting and suppressed rotting. Sprouting has been found to increase loss in weight of stored yams through such adverse effects as increase in respiration, reduction of food reserves, accelerated loss of moisture content, production of vines. This constitutes a waste, while the tubers are in storage, which leads to wilting, and a softening of the tuber similar to rotting as a result of translocation of carbohydrates from the tuber into the sprouts (Adesuyi 1973). Rotting, too, has been found to increase the rate of respiration, and it often results in total loss of the tuber, thereby increasing the loss in weight.

The two techniques of low temperature storage and irradiation treatment have been effective in improving yam storage at 15 °C and at irradiation doses of between 7.5 and 15.0 krad. Irradiation treatment being more flexible is thought to be more recommendable for adoption in developing countries than low temperature storage. A dose of 12.5 krad is recommended from the point of view of palatability which is not discussed in this paper.

References

Adesuyi, S. A. (1973). Advances in yam storage research in Nigeria. *Proc. 3rd Int. Symp. Trop. Root Crops,* Ibadan, Nigeria.

—— (1975). Investigations in the storage physiology of yam tubers, *Dioscorea rotundata* Poir. with special reference to the control of sprouting. Ph.D. Thesis, University of Ibadan, Nigeria.

—— (1976). The use of gamma radiation for control of sprouting in yams (*Dioscorea rotundata*) during storage. *Niger. J. Pl. Prot.* **2,** 34–9.

—— and Mackenzie, J. A. (1973). The inhibition of sprouting in stored yams, *Dioscorea rotundata* Poir. by gamma radiation and chemicals. Radiation preservation of food. *Int. atom. Energy Ag. Bull.* 127–36.

—— —— (1974). The effect of temperature on storage losses of yam tubers (*Dioscorea rotundata* Poir.). *Rep. Niger. stored Prod. Res. Inst.* 73–84.

Burton, W. G. (1963). In *Concepts and mechanism of dormancy—The growth of potato* (ed. J. D. Ivins and F. L. Milthorpe) Butterworths, London.

Campbell, J. S., Chukwueke, V. O., Teriba, F. A., and Ho-A-Shu, H. V. S. (1962). Some physiological experiments with the white Lisbon yam (*Dioscorea alata* L.) in Trinidad. III. The effects of chemicals on storage. *Emp. J. exp. Agric.* **30**, 335–44.

Coursey, D. G. (1967). *Yams.* Longmans, London.

—— (1968). Low temperatures injury in yams. *Fd Technol., Lond.* **3**, 143–50.

Dharkar, S. D. (1966). Radiation preservation of some fruits and vegetables. Application of food irradiation in developing countries. *Tech. Rep.* ser. No. 54, pp. 115–22 IAEA, Vienna.

FAO (1975). *Production year-book* Vol. 29. FAO, Rome.

Hayward, L. A. W. and Walker, H. M. (1961). The effect of preharvest foliar spraying with maleic hydrazide on the storage of yams. *A. Rep. W. Afr. stored Prod. Res. Unit* 107–15.

Metlitskii, L. V. (1968). *Irradiation of potatoes and other vegetables to prevent sprouting—Status of the food irradiation program* pp. 591–5. US Government Printing Office, Washington.

24 Problèmes posés par la conservation des ignames en Côte d'Ivoire et essais de techniques pour les résoudre

M. DEMEAUX, K. D. BABACAUH, et P. VIVIER

Résumé

Les causes de pertes pendant la conservation des ignames sont examinées. Un *Penicillium* sp responsable de graves dégâts lors du stockage de grandes quantités d'ignames a été isolé. Le traitement au thiabendazole paraît efficace contre ce parasite.

Pour un stockage de longue durée (6 à 8 mois), l'irradiation donne de bons résultats en réduisant les pertes de poids et en inhibant totalement la germination.

La conservation au froid (15 °C) diminue les pertes de poids et retarde la germination mais les attaques fongiques sont importantes.

L'atmosphère contrôlée ne donne pas de résultats satisfaisants.

Summary

The causal agents of stored yam (*Dioscorea* spp) losses are studied. A *Penicillium* sp which has proved to be principally responsible for high losses has been isolated. The efficiency of thiabendazole against this pathogen has been shown.

For storage over long periods (6–8 months), gamma irradiation is a good method for reducing weight losses and for preventing tubers from sprouting.

Storage at a low temperature (15 °C) reduces weight loss and delays sprouting, but this temperature increases the fungal decay.

The controlled atmosphere method does not produce satisfactory results.

Introduction

L'igname (*Dioscorea* spp) constitue un aliment important en Afrique de l'Ouest et en particulier en Côte d'Ivoire où, avec une production estimée à 2.000.000 de tonnes, elle constitue la base de l'alimentation d'une grande partie de la population.

L'igname ayant une production saisonnière, la conservation des tubercules est nécessaire pour la plantation et pour la consommation. Actuellement, les producteurs assurent cette conservation mais avec des pertes importantes estimées de 10 à 20 pour cent après 3 mois et 50 pour cent ou plus après 6 mois (Coursey 1967).

Cependant, les méthodes traditionnelles de stockage sont bien adaptées au milieu et aux différentes variétés et espèces et leur amélioration est difficile. Il faut donc envisager des techniques plus complexes pour conserver les ignames au niveau de centres de collecte et de stockage régionaux qui pourraient disposer de matériel plus important.

Les pertes en conservation sont dues à plusieurs causes dont les plus importantes sont les attaques microbiennes, l'activité métabolique et la germination.

Les microorganismes fongiques provoquant la pourriture des tubercules sont souvent cités comme un des facteurs principaux des dégâts subis par les ignames (Coursey et Russull 1969; Ogundana 1971; Okafor 1966). Bien que de peu d'importance en Côte d'Ivoire dans les conditions traditionnelles de conservation, les pertes dues à la pourriture deviennent très graves dans le cas d'un stockage de grandes quantités d'ignames. Les blessures et les brisures au cours du transport et des manutentions favorisent la pénétration des microorganismes. Il faut donc envisager des traitements préventifs.

Des essais de subérisation à température élevée et forte hygrométrie pendant un temps court ('curing') favorisant la cicatrisation des blessures et l'épaississement de la peau limitent l'invasion microbienne et les dégâts dus à la pourriture (Been, Perkins, et Thompson 1977; Gonzalez et Collazo de Rivera 1972; Martin 1974; Thompson, Been, et Perkins 1973).

Des traitements fongicides ont également montré une bonne efficacité (Coursey, 1961 et 1967; Ogundana 1971; Ricci 1975; Thompson, Been, et Perkins 1977).

L'activité métabolique provoque des pertes de matière par respiration et d'eau par transpiration. Elle diminue après la récolte et se fixe à un minimum pendant toute la période de dormance. Après la levée de cette dormance, la germination entraîne une augmentation rapide du métabolisme, une utilisation des réserves pour la croissance des germes, et une sénescence du tubercule (Passam et Noon 1977). Bien que très importants, ces deux facteurs sont plus difficiles à maîtriser que les attaques microbiennes.

Le métabolisme pourrait être réduit par le froid mais les ignames ne supportent pas les basses températures qui provoquent une altération des tubercules ('chilling damage') (Coursey 1968; Olorunda, McKelvie, et Macklon, 1974). La limite inférieure de température varie avec les espèces mais en pratique, il faut utiliser des températures de stockage supérieures à 12 °C – 13 °C.

La germination de certains tubercules (pommes de terre) a pu être inhibée par des produits chimiques et par l'irradiation gamma. Utilisés sur les ignames, les inhibiteurs chimiques n'ont montré que peu d'efficacité (Adesuyi et Mackenzie 1973; Campbell, Chukwueke, Teriba, et Ho-A-Shu 1962; Olorunda *et al.* 1974; Rivera, Gonzalez, Collazo de Rivera, et Cuevas-Ruiz 1974). Seule, l'irradiation γ a donné de bons résultats tant sur *Dioscorea alata* (Rivera, Gonzalez, et Cuevas-Ruiz 1974; Rivera, Gonzalez, Collazo de

Rivera, et Cuevas-Ruiz 1974) que sur *Dioscorea rotundata* (Adesuyi et Mackenzie 1973).

Depuis 1975, nous avons pu comparer quelques-unes de ces méthodes sur des *Dioscorea cayenensis* de première récolte, très appréciés par les consommateurs ivoiriens mais particulièrement difficiles à conserver car n'ayant pas atteint leur pleine maturité à la récolte. Nous avons étudié en particulier l'effet des traitements pesticides, du refroidissement (15 °C), de l'irradiation γ et de l'atmosphère contrôlée.

Matériel et méthodes

Le matériel végétal utilisé pour les premiers essais est un mélange commercial d'ignames précoces de la région de Bouna (Nord-Est de la Côte d'Ivoire). Ce sont des tubercules de première récolte d'un mélange variétal de *Dioscorea cayenensis*. Ceci a nui à la précision de nos résultats mais correspond à une réalité pratique, les producteurs cultivant rarement une seule variété et le but recherché étant la conservation d'ignames destinées à la commercialisation.

Pour préciser ces premiers résultats, d'autres essais ont été conduits avec des variétés pures.

Traitements pesticides

Le fongicide employé est le 2 (4 thiazolyl) benzimidazole (Thiabendazole) à 41,8 pour cent de matière active. Les tubercules sont traités par trempage dans une émulsion aqueuse à 2.500 p.p.m. pendant 10 minutes selon la technique recommandée par Ricci (1975).

Le stockage se fait ensuite dans des cageots sous un hangar à la température ambiante (24 °C – 33 °C). L'observation des ignames est faite toutes les semaines.

Irradiation γ

Elle est effectuée dans un irradiateur au césium de 75 l de capacité permettant de traiter des lots de 20 à 30 kg à la fois. Les doses appliquées ont varié de 4 à 15 krad; le stockage se fait ensuite à température ambiante ou à 15 °C pour quelques essais associés irradiation-froid.

Les tubercules sont pesés et les pourritures et la germination notées toutes les semaines.

Refroidissement

Les ignames sont entreposées dans des chambres froides réglées à 15 °C ± 2 °C.

Là encore, les tubercules sont pesés et observés toutes les semaines.

Atmosphère contrôlée

Cette technique, utilisée pour la conservation de certains fruits et légumes, consiste à maintenir les produits dans un mélange gazeux appauvri en oxygène et enrichi en CO_2 par rapport à l'air normal pour diminuer le métabolisme.

Nous avons utilisé des sacs en polyéthylène avec fenêtre de diffusion en élastomère de silicone perméable aux gaz, mis au point au CNRS (Marcellin 1974).

Des quantités variables (100, 200, 300, 400 kg) d'ignames sont introduites dans les sacs qui, après fermeture étanche, sont entreposés sous des hangars à température ambiante ou dans des chambres à 15 °C.

Des mesures de composition gazeuse dans les sacs sont effectuées toutes les semaines. L'état des ignames est observé à travers le plastique mais les pesées et observations essentielles, faites seulement à la fin de l'essai.

Résultats et discussion

Traitements pesticides

Nous avons pu isoler l'agent principal des pourritures dans le cas d'un stockage commercial d'ignames en Côte d'Ivoire.

Il s'agit de *Penicillium* sp qui provoque des dégâts importants de l'ordre de 50 pour cent après deux mois de conservation.

Le thiabendazole utilisé par trempage semble efficace contre ce parasite en réduisant considérablement les attaques. (Tableau 24.1).

Les taux de résidus sont faibles deux mois après le traitement et essentiellement localisés dans la peau. Après épluchage et cuisson, les doses observées sont inférieures à 1 p.p.m. par rapport au poids frais.

Des essais en cours nous permettront de déterminer la persistance de l'efficacité de ce produit après un temps de conservation plus long.

Tableau 24.1. Effet du thiabendazole sur la réduction des pertes causées par *Penicillium* sp sur des tubercules de *Dioscorea cayenensis* en cours de stockage

Traitements	Temps de conservation après traitement	Poids brut à la fin de l'essai (kg)	Poids net après élimination des parties pourries (kg)	Pertes dues aux pourritures (%)
Témoin	2 mois	64,3	36,2	43,7
Témoin	2 mois 1/2	10,9	5,25	51,8
Traitement au thiabendazole	2 mois 1/2	96,1	94,4	1,8

Irradiation

Cette technique a donné des résultats intéressants tant sur la réduction des pertes de poids pendant la dormance que sur la prolongation de cette dormance.

Le Tableau 24.2 et la Figure 24.1 montrent l'effet de l'irradiation à différentes doses sur la conservation des tubercules de *Dioscorea cayenensis*. A partir de 8.000 rad, les pertes au cours du stockage sont très faibles et c'est seulement après six mois qu'elles deviennent importantes, dans cet essai, à cause des pourritures favorisées par la forte hygrométrie ambiante (saison des pluies).

Tableau 24.2. Effet de l'irradiation sur l'évolution des pertes de poids de *Dioscorea cayenensis* en cours de stockage à température ambiante

Traitements	Pertes de poids (%) en fonction du temps de conservation					
	1 mois	2 mois	3 mois	4 mois	5 mois	6 mois
Témoin	5,3	14,9	22,9	41,4	—	—
4.000 rad	3,9	8,6	19,2	35,5	—	—
8.000 rad	2,2	3,9	6,6	12,4	27,5	44,8
12.000 rad	3,4	6,2	11,3	17,3	21,9	53,0

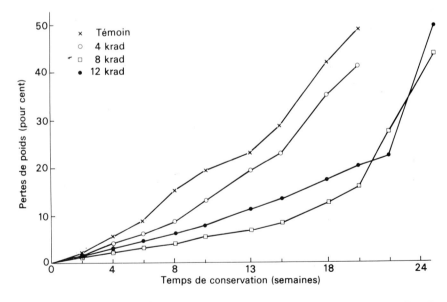

Fig. 24.1. Effet de l'irradiation sur les pertes de poids pendant la conservation de *Dioscorea cayenensis* à température ambiante.

L'inhibition de la germination est totale à partir de 8.000 rad et pendant toute la durée du stockage (6 à 10 mois). A des doses plus faibles (4.000 rad), les germes apparaissent en même temps que sur les témoins non irradiés mais ils évoluent peu (Fig. 24.2) et généralement, ils se dessèchent après quelques semaines. Néanmoins, les tubercules ayant subi un début de germination sont plus sensibles à la pourriture et se conservent mal.

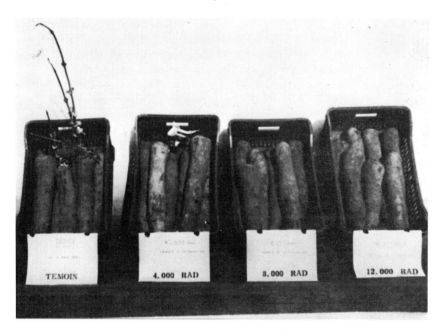

Fig. 24.2. Aspect des tubercules de *Dioscorea cayenensis* 2 mois après l'irradiation.

La dose de 8.000 rad semble être le minimum pour obtenir une bonne conservation. Ceci correspond aux résultats obtenus par Rivera, Gonzalez, et Cuevas-Ruiz (1974) et Rivera, Gonzalez, Collazo de Rivera, et Cuevas-Ruiz (1974) sur *Dioscorea alata* et par Adesuyi et Mackenzie (1973) sur *Dioscorea rotundata*. Cette dose correspond aussi à celle utilisée pour inhiber la germination des pommes de terre.

Des essais d'irradiation effectués une semaine, un mois et deux mois après la récolte n'ont pas donné de différence significative, sauf dans quelques cas où la germination avait déjà commencé. Il faut donc faire le traitement pendant la période de dormance et pas trop précocement après la récolte pour que la subérisation naturelle rende la peau plus résistante lors des manutentions. En effet, la cicatrisation n'intervient pas après l'irradiation. Celle-ci doit donc être pratiquée sur des tubercules sains et non blessés et les manipulations avant et après le traitement doivent être faites avec précaution.

Refroidissement à 15 °C

Il permet de réduire les pertes de poids dues au métabolisme pendant la dormance et de prolonger celle-ci de plusieurs mois. Cependant, la germination n'est pas totalement inhibée à cette température et elle se produit tardivement mais avec ses conséquences habituelles. De plus, les attaques de *Penicillium* sp sont très importantes dans les chambres froides et les pertes totales ne sont pas significativement différentes de celles des tubercules conservés à température ambiante (Fig. 24.3). Il semble que *Penicillium* sp soit dans des conditions d'infestation très favorables à cette température. Un traitement fongicide doit permettre d'améliorer cette technique.

L'association du froid (15 °C) et de l'irradiation est particulièrement efficace (Fig. 24.3) mais le prix de revient risque d'empêcher son utilisation pratique.

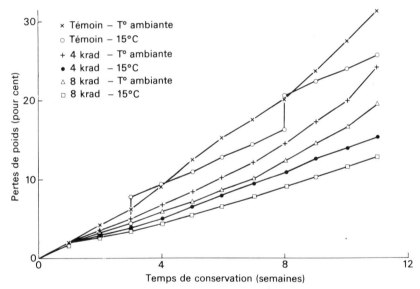

Fig. 24.3. Effet de l'irradiation et de la conservation à différentes températures sur les pertes de poids des ignames (Les décrochements des courbes sont dus à l'élimination des tubercules pourris.)

Atmosphère contrôlée

Les sacs avec fenêtre de diffusion utilisés pour nos essais étaient destinés à la conservation de pommes. L'équilibre d'atmosphère qui s'établit dans ces sacs, variable avec les quantités d'ignames introduites et la température, n'est peut-être pas celui qui convient le mieux à ce produit. Une étude systématique doit être conduite pour déterminer l'atmosphère la mieux adaptée à la conservation des ignames.

Cependant, nos essais préliminaires ont permis de voir qu'il se développe un feutrage de racines sur toute la surface des tubercules, ce qui rend leur commercialisation difficile. D'autre part, la conservation en atmosphère contrôlée ne permet pas de retarder la germination.

Dans ces conditions, et en absence de données plus précises sur la composition gazeuse la mieux adaptée pour la conservation des ignames, cette technique n'offre que peu d'intérêt pratique.

Conclusion

Pour une conservation de longue durée (6 à 8 mois), l'irradiation semble être la technique la plus intéressante. Ne nécessitant pas des installations spéciales de stockage après le traitement, elle permet de réduire notablement les pertes de poids et d'inhiber la germination pendant toute la durée de la conservation avec des doses de 8 à 10 krad. A ces doses, les tests organoleptiques sont très satisfaisants. Des études sont en cours en Côte d'Ivoire pour déterminer l'évolution des composants biochimiques après irradiation afin d'évaluer cette méthode sur les plans de la toxicité et de la nutrition. Cependant, les autorisations nécessaires doivent être obtenues pour son utilisation pratique.

Le stockage à 15 °C, complété par un traitement au thiabendazole peut permettre également une conservation assez longue mais avec des difficultés de maintenance du froid et un coût plus élevé.

Pour une conservation de courte durée (surtout pendant la période de dormance) ou pour améliorer les techniques précédentes, le traitement fongicide au thiabendazole donne de bons résultats. Il permet de réduire les dégâts dus à la pourriture dans les magasins de stockage.

Une étude économique est en cours pour compléter ces résultats par une analyse du prix de revient de ces différentes techniques.

Références bibliographiques

Adesuyi, S. A. and Mackenzie, J. A. (1973). The inhibition of sprouting in stored yams, *Dioscorea rotundata* Poir., by gamma radiation and chemicals. *Radiation Preservation of Foods. Int. atom. Energy Ag. Bull.*, pp. 127–36.

Been, B. O., Perkins, C., and Thompson, A. K. (1977). Yam curing for storage. *Acta Hort.* (Vegetable storage) **62**, 311–16.

Booth, R. H. (1974). Post-harvest deterioration of tropical root crops: losses and their control. *Trop. Sci.* **16**, 49–63.

Campbell, J. S., Chukwueke, V. O., Teriba, F. A., and Ho-A-Shu, H. V. S. (1962). Some physiological investigations into the white Lisbon yam (*Dioscorea alata* L.) III—The effects of chemicals on storage. *Emp. J. exp. Agric.* **30**, 335–44.

Coursey, D. G. (1961). The magnitude and origins of storage losses in Nigerian yams. *J. Sci. Fd Agric.* **12**, 574–80.

—— (1967). Yam storage. I—A review of yam storage practices and of information on storage losses. *J. Stored Prod. Res.* **2**, 229–44.

—— (1968). Low temperatures injury in yams. *Fd. Technol., Lond.* 3, 143–50.

—— and Russull, J. D. (1969). A note on endogenous and biodeteriorative factors in the respiration of dormant yam tubers. *Int. Biodetn. Bull.* 5, 27–30.

Gonzalez, M. A. and Collazo de Rivera, A. (1972). Storage of fresh yam (*Dioscorea alata* L.) under controlled conditions. *J. Agric. Univ. P. Rico* 56, 46–56.

Marcellin, P. (1974). Conservation de fruits et légumes en atmosphère contrôlée à l'aide de membranes de polymères. *Revue gén. Froid* 3, 217–35.

Martin, F. W. (1974). Effects of type of wound, species, and humidity on curing of yam (*Dioscorea alata* L.) tubers before storage. *J. Agric. Univ. P. Rico* 58, 211–21.

Ogundana, S. K. (1971). Post-harvest decay of yam tubers and its preliminary control in Nigeria.—Biodeterioration of material. *Proc. 2nd Int. Biodeterioration Symp.* Vol. 2 Applied Sciences, London.

Okafor, N. (1966). Microbial rotting of stored yams (*Dioscorea* spp.) in Nigeria. *Expl. Agric.* 2, 179–82.

Olorunda, A. O., McKelvie, A. D., and Macklon, A. E. S. (1974). Effects of temperature and chloropham on the storage of the yam. *J. Sci. Fd Agric.* 25, 1233–8.

Passam, H. C. and Noon, R. A. (1977). Deterioration of yams and cassava during storage. *Ann. appl. Biol.* 85, 436–40.

Ricci, P. (1975). Maladies des 'cousse-couche' survenant au cours du stockage en Guadeloupe. *Nouv. agron. Antilles Guyane* 1, 153–9.

Rivera, J. R., Gonzalez, M. A., et Cuevas-Ruiz, J. (1974) Sprout inhibition in yam by gamma irradiation. *J. Agric. Univ. P. Rico* 58, 330–7.

—— —— Collazo de Rivera, A., et Cuevas-Ruiz, J. (1974). An improved method for storing yam (*Dioscorea alata*). *J. Agric. Univ. P. Rico* 58, 456–65.

Thompson, A. K., Been, B. O., and Perkins, C. (1973). Reduction of wastage in stored yams. *Proc. 3rd Int. Symp. Trop. Root Crops, Ibadan, Nigeria.*

—— —— —— (1977). Fungicidal treatments of stored yams. *Trop. Agric., Trin.* 54, 179–83.

Discussion IV

Communications de S. Trèche, S. A. Adesuyi, M. Demeaux, et H. C. Passam

Coursey. La communication de Trèche est très intéressante. En ce qui concerne la communication d'Adesuyi, je crois personnellement que la préférence à l'irradiation est trop fortuite. Les auteurs n'ont pas soulevé le problème de l'irradiation adaptée aux méthodes traditionnelles. Les ignames sont conservées et l'irradiation ne peut pas s'appliquer à ce mode de conservation. Il est souhaitable de proposer aux autorités compétentes un projet cohérent sur l'application de l'irradiation des ignames. Il faut que les représentants de cinq ou six pays fassent front commun pour soumettre une proposition.

Degras. Je soulignerai que beaucoup des résultats présentés aujourd'hui sont confirmés par ce que nous avons réalisé aux Antilles, en particulier pour la conservation à 12–15 °C. L'utilisation du matériel après passage en chambre froide constitue la principale méthode de conservation pour les tubercules semences, parce que l'irradiation ne peut pas être utilisée pour les semences. Des difficultés se présentent lors du passage de la chambre froide au champ, la rentrée en atmosphère normale doit être progressive et jamais directe. Il faut associer en particulier les températures basses et les fongicides dans le souci d'obtenir le maximum de sécurité. Il est nécessaire d'approfondir les travaux sur l'évolution du tubercule non seulement en vue d'une meilleure conservation mais aussi pour ses différentes autres conséquences. L'étude de la biologie du tubercule sera également approfondie par des méthodes physiques, physiologiques et il faut considérer aussi l'irradiation par rapport aux variations génétiques.

Oyolu. Il est certes intéressant de faire des études élaborées sur la conservation, mais le plus important est ce que les agriculteurs peuvent faire. Au Nigéria, quelles sont les facilités de conservation à basse température, ne serait-ce que pour conserver une partie de la production? Il faut des techniques de conservation adaptées aux situations actuelles. En fait le problème reste entier.

Adesuyi. Je voudrais apporter quelques clarifications. Il faut comprendre les implications de la conservation. L'igname ne doit pas être considérée sur le même plan que les céréales. C'est un produit humide et il n'est pas facile de trouver une méthode qui s'adapte au contexte traditionnel. J'ai fait allusion à de nombreux travaux nécessaires et j'ai fait des recherches au niveau des agriculteurs. Même les méthodes simples (inhibiteurs de germination) ne sont pas efficaces dans la lutte contre la pourriture. On a hésité à utiliser des fongicides car il est très difficile de mettre au point un procédé. Et pourquoi toujours penser à l'agriculteur? Les autres méthodes sont applicables à de grandes structures. Les agriculteurs ont la possibilité de vendre leurs produits et de ne retenir que la partie nécessaire à leurs besoins. Dans ce cas, le problème de la conservation pourrait être plus facilement résolu au niveau des dépôts. En Côte d'Ivoire, quels fongicides utilisez-vous? Est-ce que vous combinez les deux techniques (irradiation plus basse température)?

Demeaux. Nous utilisons des fongicides: thiabendazole et benomyl.

Degras. Nous utilisons pour les semences les basses températures associées aux fongicides. Le thiabendazole est toxique pour l'homme mais à doses considérables. Les techniques de conservation modernes évolueront mieux dans les structures collectives que chez le paysan.

Coursey. J'ai vu beaucoup de compte-rendus de recherches sur *D. trifida*. J'ai lu que *D. trifida* ne souffrait pas trop!

Lyonga. Au Cameroun, le problème post-récolte est relatif au durcissement du *D. dumetorum*. Pour les autres espèces, la production n'est pas suffisante par rapport à la demande pour qu'un problème de conservation se pose. Mais avec l'extension de la production, je suis conscient que des études devront être entreprises. Dans le nord du Cameroun, les agriculteurs récoltent l'igname au début de la saison sèche: ils creusent un trou, y entassent les tubercules, recouvrent d'herbes sèches et cimentent le tout avec de l'argile. Cette méthode convient en savane mais pas en zone humide.

S'adressant à Trèche: j'ai commencé ce travail sur le durcissement et j'ai remarqué que la lumière avait quelques effets sur la conservation. Les ignames placées dans des sacs plastiques noirs ne durcissaient pas si vite. Les paysans récoltent le *D. dumetorum* au fur et à mesure de leurs besoins et les tubercules qui restent dans le sol ne semblent pas durcir. C'est peut-être la solution au problème.

Coursey. Je crois que c'est un problème de sélection: il y a des espèces qui ne durcissent pas. Est-ce que le durcissement provient du tissu de jonction entre la tige et le tubercule?

Trèche. Dans un essai effectué sur un lot de 100 tubercules la mise à la lumière a conduit à un fort durcissement. La mise à l'obscurité complète ne présente pas moins de tubercules durcis par rapport aux témoins laissés sur clayettes. Cet essai demande à être vérifié. Mais la lumière est non dissociée d'autres facteurs qui jouent sur le durcissement. Il est vrai que les tubercules laissés dans le sol un mois après maturité ne sont pas durcis lors de la récolte, mais les tubercules récoltés en surmaturité durcissent plus vite. Laisser le tubercule dans le sol ne résout pas le problème de la conservation, ni surtout celui de la commercialisation de cette igname (40 t/ha) à une échelle industrielle.

En ce qui concerne l'existence de variétés ne durcissant pas, on a affirmé hier qu'une variété, Muyamka, ne durcissait pas. J'aimerais que ce soit vrai car ainsi nous pourrons voir les différences avec les variétés qui durcissent. Il serait intéressant que des personnes d'autres pays constatent si leurs variétés durcissent ou non. Des observations au niveau de la composition chimique, de l'amidon, du suber seraient intéressantes. J'avoue qu'il est difficile de voir comment se propage le durcissement. Sur une coupe, on peut avoir partie dure/partie non durcie. On peut envisager des observations dans le temps sur la propagation du durcissement.

Wilson. La conservation en silo a donné, dites-vous, des résultats positifs. Qu'appelez-vous silos?

Trèche. Il existe deux types de silos (1) un silo creusé en terre, comme celui décrit par Lyonga. Ce silo donne des résultats encourageants: 29 pour cent des tubercules durs après un mois contre 49 pour cent en clayettes. (2) silo bâché sur sol. Cet essai donne 51 pour cent de tubercules durcis contre 91 pour cent de tubercules durcis chez les témoins. Cette méthode peut être améliorée. Dans un confinement total, le durcissement est bloqué à 100 pour cent.

PART V: ECONOMICS OF PRODUCTION AND MECHANIZATION

Vème PARTIE: ASPECTS ÉCONOMIQUES DE LA PRODUCTION ET MÉCANISATION

25 A strategy package for reducing the high labour requirement in yam production

I. C. ONWUEME

Summary

The problem of excessive labour in yam production derives mostly from the labour required for tillage/planting, staking, weeding and harvesting. Tillage/planting labour can be reduced if, instead of planting the yams on mounds, mechanically prepared ridges, or planters, which ridge and plant simultaneously, are used. The solution to the staking problem lies not in mechanization or modification, but in eliminating staking completely from yam cultivation. In order to produce maximum yields from unstaked yams, they should be planted at close spacing with relatively small setts. The weeding of yams by means of hand tools can be eliminated completely by combining the use of pre-emergence herbicides with close spacing, which will enable the yam shoots to completely cover the ground later in the season. The solution to labour requirements for harvesting lies in the elimination of double-harvesting, and a resort to mechanical harvesting. The elimination of staking, the use of smaller setts, and planting on ridges, all of which have been indicated as solutions to other problems, would also make mechanical harvesting easier. In this sense, the solutions suggested complement one another. The yams of the future will, therefore, be grown on ridges from small setts planted at close spacing. A pre-emergence herbicide will be used to control early weeds. Stakes will not be used at all. Harvesting will be done mechanically and only at the end of the season.

The consumer preference for large tubers may tend to delay the implementation of the above strategy, but since the tubers resulting from the strategy will be much cheaper, the preference for large tubers is expected to disappear.

Résumé

La production de l'igname nécessite une main d'oeuvre excessivement importante pour les différents travaux à effectuer tels que le travail du sol, la plantation, le tuteurage, le désherbage et la récolte. Le travail du sol et de plantation peut être réduit en abandonnant la culture en buttes et en effectuant à la place des labours en billons ou en utilisant une planteuse qui effectuerait simultanément le labour en billons et la plantation. La mécanisation ne peut apporter aucune solution aux problèmes liés au tuteurage; ce problème ne sera résolu qu'en éliminant complètement le tuteurage de la culture de l'igname. Afin de maximaliser les rendements, les ignames non tuteurés doivent être plantés avec des écarts réduits et en utilisant des petits morceaux de tubercules. Le désherbage peut être éliminé complètement en combinant l'usage d'herbicides de pré-émergence avec une densité de plantation élevée, le feuillage de l'igname recouvrant ainsi rapidement et entièrement le sol. La suppression de la double récolte et la mécanisation de la récolte sont les solutions au problème du besoin en main d'oeuvre au moment de la récolte. L'élimination du tuteurage, l'utilisation de tubercules de semence plus petits et la culture sur billons, qui ont été proposés comme solutions à d'autres problèmes, simplifient également la mécanisation de la récolte. Dans ce sens, les différentes solutions proposées se complètent les unes les autres. Ainsi, l'igname du futur sera cultivée sur billons à partir de petits tubercules de semence plantés très proches les uns des autres. Un herbicide de pré-émergence sera utilisé pour éliminer les mauvaises herbes. Le tuteurage sera supprimé. La récolte sera effectuée mécaniquement en une fois à la fin de la saison de culture.

La mise en application de cet ensemble de nouvelles pratiques culturales peut être retardée par la préférence du consommateur pour les gros tubercules; cependant, comme les tubercules obtenus seront beaucoup moins chers, on pense que cette préférence pour le gros tubercule aura tendance à disparaître.

Introduction

The major problems confronting yam production today are those of its high labour requirement, its low yields per hectare, the high quantity of planting material that is required, and the long growing season of the yam crop. By far the most critical of these problems is the great amount of labour required to produce yams. Because of this problem, the cost of yams has continued to increase dramatically, while the number and quality of yam farmers has continued to decrease. A solution must be found to this problem if the price of yams is to remain within the reach of the common man and if yam production is to be made attractive to the young modern farmer.

Present-day production of yams is indeed labour-intensive. The labour requirement for producing yams exceeds that of most tropical crops both in terms of the labour required to grow a hectare of it, and in terms of the labour required to produce a unit quantity of energy (Table 25.1). With a labour requirement of about 370 man-days/ha, the yam acreage which a single farmer can cultivate by himself in a year is limited to less than a hectare. As labour gets scarcer and more costly, the ability of yam to

Table 25.1. Labour requirements for producing various crops

Crop	Man-days/ha	Yield/ha (tonnes)	Mcal/ha	Man-days/Mcal
Yam	370	8.0	7.1	52.8
Cassava	200	9.1	11.6	22.0
Sweet potato	188	6.5	6.5	28.9
Rice	225	2.0	5.0	45.0
Maize	125	2.1	7.6	16.4

Adapted from Booth (1974) and Phillips (1964).

compete with other crops (which require less labour) will continue to decrease. The yam would then continue to increase in price until it became a luxury food item.

The most labour-consuming aspects of traditional yam production are tillage/planting, harvesting, staking, and weeding (Table 25.2). These four sets of operations account for nearly 75 per cent of the labour expended in traditional yam production.

Table 25.2. Labour requirements for various operations in yam production

Operation	Labour requirement (man-days/hectare)
Clearing	28
Tillage and planting	90
Staking	66
Weeding	48
Harvesting	63
Barn making and storage	30
Other minor operations	35
Total	360

Adapted from Nwosu (In press).

Tillage/planting

The high cost of tillage/planting of yam in traditional agriculture derives mainly from the fact that most yams are produced on mounds. Very high yields per plant can be obtained from yams grown on mounds. This is because the mounds, especially the high ones, afford a great depth of loose seed-bed for easy penetration of the tuber. Moreover, the process of mound-making concentrates all the fertile topsoil on the field into heaps on which the yam plant grows. However, mound-making is done entirely with hand tools (usually hoes). It has not been mechanized, and is probably unmechanizable.

The future strategy for avoiding the labour involved in mound-making is to grow yams on ridges. Ridging is already a completely mechanized process, and should result in a drastic reduction in the labour required to plant yams. Machines which can ridge and plant at the same time are already available for other tuber crops (e.g. potato) and can easily be adapted for planting yams. In addition to requiring less labour, ridging is also an effective way of controlling erosion, particularly on slopes. Planting on the flat would require even less labour than ridging, but it cannot check erosion. It results in excessive heaving in the field. It is unsuited to regions subject to waterlogging, and it leads to misshapen tubers (Lal and Hahn 1973). Planting on ridges is, therefore, better than planting on the flat, and less laborious than planting on mounds.

Staking

In the humid tropics, staking is an essential operation in yam production. The complete failure to stake results in significant reductions in yield (Table 25.3). The tuber yield realized increases with height of stake up to about 2 m (Waitt 1960, Chapman 1965, Lyonga, Fayemi, and Agboola 1973). The advantages of staking probably derive from the fact that it results in a better display of the leaves; it keeps the vines away from the soil surface which may be very hot or very humid, and it makes weeding operations easier.

Table 25.3. Effect of staking on yam tuber yield

Height of stake, m	Yield (tonnes/ha)
3.0	20.3
1.5	17.4
No stake	15.3

From Lyonga *et al.* (1973).

However, the procurement and installation of stakes is a very laborious operation which cannot easily be mechanized. In addition, as more forest land becomes converted into farm land, the farmer will have to travel greater distances to obtain his stakes, thus further adding to the labour required. The disadvantages of staking do not end in its laboriousness. The stakes themselves are a nuisance on the field, particularly if mechanical harvesting is contemplated. Some radically new methods of staking (such as the trellis method) have been suggested; however such methods only alleviate but do not solve the problems associated with staking in yam.

It appears that the only reasonable long-term strategy in this respect is to do away with staking altogether. With the present-day production practices, this will, of course, entail a reduction in yield. However, ways can be found to minimize the yield reduction to a point where the loss in revenue due to not staking will be less than the cost of staking. There are two aspects to the strategy that can be adopted.

1. Planting with smaller setts. The large setts now used for planting result in extensive shoot systems (Table 25.4) in which mutual shading of leaves is likely to be great. The need for staking in order to give better leaf display, is therefore great in such situations. In contrast smaller setts result in smaller shoot systems in which the problem of mutual leaf shading (and therefore the need for staking) is not as great. In short, it is envisaged that the percentage yield reduction due to not staking a small plant (growing from a small sett) will be less than the percentage reduction due to not staking a large plant.
    The use of smaller setts has one additional advantage: it gives a higher multiplication ratio (Table 25.5). However, it results in small

Table 25.4. Influence of sett weight on the shoot and tuber produced by yam

| | Sett weight | | | |
	57 g	227 g	397 g	LSD (P = 0.05)
Leaf area/stand, dm^2	35.7	108.3	151.3	35.3
Leaf number/stand	140	379	480	86
Tuber yield/stand, kg	2.33	3.68	4.23	0.51

From Onwueme (1978*a*)

Table 25.5. The multiplication ratio for yam decreases as sett weight and tuber yield/stand increase

Sett wt, g	Tuber yield/stand, kg	Multiplication ratio
350	5.23	15.0
100	3.83	38.3
20	2.99	149.3

From Onwueme (1978*a*).

   tubers at harvest, a feature which is considered a disadvantage under present-day circumstances. As will be explained later, this feature will be less of a disadvantage in the future.
2. Planting at close spacing. One of the advantages of staking is that it facilitates weeding operations. Weeding in unstaked plots is tedious because of the trailing vines. If yam must be grown without stakes, a solution must be found to this problem. One solution is to plant the yams close together so that during the latter part of the season, they form a complete cover over the ground, thus removing the need for weeding. Planting at close spacing would, therefore, require less weeding (and therefore conserve labour and cost) in addition to compensating for the small sett weight used and the absence of stakes.

   It would probably be best if these two suggestions were implemented simultaneously. Small setts can safely be planted close together since the plant resulting from each sett is small. Moreover, closer spacing would not involve a greater use of planting material per hectare, since the material planted on each spot is smaller.

Weeding

Weeding in traditional yam cultivation is not only laborious but also tedious since it involves protracted periods of stooping. Yam is a poor competitor with weeds, and yields drop significantly if weed control is inadequate, particularly during the third and fourth months after planting (Onochie 1974), i.e. about the second and third months after emergence.

Two strategies can be adopted to reduce the labour of weed control in yam production in the future. The first is to control the weeds by means of pre-emergence herbicides which can keep the weeds in check for the first three critical months after emergence. Herbicides which have proved promising in this respect include diuron (Kasasian and Seeyave 1967; Renaut and Merlier 1973), atrazine (Onochie 1977), and ametryne (Moody and Ezumah 1974). The second strategy is to eliminate the need for weeding after the first three months by planting at close spacing and expecting complete ground coverage by the yam shoots. A combination of these two methods can completely eliminate the laborious and tedious hoe weeding from yam cultivation.

There are two main characteristics of yam emergence which pose serious problems in the use of herbicides to control weeds in yam farms. The first characteristic is that yams take a very long time from planting to emergence. As such, a pre-emergence herbicide applied before or at planting time would be nearly dissipated by the time yam emergence occurred. On the other hand, if the application of the pre-emergence herbicide were delayed until just before yam emergence, numerous weeds would have appeared on the field before the pre-emergence herbicide (which cannot suppress weeds once they have emerged) was applied. A solution to these problems has been to apply a contact herbicide (such as paraquat) with the pre-emergence herbicide, shortly before anticipated yam emergence. Alternatively, planting can be done with aged tubers or heads only, for which emergence is relatively rapid (Table 25.6).

Table 25.6. Long-stored ('aged') yam tubers sprout more readily

	Time from planting to sprouting, days	
Time in storage, days	Head	Non-head
33	85	108
70	48	78
106	35	35
159	11	25
266	9	20
285	9	20

From Onwueme (1975).

The second emergence characteristic which poses a problem in herbicide weed control in yam is the non-synchronous nature of yam emergence. In other words, there is a wide gap in time between early emergers and late emergers in the same field. This gap normally exceeds one month, and may be up to two or three months in some cases. The gap is particularly pronounced if a mixture of heads, middles, and tails has been used as planting material. In such a situation, the early emergers run the risk of being killed by the contact herbicide applied just before the farmer's anticipated time of emergence, while the late emergers run the risk of not covering the ground completely by the time the pre-emergence herbicide wears off and weeds begin to thrive. The solution to the non-synchronous emergence of yam also lies in the use of heads, wholes or aged tubers, all of which emerge not only more rapidly but also more synchronously.

Harvesting

Like weeding, yam harvesting is laborious as well as being tedious. It too involves stooping and kneeling for long periods. There are two general practices with respect to yam harvesting: double harvesting and single harvesting. Double harvesting comprises a first harvest taken about three months before the end of the season and a second harvest taken at the season's end. Single harvesting is done just once, i.e. at the end of the season. The first harvest of double-harvesting is particularly tedious since it requires extreme care to avoid damaging the plant roots, in addition to avoiding damage to the tubers. As such, when double harvesting is practised, the total labour and drudgery required for harvesting is more than doubled.

The answer to the high labour requirement of yam harvesting lies in mechanization. Various devices have been developed for mechanical yam harvesting (e.g. Vandevenne 1973). It is only a matter of time before mechanical yam harvesters become commonplace.

However, before widespread mechanical harvesting of yams, certain changes will have to be made in the existing *cultural* practices:
1. Setts planted must be small so that individual tubers are small and can be lifted easily.
2. Staking must be discontinued because stakes would interfere with mechanical operations during harvesting.
3. The crop should be grown on ridges to facilitate lifting. The tubers are difficult to lift on the flat; and mounds make tractor and harvester operations difficult.
4. Double-harvesting will have to be discontinued. This is because the first harvest of double-harvesting, with its delicate avoidance of root damage, is almost impossible to mechanize. Moreover, the combined yield from the two harvests of double-harvesting does not exceed the yield from single harvesting (Onwueme 1977*a, b*; Table 25.7(a) and (b)). It is envisaged that for mechanical harvesting of yams, single harvesting will be the rule. Even now that manual harvesting is practised, changing from double to single harvesting would considerably reduce the labour utilized in harvesting yam. If double harvesting is discontinued, then the planting material now produced through double

Table 25.7(a). Yields per sett of single and double-harvested yam planted at different dates

	Nov. Planting	Feb. Planting
First harvest	2.10 kg	1.52 kg
Second harvest	1.29	1.48
Total for double harvest	3.39	3.00
Single harvest	3.43	3.32

From Onwueme (1977*a*).

Table 25.7(b). Yields of double-harvested yam with the first harvest done at different dates

Time of first harvest	Total double-harvest yield/sett, g
August	4408
September	3722
October	4115
Single-harvest yield	4379

From Onwueme (1977*b*).

harvesting could be produced by other means such as pre-sprouting of yam (Onwueme 1976, 1977*a*) or the deliberate production of wholes (Onwueme 1978*b*).

The above changes in cultural practices are in addition to requisite changes in tuber shape and form, which can be accomplished through breeding and selection.

In summing up therefore, yam production of the future must be less laborious if the crop is to remain economical and to survive the stiff challenge of other crops. For much less laborious production, the following production package is suggested.

1. The crop should be grown on ridges—this is mechanized, controls erosion, and makes harvesting easier.

2. Sett weights planted will have to be smaller than they are at present. This lessens the need for staking, and results in smaller tubers that can be harvested mechanically. In addition, it results in a higher multiplication ratio so that the yield per unit weight of planting material is increased. This partially compensates for the problem of excessive quantity of planting material encountered in yam production.

3. Spacing should be closer in order to ensure complete coverage of the ground by the yam shoots and reduce the necessity for weeding.

4. A pre-emergence herbicide should be applied some time between planting and yam emergence. If weeds are present at the time of application then a contact herbicide should be applied as well. After

this pre-emergence herbicide application, no further weed control measure should be needed for the rest of the season.

5. Harvesting should be done mechanically and only once, i.e. at the time the plants begin to senesce.

There is one major factor (among others) which may militate against the implementation of the above recommendations for future yam production. This factor is the prevailing consumer preference for large tubers. This preference is present in all yam-growing areas of the world, but is particularly strong in West Africa. The preference has several consequences which tend to force the farmer to stick to the old, laborious methods of yam production (Fig. 25.1).

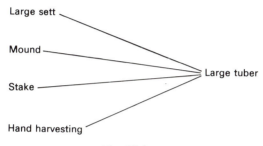

Fig. 25.1.

1. Large tubers can only result from planting large setts which, as already mentioned, have very low multiplication ratios. As such, an excessive quantity of (otherwise edible) planting material is expended per unit weight of yield that results.

2. Large setts, which will produce large tubers, develop extensive shoot systems with extensive mutual shading by leaves. Staking is therefore imperative, to reduce the amount of shading. Such plants will do relatively poorly if staking is omitted.

3. Large tubers require a large depth of loose soil for easy penetration. High mounds are particularly good for this, while ridges and the flat are less suited. The inclination therefore is for the farmer who seeks to produce large tubers to continue to grow his crop on mounds, which are unmechanizable.

4. Finally, large tubers are difficult to harvest even by hand, and almost impossible to harvest mechanically. During their harvesting, bruising of the tubers is common, and such bruises pre-dispose the tubers to rotting.

It seems therefore that if the expected improvements in yam production are to come about, the consumer preference must cease to favour very large tubers. It is hoped that if and when the strategies recommended here are adopted, the cost of production will be less and yams will be cheaper.

Perhaps the low cost per unit weight of the relatively small tubers that results may force consumers to abandon their preference for very large tubers (which will remain costly). Moreover, as more yams reach the consumer in processed form, the size of the original tuber will become, to him, almost irrelevant.

Finally, it should be noted that these recommendations are meant to be complementary to the efforts of geneticists to breed a yam with the desirable characters necessary to reduce the cost of production of this cherished crop.

References

Booth, R. H. (1974). Post-harvest deterioration of tropical root crops: losses and their control. *Trop. Sci.* **16**, 49–63.

Chapman, T. (1965). Some investigations into factors limiting yields of the white Lisbon yam (*Dioscorea alata* L.) under Trinidad conditions. *Trop. Agric., Trin.* **42**, 145–51.

Kasasian, L. and Seeyave, J. (1967). Weed control in root crops grown in the West Indies. *Proc. 2nd Int. Symp. Trop. Root Crops Hawaii* **2**, 20–5.

Lal, R. and Hahn, S. K. (1973). Effect of method of seed-bed preparation, mulching, and time of planting on yam (*Dioscorea rotundata*) in Western Nigeria. *Proc. 3rd Int. Symp. Trop. Root Crops, Ibadan, Nigeria.*

Lyonga, S. N., Fayemi, A. A., and Agboola, A. (1973). Agronomic studies on edible yams (*Dioscorea* spp.) in the grassland plateau region of the United Republic of Cameroun. *Proc. 3rd Int. Symp. Trop. Root Crops, Ibadan, Nigeria.*

Moody, K. and Ezumah, H. C. (1974). Weed control in major tropical root and tuber crops. A review. *Pest Artic. News Summ.* **20**, 292–9.

Nwosu, N. A. (1975) Recent developments in vegetative propagation of the edible yam (*Dioscorea* spp.). *Proc. Agric. Soc., Nigeria* **12**.

Onochie, B. E. (1974). Critical period for weed control in yam plots. *Niger. agric. J.* **11**, 13–16.

—— (1977). Weed control in root and tuber crops. *Proc. 1st Natn. Semin. Root and Tuber Crops, Umudike, Nigeria* 12–24.

Onwueme, I. C. (1975). Influence of storage time on earliness of sprouting and tubering in *Dioscorea rotundata* yams. *J. agric. Sci., Camb.* **84**, 503–5.

—— (1976). Performance of yam (*Dioscorea* spp.) setts planted without water. *J. agric. Sci., Camb.* **85**, 413–15.

—— (1977*a*). Field comparison of West African planting and harvesting practices in yam (*Dioscorea rotundata*): pre-sprouting, dry season planting, and double-harvesting. *J. agric. Sci., Camb.* **88**, 311–18.

—— (1977*b*). Effect of varying the time of the first harvest, and of late planting on double-harvest yield of yam (*Dioscorea rotundata*) in field plots. *J. agric. Sci., Camb.* **88**, 737–41.

—— (1978*a*). Sett weight effects on time of tuber formation and on tuber yield characteristics in water yam (*Dioscorea alata* L.). *J. agric. Sci., Camb.* **91**, 317–19.

—— (1978*b*). *The tropical tuber crops.* Wiley, Chichester.

Phillips, T. A. (1964). *An agricultural notebook.* Longmans, London.

Renaut, G. and Merlier, H. (1973). Weed control under mechanized yam growing in the Ivory Coast. *Proc. 3rd Int. Symp. Trop. Root Crops, Ibadan, Nigeria.*

Vandevenne, R. (1973). Mechanized yam growing in the Ivory Coast. *Proc. 3rd Int. Symp. Trop. Root Crops, Ibadan, Nigeria.*

Wait, A. W. (1960). Yam trials. *Rep. Dep. agric. Res. Nigeria 1958–1959* 13–14.

Discussion V

Communication de I. C. Onwueme

Caesar. Les études effectuées sur la conservation des tubercules par l'Association Européene de la Pomme de Terre insistent sur l'importance du concept d'âge physiologique des tubercules.

Terry. Quelle est la meilleure architecture pour l'igname du futur?

Wilson. L'idéal serait d'avoir une plante à germination rapide, de taille peu élevée et à tige rigide. On a remarqué que de petits fragments donnent des feuilles assimilatrices plus rapidement que les gros fragments.

Degras. On ignore les chemins par lesquels la biologie de l'igname pourra aboutir à ce schéma idéal. La solution règne dans les croisements entre cultivars et ignames sauvages. Cependant, nous ignorons encore trop de la physiologie de l'igname pour imaginer l'architecture idéale.

RECOMMENDATIONS
RECOMMANDATIONS

(1) Recommendations of the Committee on Plant Improvement

The Committee recommends the development of the genetic improvement of yams from the acquisitions of this seminar and from the examination of the remaining problems in the following areas:

1. Establishment, evaluation, and utilization of collections of cultivated and wild forms of yams with reference to the recommendations of the Committee on taxonomy problems (*D. cayenensis–D. rotundata* complex) and the drawing up of a standardized nomenclature.

2. Study and control of the flowering system from a cytogenetic point of view, and of gametogenesis and sterility, using laboratory facilities and the natural ecological transfers.

3. Study and improvement of hybridization and genetic recombination systems, using in particular cross-breeding techniques—especially those now possible as a result of new developments in physics and chemistry—and insect participation.

4. Definition of the characters used in selection programmes:
   (a) Productivity characters (productivity by unity of time and area, in relation to final products of good nutritional value). Examples: tuber vigour/total vigour, percentage of dry matter and starch, non-toxicity, etc.
   (b) Yield regularity characters, in relation to the ecology (climate, soil and fertilization, parasites) and in relation to ontogenesis (rhythm, structure, duration of growth and development, aptitude for reproduction from tuber, bulbil, stem, tuber pieces) as well as their interactions.

5. Utilization of genetics for the selection of regionally well adapted cultivars, especially those with the ability to reproduce vegetatively in the field as well as after the harvest, in the material from the collection either introduced or originated from hybridization material.

6. Development of heredity studies on characters of agronomical and biological interest.

The contribution made by the seminar to each of these points has been noted: 1 (R. Dumont, J. Miège); 2 and 6 (L. Degras, E. V. Doku, J. Miège); 3 (J. E. Wilson); 4–5 (L. Degras); in addition to very important contributions from the other papers. However, there is a lot which has still to be discovered and investigated.

Point 4 is, like point 1, to be related to the study of the *D. rotundata–D. cayenensis* complex. Moreover, points 1, 2, and 5, which involve the circulation of biological material among various countries should take into account the recommendations of the Committee on Plant Protection.

(2) Recommendations of the Agronomic Studies Committee

The Committee on agronomic studies reviewed the traditional cultural practices in yam production and concluded that these are based on the growth and development pattern of the yam species. The Committee recognizes that the existing cultural practices are laborious and labour intensive; also that large amounts of planting material are required per unit area, thereby making planting material very expensive in the production of yams. To reduce the strain and cost of producing yams, mechanization, breeding and selection, and the use of herbicides, fungicides, insecticides, and fertilizers need to be studied more critically.

The Committee therefore recommends research in the following areas:

1. The mechanization of various aspects of yam cultivation. The Committee, however, wishes to draw attention to the limitations posed to mechanization by:
    (a) absence of stumping on most farms;
    (b) existence of mixed cropping;
    (c) preference for large ware yams.

2. Reduction in cost of planting material. The most promising areas are:
    (a) use of true seeds;
    (b) use of vine cuttings;
    (c) production of plantlets or single sprout excisions.

3. Utilization and effects of herbicides, other agricultural chemicals, and fertilizers.

4. Cheap and effective storage methods of harvested tubers.

(3) Recommendations of the Plant Protection Committee

1. List of priorities

A list of known diseases of economic importance should be established. The list should include a column on economic losses arising from such diseases and on control measures where available. Their distribution in the main yam growing region of West Africa should include:
  (a) Consideration for the common and most favoured yam species across the region.
  (b) Standardization of the nomenclature of diseases.
  (c) Uniformity of names and association of disease pathogens.

2. Yield losses

A standardization of methodology of assessing yield losses should be established through experimentation and exchange of ideas.

3. Short-term control measures

Once established as a disease of economic importance, priority should be given to recommendations of short term control measures through:
  (a) the use of clean planting material;
  (b) joint studies with agronomists for identification of other control measures.

4. Long-term control measures

Consideration should also be given to long-term control measures by:
  (a) breeding for host-plant resistance;
  (b) the introduction of new genetic material but with strict adherence to plant quarantine regulations to reduce the risk of the introduction of new diseases. To minimize such a risk, priority should be given to introduction in true seed form. Only under special circumstances should introduction by vegetative material (meristem culture and setts) be allowed, especially within contiguous regions where disease problems and pathogen distribution are likely to be similar.

5. Integrated control measures

Where either host plant resistance or cultural control measure separately do not confer adequate protection of the crop, it is recommended that integrated control measures be developed, where possible.

6. Evaluation of genetic material and selection for host-plant resistance

It is recommended that standardization be developed for the following:
  (a) simulation of epiphytotics;
  (b) rating for levels of resistance;
  (c) methodology for evaluating stability of identified resistance over widely different environmental conditions.

7. International co-operation

It is recommended that international co-operation be reinforced generally through correspondence (publications, advisory bulletins, etc.) and specifically where cultivars with stable resistance to a particular disease or diseases have been identified in one location, it should be possible to make planting material available to other locations with similar problems within the limits of existing phytosanitary regulations.

8. Plant protection

Recognizing that effective protection of the crop is not only limited to fungi, viruses, etc. but also involves insects, rodents, nematodes, snails, etc., it is highly recommended that the plant protection group should include specialists in all the relevant disciplines.

(4) Recommendations of the Committee on Post-harvest Technology and Economics

1. The Committee noted with great interest the success of gamma irradiation treatments for extending the storage life of yams in both Nigeria and the Ivory Coast, and recommends that tests on wholesomeness of irradiated yams should be pursued and, subject to satisfactory outcome, the approval of the WHO/FAO/IAEA Committee for the use of irradiated yams as food should be sought. It would be desirable for the submission to that Committee to be made jointly by all the yam zone countries. In the event of approval being given, the ministries of health of the various countries should be advised.

In countries where the appropriate authorities accepted the use of irradiated yams, pilot plants should be obtained, and tonne-scale experiments carried out.

2. The Committee recognized the importance of the phenomenon of hardening of *Dioscorea dumetorum,* especially in Cameroon: it recommends that studies be pursued in two directions. Firstly, on the epidemiology of the condition in all yam-zone countries, to establish the magnitude of the problem on a wider basis, and in the hope of discovering cultivars which do not develop the condition. Secondly, on the biochemistry and histology of the condition, with a view to developing simple control measures.

3. The Committee recommends that a considerable amount of further research, much of it fairly basic, is needed to increase our understanding of the biochemistry and physiology of the yam to a satisfactory level. Research should be directed primarily to the initiation and breakage of dormancy, the possibility of controlling dormancy, and the loss of resistance to pathogenic invasion that occurs after the breakage of dormancy.

It is noted that two organizations in yam-zone countries were conducting research in this area: the Institute of Technical, Industrial and Subsoil Research, (IRTISS) of ONAREST, Cameroon, and the Faculty of Science of the University of Abidjan, Ivory Coast. There was also a programme in hand at TPI (Tropical Products Institute), England. Close collaboration between these three organizations is recommended.

4. The Committee discussed at length possible ways of improving small farm storage systems. While recognizing the desirability of providing technical advice to farmers, the Committee recognized with regret that the best yam farmers still know more about most aspects of the subject than does the scientific community. The only improvement that could be suggested was the use, in some circumstances, of benzimidazole fungicides.

Against this background, the Committee recommends that more efforts should be made to disseminate the best traditional practice among the less knowledgeable farmers, and suggests the preparation of a brochure that would be suitable for translation into vernacular languages. It noted that NSPRI (Nigerian Stored Products Research Institute) had already prepared one brochure of this type and that the FAO had expressed interest in the preparation of another.

5. The Committee recommends that further studies be made on the nutritional value of yams, especially with regard to their digestibility, both of protein and of starch, and in particular for use as infant foods. Specifically, *D. dumetorum* was of interest, as its starch appeared to be of higher digestibility than that of *D. cayenensis–D. rotundata*.

6. The Committee recommends that as new systemic fungicides of low mammalian toxicity appear on the market, they should be carefully investigated for useful applicability to yam storage.

7. The Committee noted with interest the economic analyses of yam production systems made by Dr Onwueme and Dr Oyolu, and recommends that further studies should be made, in all yam-zone countries, on similar lines, using identical systems for analysing their results. The analyses should be made both in financial and energetic terms, and should eventually be correlated between all yam-zone countries.

General comments by the Committee

The Committee, although realizing that this probably applied to all the interest areas of the seminar, and not only to its own particular area, noted that exchange of information between workers was inadequate, with the result that duplication of effort and sub-optimal output of useful material occured. The present seminar has done much to improve the position and the Committee hopes that similar meetings will be held in the future.

(5) Recommendations of the Committee on Taxonomy

Proposal for a resolution in relation to the taxonomical problems associated with the *D. rotundata–D. cayenensis* complex:

Following a suggestion made by Dr Coursey, a committee was established to discuss the problems related to the species of the *Enantiophyllum* group which forms the *D. rotundata–D. cayenensis* complex.

After collating the information and holding discussions a number of propositions were made. It is important to recall that these two species were described from samples collected either in Guyana or in Jamaica, although they are typical African species.

1. Firstly, it would be necessary to review the original diagnosis as well as the 'type' samples in order to find out, in spite of their incomplete characters, if some characteristics could allow the two species to be differentiated. Pictures could eventually be sent to the members of the Committee.

This study should be done taking into consideration the international regulations of the botanical nomenclature.

2. The collections of existing cultivars from West Africa, as well as those which will be established, should be described in a similar way by the scientists of the institutes of the yam-zone countries (Cameroon, Ivory Coast, Ghana, Togo, Benin, and Nigeria).

3. The members of the Committee agreed with Professor B. Touré's proposal to adopt a common model for the description of the characters. The list established by Dr F. W. Martin (Puerto Rico) seems to be satisfactory.

4. Besides these morphological and biological characters observed in the field, it is recommended that a whole set of other characteristics (their morphology, caryology, anatomy, biochemistry) also be used.

5. For the study of some of these characters requiring an electron microscope, material could be sent to the Biosystematic Laboratory, Faculty of Science, 1, chemin de l'Impératrice, 1292 Chambésy – Geneva, Switzerland. From the point of view of biochemistry, these studies should also include: polyphenols, starch, protein, etc. Dr Degras proposed that the phenols be studied in liaison with Dr Claude Martin's laboratory, INRA, Dijon, France. Dr Coursey thought he might undertake the studies on starch viscosity himself. Professor Miège could undertake the protein studies. As far as possible, scientists from West Africa will be trained in the corresponding laboratories to continue the research in Africa collaborating with the laboratories of origin, assuming that the necessary equipment is available

locally. The IITA for example could undertake research work on poly-phenols and on starch viscosity. The Adiopodoumé Centre in Ivory Coast could follow up the research work on protein analyses. Financial problems still remain to be considered.

In conclusion, the Committee noted that the complexity of the problem is great, considering that, as already mentioned by Dr F. W. Martin and Professor Miège in other studies, there are numerous existing interrelations between the diverse elements of the complex. Further taxonomical studies should therefore be promoted in order to solve such difficulties.

The Committee also proposed that Professor Miège and his institute should act as coordinators. The Committee also noted that computer work can be undertaken in Geneva.

(1) Recommandations du Comité sur l'Amélioration des Plantes

Le Comité recommande le développement de l'amélioration génétique de la production des ignames alimentaires à partir des acquisitions de ce séminaire et de l'examen des problèmes qui demeurent dans les domaines suivants:

1. Etablissement, étude, et utilisation de collections de formes cultivées et sauvages en référence aux propositions du groupe de réflexion sur l'étude du complexe *D. cayenensis–D. rotundata* (voir plus loin), et à une nomenclature normalisée en général (voir point 4 ci-après).

2. Etude et contrôle du système de floraison, du point de vue de la cytogénétique, à l'endroit de la gamétogénèse et de la stérilité, en mettant à contribution les possibilités des laboratoires et les transferts écologiques naturels.

3. Etude et amélioration des systèmes d'hybridation et de recombinaison génétique, en particulier au niveau des techniques de croisement, notamment suivant les découvertes chimiques et physiques et la participation des insectes.

4. Définition des caractères à envisager pour la sélection:

(a) Caractère de productivité (productivité utile par unité de temps et de surface, en relation avec les produits terminaux de bonne valeur nutritionnelle). Exemple: vigueur tubercule/vigueur totale, pourcentage de matière sèche, d'amidon, non-toxicité, etc.

(b) Caractères de régularité du rendement, liés à l'écologie (climat, sol et fertilisation, parasites) et liés à l'ontogénèse (rythme, structure, durée de croissance et de développement, aptitude à la reproduction par tige, bulbille, tubercule, entier et fragmenté jusqu'au niveau tissulaire), y compris leurs interactions.

5. Application de la génétique à la sélection de cultivars régionalement bien adaptés, notamment pour leur valeur en reproduction végétative au champ comme après récolte, dans le matériel collecté, introduit ou issu de l'hybridation.

6. Développement des études d'hérédité des caractères d'intérêts agronomique et biologique.

L'apport du séminaire a été relevé sur chaque point: 1 (R. Dumont, J. Miège); 2 et 6 (L. Degras, E. V. Doku, J. Miège); 3 (J. E. Wilson); 4–5 (L. Degras); indépendamment de l'apport très important des autres communications. Ce qui reste à connaître et à entreprendre est toutefois considérable.

Comme le point 1, le point 4 est à relier à l'étude du complexe *D. rotundata–D. cayenensis*. Par ailleurs, les points 1, 2, et 5, impliquant la circulation de matériel biologique entre les pays, devront tenir compte des recommandations du comité de Protection des Végétaux.

(2) Recommandations du Comité sur les Etudes agronomiques

Après avoir passé en revue les pratiques culturales inhérentes au mode de production traditionnel de l'igname, le Comité sur les études agronomiques a conclu que celles-ci découlaient du mode de développement et du type de croissance spécifique aux différentes espèces d'igname. Le Comité reconnaît que les pratiques culturales existantes sont laborieuses et nécessitent une main-d'oeuvre très importante; de plus, des quantités considérables de tubercules de semence sont utilisées au moment de la plantation rendant ainsi le coût très élevé. Pour réduire l'effort et le coût de production de l'igname, il est nécessaire d'étudier de façon plus critique la mécanisation, la sélection, et l'utilisation d'herbicides, de fongicides, d'insecticides, et d'engrais.

C'est pourquoi le Comité recommande que des recherches soient menées dans les domaines suivants:

1. Mécanisation de différentes étapes de la culture de l'igname, tout en gardant à l'esprit les obstacles qui en découlent et qui sont dus:
(a) au manque de moyens pour enlever les souches;
(b) à l'existence de cultures associées;
(c) à la préférence du cultivateur et du consommateur pour de grands tubercules d'igname.

2. Réduction du coût des tubercules destinés à la plantation. Les domaines les plus prometteurs sont:
(a) l'utilisation des graines comme semence;
(b) l'utilisation de boutures;
(c) la production de plantules.

3. Utilisation d'herbicides et d'engrais.

4. Méthodes de conservation peu coûteuses et efficaces des tubercules après récolte.

(3) Recommandations du Comité de la Protection des Végétaux

1. Liste des priorités

Il est nécessaire d'établir une liste des maladies connues qui présentent une certaine importance sur le plan économique. Cette liste devra préciser les pertes qu'entraînent de telles maladies et la répartition de ces maladies dans les principales régions productrices d'ignames de l'Afrique de l'Ouest.

Il conviendra:

(a) d'accorder une attention particulière aux espèces communes et préférées dans la plupart des régions;

(b) de standardiser la terminologie utilisée pour décrire les symptômes des maladies;

(c) d'uniformiser les noms des maladies en relation avec l'agent causal.

2. Pertes de rendement

Il importe d'uniformiser la méthodologie d'évaluation des pertes de rendement par le biais de l'expérimentation et des échanges d'idées.

3. Mesures de contrôle à court terme

Une fois établie l'importance économique d'une maladie, les mesures suivantes de contrôle à court terme sont préconisées;

(a) utilisation de matériels de semence sains;

(b) études conjuguées avec les agronomes en vue de la mise au point d'autres mesures de contrôle.

4. Mesures de contrôle à long terme

Il est utile d'envisager des mesures de contrôle à long terme par l'intermédiaire de:

(a) la sélection de plantes résistantes;

(b) l'introduction de nouveaux matériels génétiques avec une stricte observance des règlements phytosanitaires, pour réduire le risque d'introduction de nouvelles maladies.

Pour minimiser un tel risque, la priorité doit être donnée à l'introduction du matériel sous forme de graines. Dans certains cas particuliers, on peut envisager l'introduction du matériel sous forme végétative (culture de méristème ou autres) particulièrement dans des régions limitrophes où les problèmes phytosanitaires sont pratiquement les mêmes.

5. Mesures de contrôle intégrées

Prises séparément, la résistance des plantes ou les méthodes culturales de contrôle n'assurent pas la protection efficace des cultures; il est préconisé, lorsque cela est possible, de développer des mesures de contrôle intégrées.

6. Evaluation du matériel génétique et sélection des plantes résistantes

Il est recommandé de standardiser la méthodologie en ce qui concerne:
- (a) la simulation d'une situation d'épiphytie;
- (b) l'établissement d'une échelle de résistance;
- (c) l'évaluation de la stabilité d'une résistance obtenue par le biais d'essais multilocaux.

7. Coopération au niveau international

Il est recommandé que la coopération au niveau international soit renforcée par des échanges de correspondances (publications, rapports divers, etc.); et particulièrement dans le cas où une résistance stable spécifique d'une maladie a été obtenue sur un cultivar dans un endroit donné, il sera souhaitable de faire parvenir ce matériel aux autres régions où se posent des problèmes identiques (toujours dans l'observance des règlements phytosanitaires).

8. Protection des végétaux

Considérant que la protection efficace des végétaux ne s'arrête pas aux champignons, virus, etc., mais concerne également les nématodes, les insectes, les escargots, les rongeurs, etc., il est vivement recommandé que l'aspect de protection des plantes soit envisagé par des spécialistes de toutes ces disciplines.

(4) Recommandations du Comité sur la Technologie post-récolte et l'Economie de la Production

1. Le Comité a noté avec un grand intérêt les résultats obtenus à la fois au Nigéria et en Côte d'Ivoire dans le domaine de l'utilisation de l'irradiation gamma pour augmenter la durée de conservation de l'igname, et recommande que des tests soient poursuivis pour démontrer la salubrité des ignames irradiés. A la condition que les résultats de ces tests soient satisfaisants, les chercheurs concernés devraient faire une demande d'approbation auprès du Comité OMS/FAO/AIEA pour l'utilisation des ignames irradiées dans l'alimentation. Il serait souhaitable que les différents pays de la zone de production de l'igname soumettent conjointement leur demande d'approbation auprès de ce Comité. Dans le cas où l'approbation serait donnée, il conviendrait d'en aviser les ministères de la santé des différents pays concernés.

Dans les pays où l'utilisation des ignames irradiées serait acceptée par les autorités appropriées, des expérimentations sur des quantités d'ignames importantes (1 tonne) devraient être mises en place.

2. Le Comité reconnaît l'importance du phénomène de durcissement de *Dioscorea dumetorum,* en particulier au Cameroun: il recommande que des études soient poursuivies dans deux directions. Premièrement, sur l'épidémiologie du phénomène dans tous les pays de la zone de production, pour cerner l'importance du problème à l'échelle régionale et dans l'espoir de découvrir des cultivars qui ne durciraient pas après la récolte. Deuxièmement, sur la biochimie et l'histologie en vue de mettre au point des mesures de contrôle simples et efficaces.

3. Le Comité recommande également de poursuivre et de renforcer de façon importante les recherches (pour la plupart fondamentales) pour améliorer l'état de nos connaissances sur la biochimie et la physiologie de l'igname. Ces recherches devraient en premier lieu s'attacher à résoudre le problème de la dormance et de la perte de résistance aux agents pathogènes qui apparaît après l'interruption de la dormance.

Le Comité note que deux organisations des pays de la zone de l'igname mènent des recherches dans ce domaine, l'Institut de la Recherche Technologique, Industrielle et du Sous-Sol (IRTISS) de l'ONAREST, Cameroun, et la Faculté des Sciences de l'Université d'Abidjan, Côte d'Ivoire. Un programme est également en cours au TPI (Tropical Products Institute), Angleterre. Il est recommandé qu'une étroite collaboration s'établisse entre ces trois organisations.

4. Le Comité a discuté longuement des différentes possibilités d'améliorer

les systèmes de conservation au niveau de la petite exploitation agricole. Tout en admettant l'importance de la vulgarisation des conseils techniques auprès des agriculteurs, le Comité est obligé de reconnaître que les meilleurs cultivateurs d'igname en savent souvent plus sur la plupart des aspects de ce problème que la communauté scientifique. La seule amélioration qui pourrait être suggérée est, dans certaines circonstances, l'utilisation de fongicides à base de benzimidazole.

En conséquence, le Comité recommande que des efforts soient faits pour diffuser les informations sur les meilleures méthodes traditionnelles parmi les agriculteurs les moins avancés, et suggère que soit rédigée une brochure qui pourrait être traduite dans les différentes langues vernaculaires. Le Comité a également noté que le NSPRI (Nigerian Stored Products Research Institute) a déjà préparé une brochure et que la FAO est intéressée à la préparation d'une seconde.

5. Le Comité recommande que des études soient poursuivies sur la valeur nutritionnelle de l'igname, particulièrement en relation avec la digestibilité, à la fois des protéines et de l'amidon, et en particulier en vue d'une utilisation comme aliment pour enfants. *D. dumetorum* est spécifiquement intéressant du fait que son amidon semble présenter une meilleure digestibilité que ceux de *D. cayenensis–D. rotundata*.

6. Le Comité recommande que des investigations rigoureuses soient effectuées dès que de nouveaux fongicides systémiques à toxicité faible pour les mammifères apparaissent sur le marché, en vue d'une application pratique pour la conservation de l'igname.

7. Le Comité note avec intérêt les analyses économiques des systèmes de production de l'igname présentées par les Dr Onwueme et Dr Oyolu, et recommande que des études soient poursuivies dans ce sens dans tous les pays de la zone de production de l'igname en utilisant des systèmes identiques d'analyse des résultats. Ces études devraient comporter des analyses aussi bien économiques qu'énergétiques, qui seraient communiquées aux différents pays de la zone de production de l'igname.

Commentaires d'ordre général

Le Comité, bien que conscient du fait que ce commentaire final s'applique non seulement à son domaine particulier mais également à tous les domaines abordés au cours de ce séminaire, note que les échanges d'informations entre chercheurs sont inadéquats et insuffisants, ce qui a trop souvent pour conséquence une duplication des efforts. Ce séminaire aura contribué largement à l'amélioration de cette situation et le Comité espère que des réunions similaires seront organisées à l'avenir.

(5) Recommandations du Comité sur la Taxonomie

Proposition de résolution en relation avec des problèmes taxonomiques posés par le complexe *D. rotundata–D. cayenensis*:

Un comité restreint s'est réuni pour envisager les problèmes posés par les espèces du groupe *Enantiophyllum* qui forment le complexe *Dioscorea rotundata–D. cayenensis* et qui lui ont donné naissance.

A la suite des confrontations et des échanges de vue un certain nombre de propositions sont faites. Il faut rappeler que les deux espèces en jeu ont été décrites sur des échantillons prélevés soit en Guyane soit à la Jamaïque, alors qu'il s'agit d'espèces typiquement africaines.

1. Dans un premier temps, il serait nécessaire de revoir les diagnoses d'origine ainsi que les échantillons types afin de rechercher malgré leurs caractères incomplets si des caractéristiques permettent néanmoins de différencier les deux espèces. Eventuellement des photographies pourraient être adressées aux membres de ce Comité.

Cette étude devrait être effectuée en tenant compte des règles internationales de la nomenclature botanique.

2. Les collections des cultivars existants en Afrique de l'Ouest ou celles devant être établies seront décrites d'une manière similaire par les chercheurs des instituts de tous les pays de l'aire du complexe Togo, Bénin, Nigéria, Cameroun, Côte d'Ivoire et Ghana.

3. Les membres de ce Comité pensent qu'il faudrait se conformer à la proposition du Professeur B. Touré d'adopter un modèle commun à tous pour la description des caractères. La liste établie par le Dr F. W. Martin (Porto Rico) semble convenir parfaitement.

4. A côté de ces caractères morphologiques et biologiques observés sur le terrain, il est recommandé de faire appel à un ensemble d'autres caractéristiques: morphologie fine, caryologie, anatomie, biochimie.

5. Pour certains caractères demandant l'utilisation du microscope à balayage, du matériel pourrait être adressé au Laboratoire de Botanique systématique et de Biogéographie, 1 chemin de l'Impératrice, 1292 Chambésy – Genève, Suisse, si les instituts concernés le désirent. Du point de vue biochimique les études devraient considérer diverses substances: polyphénols, amidon, protéines, etc. Le Dr Degras propose que les phénols soient étudiés en liaison avec le laboratoire du Dr Claude Martin, de l'INRA, à Dijon (France). Le Dr Coursey pense que les études de la viscosité de l'amidon pourraient être entreprises par lui-même. Le Professeur Miège pourrait regrouper les études sur les protéines. Dans la mesure du possible des stagiaires seraient formés dans les laboratoires

correspondants et pourraient en fonction des équipements locaux continuer les recherches en Afrique en étroite collaboration avec les laboratoires d'origine. Par exemple l'IITA serait susceptible d'entreprendre des travaux sur les polyphénols et sur la viscosité de l'amidon. Le Centre Suisse d'Adiopodoumé en Côte d'Ivoire serait susceptible de poursuivre les recherches sur les protéines. Les problèmes de financement qui demeurent majeurs seront à envisager.

En conclusion, la complexité du problème est grande étant donné, comme l'ont signalé le Dr F. W. Martin et le Professeur Miège dans divers travaux, les interrelations nombreuses existant entre les divers éléments du complexe *D. cayenensis–D. rotundata.* Elles nécessitent que des recherches taxonomiques soient multipliées de manière à les résoudre.

Il est proposé par les différents membres que le professeur Miège et son Institut jouent le rôle de coordinateur à cet égard, les traitements à l'ordinateur pouvant être effectués à Genève.

Appendice
Note sur les espèces *Dioscorea cayenensis* Lamk. et *D. rotundata* Poir.

J. MIÈGE

Pour répondre au voeu émis par le Comité sur la Taxonomie nous donnons dans cette note préliminaire quelques indications et remarques concernant le complexe *D. cayenensis–D. rotundata*.

   Dioscorea cayenensis a été décrit par Lamarck en 1792 dans l'*Encyclopédie méthodique*. Voici sa diagnose:

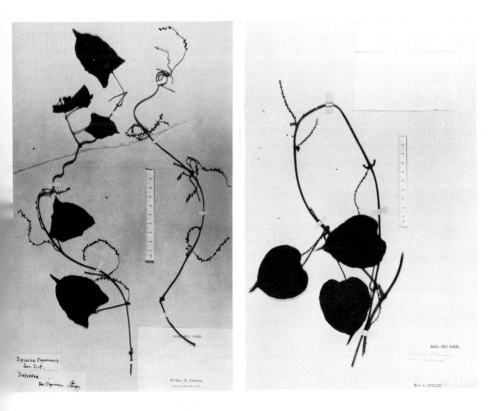

Fig. A.1. (a) *Dioscorea cayenensis* Lamk.; (b) *Dioscorea rotundata* Poir. (Photos dues à l'aimable collaboration du Laboratoire de Phanérogamie du Museum National d'Histoire Naturelle de Paris.)

Igname de Cayenne, *Dioscorea cayenensis.*

Dioscorea foliis cordato-hastatis basi subtruncatis, caule laevi.

Ses tiges sont herbacées, menues, volubiles, cylindriques et très glabres; elles sont garnies de feuilles alternes, pétiolées, en coeur-hastées, presque tronquées à leur base avec deux oreillettes courtes un peu divergentes; ces feuilles sont glabres et ont cinq ou sept nervures qui partent de la base, mais dont trois seulement se rejoignent au sommet. Les grappes sont axillaires, solitaires, grêles, très simples. Les calices ont trois folioles extérieures, une fois plus petites et plus pointues que les trois intérieures.

Cette plante a été rapportée de Cayenne par M. Stoupy, qui nous en a communiqué un exemplaire.

Dioscorea rotundata a été baptisé par Poiret en 1813, dans un supplément de cette même *Encyclopédie méthodique.* Voici la description qu'il en donne:

Igname à feuilles arrondies, *Dioscorea rotundata.*

Dioscorea foliis oppositis, cordatis, ovato–subrotundis, acuminatis, glabris, septemnerviis; spicis pluribus filiformibus.

Ses tiges sont glabres, fistuleuses, striées, ses feuilles opposées, longuement pétiolées, ovales, presque rondes, membraneuses, longues de deux pouces et demi, presqu' aussi larges, très glabres, rétrécies à leur sommet et terminées par une pointe aiguë, médiocrement échancrées à leur base, à sept nervures; les pétioles presqu' aussi longs que les feuilles; plusieurs épis simples, axillaires, plus courts que les feuilles, filiformes, très glabres, chargés de fleurs petites, presque sessiles, éparses, solitaires, quelques-unes rapprochées en petits paquets.

Cette plante croît à Porto-Rico.

Ces diagnoses sont insuffisantes pour délimiter correctement et strictement les deux espèces. Certains caractères proposés sont instables comme celui de la phyllotaxie des feuilles, alternes ici, opposées là. Mais souvent, sur le même individu plusieurs types d'insertion foliaire s'observent. La forme de la feuille elle-même est sujette à variation suivant sa position sur la tige principale et les rameaux; elle diffère aussi de cultivar à cultivar. Le limbe peut être aussi long que large mais dans d'autres races sa longueur est plus du double de sa largeur. De même, tiges et racines sont épineuses ou non. Les tiges et les feuilles présentent une gamme assez large de coloris. Lamarck ne donne que de vagues renseignements sur les inflorescences. Poiret ne parle pas des fleurs. Il est curieux, d'autre part, de constater que ces plantes manifestement africaines et qui ont été domestiquées et améliorées en Afrique, ont été décrites sur des échantillons provenant d'Amérique.

Burkill, le grand spécialiste des ignames, avait fait venir, en 1915, d'Afrique occidentale – via Kew – des tubercules de diverses variétés. Il les cultiva à Singapour pendant plus de vingt ans. Vingt années au cours desquelles ses appréciations se modifièrent profondément.

Après trois années d'observation (Burkill 1918), il crut trouver suffisamment de caractères distinctifs pour séparer les cultivars reçus en deux groupes auxquels il attribua les appellations suivantes:

(1) white or eight-months Guinea yam.

(2) yellow or twelve-months Guinea yam = *Dioscorea cayenensis* Lamk.

Dans cet article, Burkill n'a pas appliqué de dénomination latine au premier groupe de races. Ce n'est que plus tard qu'il l'assimila à *D. rotundata* Poir.

Voici, ci-dessous, quelques-uns des principaux caractères sur lesquels il s'est basé pour distinguer les deux espèces.

Dioscorea rotundata Poir.

Cette espèce comprend de nombreuses races dans son habitat d'origine. Les tubercules sont plus ou moins allongés suivant les cultivars; ils sont quelquefois protégés par des racines épineuses. Leur périderme est kaki foncé alors que leur chair est blanche. Si une coloration magenta s'observe, elle est localisée au sommet du tubercule. La surface du tubercule n'est généralement pas couverte de radicelles ce qui lui donne une apparence lisse. Les tubercules peuvent être groupés par deux ou plus.

La tige lorsqu'elle émerge du sol est épaisse, de couleur plutôt pâle, abondamment épineuse, pourvue aux noeuds inférieurs de larges bractées ovées opposées (cataphylles). A leur aisselle naissent, à angle droit, des rameaux forts, robustes. A leur suite, naissent des feuilles opposées. La tige devient moins épineuse puis tout à fait inerme.

Les feuilles sont vert à vert foncé. Elles ne sont pas planes mais leurs bords se relèvent particulièrement à la base. Elles sont cordées-ovées lorsqu'on les aplatit; mais elles peuvent être allongées. Les pétioles sont aussi longs que le limbe, limbe généralement incliné faisant face à la lumière avec sa pointe recourbée vers la terre.*

Elles mesurent habituellement 10–12 cm de long sur 6–7 cm de large. La surface inférieure est plus pâle que la supérieure.

A l'aisselle des dernières feuilles se forment, quand il s'agit de plantes mâles, un à quatre épis d'environ 4 cm de long. Sur cette distance, on compte en moyenne 24 fleurs. Elles sont formées de trois sépales verdâtres en-dessous, jaunes au-dessus. Les trois pétales sont un peu plus petits, plus obovés et légèrement plus épais. Les six étamines ont de courts filets, moitié moins longs que les anthères. Ces fleurs sont très odorantes.

Les fleurs femelles sont disposées en épis d'environ 15 cm. Les capsules sont glauques, à apex cordé.

Cette espèce a un cycle végétatif de huit mois.

Dioscorea cayenensis Lamk.

Les tubercules seraient de forme moins régulière que ceux de l'espèce précédente et présenteraient une tête épaissie et ligneuse ainsi qu'une surface quelque peu bosselée. Leur chair est jaune.

---

* La position des feuilles se modifie au cours de la journée en fonction de l'intensité lumineuse. Ce mouvement touche le limbe; il se retrouve chez la plupart des races et espèces.

Les tiges sortant de terre sont épaisses, pourpre foncé, très épineuses. Elles portent des feuilles tout d'abord alternes qui axillent des branches robustes.

Les feuilles sont différentes de celles de l'espèce *D. rotundata*; elles sont plus larges et plus planes; courtement acuminées. Contrairement à l'espèce précédente, le limbe se trouve dans le même plan que le pétiole.

Les fleurs sont produites dans la partie supérieure des rameaux à raison, quand elles sont mâles, de un à quatre épis dans l'aisselle de chaque feuille. Ces épis d'environ 6 cm portent une quarantaine de fleurs sessiles. Les sépales sont blancs; les pétales brunâtres ont la même forme que les sépales mais sont plus petits. Les six étamines introrses ont de courts filets.

Le cycle végétatif est de l'ordre de douze mois.[*]

Hutchinson et Dalziel dans la *Flora of West Tropical Africa* (1931), reconnaissent, sans doute sur la base des conclusions de Burkill, les deux espèces d'après les caractères suivants:

> Inflorescences mâles solitaires ou en paires
> – tubercule à chair blanche, saison de repos longue . . . *rotundata*
> – tubercule à chair jaune, saison de repos plus courte . . . *cayenensis*

Ils ajoutent, en note, les indications suivantes:
D. rotundata: plante luxuriante au feuillage vert sombre, brillant; tiges plus ou moins épineuses; feuilles plus claires en-dessous; tubercules à chair blanche.
D. cayenensis: presque indiscernable de l'espèce précédente, excepté par la chair jaune du tubercule.

On avouera que la distinction de l'aveu même des auteurs est établie sur des critères bien minces.

D'ailleurs Burkill, après plus de vingt ans de culture suivie et d'observations multipliées (1939) réforme son jugement et il écrit:
I regarded the yellow-tubered plants as *D. cayenensis* and the white-tubered plants as *D. rotundata*; but after endeavouring for twenty years to work on this view, I have been forced to abandon it and to believe there is no specific difference between the two. What there is, is a gradation, the white-tubered having more of the one parent and the yellow more of another of the parents of the cultigen.

Si on accepte ce point de vue, qui semble justifié, tous les cultivars du complexe *D. cayenensis–D. rotundata* doivent être placés dans une unique espèce. Etant donné les règles internationales de nomenclature, cette espèce doit recevoir le nom de *D. cayenensis* Lamk. par suite de l'antériorité de ce binôme. C'est ce qu'a fait d'ailleurs Burkill qui établit ainsi les synonymies:

---

[*] Dans son très remarquable travail *The organography and the evolution of the Dioscoreaceae* (1960) Burkill sans revenir sur le problème de l'existence d'une ou deux espèces et de leur distinction écrit 'Africa has produced *D. rotundata* and *D. cayenensis* and has given both to the New World, but neither to Asia'. Dans la liste des espèces qu'il a utilisées pour illustrer ses propos, il cite *D. cayenensis* et *D. rotundata*. Ceci laisserait supposer qu'il a modifié à nouveau son jugement mais il n'explicite pas sa nouvelle opinion, si nouvelle opinion il y a.

D. cayenensis Lamk.

SYN.: *D. aculeata* Antommachi, and also Balbis ex. Kunth; *D. angustiflora* Rendle; *D. berteroana* Kunth; *D. colocasiifolia* Dalziel, but not of Pax; *D. demeusei* De Wild.; *D. liebrechtsiana* De Wild. in part from 1905 forwards; *D. moma* De Wild.; *D. occidentalis* R. Knuth; *D. praehensilis* Baker and several other authors in part, not of Benth.; *D. pruinosa* A. Chev.; *D. rotundata* Poir.; *D. sativa* Beatson presumedly, not of L.

Quant à Chevalier (1912 et 1936), il confond également tous les cultivars dans l'espèce: *D. cayenensis* en maintenant toutefois la variété botanique *rotundata* pour certains d'entre eux.

Coursey (1967) dans son ouvrage résume la situation telle qu'elle se présente à cette époque. L'auteur souligne les difficultés de la distinction des deux espèces car basée sur des caractères insatisfaisants comme la couleur de la chair. Les écarts dans la longueur de la période de dormance et les légères différences de forme apparaîtraient de meilleurs critères. Coursey souligne que des recherches ultérieures sont nécessaires; il pense néanmoins que l'on peut, avec une certaine sûreté, reconnaître l'état d'espèce au *D. rotundata*. Cependant, si une seule espèce doit être maintenue, la règle d'antériorité veut que ce soit le nom *D. cayenensis* qui soit reconnu et retenu. Il est bien certain que l'on se trouve en face d'au moins deux entités de base (peut-être davantage) mais le nombre considérable de formes intermédiaires fait qu'une frontière ne peut être tirée entre les deux catégories d'ignames. C'est la raison pour laquelle Miège (1968) a considéré qu'il était préférable de leur donner le statut de sous-espèces plutôt que celui d'espèces.

Cependant, Ayensu (1972) en comparant l'anatomie des deux taxons a déterminé une série de caractères distinctifs. Mais ces caractères sont moins nombreux qu'on ne pouvait l'espérer. D'autre part, dans ses intéressants travaux, l'auteur ne précise pas suffisamment quels sont les cultivars qu'il a examinés. Les différences constatées expriment-elles des différences spécifiques réelles ou simplement des différences entre deux cultivars ou un nombre limité de cultivars?

*D. cayenensis**** serait un cultigène complexe à la formation duquel ont participé plusieurs espèces sauvages vraisemblablement *D. praehensilis* Benth. que Chevalier (1936) considère comme une variété botanique de *D. cayenensis*, pour les formes forestières; *D. sagittifolia* Pax, *D. lecardii* De Wild., *D. liebrechtsiana* De Wild., *D. abyssinica* Hochst. ex Kunth pour les formes préforestières et de savanes. Les paysans d'Afrique occidentale ont domestiqué et ennobli ces espèces créant un grand nombre de cultivars, certainement plusieurs centaines.

La dioécie rend la fécondation croisée obligatoire. Elle a facilité les

---

* Burkill (1960) a suggéré que *D. minutiflora* serait à l'origine du *D. cayenensis*. Les particularités du développement de l'espèce sauvage qui est pérenne et dont le nombre chromosomique est très élevé ($2n=140$) doivent faire écarter cette hypothèse (*D. cayenensis* : $2n=40$–60).

croisements entre des espèces naturellement proches. Les descendances ont été multipliées par voie clonale par les agriculteurs permettant ainsi le maintien et la propagation de formes qui naturellement n'auraient peut-être pas persisté.

Dans cette 'galaxie' de cultivars, il est difficile, dans les conditions présentes, de rassembler ceux-ci sous des dénominations taxonomiques nettes, bien tranchées (Miège 1952). Certes par leur origine tant géographique que génétique des tendances divergentes existent, mais délicates à discerner.

Une grande confusion règne qui ne pourra être dissipée, nous semble-t-il, que lorsqu'une description morphologique précise et uniforme de tous les cultivars aura été effectuée; elle devrait être accompagnée d'études cyto-génétiques, chorologiques, biologiques, chimiotaxonomiques. L'utilisation de la taxonomie numérique devrait permettre de dégager, parmi l'ensemble des cultivars examinés, des pôles ou des noeuds de plus grande densité. Un travail similaire serait à entreprendre sur les espèces sauvages, parentes présumées.

Une première approche dans ce sens a été basée sur l'examen, fait en collaboration avec Dumont (IRAT), de 56 cultivars recueillis au Bénin (Miège 1979). Des dendrogrammes ont été dressés par Mascherpa en appliquant la méthode des coefficients de corrélation d'une part, celle du coefficient de Sneath et Sokal d'autre part; les résultats obtenus en appliquant ces deux techniques sont proches. Il résulte de cette étude que plusieurs groupes sont distinguables (Fig. A.2.):

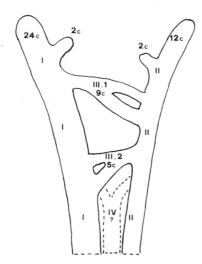

Fig. A.2. (v. tableau A.1.) Schéma des relations possibles existant entre 57 cvs. originaires du Bénin. Plusieurs espèces sauvages ayant pu participer à la formation du complexe *D. cayenensis–D. rotundata,* un hypothétique troisième tronc a été dessiné en tirets. (Miège 1978 modifié).

(1) un premier ensemble très uniforme et bien distinct regroupe la majorité des cultivars à une récolte soit vingt-six; cependant, deux clones à deux récoltes s'y trouvent inclus.

(2) un deuxième ensemble également homogène renferme quatorze cultivars dont douze à deux récoltes et deux à une récolte.

(3) un troisième ensemble rassemble quatorze cultivars dont cinq à une récolte et neuf à deux récoltes. Ce groupe s'apparente davantage au groupe deux qu'au groupe un. Il se subdivise lui-même en deux sous-groupes. Il faut signaler que trois clones à une récolte sont voisins, avec des corrélations de l'ordre de 0,95, ce qui dénote leur étroite parenté.

Par l'analyse discriminante, nous sommes arrivés à une bonne séparation des clones des trois groupes. Parmi les dix-huit paramètres utilisés six sont plus importants:

(1) le fait que les plantes sont à une ou deux récoltes;

(2) le caractère rugueux ou lisse de l'épiderme (ce qui vient corroborer une des rares différences majeures soulignées dans les diagnoses d'origine);

(3) la coloration blanche ou jaune de la chair du tubercule;

(4) la coloration très foncée, moyenne ou claire du feuillage;

(5) le nombre moyen de tubercule par plante;

(6) la longueur moyenne du tubercule.

Le groupe 2 paraît s'apparenter davantage au *D. cayenensis* et le groupe 1 au *D. rotundata* si l'on se réfère au caractère chair jaune–chair blanche.

Les différences significatives ($P = 0,05$) ont été recherchées pour les différentes variables entre les divers groupes.

Sur les dix-huit variables retenues, onze présentent des différences significatives entre les groupes 1 et 2, dix entre les groupes 1 et 3. Par contre les différences ne sont pas significatives entre les groupes 2 et 3, ce qui tient au caractère hétérogène du groupe 3 qui néanmoins offre plus d'affinités avec le groupe 2 qu'avec le groupe 1. Il faudrait, en conclusion, prendre en considération:

(1) un nombre plus élevé de caractères de valeur discriminante plus accusée;

(2) un plus grand nombre de cultivars provenant de régions différentes de l'aire de culture;

(3) inclure les résultats d'analyse chimique.

Sans doute aboutirions-nous à des résultats plus probants.

Ces conclusions rejoignent celles de Martin et Rhodes (1978) qui, d'après les données établies par l'examen de 97 cultivars d'Afrique occidentale et en employant des méthodes de taxonomie numérique ont défini neuf groupes dans le complexe *D. cayenensis–D. rotundata*. Ces auteurs ont dressé un arbre phénétique qui présente entre ses divers rameaux de nombreuses anastomoses (Fig. A.3.).

Tableau A.1.

Groupe 1: 28 cvs	Groupe 2: 14 cvs	Groupe 3: 14 cvs
une récolte sauf 2 cvs	deux récoltes 12 cultivars	une ou deux récoltes
tige rugueuse	tige lisse	tige lisse sauf 2 cvs rugueux
chair blanche 11 cvs	chair jaune 12 cvs	chair blanche 9 cvs
feuilles vertes ou vert clair	mélange	feuilles très foncées
nombre moyen de tubercules élevé 1,5 à 6,4	1,3 à 4,8 tubercules	1,1 à 2,8 tubercules
longueur moyenne du tubercule autour de 25 cm	autour de 38 cm	autour de 38 cm

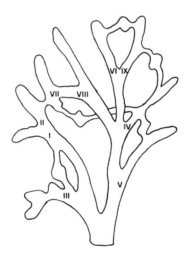

Fig. A.3. Arbre phénétique de 68 cultivars répartis en 9 groupes. D'après Martin et Rhodes (1978).

A la suite de leurs recherches, ils estiment que la couleur de la chair des tubercules souvent employée pour distinguer *Dioscorea cayenensis* de *D. rotundata* n'est pas un critère satisfaisant. Bien que deux troncs principaux divergents puissent être grossièrement établis, le nombre de formes intermédiaires qui les relient ne peut justifier l'emploi de deux noms spécifiques distincts.

Martin et Rhodes en arrivent donc à la conclusion que tous les cultivars sont si étroitement apparentés qu'ils doivent désormais être groupés en une seule espèce, même si ses origines sont multiples.

A la suite de ces débats, il nous semble que la solution du problème pourrait résider:

(1)dans l'examen d'un nombre plus grand encore de cultivars;

(2) dans l'utilisation d'un nombre plus élevé de caractères;

(3) dans le choix, parmi l'ensemble des cultivars, de ceux correspondant aux définitions de *D. cayenensis* et *D. rotundata* telles qu'elles sont le plus communément admises, par exemple celles que Waitt (1965) a énoncées;

(4) dans la prise en considération des caractères biochimiques. Une fois résolus les problèmes techniques que pose leur extraction, l'analyse des protéines devrait constituer un outil efficace d'investigation.

(5) dans l'établissement de la localisation géographique des cultivars et des formes sauvages dont ils dériveraient;

(6) dans l'étude des parents sauvages putatifs. Il paraît probable que plus de deux espèces sauvages ont participé à la formation de ce complexe. Ces espèces ne sont pas d'ailleurs toujours bien circonscrites, car offrant des phénomènes d'hybridation et d'introgression délicats à dénouer.

(7) dans le traitement à l'ordinateur de la totalité des données recueillies.

Pour l'instant, compte-tenu de toutes ces remarques et compte-tenu des règles nomenclaturales d'antériorité, il semble que le binôme *D. cayenensis* doive prévaloir.

Références bibliographiques

Ayensu, E. S. (1972). *Anatomy of the monocotyledons* (ed. C. R. Metcalfe) *VI. Dioscoreales*. Clarendon Press, Oxford.

Burkill, I. H. (1918). Some cultivated yams from Africa, and elsewhere. *Gdns' Bull. Straits Settl.* **2**, 86–93.

—— (1939). Notes on the genus *Dioscorea* in the Belgian Congo. *Bull. Jard. bot. Etat Brux.* **15**, 345–92.

—— (1960). The organography and the evolution of the *Dioscoreaceae*, the family of the yams. *J. Linn. Soc.* **56**, 319–412.

Chevalier, A. (1912). Sur deux plantes cultivées en Afrique tropicale décrites par Lamarck. *Bull. Soc. bot. France* **59**, 168–75, 221–7.

—— (1936). Contribution à l'étude de quelques espèces africaines du genre *Dioscorea*. *Bull. Mus. natn. Hist. Nat., Paris* **8**, 520–50.

Coursey, D. G. (1967). *Yams*. Longmans, London.

Hutchinson, J. et Dalziel, J. M. (1931). *Flora of West tropical Africa*. Vol. II, 379–82. Crown Agents, London.

Lamarck, J.-B. (1792). Igname de Cayenne, *Dioscorea cayenensis*. *Encyclopédie méthodique. Botanique.* **3**, 233.

Martin, F. W. et Rhodes, A. M. (1978). The relationship of *Dioscorea cayenensis* and *D. rotundata*. *Trop. Agric., Trin.* **55**, 193–206.

Miège, J. (1952). L'importance économique des ignames en Côte d'Ivoire. Répartition des cultures et principales variétés. *Revue int. Bot. appl. Agric. trop.* **32**, 144–55.

—— (1968). Dioscoreaceae. In *Flora of West tropical Africa* (ed. Hepper) pp. 144–54. Crown Agents, London.

—— (1979). Sur quelques problèmes taxonomiques posés par *Dioscorea cayenensis* et *D. rotundata*. In *Taxonomic aspects of African economic Botany* (ed. Kunkel). *Proc. IXth Plenary Meeting of AETFAT*. Las Palmas de Gran Canaria, 1978, pp. 109–13.

Poiret, J. L. M. (1813). Igname à feuilles arrondies, *Dioscorea rotundata*. *Encyclopédie méthodique. Botanique.* Suppl. **3**, 139.

Waitt, A. W. (1965). A key to some Nigerian varieties of yam (*Dioscorea* spp). *Mem. Fed. Dep. Agric. Res.* Ibadan, Nigeria, **60**.

Appendix*
Note on the *Dioscorea cayenensis* Lamk. and *D. rotundata* Poir. species

J. MIÈGE

In order to comply with the wishes of the Committee on Taxonomy, the following preliminary notes give some indications and remarks concerning the *D. cayenensis–D. rotundata* complex.

Dioscorea cayenensis was described by Lamarck in 1792 in the *Encyclopédie méthodique* as follows:

Guiana yam—*Dioscorea cayenensis* (Fig. A.1a).
Dioscorea foliis cordato-hastatis basi subtruncatis, caule laevi.

Its stems are herbaceous, slender, voluble, cylindrical, and very glabrous; they are covered with alternate petiolated leaves with a hastate heart, almost truncated at their base with two short slightly divergent auricles; these leaves are glabrous and have five or seven veins which proceed from the base but only three of them join at the summit. The clusters are axillary, solitary, slender and very simple. The calyx have three exterior foliols, which are smaller and more pointed than the three interior ones.

The plant was brought back from Cayenne by Mr Stoupy, who sent us a specimen.

Dioscorea rotundata was named by Poiret in 1813 in a supplement to the same *Encyclopédie méthodique*. The description is as follows:

Yam with rounded leaves, *Dioscorea rotundata* (Fig. A.1b).
Dioscorea foliis oppositis, cordatis, ovato-subrotundis, acuminatis, glabris, septemnerviis; spicis pluribus filiformibus.

Its stems are glabrous, fistulose and streaked; its opposite leaves, with a long petiole, oval, almost round, membranous, two inches and half in length, almost as wide, very glabrous, narrow at the top and terminated by a sharp point, poorly indented at their base, with seven veins; the petioles almost as long as the leaves, several simple axillary spikes shorter than the leaves, filiform, very glabrous, covered with little flowers, almost sessile, scattered, solitary, a few gathered together in little clusters.

This plant grows in Puerto Rico.

These diagnoses are not sufficient to define the two species correctly and strictly. Certain characters are not stable, such as that of the phyllotaxy of the leaves, which may be alternate or opposite on the same plant. Often on the same specimen several types of foliar insertion can be observed. The shape of the leaf itself is subject to variation according to its position on the main stem and the twigs; it also varies according to the cultivar. The lamina may be as long as it is wide, but in other species its length is more than twice its width. In the same way, stems and roots may or may not be prickly. The stems and leaves present a large range of colours. Lamarck only gives vague

---

* For the bibliography and illustrations to this Appendix see the French version on p. 367.

information on the inflorescences. Poiret does not mention the flowers. Moreover, it is curious to note that these plants, which obviously come from Africa, and have been domesticated and improved in Africa, have been described using samples from America.

In 1915, Burkill, the great specialist in yams, brought from West Africa— via Kew—tubers of different varieties. He cultivated them in Singapore for more than 20 years, during which time his estimations varied greatly.

After three years of study, Burkill (1918) thought he had found enough distinctive characters to divide the cultivars into two groups, to which he gave the following names:

(1) white or eight-months Guinea yam.

(2) yellow or twelve-months Guinea yam = *Dioscorea cayenensis* Lamk.

In this article Burkill did not give any Latin names to the first group. It is only later that he assimilated it into *D. rotundata* Poir.

The following description indicates the main characters which he used as a basis to distinguish the two species.

Dioscorea rotundata Poir.

This species has very many races in its natural habitat. The tubers in some are more elongated than in others; they are sometimes protected by thorns on the roots. Their skin is of a dark khaki colour, while the flesh is white. If there is any sign in the cells of a substance with a magenta colour it is to be found only around the base of the stem at the top of the tuber. The surface of the tuber is generally rather free from rootlets and nearly smooth. The tubers may grow as twins or in small groups.

When the new stem appears above the ground, it is thick and of a rather livid colour, with abundant prickles, and pairs of large broadly ovate bracts (cataphylls) from the axils of which arise, strictly at right angles, stout and rapidly tapering branches. Soon the bracts give place to paired leaves, and the stem becomes less prickly, until it is quite unarmed.

The leaves are of a medium or dark green, and do not spread themselves flat but the sides rise up, particularly towards the base. They are cordate– ovate when flattened, but may be elongated. The petioles are quite as long as the lamina, which are inclined downwards, facing towards the light, with the tip decurved towards the earth.[*] Usually they are about 10–12 cm long by 6–7 cm broad. The lower surface is paler than the upper.

In the axils of the remoter leaves of the branches inflorescences arise. In male, there are 1–4 spikes in each axil, reaching 4 cm in length. A spike about 4 cm long may carry 24 flowers. The three sepals are greenish below, and yellow above. The three petals are similar, just a little smaller, a little more obovate and are slightly thicker.

---

[*] The position of the leaves varies during the course of the day depending on the light. This movement touches the lamina. This can be found in most races and species.

The six introrse anthers have short filaments, half as long as the anthers. The flowers are very fragrant.

The female flowers are in spikes about 15 cm long. The capsules are glaucous with a cordate apex.

This species has a vegetative cycle of eight months.

Dioscorea cayenensis Lamk.

The tubers are unlike those of the white Guinea yam in being more irregular and with a thick neck, and somewhat uneven surface. They differ also in being yellow fleshed.

The new shoots are thick and very prickly. They are of a purplish green and carry alternate leaves at first, which may have thick branches in their axils. The leaves are quite unlike those of the white yam in that they are flatter and broader and are more markedly acuminate. The lamina lies much more nearly in the plane of the petiole than does the blade in the white Guinea yam. Towards the upper parts of the branches flowers are produced. If these are male there are 1–4 spikes in the axil of each leaf. These spikes reach 6 cm in length, and carry about 40 sessile flowers. The sepals are white, the petals are brownish and shaped like the sepals but smaller. Within are six introrse anthers on short filaments.

The vegetative cycle is about twelve months.*

Hutchinson and Dalziel in their *Flora of the West Tropical Africa* (1931) recognize the two species, doubtlessly based on Burkill's conclusions, according to the following characters:

> Solitary male inflorescences or in pairs
> —tuber with white flesh, long rest season . . . *rotundata*
> —tuber with yellow flesh, shorter rest season . . . *cayenensis*

In their notes, they add the following indications:
D. rotundata: a luxuriant yam with fairly dark shiny foliage and more or less prickly stem, leaves lighter below, tuber with white flesh.
D. cayenensis: almost indistinguishable from the last except by the yellow flesh of the tubers.

It must be admitted that the distinction, as the authors themselves recognize, is based on very scanty criteria.

Moreover, after 20 years of cultivation and multiplied observations, Burkill (1939) changes his opinion and writes:

---

* In his excellent work *The organography and the evolution of the Dioscoreaceae* (1960), Burkill, leaving aside the problem of the existence of one or two species and their distinction, writes 'Africa has produced *D. rotundata* and *D. cayenensis* and has given both to the New World, but neither to Asia'. In the list of species that he used to illustrate his subject he quotes *D. cayenensis* and *D. rotundata*. This would suppose that he has once again modified his judgement but he does not make his new opinion clear, if there is a new one at all.

I regarded the yellow-tubered plants as *D. cayenensis* and the white-tubered plants as *D. rotundata*; but after endeavouring for twenty years to work on this view, I have been forced to abandon it and to believe there is no specific difference between the two. What there is, is a gradation, the white-tubered having more of the one parent and the yellow more of another of the parents of the cultigen.

If one accepts this point of view, which seems justified, all the cultivars of the *D. cayenensis–D. rotundata* complex should be placed in a single species. According to international rules on nomenclature, the species should be named *D. cayenensis* Lamk., owing to the priority of this binomial. This is exactly what Burkill did when he established the following synonymies:
D. cayenensis Lamk.

SYN.: *D. aculeata* Antommachi, and also Balbis ex. Kunth; *D. angustiflora* Rendle; *D. berteroana* Kunth; *D. colocasiifolia* Dalziel, but not of Pax; *D. demeusei* De Wild.; *D. liebrechtsiana* De Wild. in part from 1905 forwards; *D. moma* De Wild.; *D. occidentalis* R. Knuth; *D. praehensilis* Baker and several other authors in part, not of Benth.; *D. pruinosa* A. Chev.; *D. rotundata* Poir.; *D. sativa* Beatson presumedly, not of L.

As for Chevalier (1912 and 1936), he also confuses all the cultivars in the species *D. cayenensis,* but for some of them he maintains the botanical *rotundata* variety.

Coursey (1967) reviewed the situation in his work, as it presented itself at the time. The writer underlines the difficulties of distinguishing between the two species using such unsatisfactory characters as the colour of the flesh. The divergence in the length of the period of dormancy and the slight differences of shape would appear to be better criteria. Coursey stresses that further research is necessary; nevertheless he considers that one can, almost for certain, recognize the species *D. rotundata.* However, if only a single species must be maintained, the anteriority rule indicates that *D. cayenensis* should be recognized and retained. It is unquestionable that one is faced with two basic entities (perhaps more), but the considerable number of intermediary types makes it impossible to draw up a frontier between the two categories of yams. It is for this reason that Miège (1968) considered that it was preferable to give them the status of the sub-species rather than that of species.

However, Ayensu (1972), while comparing the anatomy of the two taxons, determined a series of distinctive characters. But these characters are less numerous than would have been expected. Moreover, in his interesting work, the writer does not give specific details of which cultivars were examined. Do the established differences express real specific differences, or simply differences between two cultivars or a limited number of cultivars?

D. cayenensis* seems to be a complex cultigen, which has most probably

---

* Burkill (1960) suggested that *D. cayenensis* originated in *D. minutiflora.* This theory, however, must be refuted, because of the particularities of development in the perennial wild species and its high chromosome number ($2n=140$; *D. cayenensis*: $2n=40-60$).

been made up from several wild species: *D. praehensilis* Benth. which Chevalier (1936) considers as a botanical variety of *D. cayenensis* for the forest types; *D. sagittifolia* Pax, *D. lecardii* De Wild., *D. liebrechtsiana* De Wild., *D. abyssinica* Hochst. ex. Kunth for the preforest and savannah types. The farmers of West Africa have domesticated and improved these species thus creating a great number of cultivars, certainly several hundred.

The dioecy makes cross-fertilization obligatory. It has facilitated crossings between naturally close species. The progenies of these have been multiplied by farmers using the clonal method, thus enabling the maintenance and propagation of kinds which would perhaps not have persisted naturally.

In this 'galaxy' of cultivars, it is difficult, under these present conditions, to bring them together under definite and clearly defined taxonomic denominations (Miège 1952). Certainly through their geographical and genetical origin divergent tendencies exist, but they are difficult to distinguish.

It seems that a great confusion reigns which cannot be cleared up until a precise morphological and uniform description of all the cultivars has been carried out. This should be accompanied by cytogenetical, chorological, biological, and chemo-taxonomical studies. The use of numerical taxonomy should enable the extremes or points of a greater density to be separated, from among all the cultivars examined. A similar study should be undertaken on assumed parents in wild species.

A first approach in this direction was based on the test, made in collaboration with Dumont (IRAT), of 56 cultivars collected in Benin (Miège 1979). Dendrograms were drawn up by Mascherpa by applying on the one hand the method of coefficients of correlation, and on the other the coefficient of Sneath and Sokal. The results obtained by applying the two techniques are closely related. This study shows that several groups are distinguishable (Fig. A.2):

(1) A first group, which is very uniform and distinct regroups the majority of the one-harvest cultivars—that is twenty-six; however, two two–harvest clones were included.

(2) A second group, also homogeneous, comprises fourteen cultivars; twelve two–harvest cultivars and two one–harvest cultivars.

(3) A third group includes fourteen cultivars; five one–harvest cultivars and nine two–harvest cultivars. This group is related more to group 2 than to group 1. It can be subdivided into two sub-groups. It must be noted that three one–harvest clones are neighbours, with correlations in the region of 0.95 which denotes their close relationship.

By discriminate analysis, we arrived at a good separation of the clones into three groups. Among the eighteen parameters used, six are more important:

(1) the fact that the plants gave one or two harvests;

(2) the rough or smooth character of the epidermis, which confirms one of the rare major differences underlined in the original diagnoses;

(3) the white or yellow colour of the flesh of the tuber;

(4) the colour of the foliage—very dark, medium or pale;

(5) the average number of tubers per plant;

(6) the average length of the tuber.

Group 2 seems more related to *D. cayenensis,* and group 1 to *D. rotundata,* if reference is made to the character yellow flesh–white flesh.

The significant differences ($P = 0.05$) have been studied for the different variables between the various groups.

Out of the eighteen variables retained, eleven presented significant differences between groups 1 and 2, ten between groups 1 and 3. On the other hand, the differences are not significant between groups 2 and 3, which is explained by the heterogeneous character of group 3, which nevertheless offers more affinities with group 2 than with group 1. In conclusion, consideration should be taken of:

(1) a higher number of characters of a more prominent discriminant value;

(2) a greater number of cultivars coming from different regions of the area of cultivation;

(3) including the results of chemical analysis.

No doubt we should arrive at more convincing results.

Table A.1.

Group 1: 28 cvs	Group 2: 14 cvs	Group 3: 14 cvs
1 harvest except 2 cvs	2 harvests 12 cvs	1 or 2 harvests
rough stem	smooth stem	smooth stem except 2 rough cvs
white flesh 11 cvs	yellow flesh 12 cvs	white flesh 9 cvs
green or pale green leaves	mixture	very dark leaves
high average number of tubers 1.5 to 6.4	1.3 to 4.8 tubers	1.1 to 2.8 tubers
average length of tuber around 25 cm	around 38 cm	around 38 cm

These conclusions are similar to those established by Martin and Rhodes (1978). According to the data drawn up by examining 97 cultivars from West Africa, and using the methods of numerical taxonomy, they defined nine groups in the *D. cayenensis–D. rotundata* complex. These writers drew up a phenetical tree which presents a number of anastomoses among its various branches (Fig. A.3).

In conclusion to their research, these authors believe that the colour of the tubers' flesh, often used to differentiate between *Dioscorea cayenensis* and *D. rotundata* is not a satisfying criterion. Although two main diverging trunks can roughly be distinguished, the number of intermediate forms that connect them cannot justify using two specific names. Martin and Rhodes therefore conclude that all the cultivars are so closely related that they should be grouped as one single species, in spite of the fact that its origins are various.

Consequently, we feel the solution could be found in:

(1) the examination of a still larger number of cultivars;

(2) the utilization of a greater number of characters;

(3) in the choice, among all cultivars, of those corresponding to the most commonly accepted definitions of *Dioscorea cayenensis* and *Dioscorea rotundata*, for example those given by Waitt (1965);

(4) the consideration of the biochemical characters. Once technical problems concerning protein extraction are solved, protein analysis should become an efficient investigation tool;

(5) establishing the geographical localization of cultivars and of the wild forms they possibly derive from;

(6) in the study of presumed wild parents. It is most probable that more than two wild species participated in creating this complex. These particular species are not always well delimited, because of hybridiz-ation and introgression phenomena;

(7) in computer analysis of the total amount of data.

For the moment, considering the above remarks and anteriority nomen-clature rules, it seems the name *D. cayenensis* should prevail.

INDEXES

Many thanks to Mrs M. C. Wüest for the care and patience with which she prepared the following indexes.

Species index

Index spécifique

Author index*

Index des auteurs*

---

* Figures in italics indicate bibliographic references at the end of each chapter.
* Les chiffres en italique renvoient aux pages des références bibliographiques données à la fin de chaque chapitre.

Subject index

Index des matières